ALMANACH
DES TERRES DE FRANCE

Presses de la Cité
un département **place des éditeurs**

place des éditeurs

Dépôt légal : septembre 2014

ISBN : 978-2-258-11342-8

ALMANACH
DES TERRES DE FRANCE

Présenté par

PIERRE BONTE

Terres de France

PRESSES DE LA CITÉ

Un jour à la fois…

Quelle mère désemparée n'a pas eu recours à ce vieux proverbe pour tenter de calmer les impatiences de son ado ?
Un jour à la fois…
Les nouvelles philosophies « zen » ont donné une seconde jeunesse à ce conseil empreint de sagesse qui devrait, me semble-t-il, s'inscrire en tête de tous les almanachs.
Qu'est-ce qu'un almanach, en effet, sinon une manière plaisante de prendre la vie au jour le jour, en glanant au passage, de page en page, jour après jour, les petits grains de savoir et d'humour qui viendront enrichir ou agrémenter notre quotidien.
L'almanach est le livre des jours, bons ou mauvais. Les jours avec et les jours sans. Les jours de fête, les jours de chance, et les jours de deuil ou de colère. Il nous rappelle que les jours se suivent mais ne se ressemblent pas. Demain est un autre jour…

J'ai appris que le plus vieil almanach du monde était conservé à la bibliothèque Mazarine à Paris. C'est l'*Almanach des bergers*, imprimé en 1491. On y trouvait déjà ce qui fait l'inépuisable succès de la formule : de courts textes moraux, des conseils agricoles et médicaux, de l'astrologie, quantité d'informations l'apparentant à une petite encyclopédie pratique…

On se doute bien qu'en dépit de son nom, cet ancêtre des almanachs n'était pas destiné aux bergers, qui ne devaient pas être nombreux, en cette époque moyenâgeuse, à posséder les notions de lecture nécessaires. Il s'adressait à des amateurs éclairés et lettrés. Si les auteurs ont jugé bon de lui donner ce titre, cependant, c'est que le berger a toujours eu l'image de l'homme qui détient une science supérieure, acquise en dehors des livres, au contact permanent d'une nature qu'il prenait le temps d'observer, de nuit comme de jour, et dont il éprouvait, dans sa solitude champêtre, tous les caprices. L'almanach apparaissait comme la somme des connaissances qu'il avait ainsi accumulées, le précieux recueil des axiomes et des adages que les gens de son espèce se transmettaient depuis des siècles, de génération en génération.

L'Almanach des Terres de France garde le parfum de ce temps d'autrefois où la vie s'écoulait au rythme des jours et des saisons, au plus près de la nature.

Cette sagesse, qu'on qualifie de populaire, était avant tout paysanne puisque la quasi-totalité de la population, à l'époque, vivait du travail de la terre. Alors que les agriculteurs ne représentent plus aujourd'hui que 3 % de la population active et que s'effacent peu à peu tous les codes d'une civilisation millénaire, l'*Almanach des Terres de France* garde le parfum de ce temps d'autrefois où la vie s'écoulait au rythme des jours et des saisons, au plus près de la nature. Ce qui en fait le meilleur des remèdes antistress, l'antidote le plus efficace aux angoisses qui assaillent de plus en plus nos contemporains.

Rien de plus actuel, pourtant, que ce livre rassérénant, qui utilise les formes les plus modernes de l'édition pour perpétuer un genre éternel. Je pressens qu'il va être mon livre de chevet tout au long de cette année 2015 dont je souhaite de tout cœur que chaque jour (à la fois) soit pour vous un jour heureux.

Les rubriques

La France en vert

Partez le long des chemins de France pour en découvrir les sites naturels, les villages, les événements marquants en ayant toujours une attitude respectueuse de l'environnement.

En tous sens

Délectez-vous des produits, des spécialités et des recettes de nos régions et plongez dans l'histoire des pains, des épices et de la gastronomie à la française.

Pour le plaisir

Détendez-vous en appréciant de bonnes nouvelles, des résolutions ou de belles pensées. Consultez votre horoscope et répondez à des énigmes et des devinettes.

Au quotidien

Adonnez-vous au bricolage, profitez d'astuces pour entretenir votre maison, créer vos produits de beauté ou prendre soin de vous et renseignez-vous sur vos droits.

Patrimoine

Découvrez les grands lieux de savoir et d'artisanat ainsi que les personnages et les contes et légendes des régions. Testez vos connaissances à travers des quiz.

Jeudi 1er janvier

Jour de l'an

Le vent du jour de l'an souffle moitié de l'an.

08 h 44
17 h 04
Capricorne
2e décan

Hiver

Patrimoine
La légende des fées de la vallée du Hubilan

Une légende du Nord-Cotentin raconte que les fées en Normandie étaient très petites et très actives, toujours promptes à aider les paysans. On ne les voyait jamais à l'œuvre et pourtant elles travaillaient. A la tombée de la nuit, elles frappaient aux portes et criaient : "Prêtez-nous vos timons, vos limons, vos charrues comme ils iront !" Il fallait répondre "Oui, prenez" pour éviter qu'elles ne fassent du mal. Quand on avait dit oui, elles sortaient la charrue et les chevaux, et partaient labourer les champs. Parfois, elles utilisaient les chevaux pour aller faire des courses. Vu leur taille, elles s'asseyaient sur le cou de l'animal et se faisaient des étriers avec les crins, que l'on retrouvait tout emmêlés le lendemain.

Pour le plaisir
Tenir ses bonnes résolutions ?

Si vous faites partie de celles et ceux qui prennent à chaque début d'année de bonnes résolutions… et ne les tiennent jamais, un conseil : limitez leur nombre et n'opérez pas de changement brutal dans votre manière de vivre, vous reviendriez bien vite à vos anciennes habitudes. Privilégiez plutôt un objectif à atteindre, et modifiez votre comportement progressivement.

Au quotidien
Une tisane pour la digestion

Pour digérer plus facilement après les fêtes, mélangez 1 c. à café de chacune des herbes séchées suivantes : menthe, basilic, coriandre, sauge, romarin et origan. Faites-les infuser dans 1 litre d'eau frémissante, puis buvez. Cela favorisera votre transit.

A faire aujourd'hui

8 h ....

9 h ....

10 h ....

11 h ....

12 h ....

13 h ....

14 h ....

15 h ....

16 h ....

17 h ....

18 h ....

19 h ....

20 h ....

Notes ....

C'ÉTAIT HIER

Le ski dans les Vosges

Ballon d'Alsace (Haut-Rhin)

Si l'on imagine aisément les skieurs dévaler les pistes des Alpes ou des Pyrénées, on pense moins aux Vosges, où l'on pratique pourtant les sports d'hiver depuis fort longtemps. Des compétitions de descente, de ski de fond ou de saut s'y déroulaient déjà à la fin du XIXe siècle et le premier ski club français, créé en 1896, a été le Ski Club vosgien. En 1925, c'est encore dans les Vosges, près du lac Blanc, qu'a ouvert la toute première école française de ski.

08 h 44
17 h 05
Capricorne
2e décan

Vendredi 2 janvier

Saint Basile

Autant de bonnes journées en janvier, autant de mauvaises en mai.

A faire aujourd'hui

8 h ....

9 h ....

10 h ....

11 h ....

12 h ....

13 h ....

14 h ....

15 h ....

16 h ....

17 h ....

18 h ....

19 h ....

20 h ....

Notes ....

Patrimoine

Nevers et la faïence (Nièvre)

La faïence apparut à Nevers à la toute fin du XVIe siècle. A l'origine marquée par une forte influence italienne, caractérisée par la polychromie, la production locale fit au XVIIe siècle la part belle aux décors persans, nivernais, puis chinois, aux teintes essentiellement blanches et bleues. C'est à cette époque que la faïence de Nevers connut son apogée.

En tous sens

Oblées et oublies

Au Moyen Age, la pâtisserie n'existait pas encore à proprement parler. Les oblayers (ancêtres des pâtissiers modernes) réalisaient toutefois déjà des oblées et des oublies, sortes de petits pains ronds sans levain, minces et légers, proches des gaufres. On les vendait aux portes des églises les jours de communions ou de fêtes religieuses.

Pour le plaisir

Enigme

Si cinq personnes peuvent coudre cinq robes en cinq jours, combien de personnes peuvent coudre cinquante robes en cinquante jours ?

Solution : 5.

La France en vert

Quel sort pour votre sapin ?

Les fêtes terminées, ne jetez pas votre sapin à la poubelle ! La plupart des communes organisent une collecte de sapins dans la rue afin de les recycler et d'en faire, par exemple, du broyat. Si ce n'est pas le cas, apportez-le à la déchetterie.

C'ÉTAIT HIER

Dans les jasseries

Pierre-sur-Haute (Puy-de-Dôme)

Avant l'apparition des laiteries en Auvergne, au début du XXe siècle, la fabrication de la fourme d'Ambert était exclusivement fermière. C'étaient les femmes qui en avaient la charge. Elles s'installaient durant tout l'été dans les jasseries du Haut-Forez, des bâtiments de montagne qui faisaient à la fois office d'étable, de fromagerie et d'habitation. Elles y faisaient cailler le lait, avant de mouler le fromage. Venaient ensuite les étapes d'égouttage, puis de salage, et enfin d'affinage de la fourme.

Samedi 3 janvier

Sainte Geneviève

Belle nuit en hiver,
jour qui suit souvent couvert.

08 h 44
17 h 06
Capricorne
2e décan

Hiver

Les Occupants du domaine
Marie-Bernadette Dupuy

Sur ces mots, Claire se leva et s'affaira devant le fourneau.

Un pas pesant ébranla alors l'escalier. Jakob Kern descendait le premier, sa chemise déboutonnée, les cheveux, les mains et le gilet de corps souillés par l'argile.

— Quel chantier ! commenta-t-il.

Il parlait pour lui-même, n'ayant pas encore vu Bertille dans le fauteuil. Comme il s'approchait du feu, il la découvrit, toute menue, le visage marqué par la fatigue sous le pansement qui composait une bien surprenante coiffure.

— Vous êtes là ? bredouilla-t-il, saisi de stupeur. Mon Dieu, qu'avez-vous au front ?

— Une simple coupure, répondit-elle d'une voix douce.

Elle le fixait, avide de reprendre possession de ses traits, de son regard brun et de sa bouche. Il lui semblait moins séduisant, tout en achevant de la conquérir, simplement parce qu'il était fort, mais qu'elle devinait sa faiblesse d'homme qui n'avait pas connu de véritable amour.

— Vous êtes dans un bel état ! ajouta-t-elle en souriant.

— Oui, je n'oserais même pas vous serrer la main, concéda-t-il sans se vexer.

Claire les observait. Elle sut lire dans les yeux de sa cousine un éclat inhabituel et elle nota chez Jakob un frémissement de joie. Sans bruit, elle recula et passa dans le cellier. Plus tard, elle se demanderait quelle force mystérieuse l'avait poussée à laisser seuls ces deux êtres que rien ne destinait à se rencontrer, encore moins à s'aimer. « Je me suis sentie de trop ! » dirait-elle.

— Si vous n'osez pas me serrer la main, embrassez-moi, cher ami, souffla Bertille.

Il eut un air fasciné et, se penchant, il déposa un baiser respectueux sur sa joue droite, un baiser furtif, léger, mais qui la combla. C'était ce qu'elle désirait, rien d'autre pour le moment.

Extrait du roman *Les Occupants du domaine* de Marie-Bernadette Dupuy
paru aux Presses de la Cité dans la collection Terres de France

A faire aujourd'hui

Samedi

8 h ....
9 h ....
10 h ....
11 h ....
12 h ....
13 h ....
14 h ....
15 h ....
16 h ....
17 h ....
18 h ....
19 h ....
20 h ....

Dimanche

8 h ....
9 h ....
10 h ....
11 h ....
12 h ....
13 h ....
14 h ....
15 h ....
16 h ....
17 h ....
18 h ....
19 h ....
20 h ....

Notes

Epiphanie

Dimanche 4 janvier

08 h 44
17 h 07
Capricorne
2e décan

Hiver

08 h 44
17 h 09
Capricorne
2e décan

Lundi 5 janvier

Saint Edouard

Gelée en janvier, blé au grenier.

A faire aujourd'hui

8 h ....

9 h ....

10 h ....

11 h ....

12 h ....

13 h ....

14 h ....

15 h ....

16 h ....

17 h ....

18 h ....

19 h ....

20 h ....

Notes ....

Patrimoine

Quiz - Les côtes françaises

1. Quel département n'est pas bordé par la Côte d'Opale ?
a. le Pas-de-Calais
b. le Nord
c. la Somme

2. Quelle ville bretonne se trouve sur la Côte de Granit Rose ?
a. Concarneau
b. Quimperlé
c. Perros-Guirec

3. Sur quelle côte se situe la ville de Saint-Nazaire ?
a. la Côte Bleue
b. la Côte d'Albâtre
c. la Côte d'Amour

4. Quel nom porte la côte entre Courseulles-sur-Mer et Ouistreham, en Normandie ?
a. la Côte de Jade
b. la Côte de Nacre
c. la Côte d'Emeraude

5. Sur quel océan ou quelle mer est située la Côte d'Argent ?
a. l'océan Atlantique
b. la mer du Nord
c. la Manche

Solution : 1 a, 2 c, 3 c, 4 b, 5 a.

En tous sens

La fougasse du Midi

Le nom de ce pain à la pâte ajourée est voisin de la fouace, l'une des plus anciennes pâtisseries françaises. A l'origine, il s'agissait d'une galette de fleur de froment non levée, cuite sous la cendre, dans le foyer (*focus* en latin, d'où son nom de *focacia* qui donna "fouace" et "fougasse").

C'ÉTAIT HIER

Autour de l'église

Figeac (Lot)

Durant la première moitié du XXe siècle, l'église faisait partie des lieux de rassemblement privilégiés de la population des villes comme des villages. Si les enfants s'échappaient volontiers de la messe pour aller jouer sur le parvis, leurs parents, parés de leurs habits du dimanche, ne manquaient pas de les retrouver après l'office pour discuter avec les autres habitants ou prendre conseil auprès du curé, qui jouissait à l'époque d'une grande influence sur ses paroissiens.

Mardi 6 janvier

Saint Melaine

Soleil qui luit le jour des Rois
fait deux hivers pour une fois.

08 h 44
17 h 10
Capricorne
2e décan

La France en vert

Une randonnée en raquettes dans le Vercors

Ceux qui souhaitent découvrir les cimes enneigées en profitant du paysage ont tout intérêt à s'initier à la randonnée en raquettes. Le massif du Vercors offre de nombreux sentiers balisés accessibles aux débutants et aux familles. A Villard-de-Lans, par exemple, ce sont 50 kilomètres de chemins qui attendent les randonneurs. Les sportifs les plus aguerris seront peut-être tentés par l'itinérance des Roys, une traversée du domaine du Haut Vercors qui s'étend sur 30 kilomètres de sentiers balisés et qui s'effectue en deux à quatre jours.

En tous sens

Le gâteau des rois provençal

En Provence, à l'Epiphanie, on partage le gâteau des rois, une couronne briochée à l'eau de fleur d'oranger garnie de fruits confits. Le rituel de sa dégustation vient de la Rome antique, où l'on avait coutume de cacher une fève dans un gâteau.

Au quotidien

Trucs et astuces

Pour des objets en cristal étincelants, trempez-les pendant quelques heures dans un baquet d'eau tiède contenant des rondelles de pommes de terre crues. Brassez, rincez et essuyez.

Pour le plaisir

Communes de France

Comment s'appellent les habitants de Y, dans la Somme ?

Solution : les Ypsiloniens et les Ypsiloniennes.

A faire aujourd'hui

8 h ....

9 h ....

10 h ....

11 h ....

12 h ....

13 h ....

14 h ....

15 h ....

16 h ....

17 h ....

18 h ....

19 h ....

20 h ....

Notes ....

C'ÉTAIT HIER

Les paysans bourguignons

Pays charolais (Saône-et-Loire)

Dans les premiers temps du XXe siècle, les paysans bourguignons arboraient encore le costume traditionnel simple et peu coûteux de leurs ancêtres. Les hommes étaient généralement vêtus d'une large blouse en toile bleue ou noire, la biaule, portée sur un pantalon large. Les femmes s'habillaient d'une jupe ample et d'un jupon de toile grossière, ainsi que d'un corsage dans un tissu de chanvre. Elles étaient coiffées d'un bonnet de coton blanc à brides.

08 h 43
17 h 11
Capricorne
2e décan

Mercredi 7 janvier

Saint Raymond

S'il gèle à la Saint-Raymond, l'hiver est encore long.

A faire aujourd'hui

8 h

9 h

10 h

11 h

12 h

13 h

14 h

15 h

16 h

17 h

18 h

19 h

20 h

Notes

Pour le plaisir

Etre heureux : un choix ?

Selon certaines études en psychologie, nous ne serions pas tous égaux face au bonheur. Des experts avancent l'idée que 60 % de notre bien-être et de notre humeur sont liés à des facteurs culturels et génétiques que nous ne maîtrisons pas. La bonne nouvelle, c'est que l'on peut agir sur les 40 % restants ! Ceux-ci dépendent avant tout de notre attitude : plus on positive, plus on est heureux.

Au quotidien

Des soins naturels pour les lèvres gercées

Pour soulager vos lèvres abîmées vous pouvez y appliquer un peu de beurre ou de miel du bout des doigts. Vous pouvez également faire tiédir un peu d'huile d'olive et la déposer sur vos lèvres à l'aide d'un coton.

La France en vert

Les travaux de la première quinzaine de janvier

- Eliminez les feuilles mortes des rocailles pour éviter le pourrissement des jeunes pousses des bulbes printaniers.
- Rabattez les touffes des graminées à feuillage caduc.
- Plantez les arbustes à feuillage caduc, en dehors des périodes de gel.
- Taillez les framboisiers.
- Faites tomber la neige accumulée sur les branches des conifères.
- Placez un ballon, un fagot, à la surface de l'eau de votre bassin pour permettre aux poissons de respirer.

C'ÉTAIT HIER

Les chaumières

Bretagne

Au XIXe siècle et durant les premières années du XXe siècle, les fermes bretonnes étaient souvent construites sur le même modèle. Elles comprenaient un bâtiment principal en pierre et au toit de chaume destiné à la famille. Les bâtiments annexes étaient réservés à l'agriculture et à l'élevage. Les maisons étaient souvent pourvues de fenêtres étroites à la base du toit. Celles-ci avaient pour but d'éclairer le grenier, qui pouvait ainsi proposer des couchages supplémentaires.

Jeudi 8 janvier

Saint Lucien

Temps de Saint-Lucien, temps de chien.

08 h 43
17 h 12
Capricorne
2e décan

Hiver

Au quotidien

Lutter contre la déprime saisonnière

Durant les mois d'hiver, où la luminosité et l'ensoleillement font défaut, il n'est pas rare de souffrir d'une légère déprime. Pensez à consommer des aliments riches en vitamine D (harengs, maquereaux, sardines, etc.) pour contrer ses effets.

En tous sens

Pastis aux pommes du Quercy

Pour 6 à 8 personnes. Ingrédients : 1 kg de farine ; 3 œufs ; 30 g de beurre ; 2 pommes ; 100 g de sucre en poudre ; 10 cl d'eau-de-vie de prune ; sel.

- Mettez la farine dans un saladier et faites un puits au centre. Ajoutez les œufs, 1 pincée de sel et 20 cl d'eau tiède petit à petit, en pétrissant le mélange jusqu'à l'obtention d'une boule de pâte. Laissez reposer pendant 3 h.
- Préchauffez le four à 180 °C.
- Placez la pâte sur un grand torchon et étirez-la délicatement avec les mains de façon qu'elle soit le plus fine possible (1 mm d'épaisseur). Laissez sécher.
- Faites fondre le beurre, puis badigeonnez-en la pâte. Arrosez d'eau-de-vie et saupoudrez de sucre.
- Pelez les pommes, épépinez-les et coupez-les en tout petits dés. Placez-les au centre de la pâte.
- Pliez la pâte plusieurs fois sur elle-même, puis placez-la dans une tourtière.
- Faites cuire au four pendant 45 minutes en surveillant la cuisson : la pâte doit être légèrement dorée. Servez tiède.

A faire aujourd'hui

8 h ....
....
9 h ....
....
10 h ....
....
11 h ....
....
12 h ....
....
13 h ....
....
14 h ....
....
15 h ....
....
16 h ....
....
17 h ....
....
18 h ....
....
19 h ....
....
20 h ....
....

Notes ....
....
....

C'ÉTAIT HIER

Les Gâs du Berry

Berry (Centre)

Fondée à la fin du XIXe siècle, la Société des gâs du Berry et autres lieux du Centre fut l'un des tout premiers groupes folkloriques créés en France. Constituée de dix-sept "gâs", vielleux et cornemuseux, elle avait à cœur de redonner vie aux traditions musicales de la région. La société rencontra un vif succès lors d'une représentation à l'Exposition universelle de 1889 et attira de nouveaux membres, qui poursuivirent sa mission festive tout au long du XXe siècle.

Hiver

08 h 43
17 h 13
Capricorne
2e décan

Vendredi 9 janvier

Sainte Alix

Janvier d'eau chiche fait le paysan riche.

A faire aujourd'hui

8 h ....
....
9 h ....
....
10 h ....
....
11 h ....
....
12 h ....
....
13 h ....
....
14 h ....
....
15 h ....
....
16 h ....
....
17 h ....
....
18 h ....
....
19 h ....
....
20 h ....
....
Notes ....
....
....

La France en vert

Protégez vos cyclamens

Les cyclamens fleurissent les jardinières durant les mois d'hiver. S'il gèle, pensez toutefois à les rentrer, car ils sont fragiles. Conservez-les à l'abri de la lumière directe et arrosez-les régulièrement.

Patrimoine

La cristallerie royale de Saint-Louis (Moselle)

C'est dans la petite commune de Saint-Louis-lès-Bitche, en Moselle, qu'est installée la plus ancienne cristallerie de France. Une première verrerie vit en effet le jour en ces lieux dès la fin du XVIe siècle. Elle devint par la suite verrerie royale et, en 1781, François de Beaufort, son directeur, parvint à mettre au point la formule du cristal. A partir de 1829, la manufacture se consacra exclusivement à la production du cristal. La cristallerie est toujours en activité à ce jour.

En tous sens

La baguette

La baguette est née au XXe siècle dans les boulangeries parisiennes. Son nom lui vient tout naturellement de sa forme allongée, tel un bâton de bois. Avec ses 70 centimètres pour 250 grammes en moyenne, elle est devenue emblématique de la France, au même titre que le béret ou le camembert. Il faut dire que sa consommation ne représente pas moins du tiers de tout le pain vendu dans l'Hexagone chaque jour.

C'ÉTAIT HIER

L'autorail

Castres (Tarn)

Le 31 décembre 1962 circulèrent pour la dernière fois les autorails de la société Billard reliant la ville de Castres à Murat, dans le Tarn. Le réseau des chemins de fer départementaux du Tarn était constitué alors de lignes à voie métrique, c'est-à-dire de 1 mètre de large, pour transporter les voyageurs sur des trajets courts. Ces véhicules ferroviaires à moteur thermique traversaient le cœur des villes et les villages, les voies suivant les rues, à l'image des tramways.

Samedi 10 janvier

Saint Guillaume

Beau temps à la Saint-Guillaume
donne plus de blé que de chaume.

08 h 42
17 h 15
Capricorne
2e décan

Hiver

Mes nuits ne sont pas les vôtres

Dominique Marny

Un crépitement de bûches dans la cheminée la fit sursauter. Constatant qu'elle était toujours seule, elle poursuivit son observation. A l'opposé de la cour d'entrée, une seconde porte-fenêtre ouvrait sur un parc à l'anglaise où se profilaient des statues de pierre mangées par la mousse. Un cèdre du Liban masquait à demi un étang. S'arrachant à sa contemplation, elle arpenta la pièce. Son hôte allait-il se faire attendre encore longtemps ? Elle s'approcha de la licorne, flatta son encolure. Sur une console, des jacinthes bleues exhalaient un parfum entêtant. Elle se pencha pour le respirer. En se relevant, elle croisa son propre regard dans un miroir. Ses yeux battus, ses traits tirés révélaient sa nuit d'étreintes et de caresses avec Thomas. Elle allait se retourner quand un visage se dessina à côté du sien. Un visage dont la découverte la fit hurler.

— Est-ce si difficile à supporter ? lui demanda celui qui l'avait rejointe.

Sans pouvoir retenir ses cris, elle fit face à un homme de taille moyenne. Vêtu d'un jean et d'un gros pull à fermeture Eclair, il n'offrait rien d'anormal en dehors de sa figure aux chairs broyées, compressées, écrasées.

— Jean, se présenta avec calme son hôte. Avez-vous fait bon voyage ?

— Oui. Merci.

— Vous n'avez pas trop chaud avec votre bonnet ?

— Un peu, répliqua-t-elle en l'ôtant.

De lourds cheveux bruns et ondulés tombèrent sur ses épaules. Tandis qu'elle s'asseyait dans le canapé, il ne lui donna pas plus de vingt-cinq ans. Une déduction que renforçaient un regard sans ombre, la bouche un peu boudeuse, les fossettes aux commissures des lèvres.

Extrait du roman *Mes nuits ne sont pas les vôtres* de Dominique Marny
paru aux Presses de la Cité dans la collection Trésors de France

A faire aujourd'hui

Samedi

8 h ....
9 h ....
10 h ....
11 h ....
12 h ....
13 h ....
14 h ....
15 h ....
16 h ....
17 h ....
18 h ....
19 h ....
20 h ....

Dimanche

8 h ....
9 h ....
10 h ....
11 h ....
12 h ....
13 h ....
14 h ....
15 h ....
16 h ....
17 h ....
18 h ....
19 h ....
20 h ....

Notes

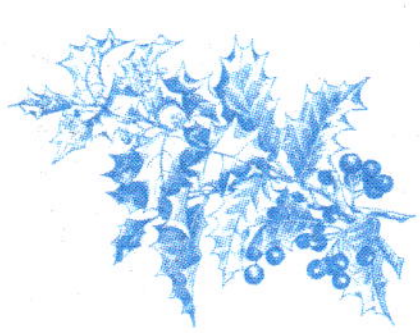

Saint Paulin

Dimanche 11 janvier

08 h 42
17 h 16
Capricorne
3e décan

Hiver

08 h 41
17 h 17
Capricorne
3e décan

Lundi 12 janvier

Sainte Tatiana

Janvier de givre, année de fruits.

A faire aujourd'hui

8 h

9 h

10 h

11 h

12 h

13 h

14 h

15 h

16 h

17 h

18 h

19 h

20 h

Notes

Au quotidien
Un massage au cacao

Mettez 40 g de beurre de cacao, 10 ml d'huile de noisette et 1 pointe de cire d'abeille dans un saladier supportant la chaleur et faites fondre au bain-marie. Répartissez le mélange dans de tout petits moules en silicone et laissez prendre pendant 10 min au congélateur de façon à obtenir de petits galets. Placez-en un sur la peau et massez délicatement, la chaleur de l'épiderme le fera fondre et le transformera en huile de massage.

Pour le plaisir
Devinette

Au cinéma de son quartier, M. Durand donne 2 euros à une dame pour un ticket à 8 euros. Il ne bénéficie d'aucune remise particulière, pourtant la personne de l'autre côté du guichet ne lui réclame pas d'argent. Comment est-ce possible ?

Solution : M. Durand est le guichetier du cinéma. Il rend la monnaie à la dame sur les 10 euros qu'elle lui a donnés pour payer sa place.

En tous sens
Les anis de Flavigny (Bourgogne)

Les célèbres dragées de Flavigny-sur-Ozerain sont fabriquées à partir de graines d'anis enrobées de sirop de sucre. Si la recette originelle demeure la favorite, ses variantes parfumées connaissent elles aussi un succès jamais démenti. L'abbaye de Flavigny, devenue manufacture après la Révolution, produit 250 tonnes de dragées par an.

C'ÉTAIT HIER

Histoire d'une eau

Contrexéville (Vosges)

L'eau minérale naturelle fit la réputation de Contrexéville dès la découverte de sa source, en 1760. Au cours du XIXe siècle, on construisit des établissements thermaux pour mettre à profit ses bienfaits, et en 1908 vit le jour un premier centre d'embouteillage à Contrexéville. L'eau était également conditionnée dans l'usine avant d'être expédiée. L'industrie continua à se développer dans la ville, et on connaît encore aujourd'hui son eau sous la célèbre marque Contrex.

61 CONTREXÉVILLE. — Embouteillage des Eaux. — Emballage et Expéditions. — LL.

Mardi 13 janvier

Sainte Yvette

Janvier frileux
gèle l'oiseau sur ses œufs.

08 h 41
17 h 19
Capricorne
3e décan

Hiver

Patrimoine

Quiz – Spécialités régionales

1. La pauchouse est une spécialité :
a. de Bretagne
b. d'Aquitaine
c. de Bourgogne

2. Quelle spécialité peut-on déguster en Auvergne ?
a. les tripous
b. les œufs en meurette
c. la cruchade

3. Laquelle de ces spécialités n'est pas originaire de Corse ?
a. la pancetta
b. la coppa
c. le brocciu

Solution : 1 c, 2 a, 3 a.

Au quotidien

Contre les yeux fatigués

Après une journée fatigante, si vous sentez vos paupières lourdes et gonflées, essayez ce remède : faites infuser cinq ou six fleurs de camomille romaine dans une tasse d'eau bouillante pendant environ dix minutes. Laissez refroidir, filtrez. Mouillez des disques de coton avec cette préparation et appliquez-les en compresses sur vos yeux pendant quinze minutes.

En tous sens

Le sel de Guérande (Loire-Atlantique)

Si les premières salines sur la presqu'île de Guérande datent du IIIe siècle, c'est au Xe siècle qu'elles connurent un véritable essor, grâce aux moines de l'abbaye de Landévennec, qui étudièrent l'action des vents et des marées ainsi que l'ensoleillement pour créer une sorte d'usine à ciel ouvert permettant une production optimale de l'"or blanc". Ces salines sont toujours exploitées et produisent en moyenne 9 500 tonnes de sel par an.

A faire aujourd'hui

8 h ...
9 h ...
10 h ...
11 h ...
12 h ...
13 h ...
14 h ...
15 h ...
16 h ...
17 h ...
18 h ...
19 h ...
20 h ...
Notes ...

C'ÉTAIT HIER

La Canebière

Marseille (Bouches-du-Rhône)

On connaît la Canebière pour son activité débordante, aussi bien commerciale qu'intellectuelle. On sait moins que son nom a pour origine le provençal *canebe*, lui-même issu du latin *cannabis*, qui signifie « chanvre ». Au Moyen Age, des cordiers vinrent en effet s'installer autour du Vieux Port de Marseille pour travailler le chanvre et fabriquer des cordages et arrimages pour les bateaux. La ville fut même pendant un temps l'un des plus grands comptoirs de chanvre du monde.

Hiver

☀ 08 h 40
17 h 20
Capricorne
3e décan

Mercredi 14 janvier

Sainte Nina

Hiver, sitôt qu'il est beau, nous promet un été plein d'eau.

A faire aujourd'hui

8 h ....

9 h ....

10 h ....

11 h ....

12 h ....

13 h ....

14 h ....

15 h ....

16 h ....

17 h ....

18 h ....

19 h ....

20 h ....

Notes ....

La France en vert

Vézelay

Face aux monts du Morvan en Bourgogne, au sommet d'une colline escarpée, se dresse la majestueuse basilique Sainte-Madeleine. Chef-d'œuvre de l'art roman restauré par Viollet-le-Duc, la basilique est un point de ralliement du pèlerinage de Saint-Jacques-de-Compostelle. Dans le village, les maisons romanes côtoient des demeures de la Renaissance, parmi lesquelles se trouve celle de l'écrivain Jules Roy, devenue aujourd'hui une résidence d'écrivains.

En tous sens

Escalope de veau comtoise

Pour 4 personnes. Ingrédients : 4 fines escalopes de veau ; 150 g de champignons de Paris ; 1 c. à s. d'huile d'olive ; 1 noix de beurre ; 4 tranches fines de jambon fumé ; 100 g de comté râpé ; 100 g de crème fraîche épaisse ; sel ; poivre.

- Préchauffez le four à 180 °C.
- Rincez les champignons, puis émincez-les. Faites-les revenir à la poêle avec l'huile d'olive jusqu'à ce qu'ils aient rendu toute leur eau. Réservez-les.
- Faites cuire les escalopes à la poêle avec le beurre en les retournant à mi-cuisson. Salez et poivrez.
- Déposez-les dans un plat allant au four. Couvrez-les de jambon et de comté.
- Remettez les champignons dans la poêle et ajoutez la crème fraîche. Versez ce mélange dans le plat.
- Faites cuire au four de 10 à 12 minutes.

Pour le plaisir

Devinette

Lorsqu'on a besoin de moi, on me jette, et lorsque je deviens inutile, on me reprend. Qui suis-je ?

Solution : une ancre.

C'ÉTAIT HIER

A la Mère Guy

Lyon (Rhône)

Le restaurant de la mère Guy était à l'origine une guinguette, ouverte en 1759 sur les bords du Rhône et dont la spécialité était la matelote d'anguille. Au XIXe siècle, deux descendantes de la restauratrice reprirent la recette et la mirent à la carte de leur restaurant. Elles proposèrent également une cuisine simple, mais savoureuse et abordable, à l'image des autres « mères » lyonnaises, ces cuisinières qui avaient délaissé les cuisines des bourgeois pour se mettre à leur compte.

Jeudi 15 janvier

Saint Remi

Si janvier est doux comme février,
février est rude comme janvier.

08 h 39
17 h 21
Capricorne
3e décan

Hiver

La France en vert

Les falaises des Andelys (Eure)

Situées aux portes de la Normandie, les falaises des Andelys dressent leurs éperons rocheux d'une blancheur immaculée au-dessus de la vallée de la Seine. Un sentier de grande randonnée permet de découvrir le site. Il emmène le randonneur au belvédère de Notre-Dame-de-Bellegarde, à La Roquette, depuis lequel il peut admirer l'enfilade des falaises, les méandres du fleuve et Château-Gaillard, qui surplombe le village des Andelys.

Au quotidien

L'entretien d'un canapé en cuir

Les canapés en cuir ont tendance à perdre leur éclat et à se craqueler si l'on n'en prend pas soin. Pour éviter qu'ils ne s'abîment, imbibez légèrement un chiffon de lait pour bébé ou de lotion hydratante et massez délicatement le cuir en effectuant des mouvements circulaires.

Pour le plaisir

La bonne pensée du jour !

Vous vous sentez découragé face à une tâche à accomplir ? Pensez à cette phrase d'André Gide : "Il est bien des choses qui ne paraissent impossibles que tant qu'on ne les a pas tentées." *(Si le grain ne meurt).*

A faire aujourd'hui

8 h ....
....
9 h ....
....
10 h ....
....
11 h ....
....
12 h ....
....
13 h ....
....
14 h ....
....
15 h ....
....
16 h ....
....
17 h ....
....
18 h ....
....
19 h ....
....
20 h ....
....
Notes ....
....
....

C'ÉTAIT HIER

A l'école d'autrefois

Rebais (Seine-et-Marne)

Avant les années 1960, la mixité était inconnue dans les écoles communales et cette petite commune de Seine-et-Marne n'échappait pas à la règle. Il y avait donc dans chaque village une école de filles et une école de garçons, une institutrice et un maître. Si les cours de morale, de mathématiques, de français et les leçons de choses étaient dispensés à tous, les filles suivaient de leur côté des cours de couture et de cuisine, tandis que les garçons s'initiaient au bricolage sur des établis.

Hiver

08 h 39
17 h 23
Capricorne
3e décan

Vendredi 16 janvier

Saint Marcel

Beaux jours de janvier trompent l'homme en février.

A faire aujourd'hui

8 h ....
....
9 h ....
....
10 h ....
....
11 h ....
....
12 h ....
....
13 h ....
....
14 h ....
....
15 h ....
....
16 h ....
....
17 h ....
....
18 h ....
....
19 h ....
....
20 h ....
....
Notes ....
....
....

Au quotidien

Un coup de main pour les futures mamans

Si vous attendez un enfant, une aide à domicile peut vous être attribuée sous certaines conditions : il faut en effet apporter la preuve que vous êtes confrontée à des difficultés médicales, sociales ou financières ou que la santé de votre enfant l'exige. Vous devrez ensuite effectuer la demande auprès d'un service d'aide sociale. Si votre dossier est accepté, vous pourrez bénéficier de l'intervention d'une aide-ménagère. Renseignez-vous auprès de votre CAF.

Pour le plaisir

Comment s'appellent ?

Les habitants de Saint-Dié-des-Vosges ?

Solution : les Déodatiens et les Déodatiennes.

La France en vert

Pêche d'hiver

Si le mois de janvier n'est pas le meilleur mois pour la pêche, du fait de la baisse de la température de l'eau et de la torpeur des poissons, il est toutefois possible de trouver des perches, des sandres ou des brochets (la pêche au brochet est ouverte jusqu'à fin janvier) en pratiquant la pêche au leurre ou au vif en eau douce.

En tous sens

Le blanc-manger

Aujourd'hui, on consomme le blanc-manger presque exclusivement sous la forme d'un entremets sucré et parfumé, que l'on prépare avec de la gélatine afin de lui donner une consistance ferme. Au Moyen Age, pourtant, ce mets était plus proche d'une bouillie épaissie, salée ou sucrée selon les cas. On a retrouvé des recettes à base de poisson, de viande, d'amandes ou de pistaches, etc.

C'ÉTAIT HIER

Le tissage de tamis

Bannalec (Finistère)

A la fin du XIXe siècle, avant l'avènement de l'industrie, les tamis étaient fabriqués de façon artisanale. Les Bretons, grands consommateurs de farine de froment et de sarrasin (pour les fameuses crêpes et galettes de la région !), avaient besoin de tamis et de cribles à la trame très fine. Toute la famille était donc mise à contribution pour fabriquer ces objets à partir de crin, de fil de soie ou de fer. La tâche était longue et demandait une extrême minutie.

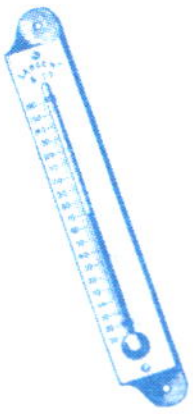

Samedi 17 janvier

Sainte Roseline

A l'hiver s'il est en eau
succède été bon et beau.

08 h 38
17 h 24
Capricorne
3e décan

Hiver

La Tante de Russie

Elise Fischer

Nancy était une ville très prospère à cette époque grâce au nombre d'Alsaciens et de Mosellans venus s'installer en France après 1871. Il y avait aussi quelques Luxembourgeois fortunés. La Moselle et l'Alsace étaient allemandes, et la plupart des industriels, créateurs, commerçants ne voulaient pas enrichir la Prusse. Nancy sut se montrer généreuse en accueillant à bras ouverts ces résistants qui optaient pour la France en s'établissant en Lorraine francophone. Ce fut le cas de la famille Daum, originaire de Bitche. Les Daum allaient devenir verriers par accident, car papa Daum, notaire de son état, avait aidé un ami à plusieurs reprises en lui prêtant de l'argent pour sa verrerie. L'ami n'était pas doué en affaires. Et la famille Daum n'eut d'autre solution que celle de reprendre la verrerie et de la gérer avec rigueur. Les fils s'unirent et entourèrent leur père. Curieux, épris de beauté et sans doute stimulé par le travail d'autres verriers, l'un des fils Daum se lança dans la création artistique et la pâte de verre. Ce que faisait déjà Gallé. La brasserie Walter accueillait ces artistes chaque dimanche après-midi à proximité de la Pépinière, ce beau parc voulu par Stanislas. J'admirais aussi l'élégance des Nancéiennes. Il semble, disaient les connaisseurs, que les belles dames n'avaient rien à envier aux Parisiennes. D'ailleurs la prospérité de la ville se voyait au nombre de constructions incroyables qui s'élançaient. Des immeubles surgissaient, des artères s'ouvraient. Un petit Paris naissait en Lorraine.

Extrait du roman *La Tante de Russie* d'Elise Fischer
paru aux Presses de la Cité dans la collection Terres de France

A faire aujourd'hui

Samedi

8 h ....
9 h ....
10 h ....
11 h ....
12 h ....
13 h ....
14 h ....
15 h ....
16 h ....
17 h ....
18 h ....
19 h ....
20 h ....

Dimanche

8 h ....
9 h ....
10 h ....
11 h ....
12 h ....
13 h ....
14 h ....
15 h ....
16 h ....
17 h ....
18 h ....
19 h ....
20 h ....

Notes

Sainte Prisca

Dimanche 18 janvier

08 h 37
17 h 26
Capricorne
3e décan

08 h 36
17 h 27
Capricorne
3e décan

Lundi 19 janvier

Saint Marius

Mois de janvier laisse la terre se reposer.

A faire aujourd'hui

8 h ....

9 h ....

10 h ....

11 h ....

12 h ....

13 h ....

14 h ....

15 h ....

16 h ....

17 h ....

18 h ....

19 h ....

20 h ....

Notes ....

En tous sens

Les sablés niortais

Pour 6 personnes. Ingrédients : 1 œuf ; 175 g de sucre ; 250 g de farine ; 175 g de beurre ; 1 sachet de sucre vanillé ; sel.

- Préchauffez le four à 180 °C.
- Dans un saladier, battez l'œuf avec le sucre et le sucre vanillé et une pincée de sel, jusqu'à ce que le mélange blanchisse.
- Incorporez la farine puis le beurre coupé en morceaux.
- Mélangez jusqu'à ce que la pâte soit bien homogène.
- A l'aide d'une poche à douille cannelée, faites des petits tas de pâte sur une plaque de cuisson recouverte de papier sulfurisé.
- Faites cuire 15 minutes au four.
- Laissez refroidir avant de déguster.

Pour le plaisir

Le top des résolutions ?

Les résolutions qui reviennent le plus souvent en tête de liste en début d'année sont : arrêter de fumer, faire du sport et manger plus sainement. Beaucoup souhaitent également réduire leur stress tandis que d'autres privilégient l'amélioration de leurs finances ou le développement de leurs liens sociaux. Et vous, quelles sont vos résolutions ?

La France en vert

Le petit geste écolo

Même en hiver, pensez à ouvrir grand les fenêtres (pour lutter contre la pollution intérieure) pendant quelques minutes chaque jour pour renouveler l'air de votre intérieur. N'oubliez pas d'éteindre vos radiateurs électriques pendant l'opération, afin d'éviter ainsi de gaspiller inutilement de l'énergie.

C'ÉTAIT HIER

Pêcheurs de Corse

Bastia (Haute-Corse)

En Corse comme ailleurs, les activités de la mer ne se limitaient pas à la pêche au large. De retour au port, comme ici à Bastia dans les années 1950, les pêcheurs ne se contentaient pas de vendre leurs poissons, ils devaient également rassembler leurs filets pour procéder au ravaudage. Ils ne disposaient pour cette tâche que d'une *aguglia*, sorte de navette qu'ils faisaient passer d'avant en arrière entre les mailles afin de réparer et consolider leur précieux outil de travail.

Mardi 20 janvier

Saint Sébastien

Pluie qui dure en janvier suffit pour toute l'année.

08 h 35
17 h 29
Capricorne
3e décan

Hiver

Patrimoine

L'Institut Pasteur

Fondé en 1887 par Louis Pasteur lui-même, l'Institut avait pour vocation de promouvoir la vaccination contre la rage, d'étudier les maladies infectieuses et de répandre le savoir dans ce domaine. De brillants scientifiques y développèrent rapidement la recherche en microbiologie, immunologie et biologie moléculaire, qui fait encore aujourd'hui la renommée de l'Institut.

Pour le plaisir

Enigme

Quel nombre vient logiquement après le 8 dans la suite de chiffres suivante : 0 1 1 2 3 5 8.

Solution : 13. Chaque chiffre est le résultat de la somme des deux précédents : 5 + 8 = 13.

Au quotidien

Le livret de famille

Il est automatiquement délivré aux couples qui viennent de se marier. A côté de l'acte de mariage sont retranscrits les événements modifiant la situation familiale (naissance, décès, divorce, etc.). En cas de divorce, de séparation de fait ou d'éloignement professionnel, un second livret peut être délivré à la mairie de la ville où réside celui qui en fait la demande. Il convient de le garder précieusement, au même titre que sa carte d'identité ou son passeport.

La France en vert

Le village d'Eguisheim (Haut-Rhin)

Niché au cœur du vignoble alsacien, le village d'Eguisheim se présente au visiteur comme un concentré d'Alsace, avec ses ruelles pavées joliment fleuries et ses maisons à colombages des XVIe et XVIIe siècles, aux toits pointus et aux couleurs vives.

A faire aujourd'hui

8 h ....

9 h ....

10 h ....

11 h ....

12 h ....

13 h ....

14 h ....

15 h ....

16 h ....

17 h ....

18 h ....

19 h ....

20 h ....

Notes ....

C'ÉTAIT HIER

Le travail de la terre

Hénin-Beaumont (Pas-de-Calais)

Avec l'arrivée de la mécanisation et l'introduction d'engrais chimiques, l'agriculture française connut une révolution dans les années 1950. Toutefois, le travail des champs "à l'ancienne" ne disparut pas d'un claquement de doigts, et l'on vit encore longtemps des paysans labourer la terre à l'aide d'une charrue tirée par un cheval, comme dans ce champ du nord de la France, destiné à accueillir des plantations de blé, de betterave à sucre ou de pommes de terre.

Hiver

08 h 34
17 h 30
Verseau
1er décan

Mercredi 21 janvier

Sainte Agnès

A la Sainte-Agnès, l'hiver sans amour ne progresse.

A faire aujourd'hui

8 h ....
9 h ....
10 h ....
11 h ....
12 h ....
13 h ....
14 h ....
15 h ....
16 h ....
17 h ....
18 h ....
19 h ....
20 h ....
Notes ....

La France en vert

Le carnaval de Dunkerque

S'étalant de janvier à avril à Dunkerque et ses alentours, le carnaval attire chaque année des milliers de spectateurs venus assister aux "bandes", les défilés des groupes de "carnavaleux" déguisés menés par le "tambour-major" qui dirige la "clique" (les musiciens). Le soir ont lieu des bals animés. L'un des temps forts est le lancer de harengs, lorsque le maire jette littéralement des "zharengs" sur la foule. Le carnaval de Dunkerque est connu pour être un lieu de joyeuse convivialité.

Pour le plaisir

Verseau (21 janvier – 19 février)

L'année 2015 sera placée sous le signe de l'action et du changement. De nombreux projets se présenteront à vous, et il vous faudra prendre le recul nécessaire pour faire les bons choix, que ce soit dans votre vie personnelle ou professionnelle. La stabilité sera toutefois de mise dans votre vie sentimentale.

Patrimoine

La toute première université

Aux XIIe et XIIIe siècles, les écoles monastiques de Sainte-Geneviève et de Saint-Victor, établies sur les pentes de la montagne Sainte-Geneviève à Paris, connurent un grand essor et leurs bibliothèques s'enrichirent, attirant nombre de maîtres de renom et d'élèves. En 1200, ceux-ci se constituèrent en Université, un corps professionnel dédié à la transmission et à l'épanouissement du savoir. Maîtres et élèves se regroupèrent en fonction des matières enseignées, pour former des facultés : arts libéraux, droit et médecine. Sur le même modèle apparurent l'université de Toulouse, en 1229, puis celle de Montpellier, en 1289.

C'ÉTAIT HIER

Jour de marché

Pont-l'Evêque (Calvados)

Au tout début du XXe siècle, il n'était pas question de trouver sur les étals des marchés normands autre chose que des produits locaux. La proximité de la mer permettait aux habitants de consommer du poisson et des crustacés. Si l'élevage bovin était déjà courant, la viande de bœuf restait réservée aux plus riches. Les produits laitiers et fromages, en revanche, ne manquaient pas (camembert, livarot, pont-l'évêque, etc.). Côté fruits, pommes et poires étaient présentes en quantité.

Jeudi 22 janvier

Saint Vincent

Si le jour de la Saint-Vincent est trouble,
il met le vin au double.

08 h 33
17 h 32
Verseau
1er décan

Patrimoine

Colette en Bourgogne

Sidonie Gabrielle Colette naît en 1873 à Saint-Sauveur-en-Puisaye, dans une région champêtre, marécageuse et vallonnée de l'Yonne. A dix-neuf ans, elle part s'installer à Paris avec son mari, Henry Gauthier-Villars, qui la presse d'écrire ses souvenirs. *Claudine à l'école* voit le jour et Colette découvre sa vocation de romancière. Libre de nature, se moquant du qu'en-dira-t-on, Colette n'hésite pas à afficher ses liaisons féminines, à divorcer – deux fois – et à dévoiler son corps au cours de sa carrière de mime. Son œuvre conserve la trace de son attachement à son pays natal, comme en témoignent *La Maison de Claudine* (1922) et *Sido* (1930). Elue à l'Académie Goncourt en 1945, elle meurt en 1954.

En tous sens

La cuisine à la bière

La cuisine traditionnelle du Nord-Pas-de-Calais est fortement influencée par celle de la Belgique voisine. La bière est ainsi souvent présente dans les recettes salées, comme dans la carbonade flamande ou le lapin aux pruneaux. On y adjoint parfois du pain d'épice pour contrer l'amertume de la bière. Celle-ci intervient aussi dans les recettes sucrées où elle fait office de levure, comme dans les beignets ou les crêpes.

La France en vert

La Coulée verte du Sud parisien (Hauts-de-Seine)

Les habitants de la capitale et de sa banlieue proche ont la possibilité de s'évader le temps d'un après-midi en sillonnant la Coulée verte, un aménagement de 15 kilomètres qui relie Massy aux portes de Paris et qui est entièrement dédié aux cyclistes, marcheurs ou adeptes du roller. Des aires de jeux et des terrains de sport sont aussi proposés sur le parcours.

A faire aujourd'hui

8 h ....

9 h ....

10 h ....

11 h ....

12 h ....

13 h ....

14 h ....

15 h ....

16 h ....

17 h ....

18 h ....

19 h ....

20 h ....

Notes ....

C'ÉTAIT HIER

Bergers du Midi

Provence

L'élevage de moutons est une tradition séculaire en Provence. Les bêtes, utilisées pour leur laine comme pour leur lait, se sont toujours bien adaptées à la végétation rare et au climat sec local. Lorsque l'herbe venait à manquer, les troupeaux partaient passer les mois d'été dans les pâturages alpins. La montée aux alpages se faisait autrefois à pied, le berger menant ses moutons le long des drailles (chemins dédiés à la transhumance) escarpées.

08 h 32
17 h 33
Verseau
1er décan

Vendredi 23 janvier

Saint Barnard

Saint-Barnard ensoleillée rend le vigneron gai.

A faire aujourd'hui

8 h

9 h

10 h

11 h

12 h

13 h

14 h

15 h

16 h

17 h

18 h

19 h

20 h

Notes

En tous sens

Le pain : un peu d'histoire

C'est vraisemblablement dans l'Egypte de l'Ancien Empire que le pain fit son apparition. Il serait né par hasard, d'une pâte de galettes constituée de farine, d'eau et de lait, que l'on aurait laissée fermenter par mégarde et qui aurait levé. On l'aurait alors fait cuire, donnant ainsi naissance à l'ancêtre du pain. Plus tard, la présence du pain fut également attestée chez les Grecs et les Romains. Chaque époque a ensuite laissé sa trace, faisant évoluer le pain au gré des goûts, mais aussi des événements historiques ou sociologiques.

La France en vert

Les travaux de la seconde quinzaine de janvier

- Plantez les vivaces à floraison estivale.
- Plantez les rosiers à racines nues et en mottes.
- Semez en caissettes, à l'intérieur, les plantes annuelles à croissance lente comme les bégonias.
- Arrosez, en dehors des périodes de gel, les plantes de terre de bruyère, qui, avec le froid, se dessèchent très vite.
- Plantez les haies à feuillage caduc.
- Plantez la rhubarbe.
- Sous châssis, semez carottes, navets et laitues.

Pour le plaisir

Devinette

Tous les voleurs me possèdent. Je viens en premier dans les vengeances. Tous les devins m'utilisent. Les savants ne peuvent se passer de moi, car je suis le centre de gravité. Qui suis-je ?

Solution : la lettre v.

C'ÉTAIT HIER

Les houblonnières d'Alsace

Kochersberg (Bas-Rhin)

Les terres fertiles et le climat continental de l'Alsace sont propices à la culture du houblon, comme en témoignent ces houblonnières de la plaine d'Alsace. Riche de sa production, la région s'est spécialisée il y a déjà plusieurs siècles dans la fabrication de bière, et de grandes brasseries telles que Heineken, Carlsberg ou Kronenbourg utilisent le houblon local pour préparer leur célèbre breuvage. Près de 60 % de la production de bière française se fait encore aujourd'hui en Alsace.

Samedi 24 janvier

Saint François de Sales

Pendant les glaces de l'hiver,
il ne faut les terres cultiver.

08 h 31
17 h 35
Verseau
1er décan

Hiver

Pierre, maître de dentelle

Hubert de Maximy

A Craponne, en janvier et février, la neige est relativement rare mais le gel féroce. La volée de moineaux lâchée dans la cour à la récréation faisait alors des glissades sous la direction des frères. L'eau froide se transformant en glace dans les seaux, deux « grands » allaient chercher de l'eau chaude, tirée au pochon du grand fourneau noir de la cuisine. La matrone qui y officiait dénonçait en vain le pillage de toute sa réserve. D'un geste expert, le frère surveillant vidait les seaux en une longue langue d'eau instantanément gelée au contact du sol. Répétée quatre ou cinq fois, l'opération donnait naissance à une sente miroitante d'une quinzaine de mètres, inaugurée par le frère aussitôt suivi des gamins. Après une course brève pour prendre de l'élan, on glissait en équilibre précaire, une jambe en avant, l'autre en soutien arrière. La distance parcourue mesurée par des repères au sol devenait objet de défis et de gloire. Le jeu attirait peu à peu tous les écoliers et l'attente trop longue nécessitait une deuxième puis une troisième piste. Naturellement l'une d'elles était « la meilleure ». Les autres, considérées comme de pitoyables ersatz, étaient abandonnées aux petits. On rentrait en classe essoufflé, les joues rouges, la goutte au nez mais le corps chaud et du bonheur plein les yeux.

Les élèves de la campagne marchaient parfois une heure pour se rendre à l'école. Leurs sabots claquaient dans la boue ou sonnaient sur la terre gelée. Ils récoltaient des compagnons de route tout au long du chemin. Enveloppés dans des capes noires, pieds et jambes protégés par de gros bas tricotés à quatre aiguilles par les grand-mères, un béret enfoncé jusqu'aux yeux, ils allaient d'un pas vif. Le froid mordait leurs mains. Les moufles du début de l'hiver, une fois perdues, étaient rarement remplacées. Alors par les grands froids, ils arrivaient parfois en pleurant de douleur. Les engelures gonflaient leurs doigts et ils peinaient à tenir leurs porte-plumes.

Extrait du roman *Pierre, maître de dentelle* d'Hubert de Maximy
paru aux Presses de la Cité dans la collection Terres de France

A faire aujourd'hui

Samedi
8 h ....
9 h ....
10 h ....
11 h ....
12 h ....
13 h ....
14 h ....
15 h ....
16 h ....
17 h ....
18 h ....
19 h ....
20 h ....

Dimanche
8 h ....
9 h ....
10 h ....
11 h ....
12 h ....
13 h ....
14 h ....
15 h ....
16 h ....
17 h ....
18 h ....
19 h ....
20 h ....

Notes

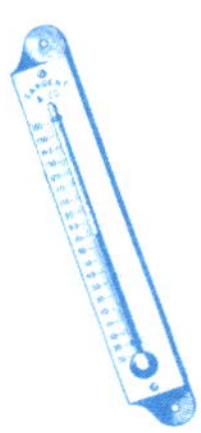

Conversion de saint Paul

Dimanche 25 janvier

08 h 30
17 h 36
Verseau
1er décan

Hiver

08 h 29
17 h 38
Verseau
1er décan

Lundi 26 janvier

Sainte Paule

Janvier et février comblent ou vident le grenier.

A faire aujourd'hui

8 h ...

9 h ...

10 h ...

11 h ...

12 h ...

13 h ...

14 h ...

15 h ...

16 h ...

17 h ...

18 h ...

19 h ...

20 h ...

Notes ...

Patrimoine

Quiz – Sites remarquables

1. Dans quel département se trouve le Mont-Saint-Michel ?
a. l'Ille-et-Vilaine
b. la Manche
c. le Calvados

2. Le gouffre de Padirac se trouve dans la vallée :
a. de la Dordogne
b. du Lot
c. de la Garonne

3. Quel site ne fait pas partie du bassin d'Arcachon ?
a. la dune du Pilat
b. le banc d'Arguin
c. l'étang de Lacanau

Solution : 1 b, 2 a, 3 c.

Au quotidien

Problème de surbooking ?

Une compagnie aérienne a le droit de vous refuser l'embarquement en cas de surréservation, cette pratique n'étant pas illégale. En revanche, elle est tenue de prendre en charge vos frais de restauration, d'hébergement, etc., en attendant le vol suivant. Elle doit aussi vous remettre une notice indiquant la marche à suivre afin d'être dédommagé.

En tous sens

Les fromages de Bourgogne

La Bourgogne fournit d'excellents fromages, dont le soumaintrain pâte molle, le saint-florentin non affiné, dans la région d'Auxerre, le bouton de culotte, un fromage de chèvre élaboré en Mâconnais, l'aisy cendré, le charolais. Le plus réputé est sans aucun doute l'époisses, fromage AOC de vache à pâte molle et à croûte lavée, coulant et très fort, se présentant sous la forme d'un disque lui aussi de couleur ocre ou rouge brique. Son affinage, qui dure au moins quatre semaines, s'accompagne d'un frottage au marc de Bourgogne.

C'ÉTAIT HIER

La bouillabaisse

Marseille (Bouches-du-Rhône)

A l'origine, la bouillabaisse n'avait rien d'un plat de fête. Elle était préparée par les pêcheurs avec les poissons invendables qui restaient dans leurs paniers. Installés dans leurs cabanons, ces cabanes de pêcheurs typiques des calanques entre Marseille et Toulon, ils faisaient bouillir les poissons sans tête ou éventrés dans de l'eau de mer, puis versaient le bouillon obtenu sur du pain rassis frotté d'ail et partageaient les morceaux entre tous les membres de la famille.

Mardi 27 janvier

Sainte Angèle

Sécheresse de janvier, richesse de fermier.

08 h 28
17 h 40
Verseau
1er décan

Hiver

Pour le plaisir

Un café solidaire

Une tradition venue de Naples commence à faire son entrée dans les bistrots français. Dans certains bars, il est possible de payer deux cafés et de n'en consommer qu'un seul, le deuxième étant "suspendu". Celui-ci pourra alors être commandé gratuitement par un autre client, plus démuni. Sur le même principe, certaines boulangeries proposent une "baguette en attente".

Au quotidien

Un accident de ski ?

Si vous vous blessez pendant un séjour aux sports d'hiver ou si vous provoquez un incident sur les pistes, vous disposez d'un délai de cinq jours pour déclarer l'accident à votre assureur. Il est par aileurs préférable d'envoyer votre déclaration d'accident par courrier recommandé, pour plus de sûreté.

La France en vert

Le rocher de Dabo (Moselle)

Surplombant le village de Dabo, cet imposant rocher constitué de grès rose mesure 30 m de haut, 80 m de long et 26 m de large. Formé il y a plus de 200 millions d'années, il a suscité l'intérêt des hommes dès l'âge de pierre. Les Celtes en firent un lieu de culte païen, et les Triboques, les Romains et les Francs y laissèrent aussi leur marque. Il accueillit longtemps un château médiéval, détruit en 1690, avant de laisser la place à une chapelle, consacrée à saint Léon.

Pour le plaisir

Devinette

Arthur est le frère de deux aveugles, pourtant ces deux aveugles ne sont pas frères. Comment est-ce possible ?

Solution : ce sont des sœurs.

A faire aujourd'hui

8 h ......
9 h ......
10 h ......
11 h ......
12 h ......
13 h ......
14 h ......
15 h ......
16 h ......
17 h ......
18 h ......
19 h ......
20 h ......
Notes ......

C'ÉTAIT HIER

Les courses hippiques

Deauville (Calvados)

La tradition des courses hippiques à Deauville remonte au XIXe siècle. La première aurait eu lieu en 1863, sur la plage transformée pour l'occasion en piste équestre. A l'initiative du duc de Morny, fut inauguré l'année suivante l'hippodrome de Deauville-la-Touques où se tint un meeting sur deux jours. La mort du duc en 1865 ne mit pas fin à la vague hippique dans la ville, et l'activité se développa fortement, se parant d'une immense renommée au niveau national.

Hiver

08 h 27
17 h 40
Verseau
1er décan

Mercredi 28 janvier

Saint Thomas d'Aquin

Si tu vois l'herbe en janvier,
serre ton grain dans ton grenier

A faire aujourd'hui

8 h ....

9 h ....

10 h ....

11 h ....

12 h ....

13 h ....

14 h ....

15 h ....

16 h ....

17 h ....

18 h ....

19 h ....

20 h ....

Notes ....

Patrimoine

Quiz – Préfectures

1. Quelle est la préfecture de l'Aube ?
a. Bar-sur-Aube
b. Nogent-sur-Seine
c. Troyes

2. De quel département Besançon est-elle la préfecture ?
a. le Jura
b. le Doubs
c. la Haute-Saône

3. Quelle ville n'est pas une sous-préfecture des Bouches-du-Rhône ?
a. Arles
b. Aix-en-Provence
c. Aubagne

Solution : 1 c, 2 b, 3 c.

Pour le plaisir

Rions un peu !

Le rire aide à prévenir les maladies cardio-vasculaires, fait faire de l'exercice, apaise les sensations de douleur, favorise le système immunitaire et éloigne l'anxiété. On estime qu'il faut rire au moins 10 minutes par jour pour que les bénéfices sur la santé se fassent sentir. Vous savez ce qu'il vous reste à faire !

Au quotidien

Avant de poser une fenêtre de toit

Si vous souhaitez faire installer une fenêtre sur votre toit, n'oubliez pas, si vous habitez dans un immeuble, d'en faire la demande à la copropriété, qui donnera son accord, ou non, lors de l'assemblée générale. Vous devrez également obtenir l'autorisation auprès du service d'urbanisme de votre ville. Les délais sont parfois longs, prenez-vous-y à l'avance !

C'ÉTAIT HIER

La crue centennale de la Seine

Paris (Ile-de-France)

1910 marqua l'année de la plus forte crue de la Seine depuis 1658. Le 28 janvier, elle atteignit 8,62 mètres à Paris, plongeant la ville dans le chaos. Près de 20 000 logements furent inondés, tout comme une grande part du réseau métropolitain. Les égouts refluèrent dans l'eau glacée qui envahit les rues, créant une situation sanitaire inquiétante. L'économie fut paralysée et les habitants durent utiliser des barques pour se déplacer. La décrue du fleuve dura près de deux mois.

101 INONDATIONS DE PARIS (Janvier 1910). — Station de Passy. — LL.

Jeudi 29 janvier

Saint Gildas

Temps de Saint-Gildas, temps de glace.

08 h 25
17 h 43
Verseau
1er décan

Hiver

La France en vert

Castelnau-de-Montmirail (Tarn)

Perchée sur un éperon rocheux surplombant la vallée du Tarn, la bastide de Castelnau-de-Montmirail fut construite au temps de la croisade contre les albigeois, en 1222. Au détour de ses ruelles, on découvre sa place bordée d'arcades avec son pilori, ses remparts, ses portes fortifiées, ses maisons en pierre à colombages, typiques des cités médiévales locales.

Au quotidien

Des ciseaux émoussés

Pour affûter des ciseaux qui ne coupent plus guère, pliez une feuille de papier d'aluminium en quatre, puis découpez-la à plusieurs reprises avec vos ciseaux. Ceux-ci retrouveront leur tranchant.

Pour le plaisir

Devinette

Comment s'appellent les habitants de Biarritz ?

Solution : les Biarrots et les Biarrotes.

Patrimoine

La Mare au diable

Les frondaisons du bois de Chanteloube près de Châteauroux abritent une vaste mare triangulaire et sombre ; une croix de bois, dressée et penchée, dépasse de ses eaux troubles. C'est la mare au Diable. Pour certains, ce nom serait sorti de l'imagination enfiévrée de George Sand. C'est en effet dans l'imaginaire de la région de La Châtre qu'elle a puisé pour bâtir les intrigues de ses romans. Selon la romancière, ceux qui font le tour de la mare au Diable doivent se plier à un rituel bien particulier : ils ne doivent s'en approcher qu'après y avoir jeté trois pierres de la main gauche tout en faisant un signe de croix de la main droite…

A faire aujourd'hui

8 h ....

9 h ....

10 h ....

11 h ....

12 h ....

13 h ....

14 h ....

15 h ....

16 h ....

17 h ....

18 h ....

19 h ....

20 h ....

Notes ....

C'ÉTAIT HIER

La morue à Bordeaux

Bègles (Gironde)

Le port fluvial de Bordeaux, situé dans la ville de Bègles, vécut longtemps du négoce de la morue. Dans les années 1870, les deux tiers de la morue introduite en France transitaient par la ville girondine, où elle était séchée ou salée. En 1892, trente-quatre sécheries fonctionnaient à plein en hiver, pendant la saison de la morue. L'activité périclita dans les années 1970 et il ne reste du passé morutier de Bègles que les "maisons de morues", les belles maisons bourgeoises des négociants d'hier.

Hiver

08 h 24
17 h 44
Verseau
1er décan

Vendredi 30 janvier

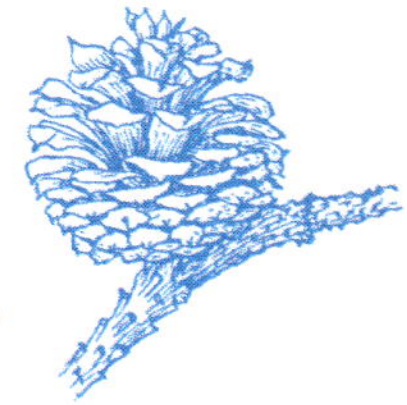

Sainte Martine

Prends garde à Sainte-Martine car l'hiver se mutine.

A faire aujourd'hui

8 h ....

....

9 h ....

....

10 h ....

....

11 h ....

....

12 h ....

....

13 h ....

....

14 h ....

....

15 h ....

....

16 h ....

....

17 h ....

....

18 h ....

....

19 h ....

....

20 h ....

....

Notes ....

....

....

Au quotidien

Soulager une angine

Pour apaiser les douleurs de gorge, n'hésitez pas à boire du jus de citron pur. Vous pouvez aussi préparer une infusion de sauge, à laquelle vous ajouterez 1 c. à café de miel.

En tous sens

Cabillaud à la bordelaise

Pour 4 personnes. Ingrédients : 1 gousse d'ail ; 3 échalotes ; 1 noix de beurre ; 10 cl de vin blanc sec ; 1 bouquet de persil ; le jus de 1 citron ; 4 c. à soupe de chapelure ; 1 filet d'huile d'olive. 4 morceaux de dos de cabillaud ; sel ; poivre.

- Préchauffez le four à 180 °C.
- Epluchez l'ail et les échalotes, puis émincez-les.
- Faites-les revenir dans une grande poêle avec le beurre.
- Versez le vin blanc et laissez-le s'évaporer complètement.
- Rincez soigneusement le persil et détachez ses feuilles. Mettez-les dans un bol avec le jus de citron et la chapelure. Salez et poivrez. Ajoutez la préparation au vin blanc. Mélangez.
- Huilez un plat allant au four. Déposez les morceaux de poisson dans le plat, puis nappez-les du mélange à base de persil.
- Faites cuire au four pendant 20 min.

La France en vert

Prenez soin de votre gazon

Afin de ne pas l'endommager, évitez de marcher sur votre pelouse si le sol est gelé ou recouvert de neige. Pensez à la débarrasser de la mousse à l'aide d'un scarificateur et aérez-la en pratiquant des trous dans la terre à l'aide d'une fourche-bêche que vous enfoncerez verticalement.

Pour le plaisir

Devinette

Dès que l'on me nomme, je n'existe plus. Qui suis-je ?

Solution : le silence.

C'ÉTAIT HIER

Les bords de la Bièvre

Gentilly (Val-de-Marne)

A l'heure de la révolution industrielle, de nombreuses activités se développèrent autour de la Bièvre au sud de Paris. Des tanneries et des blanchisseries s'y installèrent et firent affluer les ouvriers par milliers dans la commune de Gentilly. Des logements furent construits à la va-vite le long de la rivière, mais l'insalubrité y régnait, d'autant que les activités industrielles avaient fortement pollué la Bièvre, au point que dans la capitale elle fut recouverte à partir de 1860.

Samedi 31 janvier

Sainte Marcelle

Souvent fin janvier
ne remplit pas le panier.

08 h 23
17 h 46
Verseau
1er décan

Hiver

La Figuière en héritage
Françoise Bourdon

Mélanie affichait une assurance qu'elle était loin d'éprouver. Elle avait déjà compris que Seconde n'acceptait pas sa présence à la Figuière. Sentait-elle sa position menacée ? Ou bien avait-elle deviné que la jeune femme n'était pas le moins du monde préparée à son nouveau rôle de maîtresse de maison ?

Il n'était pas question pour elle de baisser pavillon vis-à-vis de la gouvernante. Mélanie lui tendit la serviette et gagna le couloir menant aux pièces de réception. Alexis et son père devisaient paisiblement, assis à une table ronde. Ils se levèrent avec un bel ensemble à son entrée.

— Nous vous attendions pour sacrifier à la dame verte, déclara Eugène Gauthier.

Elle voulait tout connaître de la distillation de l'absinthe. Son beau-père sourit.

— Votre enthousiasme me touche, mon enfant. Vous préférerez certainement, cependant, vous rendre chez votre couturière ou votre modiste.

Elle secoua la tête.

— Détrompez-vous, monsieur Gauthier. L'absinthe fait partie de ma vie, désormais, puisque je suis l'épouse d'Alexis.

Elle refusa de prêter attention à son époux, qui fronçait les sourcils. Elle connaissait son avis sur la question. Elle était bien décidée à conquérir sa place à la Figuière. A l'invitation de son père, Alexis fit couler très lentement l'eau bien fraîche sur les cuillers à absinthe posées « en pont » au-dessus de grands verres. Un délicieux parfum d'herbe fraîchement coupée se répandit dans le salon.

— La fée verte... murmura Eugène Gauthier d'une voix assourdie.

Un liquide de couleur opaline donnait une apparence troublante au verre de Mélanie. Allait-elle aimer cette absinthe à laquelle son beau-père accordait tant d'importance ? Elle goûta le breuvage du bout des lèvres, fut surprise d'apprécier sa légère amertume rafraîchissante.

Eugène lui sourit.

— Vous voici quasiment intronisée, mon enfant.

Extrait du roman *La Figuière en héritage* de Françoise Bourdon
paru aux Presses de la Cité dans la collection Terres de France

A faire aujourd'hui

Samedi

8 h ....
9 h ....
10 h ....
11 h ....
12 h ....
13 h ....
14 h ....
15 h ....
16 h ....
17 h ....
18 h ....
19 h ....
20 h ....

Dimanche

8 h ....
9 h ....
10 h ....
11 h ....
12 h ....
13 h ....
14 h ....
15 h ....
16 h ....
17 h ....
18 h ....
19 h ....
20 h ....

Notes

Sainte Ella

Dimanche 1er février

08 h 21
17 h 48
Verseau
2e décan

Hiver

08 h 20
17 h 49
Verseau
2e décan

Lundi 2 février

Présentation du Seigneur

Février avec neige nous garantit un bel été.

A faire aujourd'hui

8 h ....
9 h ....
10 h ....
11 h ....
12 h ....
13 h ....
14 h ....
15 h ....
16 h ....
17 h ....
18 h ....
19 h ....
20 h ....
Notes ....

En tous sens
Les crêpes bretonnes

Régal suprême, les crêpes ne faisaient pourtant pas partie du menu quotidien des Bretons jusqu'à la fin du XVe siècle. C'était un mets d'exception qu'on ne consommait qu'aux fêtes et pendant les grands travaux agricoles. La farine de froment était utilisée par les paysans les plus aisés. Les autres se contentaient de la farine de blé noir, ou sarrasin. Gare à la crêpière si des grumeaux entraient dans la pâte ! Ils risquaient de ruiner sa réputation. Le rozell est le petit râteau de bois utilisé pour étendre la pâte. Une spatule en bois, dite spanell, sert à retourner la crêpe une fois cuite sur le premier côté. Quant à la tuile crêpière, elle s'appelle le billig.

Pour le plaisir
Devinette

Quelle est la particularité de cette phrase de Georges Perec : "Portons dix bons whiskys à l'avocat goujat qui fumait au zoo" ?

Solution : elle comporte chacune des lettres de l'alphabet au moins une fois, à l'exception du "e".

Au quotidien
Bien choisir ses œufs

Lorsque vous achetez des œufs, prenez garde au premier chiffre inscrit sur la coquille. Si c'est un 0, il s'agit d'un œuf de poule élevée en plein air bio ; si c'est un 1, un œuf de poule élevée en plein air. Un 2 indique un œuf de poule élevée au sol, et un 3, un œuf de poule élevée en batterie. Il est préférable de toujours privilégier les œufs portant le chiffre 0 ou 1, gage de meilleure qualité et d'un plus grand respect des animaux.

C'ÉTAIT HIER

Schlitters d'Alsace

Vosges du Nord (Alsace)

Le travail du bois est une tradition qui se perpétue en Alsace depuis le Moyen Age. En ce temps-là, déjà, on utilisait des schlittes, sortes de traîneaux en bois pour acheminer le bois abattu et débité des hauteurs des Vosges vers les scieries. Les bûcherons manœuvraient les schlittes, lestées de deux à quatre stères de bois, sur des chemins faits de poutres de bois. Le schlittage a peu à peu disparu des forêts alsaciennes à partir des années 1950, en raison de la mécanisation.

Mardi 3 février

Saint Blaise

Quand le jour de Saint-Blaise est brumeux,
il pleuvra dans un jour ou deux.

08 h 19
17 h 51
Verseau
2e décan

Hiver

En tous sens

Crèmes au citron de Menton

Pour 6 personnes. Ingrédients : le jus et les zestes de 4 citrons de Menton ; 240 g de sucre en poudre ; 6 œufs ; 1 c. à c. de gélatine en poudre ; 175 g de beurre bien froid.

- Mettez le jus et les zestes de citron dans une casserole avec la moitié du sucre et portez à frémissement.
- Battez les œufs au fouet avec le reste de sucre dans une jatte.
- Ajoutez le liquide précédent, mélangez, puis reversez le tout dans une casserole. Portez à ébullition à feu moyen, et battez au fouet jusqu'à ce que la crème épaississe.
- Hors du feu, ajoutez la gélatine délayée dans 1 c. à s. d'eau chaude, puis le beurre détaillé en parcelles. Battez au fouet.
- Mixez à l'aide d'un mixeur girafe.
- Répartissez la crème dans 6 ramequins, puis réservez au réfrigérateur pendant 2 h.

A faire aujourd'hui

8 h ....
....
9 h ....
....
10 h ....
....
11 h ....
....
12 h ....
....
13 h ....
....
14 h ....
....
15 h ....
....
16 h ....
....
17 h ....
....
18 h ....
....
19 h ....
....
20 h ....
....
Notes ....
....
....

Pour le plaisir

Devinette

Comment s'appellent les habitants de Bourges ?

Solution : les Berruyers et les Berruyères.

Au quotidien

Vous souhaitez vieillir vos meubles...

Décapez-les s'ils sont peints ou poncez-les s'ils sont vernis. Mélangez ensuite un demi-litre d'huile de cuisine et un demi-litre de vin rouge et enduisez vos meubles de cette préparation. Ils prendront ainsi un aspect plus rustique.

C'ÉTAIT HIER

Le service des phares et balises

Saint-Nazaire (Loire-Atlantique)

C'est à Napoléon Ier que l'on doit la création du service des phares et balises en 1806. Sa mission consistait à gérer l'entretien des phares et à créer un système de balisage pour indiquer les routes maritimes et signaler les obstacles aux bateaux. A Saint-Nazaire, l'entretien du matériel s'effectuait sur le quai des Frégates. Minutie et vérifications régulières étaient de mise, car de ce travail dépendait la sécurité maritime sur les côtes de l'Atlantique.

08 h 17
17 h 53
Verseau
2e décan

Mercredi 4 février

Sainte Véronique

Quand février commence en lion, il finit en mouton.

A faire aujourd'hui

8 h ....

....

9 h ....

....

10 h ....

....

11 h ....

....

12 h ....

....

13 h ....

....

14 h ....

....

15 h ....

....

16 h ....

....

17 h ....

....

18 h ....

....

19 h ....

....

20 h ....

....

Notes ....

....

....

Patrimoine

Paul Gauguin et la Bretagne

Le premier voyage de Paul Gauguin en Bretagne remonte à 1886. Lui qui venait de quitter son poste d'agent de change pour se consacrer entièrement à la peinture tomba sous le charme de Pont-Aven et du Pouldu. Il refit plusieurs séjours dans le village et s'attacha à peindre l'"exotisme familier" de la foi bretonne. Son *Christ jaune* lui fut notamment inspiré par le Christ en bois de la chapelle de Trémalo au bois d'Amour.

Au quotidien

En cas de perte de votre carte d'identité

Si vous avez perdu vos papiers d'identité, il n'est pas forcément nécessaire d'en faire la déclaration auprès des services de police. Si vous souhaitez demander une nouvelle carte d'identité rapidement, il vous suffira de faire une déclaration de perte au guichet de votre mairie (ou d'une antenne de police si vous habitez Paris) au moment où vous déposerez votre dossier pour une nouvelle carte.

La France en vert

Les travaux de la première quinzaine de février

- Divisez les topinambours.
- Taillez la vigne, les chèvrefeuilles, les bignones.
- Semez les fèves.
- Plantez les lis (sauf le lis de la Madone) et les renoncules.
- Continuez à planter les rosiers.
- Aérez le gazon.
- Plantez les plantes grimpantes achetées en motte ou en container.

C'ÉTAIT HIER

Les grands magasins

Paris (Ile-de-France)

Le XIXe siècle vit l'apparition à Paris des grands magasins. Le Bon Marché, la Samaritaine, les Galeries Lafayette sont autant d'enseignes nées à cette époque. L'idée était de proposer aux clients en un seul lieu divers comptoirs, avec des produits variés, à un prix fixe. Fondé en 1865, le Printemps innova en installant des ascenseurs et en lançant les premières soldes. Le superbe immeuble Art déco dans lequel il s'installa à partir de 1883 contribua aussi à sa renommée.

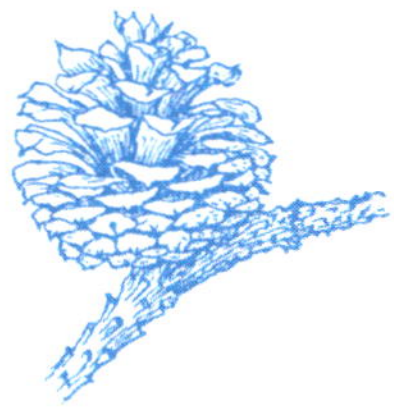

Jeudi 5 février

Sainte Agathe

Eau qui court à la Sainte-Agathe
mettra du lait dans la baratte.

08 h 16
17 h 54
Verseau
2e décan

Pour le plaisir

Devinette

Qu'est-ce qui peut être à la fois une graine, un souci et un parapluie ?

Solution : un pépin.

En tous sens

Au menu dans les campagnes

Jusqu'aux années 1950, les aliments qui composaient les repas journaliers des paysans étaient la soupe, le pain et les pommes de terre. La soupe du matin était souvent accompagnée de lard ou de fromage ; à midi, elle prenait la forme d'une potée, avec du chou et des pommes de terre, ainsi que des légumes du potager. Le soir, elle se faisait plus légère, agrémentée seulement d'un peu de beurre ou d'huile. Les volailles ou le lapin étaient réservés au dimanche et aux jours de fête, tandis que la viande rouge n'était présente que sous la forme d'abats, peu onéreux.

Patrimoine

Quiz - A la montagne

1. Quel est le point culminant des Pyrénées côté français ?
a. le mont Canigou
b. le pic d'Anie
c. le Vignemale

2. Quel glacier ne se situe pas dans le massif du Mont-Blanc ?
a. la mer de Glace
b. le glacier Blanc
c. la glacier d'Argentière

3. A quelle hauteur culminent les Vosges, au Grand Ballon ?
a. 1 252 mètres
b. 1 424 mètres
c. 1 718 mètres

Solution : 1 c, 2 b, 3 b.

A faire aujourd'hui

8 h ....
....
9 h ....
....
10 h ....
....
11 h ....
....
12 h ....
....
13 h ....
....
14 h ....
....
15 h ....
....
16 h ....
....
17 h ....
....
18 h ....
....
19 h ....
....
20 h ....
....
Notes ....
....
....

C'ÉTAIT HIER

Le long de la Seine

Rouen (Seine-Maritime)

La Seine a depuis toujours été le moteur des activités de Rouen et la grandeur de la ville s'est en partie bâtie sur les avantages indéniables que lui conférait le fleuve. Ainsi, à la Renaissance, elle connut un essor grâce à la draperie, et surtout grâce aux facilités d'échanges commerciaux entre Paris et l'Angleterre. Pendant la Révolution industrielle, le port de Rouen continua son développement et plusieurs filatures de coton vinrent s'installer à proximité.

08 h 14
17 h 56
Verseau
2e décan

Vendredi 6 février

Saint Gaston

A la Saint-Gaston, trie la semence, enlève tes bourgeons !

A faire aujourd'hui

8 h ....

9 h ....

10 h ....

11 h ....

12 h ....

13 h ....

14 h ....

15 h ....

16 h ....

17 h ....

18 h ....

19 h ....

20 h ....

Notes ....

Patrimoine

Les Archives nationales

Créées au lendemain de la Révolution, les Archives nationales servent à collecter et à centraliser les archives des organes centraux de la France, à assurer un système d'archivage national et à offrir au public l'accès à ces pièces. La restauration des documents et la mise en valeur de ceux-ci font aussi partie de leur mission. Les documents sont aujourd'hui répartis sur trois sites, l'un dans l'hôtel de Rohan, au cœur de Paris, un autre à Pierrefitte-sur-Seine et un dernier à Fontainebleau.

La France en vert

Eteignez la lumière !

N'oubliez pas d'éteindre la lumière lorsque vous quittez une pièce : trois ampoules de 75 W qui restent allumées pendant une soirée consomment autant qu'une lessive effectuée à 60 °C !

Pour le plaisir

Enigme

Jean a trois fils. Son fils aîné a quatre ans de plus que le second. Le second a quatre ans de plus que le dernier. Le dernier a exactement la moitié de l'âge de l'aîné. Quel âge ont ses fils ?

Solution : 16 ans, 12 ans et 8 ans.

Au quotidien

Lutter contre la migraine

Pour soulager une violente migraine, commencez par vous installer dans une pièce au calme, à l'abri de la lumière et du bruit. Prenez une boisson à base de caféine, celle-ci étant réputée calmer les douleurs. Glissez quelques glaçons dans un gant de toilette et appliquez-le sur votre front. Massez-vous enfin le cuir chevelu et le visage, en insistant sur les zones les plus douloureuses.

C'ÉTAIT HIER

La mer version luxe

Cannes (Alpes-Maritimes)

Aujourd'hui, de grands hôtels de luxe s'alignent sur son front de mer et on a peine à croire que Cannes, autrefois, était un simple port de pêche. La ville prit un nouveau tournant au XIXe siècle, lorsque de riches aristocrates venus de Russie ou du Royaume-Uni, attirés par la douceur du climat, y installèrent leurs demeures de villégiature. L'économie de la ville se tourna vers le luxe et consacra ses efforts à l'accueil d'une clientèle fortunée.

Samedi 7 février

Sainte Eugénie

Neige de février vaut du fumier.

08 h 13
17 h 58
Verseau
2e décan

Hiver

Le Petit Bonnet de laine rouge

Catherine Ecole-Boivin

Un soir, cette belle grande femme brune, à peau rose, se pensant délaissée par son mari avec lequel elle n'a vécu que deux ans avant la guerre, détricote patiemment le bonnet de laine qu'il a rapporté de son périple des terres blanches. Le réduit en pelote. Elle y met tant d'ardeur et de joie apparente que son époux craint le pire.

— Qu'est-ce que tu fabriques avec cette chique ?

— Y a plus de laine, alors je vais tricoter un bonnet pour ta fille, ainsi je pourrai mieux la surveiller quand je suis à l'étage.

Elle y passe des heures à la lueur des flammes. Un matin la jolie Vivianie que la jalousie ou peut-être seulement le désespoir rend méconnaissable l'offre à sa fille. L'enfant ne veut pas le porter car il est rouge. Personne ne porte de rouge ici. Sa mère lui noue autour de la tête avec un tel procédé de nœuds marins qu'elle ne peut l'enlever seule.

— Margriette, tu dois porter ce bonnet de laine, pour que je sache toujours où tu es.

— Comme ça tu ne me perdras jamais ?

— C'est ça, comme cela je te perdrai jamais.

— Mais il pique et il est moche.

— Tu t'habitueras, on s'habitue à tout, en plus comme cela il tient tes cheveux, ça les protégera des coups de queue des vaches quand tu trais et tu resteras toujours bien coiffée face au vent.

La fillette va se voir dans le miroir jauni et piqueté dont se sert son père pour se raser. Peu profond, ajouré, le bonnet n'est pas si laid que cela et met en valeur ses yeux et son teint pâle.

— Mais les copines vont se moquer de moi à l'école.

— Je dirai à ta maîtresse que c'est pour te protéger du mal aux oreilles, ne discute pas, c'est comme ça.

Marin hausse les épaules.

— Mais quelle lubie tu as, elle va écoper d'un surnom notre gamine, c'est tout ce qu'on va gagner.

— J'ai décidé qu'elle le porterait, elle le portera.

Extrait du roman *Le Petit Bonnet de laine rouge* de Catherine Ecole-Boivin paru aux Presses de la Cité dans la collection Terres de France

A faire aujourd'hui

Samedi

8 h ...
9 h ...
10 h ...
11 h ...
12 h ...
13 h ...
14 h ...
15 h ...
16 h ...
17 h ...
18 h ...
19 h ...
20 h ...

Dimanche

8 h ...
9 h ...
10 h ...
11 h ...
12 h ...
13 h ...
14 h ...
15 h ...
16 h ...
17 h ...
18 h ...
19 h ...
20 h ...

Notes

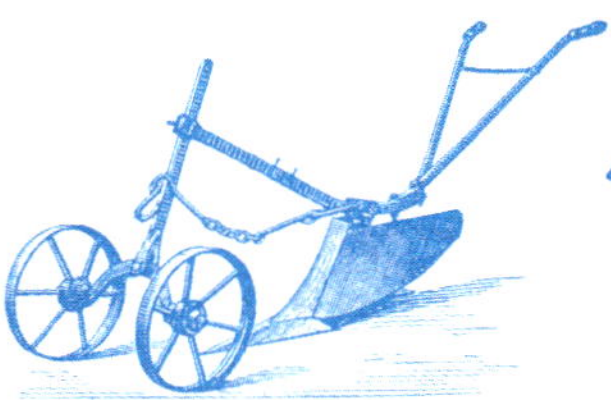

Sainte Jacqueline

Dimanche 8 février

08 h 11
17 h 59
Verseau
2e décan

Hiver

08 h 10
18 h 01
Verseau
2e décan

Lundi 9 février

Sainte Apolline

A la Sainte-Apolline présage certain,
l'hiver s'achemine ou touche à sa fin.

A faire aujourd'hui

8 h

9 h

10 h

11 h

12 h

13 h

14 h

15 h

16 h

17 h

18 h

19 h

20 h

Notes

En tous sens

Le beurre d'Echiré

Si la région Poitou-Charentes peut se targuer de bénéficier d'une AOC pour son beurre, celui de la petite ville d'Echiré, dans la même région, s'est forgé une réputation encore meilleure. Ce beurre est fabriqué à partir de laits provenant uniquement d'exploitations situées aux abords de la localité. En effet, des études ont montré que ce n'est pas la race des vaches qui donne un goût particulier au lait, et donc au beurre, mais plutôt la nourriture qu'elles consomment. Le terroir a donc toute son importance dans la saveur du beurre d'Echiré.

La France en vert

A l'affût des perce-neige

Ces fleurs d'une blancheur immaculée, parfois nommées clochettes d'hiver ou galanthes des neiges, apparaissent à l'état sauvage dans les fossés et les sous-bois en janvier et février, même lorsque la neige est de la partie. Mais il faut ouvrir l'œil pour les repérer car la plante est rare… et menacée. Elle fait ainsi l'objet d'une protection dans plusieurs départements de France.

Au quotidien

Favoriser la qualité de l'air intérieur

En hiver, lorsque vous montez le chauffage, le taux d'humidité de l'air de votre habitation diminue. S'il tombe au-dessous de 30 %, cela peut entraîner des affections respiratoires. Pour éviter que l'air ne s'assèche trop, installez des humidificateurs dans les pièces ou placez des récipients remplis d'eau à proximité des radiateurs. Si vous constatez que l'air est trop sec, placez une marmite d'eau chaude dans la pièce à humidifier pendant quelques minutes.

Pour le plaisir

Enigme

Dans un aquarium, il y a 6 thons, 2 baleines, 5 sardines, 3 requins-marteaux, 1 dauphin, 3 maquereaux. Combien y a-t-il de poissons en tout ?

Solution : 17. Les baleines et les dauphins sont en effet des mammifères et non des poissons.

C'ÉTAIT HIER

Le brûlage du goémon

Le Conquet (Finistère)

Si Le Conquet se consacre aujourd'hui essentiellement à la pêche aux crabes et aux poissons de fond et s'il jouit d'une belle réputation de port de commerce et plaisance, son activité principale au XIXe siècle était la récolte du goémon. Ici, comme dans la plupart des villages côtiers des environs, on brûlait ces algues pour former des pains de soude destinés à fabriquer de l'iode. Les algues servaient aussi de combustible, d'engrais naturel ou de nourriture pour le bétail.

Mardi 10 février

Saint Arnaud

"En février bon merle doit nicher."

08 h 08
18 h 03
Verseau
3e décan

Hiver

Pour le plaisir

Devinette

Comment s'appellent les habitants de Blois ?

Solution : les Blésois et les Blésoises.

Au quotidien

Cheminée transformée

Une cheminée inutilisée pourra faire office de bibliothèque. Coffrez l'intérieur du foyer à l'aide d'une planche de bois ou d'aggloméré, tapissée ou peinte d'une couleur assortie à la pièce. Découpez deux panneaux pour servir de montants à la bibliothèque et percez dans ces panneaux les trous qui accueilleront les taquets des étagères. Placez les montants contre les parois de l'âtre, insérez des taquets et posez des étagères aux dimensions.

A faire aujourd'hui

8 h ....
9 h ....
10 h ....
11 h ....
12 h ....
13 h ....
14 h ....
15 h ....
16 h ....
17 h ....
18 h ....
19 h ....
20 h ....

Notes ....

En tous sens

Le "paradoxe français"

Apparue dans les années 1990, la notion de "paradoxe français" dénote la perplexité des scientifiques face aux habitudes alimentaires du sud-ouest de la France et au faible taux de maladies cardio-vasculaires dont ses habitants bénéficient. Cette bonne santé des artères gasconnes serait due en partie à l'utilisation dans la préparation des aliments de graisse de canard ou d'oie, riche en acides gras essentiels et notamment en oméga-3. La consommation, modérée, de vin participerait également de ce statut particulier.

C'ÉTAIT HIER

Au Salon du Capucin

Mont-Dore (Puy-de-Dôme)

Accessible depuis 1898 par le premier funiculaire construit en France, le salon du Capucin est situé dans une clairière au sommet d'un ancien dôme volcanique. A la Belle Epoque, les personnalités fortunées et les artistes venus prendre les eaux dans la région allaient s'y régaler de quelques spécialités locales et s'adonnaient à divers jeux, notamment le croquet, une activité sportive qui connut un vif succès durant la seconde moitié du XIXe siècle et la première du XXe.

Hiver

08 h 06
18 h 04
Verseau
3e décan

Mercredi 11 février

Notre-Dame de Lourdes

Février avec neige nous garantit un bel été.

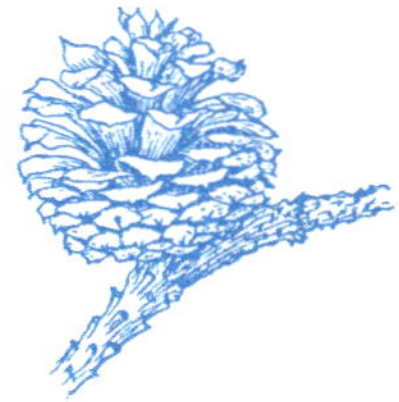

A faire aujourd'hui

8 h ....
....
9 h ....
....
10 h ....
....
11 h ....
....
12 h ....
....
13 h ....
....
14 h ....
....
15 h ....
....
16 h ....
....
17 h ....
....
18 h ....
....
19 h ....
....
20 h ....
....
Notes ....
....
....

Patrimoine

Quiz – Les Pays de la Loire

1. Quel département ne fait pas partie des Pays de la Loire ?
a. la Sarthe
b. la Vendée
c. les Deux-Sèvres

2. Quelle ville accueille chaque année le festival Premiers Plans ?
a. Angers
b. Nantes
c. Le Mans

3. Quelle île n'est pas rattachée aux Pays de la Loire ?
a. l'île de Noirmoutier
b. l'île d'Yeu
c. l'île de Ré

Solution : 1 c, 2 a, 3 c.

Pour le plaisir

La bonne pensée du jour !

« Tout ce qui peut être fait un autre jour le peut être aujourd'hui. » Si vous êtes du genre à procrastiner, remettez-vous en mémoire cette phrase de Montaigne, cela vous aidera à agir !

En tous sens

Le pain complet

Consommé depuis des siècles, le pain complet a longtemps été considéré comme le pain des pauvres, par opposition au pain blanc, le pain des riches. Il a connu une nette baisse de popularité après la Seconde Guerre mondiale, car nombre de ceux qui avaient dû s'en contenter sous l'Occupation ne rêvaient plus que de pain blanc. Ce pain est toutefois réhabilité aujourd'hui pour ses qualités nutritionnelles et gustatives.

C'ÉTAIT HIER

Les dentellières

Chamalières-sur-Loire (Haute-Loire)

La dentelle du Velay est connue depuis le XVe siècle. Au XVIIe siècle apparurent des béates, dont le rôle était d'enseigner la dentelle au fuseau ainsi que la religion aux paysannes de la région. A la fin du XIXe siècle, véritable âge d'or de la dentelle du Velay, elles officiaient encore dans les campagnes. Les dentellières faisaient "couvige" auprès de la béate, l'hiver dans sa maison, l'été à l'extérieur, pour bavarder, chanter ou prier tout en travaillant.

Jeudi 12 février

Saint Félix

Quand la bise oublie février, elle arrive en mai.

08 h 04
18 h 06
Verseau
3e décan

Au quotidien
Récupérez les cendres

En cette période, les cendres de bois abondent. Riches en potasse et en calcium, elles constituent un complément fertilisant naturel. L'idéal est de les incorporer dans le tas de compost, ou de les épandre sur le sol au moment du bêchage afin de les enfouir. Deux ou trois poignées suffisent par mètre carré.

La France en vert
Le Sidobre (Tarn)

Situé à quelques encablures de Castres, le Sidobre forme une table granitique de 10 kilomètres de long, de large et de profondeur. Créé il y a 300 millions d'années, il offre un panorama d'immenses rochers aux formes improbables. La Peyro Clabado, le Roc de l'Oie, les Trois Fromages ou le Saut de la Truite sont autant de sites surprenants à découvrir dans le secteur.

En tous sens
Le gâteau, plat de fête

Au Moyen Age, les gâteaux étaient réservés aux grandes occasions et, en premier lieu, aux fêtes religieuses. Les magistrats communaux avaient coutume d'en offrir aux suzerains de passage en signe d'hospitalité. Quant aux gens du peuple, ils célébraient les grandes étapes de la vie en partageant des gâteaux (pour les baptêmes, les relevailles…).

A faire aujourd'hui

8 h ....
9 h ....
10 h ....
11 h ....
12 h ....
13 h ....
14 h ....
15 h ....
16 h ....
17 h ....
18 h ....
19 h ....
20 h ....

Notes ....

14 - AJACCIO - La Rue Fesch

C'ÉTAIT HIER

Rues de l'île de Beauté

Ajaccio (Corse-du-Sud)

La rue Fesch était au XVIe siècle un faubourg d'Ajaccio nommé *U Borgu*. Elle s'est par la suite développée, devenant une artère commerçante de la ville. Elle est traversée par le cours Napoléon, rappel que l'Empereur est né dans la cité. Le personnage est d'ailleurs présent partout. Sous le Premier Empire, les élus ont dénommé plusieurs voies publiques en s'inspirant de l'histoire napoléonienne : cours Impérial, rue Bonaparte, rue du Cardinal en sont quelques exemples.

Hiver

08 h 03
18 h 08
Verseau
3e décan

Vendredi 13 février

Sainte Béatrice

Février trop doux, printemps en courroux.

A faire aujourd'hui

8 h

9 h

10 h

11 h

12 h

13 h

14 h

15 h

16 h

17 h

18 h

19 h

20 h

Notes

En tous sens
La socca

Galette à base de pois chiches qui fait le bonheur des Niçois et des villes alentour, elle serait originaire de Gênes, en Italie. Elle aurait été importée en France par des travailleurs immigrés, qui l'emportaient dans leur gamelle sur les chantiers navals de Toulon. Dans les années 1930, la consommation de socca se popularisa à Nice par l'intermédiaire des vendeurs ambulants, qui la préparaient sur leur fourneau mobile : elle devint le casse-croûte des pêcheurs comme des ouvriers. Elle se consommait (et se consomme toujours) sur place, bien chaude, simplement assaisonnée de sel et de poivre.

Au quotidien
Un mug pour dire je t'aime

Munissez-vous d'un mug (une grande tasse) en porcelaine blanche et de feutres pour porcelaine. Ecrivez des mots doux à l'attention de l'élu(e) de votre cœur sur le mug, puis enfournez à 160 °C pour 15 à 20 minutes. Laissez refroidir complètement.

La France en vert
Jean Giono et la Provence

Issu d'une famille d'origine piémontaise, Jean Giono voit le jour le 30 mars 1895 à Manosque. Son père était un cordonnier anarchiste d'origine italienne et sa mère dirigeait un atelier de repassage. L'auteur a évoqué son enfance dans *Jean le Bleu*. L'ensemble de son œuvre a en grande partie pour cadre le monde paysan provençal et, bien que ses romans évoquent souvent de longs voyages, Giono n'a que peu voyagé et s'est surnommé "le voyageur immobile". Certains de ses livres sont devenus des classiques de la littérature française du XXe siècle, comme *Regain*, *Le Hussard sur le toit* ou *Un roi sans divertissement*.

C'ÉTAIT HIER

Au réfectoire

Saint-Broladre (Ille-et-Vilaine)

Avant que Jules Ferry ne favorise leur multiplication, les cantines n'étaient guère courantes dans les écoles. Seuls les pensionnaires de certains établissements mangeaient sur place. Le réfectoire était alors calqué sur le modèle de celui des monastères : d'immenses tablées s'alignaient dans une grande salle et le silence était, théoriquement, la règle absolue durant le repas. Les mets, eux, n'étaient pas plus appréciés des élèves qu'ils le sont aujourd'hui !

Samedi 14 février

Saint Valentin

Souvent à la Saint-Valentin,
la roue gèle avant le moulin.

08 h 01
18 h 09
Verseau
3e décan

Hiver

Le Tilleul du soir

Jean Anglade

Elle perdit également le manger et le dormir. Le jour, une question lui traversait souvent l'esprit : Est-ce que tu as soigné ton cheptel ? Elle ne pouvait retenir ses jambes de la porter malgré elle vers la remise où, naguère, sa venue provoquait toujours un ébrouement joyeux. Une fois à l'intérieur, elle revoyait les places vides, tout son corps se mettait à trembler. Elle ne pleurait plus, ayant fini sa provision de larmes ; il ne lui restait que des sanglots, une sorte de petit hoquet qui la secouait de la tête aux pieds : hup ! hup ! hup !...

Elle errait dans la maison en gémissant. Nom de gueux de nom de gueux de nom de gueux. Elle fit un petit tas des affaires à emporter : camisoles, chemises de nuit, bas, bonnets... Elle les enveloppa d'un vieux drap retenu par des épingles de nourrice. Là-bas, auras-tu la place d'installer tout ça ? Nom de gueux de nom de gueux de nom de gueux. Elle passa de même en revue tous les souvenirs de ses tiroirs : vieilles ordonnances, livret de la Caisse d'Epargne, livret de famille, lettres, titres de propriété ; elle entassa ce qu'elle voulait garder dans sa boîte à malices : le coffret du *Caïffa,* avec, sur le couvercle, le joueur de galoubet en train de charmer un serpent à lunettes. A propos de lunettes, n'oublie pas les tiennes ; ni ton fil, tes aiguilles, tes ciseaux ; mais comment feras-tu pour tout installer ?

En fin de journée, elle s'apercevait que son fourneau était resté froid, et qu'elle n'avait rien mangé, hors son chagrin. Par devoir, elle y fourrait quelques bûchettes, se préparait une soupe à l'oignon. Quand elle l'avait trempée dans son écuelle, selon l'habitude, elle se rendait compte qu'elle n'avait pas de lait. Ah ! tu aimes pas la soupe noire ! Faudra pourtant bien t'y habituer. Tu crois qu'au Doux Repos on te donnera la soupe blanche ? Elle avalait quelques cuillerées, pires qu'une purge ; elle laissait le reste dans le bol.

Avant de se coucher, par une ancienne habitude, elle se préparait une infusion de tilleul. Elle allait chaque été cueillir la fleur dans les arbres bruissants d'abeilles. Et il n'était guère de malaise, guère de chagrin qui résistât en elle à cette tisane du soir. Si bien qu'ensuite elle se glissait entre ses draps, l'estomac et la conscience soulagés.

Extrait du roman *Le Tilleul du soir* de Jean Anglade
paru aux Presses de la Cité dans la collection Terres de France

A faire aujourd'hui

Samedi

8 h ....
9 h ....
10 h ....
11 h ....
12 h ....
13 h ....
14 h ....
15 h ....
16 h ....
17 h ....
18 h ....
19 h ....
20 h ....

Dimanche

8 h ....
9 h ....
10 h ....
11 h ....
12 h ....
13 h ....
14 h ....
15 h ....
16 h ....
17 h ....
18 h ....
19 h ....
20 h ....

Notes

Saint Claude

Dimanche 15 février

08 h 00
18 h 11
Verseau
3e décan

07 h 58
18 h 12
Verseau
3e décan

Lundi 16 février

Sainte Julienne

Février, bon mois pour semer carottes et pois.

A faire aujourd'hui

8 h ....

9 h ....

10 h ....

11 h ....

12 h ....

13 h ....

14 h ....

15 h ....

16 h ....

17 h ....

18 h ....

19 h ....

20 h ....

Notes ....

En tous sens

Pot-au-feu provençal

Pour 6 personnes. Ingrédients : 1,5 kg de bœuf dans la culotte ; 500 g d'épaule de mouton ; 1 os à moelle ; 2 navets ; 6 carottes ; 6 poireaux ; 1 tomate ; 1 branche de céleri ; 1 oignon piqué d'un clou de girofle ; 1 bouquet garni ; quelques branches de persil ; sel ; poivre ; rondelles de pain.

- Dans une cocotte remplie d'eau froide, mettez la viande et l'os à moelle. Commencez la cuisson à feu doux et augmentez peu à peu la chaleur jusqu'à ébullition. Salez et couvrez. Laissez frémir pendant 3 heures.
- A mi-cuisson, poivrez et ajoutez les légumes épluchés et les herbes. Dégraissez le bouillon.
- Au moment de servir, tartinez les rondelles de pain avec la moelle, filtrez le bouillon et versez-le sur le pain.

Au quotidien

Les pommes d'ambre

Pour parfumer l'intérieur des armoires, vous pouvez y placer des pommes d'ambre. Ce sont des oranges piquées de clous de girofle, que l'on recouvre ensuite de poudre d'épices, notamment de cannelle. En plus du parfum agréable, les clous de girofle agissent comme antimites.

La France en vert

Place au papier recyclé !

Pour préserver nos forêts et notre environnement, optez pour le papier recyclé pour vos impressions ! Il faut en effet 20 fois moins de bois, 100 fois moins d'eau et 3 fois moins d'énergie pour le fabriquer que le papier classique.

Pour le plaisir

Place au don

Vous déménagez ou ne voulez plus d'un objet ? Il existe des sites Internet mettant en relation les personnes désireuses de donner des objets (meubles, vêtements, ustensiles, appareils d'électroménager, etc.) avec celles qui pourraient en avoir besoin. Pensez-y avant de jeter ce qui vous semble superflu !

C'ÉTAIT HIER

La fabrication des géants

Nice (Alpes-Maritimes)

La promenade des géants a toujours été un temps fort du carnaval de Nice. C'est le moment où des chars gigantesques surmontés de têtes caricaturales défilent sur la promenade des Anglais. Autrefois, les carnavaliers utilisaient des moules de plâtre pour réaliser leurs pantins en carton-pâte, et ils leur donnaient une structure en bois. La préparation commençait des mois à l'avance et s'effectuait dans une immense baraque, en bois à l'époque, la Maison du Carnaval.

Mardi 17 février

Mardi gras

Si février ne févrière pas, tout mois
de l'an peu ou prou le fera.

07 h 56
18 h 14
Verseau
3e décan

Pour le plaisir

Devinette

J'ai une gorge mais ne parle pas, je coule mais ne me noie pas, j'ai un lit mais ne dors jamais. Qui suis-je ?

Solution : la rivière.

Au quotidien

Pour que vos tissus noirs ne perdent pas leur couleur

Versez dans une bassine de l'eau bouillante additionnée de quelques poignées de feuilles de lierre et laissez le mélange macérer deux ou trois heures. Retirez le lierre avec une écumoire, plongez vos tissus dans l'eau et laissez-les tremper toute une nuit. Le lendemain, essorez, faites sécher et nettoyez en ajoutant quelques gouttes de vinaigre : il fixera le noir sur le linge.

La France en vert

Le télémark

Originaire de Norvège, le télémark se pratiquait au XIXe siècle sur des skis dont les fixations permettaient de décoller le talon. Pour tourner, on fléchissait fortement la jambe inférieure. Détrôné à l'aube du XXe siècle au profit du ski alpin et sa technique du virage parallèle, plus aisée que la génuflexion du télémark, il connaît un regain d'intérêt aujourd'hui, et certaines stations de ski proposent des initiations à la discipline.

En tous sens

Que mange-t-on pour Mardi gras ?

Des beignets ! Mais ceux-ci portent un nom différent en fonction des régions. Ainsi à Lyon, on mangera des bugnes ; en Franche-Comté, des pets-de-nonne ; en Anjou, des bottereaux ; en Lorraine, des corchevets ; en Auvergne, des guenilles ; dans le Sud-Ouest, des merveilles ; des oreillettes en Provence ; en Champagne, des faverolles, etc.

A faire aujourd'hui

8 h ....
....
9 h ....
....
10 h ....
....
11 h ....
....
12 h ....
....
13 h ....
....
14 h ....
....
15 h ....
....
16 h ....
....
17 h ....
....
18 h ....
....
19 h ....
....
20 h ....
....
Notes ....
....
....

C'ÉTAIT HIER

Le long du Rhin

Haut-Rhin, Bas-Rhin (Alsace)

Même si le Rhin fut toujours un axe de transport important en Alsace, son tracé facétieux et ses crues gigantesques rendaient difficile la circulation des petites embarcations et l'aménagement des terres avoisinantes. C'est pourquoi, au XIXe siècle, on confia à l'ingénieur hydraulicien Johann Tulla la mission de canaliser le fleuve. La navigation des péniches en fut facilitée, l'agriculture put à son tour se développer sur les rives et favoriser l'essor économique local.

Hiver

07 h 54
18 h 16
Verseau
3e décan

Mercredi 18 février

Sainte Bernadette

A la Sainte-Bernadette, souvent le soleil est à la fête.

A faire aujourd'hui

8 h ....
....
9 h ....
....
10 h ....
....
11 h ....
....
12 h ....
....
13 h ....
....
14 h ....
....
15 h ....
....
16 h ....
....
17 h ....
....
18 h ....
....
19 h ....
....
20 h ....
....
Notes ....
....
....

En tous sens

Qu'est-ce qu'une épice ?

Une épice est une "substance d'origine végétale, aromatique ou piquante, servant à l'assaisonnement des mets" (Dictionnaire *Le Petit Robert*). Elle peut être issue de différentes parties des plantes : l'anis étoilé et les baies roses sont des fruits ; le gingembre et le raifort sont des racines ; la cannelle provient d'une écorce ; la cardamome et la moutarde sont des graines, tandis que le clou de girofle est un bourgeon.

La France en vert

Les travaux de la seconde quinzaine de février

- Plantez oignons, ail et échalotes.
- Semez sous châssis les tomates et les aubergines.
- Semez les petits pois à grains ronds.
- Plantez les bisannuelles achetées en godets.
- Préparez le terrain pour un futur semis de gazon.
- Rabattez les arbustes à floraison estivale comme les buddleias, les fuchsias rustiques, les cénanthes.
- N'oubliez pas de scarifier le gazon.

C'ÉTAIT HIER

A l'heure de la veillée

Périgord (Aquitaine)

Après les dures journées de labeur à la ferme, les paysans avaient autrefois coutume de se retrouver le soir pour la veillée chez les uns ou les autres, ou au bistrot du village. Les hommes se lançaient dans des parties endiablées de belote, de manille coinchée ou de Nain jaune tandis que les femmes ravaudaient ou tricotaient. On s'octroyait généralement un verre ou deux de vin gris et la conversation allait bon train en ces temps où ni la radio ni la télévision n'existaient.

Jeudi 19 février

Saint Gabin

Il vaut mieux voir un loup dans le troupeau
qu'un mois de février trop beau.

07 h 53
18 h 17
Verseau
3e décan

Hiver

Au quotidien
Le savon au miel
Pour avoir une peau douce, on peut faire chauffer à feu très doux du miel dans lequel on a râpé des morceaux de savon de Marseille et ajouté quelques gouttes de fleur d'oranger. Une fois le savon fondu, on obtient une pâte lisse que l'on verse dans des moules et qu'on laisse refroidir.

Patrimoine
La cristallerie de Baccarat
Fondée pour concurrencer les cristaux de Bohême et pour créer des emplois, la Compagnie des cristalleries de Baccarat, au nord-ouest de Saint-Dié, dans les Vosges, n'a jamais, depuis 1766, failli à sa réputation : l'entreprise a révélé plusieurs "meilleurs ouvriers de France". Le cristal est aujourd'hui chauffé dans des fours à bassin à fusion continue, mais toujours soufflé à la bouche. Un musée regroupant des objets réalisés depuis 1817 est aménagé dans l'ancien château, rue des Cristalleries, à Baccarat.

En tous sens
La mode des restaurants au XIXe siècle
Lors de la Révolution française, beaucoup d'aristocrates s'exilèrent, ce qui eut pour effet de laisser leurs cuisiniers sans emploi. Ceux-ci décidèrent alors de fonder de grands restaurants, qui jouirent immédiatement d'une grande renommée et lancèrent une véritable mode. A côté de ces établissements luxueux se créèrent également des maisons plus modestes, où était servie la cuisine bourgeoise traditionnelle. Pour les petites bourses restaient les bouillons et leur cuisine simple mais goûteuse, ou encore des tables d'hôtes, de qualité inégale.

A faire aujourd'hui
8 h ....
....
9 h ....
....
10 h ....
....
11 h ....
....
12 h ....
....
13 h ....
....
14 h ....
....
15 h ....
....
16 h ....
....
17 h ....
....
18 h ....
....
19 h ....
....
20 h ....
....
Notes ....
....
....

C'ÉTAIT HIER
Singularités nérisiennes
Néris-les-Bains (Allier)
Si la chapelle Saint-Joseph et la grotte construites dans la seconde moitié du XIXe siècle à l'initiative du prêtre de la paroisse constituent l'une des curiosités de Néris-les-Bains, la ville est surtout célèbre pour ses eaux, déjà exploitées durant l'Antiquité. Les établissements thermaux actuels datent du XIXe siècle ; ils connurent à l'époque un vif succès et attirèrent de célèbres hôtes, tels que l'impératrice Eugénie ou les romantiques Lamartine, Musset et Chateaubriand.

07 h 51
18 h 19
Poissons
1er décan

Vendredi 20 février

Sainte Aimée

Souvent à la Sainte-Aimée, la campagne est enneigée.

A faire aujourd'hui

8 h ....

9 h ....

10 h ....

11 h ....

12 h ....

13 h ....

14 h ....

15 h ....

16 h ....

17 h ....

18 h ....

19 h ....

20 h ....

Notes ....

Patrimoine

Quiz – Les forêts de France

1. Quelle forêt française est la plus grande forêt artificielle d'Europe occidentale ?
a. la forêt d'Orléans
b. la forêt de Compiègne
c. la forêt des Landes

2. Quelle est l'essence la plus représentée dans les forêts françaises ?
a. le chêne
b. le châtaignier
c. l'épicéa

3. Quelle part du territoire de la France métropolitaine la forêt occupe-t-elle ?
a. environ 20 %
b. environ 30 %
c. environ 40 %

Solution : 1 c, 2 a, 3 b.

Pour le plaisir

Poissons (20 février – 20 mars)

C'est une année positive qui s'offre à vous ! Optimiste, vous aurez à cœur de vous ouvrir à de nouveaux horizons. Sur le plan professionnel, cela se traduira par une volonté d'entreprendre. Au niveau personnel, vous envisagerez des voyages et vous investirez davantage dans la vie du foyer.

La France en vert

La fête du citron à Menton

Chaque année depuis 1934 se tient en février et mars la fête du citron à Menton. Au programme : une exposition de créations géantes réalisées à partir d'agrumes, qui se parent de lumière à la nuit tombée, des défilés de chars ornés de fruits au goût acidulé, des spectacles musicaux, etc. Plus de 145 tonnes d'agrumes sont nécessaires à la mise en place de l'événement !

C'ÉTAIT HIER

Le dirigeable

Pierrefonds (Oise)

Né à Pierrefonds en 1855, Adolphe Clément-Bayard fit fortune dans la fabrication de cycles puis dans la construction automobile avant de se mettre en tête de fabriquer des dirigeables. Le premier de ses aérostats à hélices vit le jour en 1908 et fut baptisé du nom de son fabricant : il effectua un raid aérien allant de Sartrouville à Compiègne en passant par Paris et Pierrefonds. Le *Clément-Bayard-II* fut quant à lui le premier à traverser la Manche.

Samedi 21 février

Saint Damien

Février, entre tous les mois,
le plus court et le moins courtois.

07 h 49
18 h 21
Poissons
1er décan

Hiver

Les Chais des ambitieux

Philippe Bouin

En les saluant un à un, Archi ne fut pas en reste. Si ce n'est qu'il les compara à la mode vigneronne. Les femmes d'abord, galanterie oblige.

En premier lieu, Noémie, l'épouse de Jacquemin, née Laiteries Beaucart. Il estima sa hauteur à huit grappes de raisin. La dame était un carafon, sa peau s'ornait d'un rouge à treize degrés, et sa voix était aussi aigre qu'une pisse d'âne de fond de cuve. Même mourant de soif, il n'en aurait pas bu.

Son sentiment différa quand il vit Déborah, la fille des Pillorget. Svelte, élancée, sa silhouette serpentait comme une jeune souche. Son visage s'ornait de l'ovale d'un grain d'italia. Ses yeux étaient d'un vert de feuille de vigne, mais les bulles d'un crémant leur manquaient pour qu'ils brillent. Nonchalante, apathique, Déborah s'ennuyait dans sa cage dorée.

Pour définir Wilfrid, son rembruni de mari, le terme « austère » lui sauta à l'esprit. Le sourire du balthazar était acide et son regard confit. Sa politesse fruitée masquait une minéralité. Dureté maximale. Une AOC trompeuse. Ce soi-disant vin doux avait le goût de pierre à fusil.

Vint le tour de Jacquemin, l'aîné des Pillorget. Lui-même charpenté comme un jéroboam, le contenu de son crâne baignait dans la piquette. Ce petit vin de pays se prenait pour un grand cru. Au peu de mots qu'il prononça, Archi confirma le verdict de Jarry. Sa langue était amère et son verbe astringent.

L'étiquette qu'il colla sur son cadet fut classée écossaise. Guéwen carburait au whisky. Plus fin que Jacquemin – une bouteille de pur malt –, le dilettante faisait la gueule. Furieux de devoir se prêter à un protocole empesé, il ne cachait pas son humeur, tournant avec un doigt les glaçons dans son verre.

Mais lorsqu'il salua Maxime Aubert, Archi remballa ses vacheries. Le filleul d'Eric avait un visage franc. D'allure sportive, un brin séduisant, il jouissait du charisme des hommes de décision. Dans ce milieu égocentrique, son aura aveuglait les médiocres.

En discutant avec lui, Archi comprit pourquoi Edmonde en avait fait son champion. Et pourquoi les ambitieux lui barraient le chemin.

Extrait du roman *Les Chais des ambitieux* de Philippe Bouin
paru aux Presses de la Cité dans la collection Terres de France

A faire aujourd'hui

Samedi

8 h ....
9 h ....
10 h ....
11 h ....
12 h ....
13 h ....
14 h ....
15 h ....
16 h ....
17 h ....
18 h ....
19 h ....
20 h ....

Dimanche

8 h ....
9 h ....
10 h ....
11 h ....
12 h ....
13 h ....
14 h ....
15 h ....
16 h ....
17 h ....
18 h ....
19 h ....
20 h ....

Notes

07 h 47
18 h 22
Poissons
1er décan

Sainte Isabelle

Dimanche 22 février

07 h 45
18 h 24
Poissons
1er décan

Lundi 23 février

Saint Lazare

S'il tonne en février, point de vin tiré.

A faire aujourd'hui

8 h

9 h

10 h

11 h

12 h

13 h

14 h

15 h

16 h

17 h

18 h

19 h

20 h

Notes

En tous sens

Les huîtres Marennes-Oléron

Ces huîtres renommées sont une spécialité du bassin Marennes-Oléron. Après plusieurs années passées en mer dans des parcs, elles subissent un affinage en "claire", c'est-à-dire dans d'anciens marais salants situés à l'embouchure de la Seudre. Elles se trouvent alors en contact avec la navicule bleue, algue microscopique qui leur donne leur couleur verte caractéristique. Ainsi affinées, les huîtres Marennes-Oléron prennent un goût plus fin, moins âpre et moins iodé que les huîtres de pleine mer et bénéficient d'une meilleure conservation. Selon le degré de transformation du produit après mise en claire, elles sont nommées "fines de claire", "fines de claire vertes label rouge", "spéciales de claire", "spéciales pousse en claire label rouge". Les "fines" sont plus raffinées et moins charnues que les "spéciales".

La France en vert

Le lac Pavin (Puy-de-Dôme)

Ce lac, niché dans la forêt à 1 197 mètres d'altitude, est parfaitement circulaire. Il mesure 750 mètres de diamètre et 92 mètres de profondeur et est né il y a 4 000 ans de la rencontre du magma en fusion et d'une nappe phréatique. Le choc thermique fit exploser la croûte terrestre et laissa un immense cratère que l'eau de la nappe vint investir. Un sentier accessible à tous permet de faire le tour du lac en 1 heure. Le lieu se prête également à la pêche à l'omble chevalier notamment.

Pour le plaisir

Devinette

Un homme a cinq fils et chacun de ses fils a une sœur. Combien a-t-il d'enfants ?

Solution : six, cinq fils et une fille.

C'ÉTAIT HIER

En voiture !

Paris (Ile-de-France)

Inspiré des métropolitains new-yorkais et londonien, le métro parisien ouvrit ses portes en 1900, à l'approche de l'Exposition universelle. A l'époque, il n'existait qu'une seule ligne en circulation, entre la porte Maillot et la porte de Vincennes. Les Parisiens s'enthousiasmèrent pour ce nouveau mode de transport et des travaux furent vite entrepris pour construire d'autres lignes, dont la ligne 6, qui avait la particularité d'être en partie aérienne.

Mardi 24 février

Saint Modeste

Fleur de février fait mal au pommier.

07 h 43
18 h 25
Poissons
1er décan

Hiver

En tous sens

Raie à la grenobloise

Pour 4 personnes. Ingrédients : 4 ailes de raie ; 15 cl de vinaigre blanc ; 3 tranches de pain de mie ; 2 c. à soupe de câpres ; 1 citron bio ; 80 g de beurre ; sel.

- Préchauffez le four à 180 °C (thermostat 6).
- Faites cuire le poisson dans de l'eau bouillante avec le vinaigre et du sel pendant 10 minutes.
- Egouttez le poisson, retirez la peau. Mettez la chair dans un plat à four.
- Coupez le pain et le citron en petits dés.
- Faites fondre le beurre dans une poêle. Faites-y dorer les dés de pain, puis ajoutez le citron et les câpres.
- Laissez chauffer pendant 1 min, puis versez le contenu de la poêle sur la raie.
- Faites cuire au four pendant 5 min. Servez chaud.

La France en vert

Le petit geste écolo

N'hésitez pas à diluer avec un peu d'eau vos produits ménagers (liquide vaisselle, shampooing, savon). Vous en utiliserez moins et ils seront aussi efficaces.

Patrimoine

La légende du loulérou du Périgord

Le loup-garou était nommé loulérou dans cette région. Il apparaissait à chaque pleine lune, lorsque les fils illégitimes se métamorphosaient malgré eux en cette bête féroce. Le mal les prenait la nuit : ils sautaient par la fenêtre, couraient se jeter dans une fontaine et en ressortaient recouverts d'une peau de chèvre. Ils partaient ensuite déambuler dans les villages à quatre pattes et dévoraient tous les chiens qu'ils croisaient. Puis, au petit matin, la peau de chèvre tombait, et les loulérous redevenus hommes rentraient chez eux.

A faire aujourd'hui

8 h ....

9 h ....

10 h ....

11 h ....

12 h ....

13 h ....

14 h ....

15 h ....

16 h ....

17 h ....

18 h ....

19 h ....

20 h ....

Notes ....

C'ÉTAIT HIER

Maisons normandes

Lisieux (Calvados)

Héritée du Moyen Age, la technique de construction des maisons à colombages s'est largement répandue en Normandie au cours des siècles. Nommées chaumières, ces demeures étaient composées de murs à pans de bois qui s'appuyaient sur une structure alternant poutres en bois verticales et torchis recouvert d'un mélange à la chaux. L'ensemble reposait sur une base en silex, censée préserver les maisons de l'humidité du sol. Leur toit était fait de tuiles, d'ardoise ou de chaume.

07 h 41
18 h 27
Poissons
1er décan

Mercredi 25 février

Saint Roméo

Si février ne févrotte, mars marmotte.

A faire aujourd'hui

8 h ....

9 h ....

10 h ....

11 h ....

12 h ....

13 h ....

14 h ....

15 h ....

16 h ....

17 h ....

18 h ....

19 h ....

20 h ....

Notes ....

La France en vert

La naissance des GR

Le tout premier GR (chemin de grande randonnée) a vu le jour en 1947. L'idée était de baliser un chemin en traçant des repères sur les rochers, les arbres, etc., pour indiquer la route à suivre aux promeneurs qui avaient envie de découvrir les anciens chemins de mariniers le long de la Loire. C'est ainsi qu'apparurent les fameux traits parallèles rouge et blanc que l'on retrouve aujourd'hui sur tous les GR. Ce premier sentier s'étendait à l'origine sur 28 kilomètres et couvre désormais près de 1 250 kilomètres entre la source de la Loire et la mer. Curieusement, il a pris dès sa création le nom de GR 3, pour laisser à la région parisienne les numéros 1 et 2.

En tous sens

La chartreuse de Voiron

Attesté depuis 1605, le secret de cette liqueur fut tour à tour perdu, puis retrouvé, sa production stoppée puis relancée au cours des siècles. Aujourd'hui, une quarantaine de frères et pères chartreux perpétuent la tradition et fabriquent cette boisson à base d'eau pure, de miel des montagnes, de sirop de sucre et de pas moins de 130 plantes dont l'assemblage est tenu secret. Vieillie en fût de chêne de 3 à 12 ans, elle titre à 55°. Elle est célèbre pour sa couleur verte et son goût inimitable.

Pour le plaisir

Devinette

Quel est le comble des combles ?

Solution : un muet qui dit à un sourd qu'un aveugle les espionne et qu'un cul-de-jatte court les dénoncer à la police.

C'ÉTAIT HIER

Les troubles du Midi

Béziers (Hérault)

En 1907, les vignerons du Languedoc, craignant la concurrence des vins venus d'Algérie et la chaptalisation, entamèrent une série de manifestations, qui réunirent jusqu'à des centaines de milliers de personnes. De pacifiques, elles se firent sanglantes quand Clemenceau envoya l'armée réprimer le mouvement. Le 21 juin pourtant, près de 500 soldats se mutinèrent et se rangèrent aux côtés des manifestants à Béziers. Le 23 fut votée une loi réprimant la chaptalisation abusive.

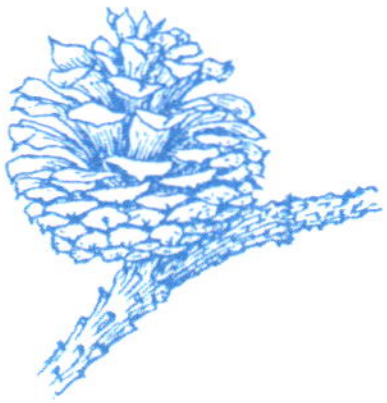

Jeudi 26 février

Saint Nestor

Il n'est de février si mauvais qu'il ne nous donne huit jours de printemps.

07 h 39
18 h29
Poissons
1er décan

Hiver

En tous sens

Des goûts et des saveurs…

Les Français ont un goût prononcé pour les plats de leur région. Ainsi, les habitants du Sud-Ouest placent le magret de canard au premier rang de leurs mets favoris. Dans le Nord, on préfère les moules-frites, dans le Centre, le bœuf bourguignon, dans le Sud-Est, le gratin dauphinois et dans l'Est, la choucroute !

Patrimoine

Quiz – Les surnoms des villes

1. Quelle ville est parfois appelée la cité du Ponant ?
a. Biarritz
b. Brest
c. La Baule

2. Laquelle de ces périphrases ne désigne pas Lyon ?
a. la capitale des Gaules
b. la ville aux cent clochers
c. la cité des gones

3. Parmi les villes suivantes, laquelle a pour surnom la Belle endormie ?
a. Bordeaux
b. Dijon
c. Rennes

Solution : 1 b, 2 b, 3 a.

A faire aujourd'hui
8 h ……………
9 h ……………
10 h ……………
11 h ……………
12 h ……………
13 h ……………
14 h ……………
15 h ……………
16 h ……………
17 h ……………
18 h ……………
19 h ……………
20 h ……………
Notes ……………

Au quotidien

Soigner les mains abîmées par le froid

Massez-les le soir avec un petite quantité d'huile d'olive ou d'avocat ou du beurre de karité. Vous pouvez y ajouter un peu d'huile essentielle cicatrisante (2 gouttes pour 10 ml d'huile) comme du bois de rose, du romarin ou de la lavande. Enfilez ensuite des gants de coton et laissez reposer toute la nuit.

C'ÉTAIT HIER

La bourrée

Limousin

Les origines de la bourrée sont floues, mais on sait qu'elle se pratiquait déjà dans tout le Massif central dès le XVIIe siècle. La bourrée limousine, en particulier, est généralement une danse à trois temps, très rythmée, dont les pas rappellent ceux de la valse. Elle se danse en couple, en quadrette ou en ronde. Au XIXe siècle, elle était accompagnée par une cabrette (instrument proche de la cornemuse) ou par la vielle à roue, puis par l'accordéon au XXe siècle.

Hiver

07 h 37
18 h 30
Poissons
1er décan

Vendredi 27 février

Sainte Honorine

A la Sainte-Honorine, bourgeonne l'aubépine.

A faire aujourd'hui

8 h

9 h

10 h

11 h

12 h

13 h

14 h

15 h

16 h

17 h

18 h

19 h

20 h

Notes

Au quotidien

Ça grince !

Rien de plus énervant qu'un lit qui grince au moindre mouvement. Pour éviter ces désagréments sonores, déposez un peu de talc ou de farine dans les jointures, le bruit devrait disparaître comme par magie.

La France en vert

Le grand corso du mimosa (Var)

Chaque dernier week-end de février, Bormes-les-Mimosas revêt ses habits de fête pour célébrer l'arbre emblématique de la ville. Des chars somptueusement ornés de brins de mimosa et de fleurs fraîches défilent dans les rues, accompagnés du son des fanfares. Le clou du spectacle réside dans une grande bataille de fleurs.

Patrimoine

La BNF

Si la Bibliothèque nationale de France ne porte ce nom que depuis 1994, elle est en réalité l'héritière de la bibliothèque de Charles V, qui installa sa collection au Louvre au XIVe siècle. Toutes les collections royales constituées depuis cette époque sont rassemblées à la BNF, qui est aujourd'hui répartie sur sept sites, dont quatre dans la capitale. Riche de 40 millions de documents, elle est la plus importante bibliothèque de France et l'une des plus prestigieuses au monde. Elle assure également la gestion du dépôt légal : les éditeurs ont l'obligation de déposer deux exemplaires de chaque ouvrage qu'ils publient pour archive à la BNF.

C'ÉTAIT HIER

Une vie portuaire

Dunkerque (Nord)

A l'aube du XXe siècle, Dunkerque était déjà le troisième port de France. Son activité était intimement liée aux besoins de l'industrie locale et y transitaient de la laine d'Argentine pour l'industrie textile de Roubaix et Tourcoing, du lin de Russie pour Armentières et Lille, ou des minerais pour les usines métallurgiques de Valenciennes et Maubeuge. Les céréales étaient également importées via Dunkerque avant d'être acheminées par train vers les autres régions de France.

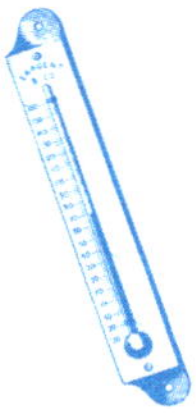

Samedi 28 février

Saint Romain

Le mois de février n'a pas deux jours pareils.

07 h 36
18 h 32
Poissons
1er décan

Hiver

La Trace du loup
Didier Cornaille

L'Ouïau, piqué au vif, s'était redressé et fusillait son interpellateur du regard.

— M'en vais te le dire, moi, ce qui fait que je suis sûr de mon affaire. Un chien, ça se promène, ça marche sans se faire de bile. Ça pose les pattes bien à plat, un peu tournées vers l'extérieur. Un loup, d'abord, ça a les pieds un peu plus étroits que le chien, plus en longueur. Et puis, surtout, ça court, un loup. Ça peut te faire des cinquante, soixante kilomètres dans sa journée. Et toi, quand tu es pressé, qu'est-ce que tu fais ? Tu la lances, ta jambe, tu vas chercher ton appui loin devant toi. C'est exactement ce qu'il fait, le loup. Du coup, sa patte, il la pose légèrement à l'intérieur, à l'inverse du chien. Et ça lui fait prendre appui un peu plus sur le coussinet extérieur que sur l'intérieur. C'est à ça qu'on la reconnaît, sa trace, monsieur l'important. Maintenant, si tu ne me crois pas, tu veux que je te dise ? Ça me fait ni chaud ni froid. Moi, je sais ce que je sais, le reste…

Il eut du bras un geste très explicite. Ils étaient tous sidérés et en restaient sans voix. L'Ouïau capable d'une telle démonstration… S'ils s'étaient imaginé. Il n'y eut guère que Pierre pour entrer un peu la tête dans les épaules, l'air vaguement sceptique. Il contemplait son grand-père avec dans le regard autant d'affectueuse admiration que de scepticisme. Il le connaissait assez pour nourrir tout de même quelques doutes. Qui lui avait soufflé toutes ces explications ? Où avait-il appris tout cela ?

Au fond de la salle, la jeune femme s'était détournée. Elle conversait avec ses amis comme si tout cela ne l'intéressait plus. Quelque chose avait brisé le charme. Peut-être la trop grande précision de la démonstration du vieux bûcheron.

Extrait du roman *La Trace du loup* de Didier Cornaille
paru aux Presses de la Cité dans la collection Terres de France

A faire aujourd'hui

Samedi

8 h ……………
9 h ……………
10 h ……………
11 h ……………
12 h ……………
13 h ……………
14 h ……………
15 h ……………
16 h ……………
17 h ……………
18 h ……………
19 h ……………
20 h ……………

Dimanche

8 h ……………
9 h ……………
10 h ……………
11 h ……………
12 h ……………
13 h ……………
14 h ……………
15 h ……………
16 h ……………
17 h ……………
18 h ……………
19 h ……………
20 h ……………

Notes

Saint Aubin

Dimanche 1er mars

07 h 34
18 h33
Poissons
1er décan

Hiver

07 h 32
18 h 35
Poissons
2e décan

Lundi 2 mars

Saint Charles le Bon

Si mars commence en courroux,
il finira tout doux, tout doux.

A faire aujourd'hui

8 h ....
....
9 h ....
....
10 h ....
....
11 h ....
....
12 h ....
....
13 h ....
....
14 h ....
....
15 h ....
....
16 h ....
....
17 h ....
....
18 h ....
....
19 h ....
....
20 h ....
....
Notes ....
....
....

La France en vert

Labastide-d'Armagnac (Landes)

Fondée en 1291, cette ancienne bastide fut construite autour d'une place rectangulaire, la place Royale, le long de laquelle viennent s'aligner des maisons en pierres ou à colombages reposant sur des arcades. Donnant sur la place, on trouve l'église romane du village, datant du XIIe siècle, qui a la particularité d'être fortifiée. On raconte qu'Henri IV, qui avant de régner retrouvait place Royale une de ses maîtresses, se serait inspiré de cette place de village pour créer la place des Vosges, à Paris.

Pour le plaisir

Devinette

J'ai un chapeau, mais je n'ai pas de tête. J'ai un pied mais je n'ai pas de chaussure. Qui suis-je ?

Solution : un champignon.

En tous sens

La couronne bressane

Ce pain original est fait à partir de farine de blé et de farine de gaude. Les gaudes sont une spécialité de la Bresse : il s'agit de maïs séché et grillé que l'on consommait traditionnellement au quotidien dans le Jura dans les bouillies ou les potages.

Au quotidien

Des meubles qui brillent

Pour redonner une seconde jeunesse à vos meubles en bois ternis, commencez par ôter la poussière, puis nettoyez-les avec un chiffon humide imprégné de thé froid. Mélangez 20 cl d'huile d'olive, le jus de ½ citron et quelques gouttes d'huile essentielle de citron. Frottez délicatement le meuble avec ce mélange en effectuant des mouvements circulaires.

C'ÉTAIT HIER

La pêche à pied

Tréguier (Côtes-d'Armor)

La pêche à pied fait partie des traditions séculaires en Bretagne comme en Normandie. Sur cette image de la première moitié du XXe siècle, on voit des familles entières arpenter la plage à marée basse à la recherche de crevettes, de crabes et de coquillages. Cette pratique fut longtemps un moyen simple d'améliorer le quotidien des plus pauvres. Elle est aujourd'hui réglementée et les pêcheurs ne peuvent ramasser plus que nécessaire à une consommation personnelle.

Mardi 3 mars

07 h 30
18 h 37
Poissons
2e décan

Saint Guénolé

*S'il gèle à la Saint-Guénolé,
au taureau ferme le pré.*

Au quotidien
Une astuce pour préserver vos plantes

Pour empêcher votre chat de gratter la terre de vos plantes en pot, procurez-vous des fourchettes en plastique, coupez un peu le manche s'il ne rentre pas en entier dans la terre et enfoncez les fourchettes pointes vers le haut en les faisant dépasser de 1 cm environ. Effet dissuasif garanti !

Patrimoine
La chapellerie Caussade (Tarn-et-Garonne)

C'est à une jeune bergère que l'on doit la naissance de la tradition chapelière à Caussade à la fin du XVIIIe siècle. Pétronille Cantecor commença par assembler des brins de paille, formant des pailloles, des tresses utilisées pour créer des chapeaux de paille. La paysanne fonda d'abord un atelier, puis une fabrique de chapeaux. L'entreprise perdura, pour connaître son apogée entre 1860 et 1930, grâce notamment à la fabrication du célèbre canotier. Si l'activité chapelière a aujourd'hui baissé, il reste toutefois à Caussade plusieurs artisans perpétuant le savoir-faire local.

A faire aujourd'hui

8 h ....
....
9 h ....
....
10 h ....
....
11 h ....
....
12 h ....
....
13 h ....
....
14 h ....
....
15 h ....
....
16 h ....
....
17 h ....
....
18 h ....
....
19 h ....
....
20 h ....
....
Notes ....
....
....

La France en vert
Des plantes dépolluantes pour votre intérieur

Peintures, solvants, produits d'entretien… tous ces éléments viennent polluer l'air d'une habitation. Pour purifier l'air intérieur chez vous, placez des plantes dépolluantes dans certaines pièces. Palmiers, fougères, anthuriums, lierres ont la capacité d'éliminer la plupart des composés volatils et toxiques de l'air ambiant.

C'ÉTAIT HIER

Histoire d'un château

Antibes (Alpes-Maritimes)

Bâti sur les fondations de l'ancienne ville grecque d'Antipolis devenue Antiboule au temps des Romains, le château d'Antibes est flanqué d'une tour carrée datant du XIe siècle. Il accueillit des évêques au Moyen Age avant d'être habité par la famille monégasque des Grimaldi au XIVe siècle. En 1792, il devint hôtel de ville, puis caserne en 1820. Au XXe siècle, Picasso y installa son atelier. Aujourd'hui, le château sert de cadre au musée dédié à l'illustre peintre.

Hiver

07 h 28
18 h 38
Poissons
2e décan

Mercredi 4 mars

Saint Casimir

Bonhomme, ne regarde jamais ton blé en mars, ta fille en mai.

A faire aujourd'hui

8 h

9 h

10 h

11 h

12 h

13 h

14 h

15 h

16 h

17 h

18 h

19 h

20 h

Notes

La France en vert

Les travaux de la première quinzaine de mars

- Plantez les plantes vivaces rustiques.
- Divisez les touffes de perce-neige.
- Taillez les hortensias.
- Plantez les rhododendrons, les bruyères.
- Finissez de planter les rosiers livrés en motte.
- Commencez la tonte de la pelouse.
- Semez les oignons, les épinards, les carottes, les radis, le persil.
- Plantez dans des jardinières des pensées et des myosotis achetés en godet et déjà fleuris.

Pour le plaisir

Les sucreries : pas si grave ?

Les enfants qui ont une attirance marquée pour les bonbons seraient souvent plus grands que ceux qui préfèrent les produits salés. La raison ? Les enfants qui grandissent beaucoup ont besoin de plus d'énergie et, donc, plus de sucre ! Une consommation “raisonnable” de sucreries n'a donc rien d'alarmant !

Au quotidien

Une infusion contre l'insomnie

Si vous avez du mal à trouver le sommeil, portez 50 cl d'eau à la limite de l'ébullition, puis faites-y infuser pendant 10 minutes 5 grammes de fleurs d'oranger et 3 grammes de fleurs de lavande. Filtrez le mélange, puis buvez, 30 minutes avant le coucher.

Patrimoine

Les folletons du Dauphiné

Hippolyte Poncet, un paysan du Dauphiné, racontait que l'esprit folleton s'attaquait souvent la nuit à sa superbe jument noire. Il venait tresser la crinière et la queue de l'animal. Un jour, à l'aube, voulant se rendre dans une ville voisine, il entra dans l'écurie pour dételer la jument. Or, celle-ci avait disparu. “C'est encore le folleton qui est responsable de cette mauvaise plaisanterie”, se dit-il. La bête réapparut dans la matinée, couverte de sueur. La légende avait cours dans toute la région au XIXe siècle, et plusieurs habitants se plaignaient ainsi du folleton, soupçonné d'“emprunter” régulièrement les chevaux la nuit.

C'ÉTAIT HIER

Dans les burons

Monts du Cantal (Auvergne)

Jusque tard au XXe siècle, le cantal était fabriqué de façon artisanale dans les burons, de petites bâtisses de montagne en pierre de lave avec une cave creusée dans la roche. Une fois le lait caillé et débarrassé du petit-lait, le fromager le versait dans une presse en bois tapissée de toile. Il le transformait en un bloc rectangulaire, pressé et découpé plusieurs fois. Le lendemain avaient lieu le salage et la dernière pression avant que le fromage n'aille rejoindre la cave.

Ancienne Fabrication du Fromage du Cantal

Jeudi 5 mars

Sainte Olive

Mars pluvieux, an disetteux.

07 h 26
18 h 40
Poissons
2e décan

Hiver

Pour le plaisir

Devinette

Sans u, je séduis par mes talents ; avec un u, j'étonne par ma générosité. Qui suis-je ?

Solution : prodige/prodigue.

Au quotidien

Comment décaper un meuble en douceur

Pour décaper un meuble ancien avec un produit moins agressif que ceux vendus dans le commerce, quelques ingrédients de base suffisent. Réalisez une colle en faisant bouillir 200 grammes de farine dans 1 litre d'eau. Délayez ensuite 200 grammes de poudre à récurer, toujours dans 1 litre d'eau. Mélangez les deux pâtes, vous obtenez alors un gel. Appliquez ce gel sur l'ensemble du meuble, et laissez agir quelques heures : la peinture viendra avec lorsque vous le retirerez.

Patrimoine

La lutherie à Mirecourt (Vosges)

L'art de la lutherie fut introduit en Lorraine par les ducs de Lorraine à leur retour d'Italie, à la fin du XVIe siècle. Plusieurs "faiseurs de violons" s'installèrent à Mirecourt et y développèrent leur savoir-faire. Au XVIIIe siècle, l'activité prit de l'ampleur et de véritables dynasties de luthiers et d'archetiers se créèrent dans la ville. Celui qu'on nomme le Stradivarius français, Jean-Baptiste Vuillaume, y fit d'ailleurs son apprentissage avant de gagner Paris. Aujourd'hui, l'Ecole nationale de lutherie de Mirecourt participe à la transmission de cet art.

A faire aujourd'hui

8 h ....
9 h ....
10 h ....
11 h ....
12 h ....
13 h ....
14 h ....
15 h ....
16 h ....
17 h ....
18 h ....
19 h ....
20 h ....
Notes ....

C'ÉTAIT HIER

A l'assaut du glacier

Glacier des Bossons (Haute-Savoie)

Dans la seconde moitié du XIXe siècle, le glacier des Bossons attirait surtout des scientifiques, qui y venaient équipés de leur baromètre. Puis vint la mode des visites des glaciers de Chamonix : de nombreux touristes aisés y affluèrent. Pour effectuer la traversée du glacier, à pied ou à dos de mulet, ils étaient accompagnés de guides que l'on nommait "pirates". Ceux-ci disparurent avec le retrait progressif du glacier, après la Seconde Guerre mondiale.

Hiver

07 h 24
18 h 41
Poissons
2e décan

Vendredi 6 mars

Sainte Colette

Le jour de la Sainte-Colette
commence à chanter l'alouette.

A faire aujourd'hui
8 h ....
9 h ....
10 h ....
11 h ....
12 h ....
13 h ....
14 h ....
15 h ....
16 h ....
17 h ....
18 h ....
19 h ....
20 h ....
Notes ....

La France en vert

La bambouseraie d'Anduze (Gard)

Ce parc botanique créé en 1855 par un passionné de botanique au pied des Cévennes s'étend sur 34 hectares, dont une partie est ouverte au public. Plus de 200 sortes de bambous, dont certains spécimens atteignent 20 mètres de haut, sont présentées. On peut également y découvrir la reconstruction d'un village laotien en bambous, des serres abritant des plantes rares, un jardin aquatique, un jardin floral et un labyrinthe végétal. Le parc est ouvert du 1er mars au 15 novembre.

Au quotidien

Une lotion aux herbes

Si vous avez la peau grasse, concoctez-vous cette lotion : mettez dans un flacon deux cuillères à soupe de romarin, quatre brins de menthe, la peau d'un quart d'orange, la peau d'un demi-citron et une demi-tasse d'eau de rose. Laissez macérer pendant deux jours, puis filtrez le mélange. Appliquez sur une peau nette deux fois par jour, le matin et le soir.

Pour le plaisir

Les pruneaux d'Agen

Les premiers pruniers furent introduits dans le Lot-et-Garonne au XIIe siècle. Le sol argilo-calcaire et la douceur du climat favorisèrent le développement de cette culture sur les coteaux ensoleillés des environs de Villeneuve-sur-Lot notamment. C'est là en effet qu'étaient produites – et le sont toujours – les prunes d'ente qui servent à préparer les pruneaux. Ceux-ci sont dits d'Agen parce qu'ils étaient acheminés vers Bordeaux puis vers l'Angleterre via le port de commerce d'Agen, situé sur la Garonne. La rivalité entre Agen et Villeneuve-sur-Lot est donc ancienne, et chacune revendique la paternité de ces prunes séchées noires, luisantes et souples, à la pulpe ambrée, que sont les pruneaux d'Agen.

C'ÉTAIT HIER

L'Exposition universelle de 1900

Paris (Ile-de-France)

En 1900 se tint la cinquième exposition universelle organisée dans la capitale. Parmi les œuvres éphémères qui marquèrent l'événement, on peut citer le palais de l'Electricité, tout de verre et de métal, orné d'une myriade de pierres précieuses. Devant lui se dressait un château d'eau, d'où jaillissait une cascade qui s'écoulait dans une série de vasques. Cette création complexe devait représenter "l'humanité conduite par le progrès, s'avançant vers l'avenir".

Samedi 7 mars

Sainte Félicité

Brouillard en mars, gelée en mai.

☀ 07 h 22
18 h 43
Poissons
2e décan

Hiver

L'Enfant de l'autre
Henriette Bernier

Son attitude alors évolua un peu. Il ne se transforma pas du jour au lendemain en un père attentionné et démonstratif, mais il cessa de faire semblant de ne pas voir Agathe, et tout doucement s'intéressa à ses gestes, ses mots, ses progrès. Il lui fallut d'abord reconquérir la confiance de la petite, échaudée par l'échec de sa tentative. Léonie voyait clair et laissait faire, se retenant d'intervenir malgré son impatience. Elle inventait des prétextes pour quitter la pièce. Elle avait oublié de donner les épluchures à la chèvre, ou alors elle ne se rappelait plus si elle avait bien refermé l'enclos.

Etienne alors s'approchait de l'enfant, lui parlait doucement, maladroitement : « Petite... Agathe... » Il lui caressait les cheveux, la joue. Mais ses gestes, il le savait bien, manquaient de naturel, et de chaleur. Et elle le sentait sans doute ; il la trouvait toujours un peu passive sous son regard et sous sa main, comme si elle se retenait, elle aussi, comme si elle craignait de s'attacher à lui. Papa. C'était lui, maintenant, qui attendait ce mot, se demandant s'il en serait cette fois ému, mais Agathe ne se décidait pas à le redire.

Comme tous les enfants, pourtant, elle avait besoin de chaleur, d'un contact physique avec des êtres aimés. Elle les trouva auprès des animaux. Le chat, les poules, les lapins, la chèvre de Léonie. Au fur et à mesure qu'elle grandissait, se développait son intérêt pour eux. Elle aimait les regarder, les toucher, et d'instinct savait trouver les gestes pour ne pas les effrayer, pour éviter d'éventuels dangers, et deviner les moments et les circonstances où il convenait de les laisser tranquilles. Dans les conversations qu'elle entretenait avec eux, faites d'abord de gazouillis, puis de mots murmurés, inventés, répétés, d'imitations de leur langage à eux, dans les caresses qu'elle leur donnait et en recevait, elle trouvait un peu de cette tendresse dont elle était privée.

Extrait du roman *L'Enfant de l'autre* d'Henriette Bernier
paru aux Presses de la Cité dans la collection Trésors de France

A faire aujourd'hui

Samedi
8 h ....
9 h ....
10 h ....
11 h ....
12 h ....
13 h ....
14 h ....
15 h ....
16 h ....
17 h ....
18 h ....
19 h ....
20 h ....

Dimanche
8 h ....
9 h ....
10 h ....
11 h ....
12 h ....
13 h ....
14 h ....
15 h ....
16 h ....
17 h ....
18 h ....
19 h ....
20 h ....

Notes

Saint Jean de Dieu

Dimanche 8 mars

☀ 07 h 19
18 h 44
Poissons
2e décan

Hiver

07 h 17
18 h 46
Poissons
2e décan

Lundi 9 mars

Sainte Françoise

Mars venteux, verger pommeux.

A faire aujourd'hui

8 h ....

9 h ....

10 h ....

11 h ....

12 h ....

13 h ....

14 h ....

15 h ....

16 h ....

17 h ....

18 h ....

19 h ....

20 h ....

Notes ....

Pour le plaisir

Petits bonheurs régressifs

Pour lutter contre les baisses de moral passagères, il suffit parfois de retourner en enfance… via son estomac. Si un jambon-purée, des coquillettes au beurre, un œuf à la coque avec des mouillettes ou des marshmallows au chocolat vous rasséréniaient étant enfant, comptez sur l'effet "madeleine de Proust" pour retrouver les douces sensations associées à ces petits plats de votre prime jeunesse.

Patrimoine

Quiz – Fleuves de France

1. Où se trouve la source de la Seine ?
a. au puy de Sancy
b. au plateau de Langres
c. au Plomb du Cantal

2. Quelle ville n'est pas traversée par le Rhône ?
a. Avignon
b. Valence
c. Saint-Etienne

3. Quelle est la longueur de la Garonne ?
a. 575 km
b. 675 km
c. 775 km

Solution : 1 b, 2 c, 3 a.

La France en vert

La vallée des Saints (Puy-de-Dôme)

Si l'on pense aisément aux ocres flamboyantes du Luberon, on oublie que des paysages tout aussi sublimes se cachent en Auvergne, dans la vallée des Saints. Dans un grand ravin se dressent des pyramides d'argile parfois hautes de 30 mètres, nommées cheminées des fées ou demoiselles coiffées. Elles se succèdent dans ce qui ressemble à une procession de moines, ce qui a valu son nom au lieu.

C'ÉTAIT HIER

Catastrophe ferroviaire

Les Ponts-de-Cé (Maine-et-Loire)

Le 4 août 1907, le train reliant Angers à Poitiers dérailla alors qu'il s'engageait sur le grand pont de la Loire, à la hauteur des Ponts-de-Cé, ce qui provoqua l'effondrement du tablier du pont et la chute d'une partie du train dans le fleuve. Le bilan humain de la catastrophe fut lourd. C'était un temps où la notion de sécurité ferroviaire n'existait pas et où les accidents n'étaient pas rares, même si le train restait malgré tout plus sûr que les transports hippomobiles.

Mardi 10 mars

Saint Vivien

Mars avec ses manteaux
dans leur mère tue les veaux.

07 h 15
18 h 48
Poissons
2e décan

La France en vert

Le GR 65

Du Puy-en-Velay à Saint-Jean-Pied-de-Port, le GR 65 suit en grande partie la *Via Podiensis*, un des chemins de Compostelle en France. Il est difficile d'apprécier le sentier dans son ensemble, mais vous pouvez envisager de le suivre pendant une dizaine de jours dans le Quercy. Vous découvrirez sur la route les sites de Figeac, Cahors ou Rocamadour. Ne manquez pas d'admirer les landes de bruyères autour de Limogne, les plantations de safran et les lacs-lavoirs du causse, puis, plus loin, les vergers de Moissac.

Pour le plaisir

Devinette

Comment s'appellent les habitants d'Auch ?

Solution : les Auscitains et les Auscitaines.

A faire aujourd'hui

8 h

9 h

10 h

11 h

12 h

13 h

14 h

15 h

16 h

17 h

18 h

19 h

20 h

Notes

En tous sens

A la table des Gaulois

Les Gaulois avaient un goût prononcé pour la viande, qu'ils consommaient bouillie ou rôtie. Ils excellaient par ailleurs dans l'art de fabriquer de la charcuterie. Mais leur alimentation était essentiellement composée de bouillies à base de lait. Et n'oublions pas la fameuse cervoise, cet ancêtre de la bière qu'ils buvaient à chaque repas.

C'ÉTAIT HIER

La ligne Maginot

Alsace

Au début des années 1930, le ministre de la Guerre André Maginot, craignant un nouveau conflit avec l'Allemagne, décida de lancer la construction d'un réseau de fortifications le long du Rhin. Rails antichars, lignes de fils barbelés, casemates, blockhaus, blocs de combat et de protection sortirent de terre en l'espace de quelques années. Pourtant, la ligne Maginot se révéla inefficace quand la guerre éclata... Les Allemands, tout simplement, la contournèrent.

Hiver

07 h 13
18 h 49
Poissons
3e décan

Mercredi 11 mars

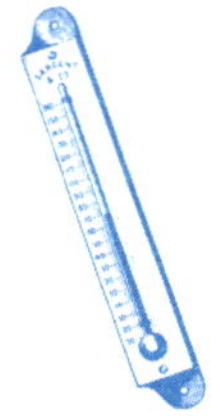

Sainte Rosine

**Quand mars se déguise en été,
avril prend ses habits fourrés.**

A faire aujourd'hui

8 h ....
9 h ....
10 h ....
11 h ....
12 h ....
13 h ....
14 h ....
15 h ....
16 h ....
17 h ....
18 h ....
19 h ....
20 h ....
Notes ....

Au quotidien

Réussir une salade de pâtes

Lorsque vous préparez une salade de pâtes, le secret pour éviter que vos féculents ne collent consiste à les rincer après les avoir égouttés. Cela en éliminera l'amidon, responsable de l'agglutination des pâtes cuites.

Patrimoine

Quiz – Les devises

1. Quelle est la devise de Paris ?
a. *Fluctuat nec mergitur* (Il est battu par les flots, mais ne sombre pas)
b. *Virtute duce, comite fortuna* (Avec le Courage pour guide et la Fortune pour compagne)
c. *Favet Neptunus eunti* (Que Neptune favorise ceux qui voyagent)

2. De quelle ville *Lilia sola regunt lunam, undas, castra, leonem* est-elle la devise (Seuls les lys gouvernent la lune, les eaux, le camp et le lion) ?
a. Bourges
b. Besançon
c. Bordeaux

3. Que signifie la devise de Biarritz : *Aura, sidus, mare adjuvant me.*
a. Terre et mer ne crains.
b. J'ai pour moi les vents, les astres et la mer.
c. Après les ténèbres, la lumière.

Solution : 1 a, 2 c, 3 b.

Pour le plaisir

Enigme

Deux enfants sont nés le même jour, de la même mère et du même père, et pourtant ils ne sont pas jumeaux. Comment est-ce possible ?

Solution : ils sont issus d'une fratrie de triplés ou de quadruplés (voire au-delà).

C'ÉTAIT HIER

Pêche miraculeuse

Granville (Manche)

Il fut un temps où les pêcheurs normands se lançaient dans de longues expéditions pour aller pêcher la morue depuis Granville, avant de se tourner vers une pêche plus artisanale, les côtes leur offrant en abondance des poissons tels que bars, merlans, turbots, maquereaux et rougets grondins, et plus encore des mollusques et des crustacés : coquilles Saint-Jacques, moules, crabes, palourdes, bulots, bigorneaux et huîtres.

Jeudi 12 mars

Sainte Justine

Le soleil de mars donne des rhumes tenaces.

07 h 11
18 h 51
Poissons
3e décan

Hiver

Pour le plaisir

Un mot par jour ?

Et si vous preniez la résolution d'apprendre un nouveau mot chaque jour pour enrichir votre vocabulaire ? Il ne vous restera plus qu'à placer dans la conversation "anacoluthe, peyotl, barbacole ou dyschromatopsie" !

En tous sens

Le pain et la Révolution

Le prix du pain fut l'une des causes de la Révolution française. La farine et le grain atteignaient des prix exorbitants. De plus, on ajoutait depuis peu du sel dans le pain, denrée elle aussi fort chère. La mauvaise moisson de 1788 ne fit qu'aggraver la situation, menant aux émeutes de la faim du printemps 1789. D'aucuns affirment même que les révolutionnaires ont pris la Bastille en espérant y trouver du blé.

La France en vert

Plantez vos carottes en bonne compagnie

Si vous souhaitez que vos carottes prospèrent, plantez-les à côté des oignons, car ces deux légumes se protègent mutuellement en luttant contre leurs nuisibles respectifs. Vous pouvez aussi opter pour les poireaux ou les tomates, qui éloignent la mouche de la carotte. En échange, la carotte éloigne la teigne du poireau et les pucerons des tomates !

Au quotidien

Se porter caution

Ce n'est pas un acte anodin : le signataire de la caution s'engage auprès d'un créancier à rembourser la dette du débiteur si celui-ci est défaillant. Réfléchissez bien avant de vous lancer dans cette aventure risquée… Sachez qu'il existe en outre deux types de caution : la caution simple et la caution solidaire. Dans le premier cas, en cas de défaillance de l'emprunteur, celui qui s'est porté caution peut exiger du créancier qu'il saisisse les biens du débiteur avant les siens. Dans le second cas, le créancier peut agir contre l'une ou l'autre des parties. Il se tourne généralement vers le plus solvable. Cette forme de caution est plus souvent utilisée que l'autre par les organismes financiers. C'est également la plus risquée pour la personne qui se porte caution.

A faire aujourd'hui

8 h ……………………………………
……………………………………
9 h ……………………………………
……………………………………
10 h ……………………………………
……………………………………
11 h ……………………………………
……………………………………
12 h ……………………………………
……………………………………
13 h ……………………………………
……………………………………
14 h ……………………………………
……………………………………
15 h ……………………………………
……………………………………
16 h ……………………………………
……………………………………
17 h ……………………………………
……………………………………
18 h ……………………………………
……………………………………
19 h ……………………………………
……………………………………
20 h ……………………………………
……………………………………
Notes ……………………………………
……………………………………
……………………………………

C'ÉTAIT HIER

La fête de la Mi-Carême

Paris (Ile-de-France)

Créée au XVIIIe siècle par les blanchisseuses, la fête de la Mi-Carême était l'une des grandes célébrations du carnaval de Paris. Se tenant vingt jours après le début du carême, elle représentait une pause bienvenue en cette période de privations. Au défilé tonitruant des blanchisseuses sur les boulevards succédaient les bals organisés dans tous les lavoirs parisiens. Cette fête, qui disparut dans l'entre-deux-guerres, fut remise au goût du jour en 2009, sous le nom de carnaval des femmes.

Hiver

07 h 09
18 h 52
Poissons
3e décan

Vendredi 13 mars

Saint Rodrigue

*Quand mars bien mouillé sera,
beaucoup de fruits cueilleras.*

A faire aujourd'hui

8 h ....
....
9 h ....
....
10 h ....
....
11 h ....
....
12 h ....
....
13 h ....
....
14 h ....
....
15 h ....
....
16 h ....
....
17 h ....
....
18 h ....
....
19 h ....
....
20 h ....
....
Notes ....
....
....

La France en vert

Sur les traces du fromage de Laguiole (Aveyron)

Depuis bientôt trente ans est organisée chaque année une randonnée à ski de fond ou à raquettes (selon l'enneigement) au cœur de l'Aubrac. Les promeneurs sont invités à suivre l'une des boucles d'une vingtaine de kilomètres tracées dans la montagne et à découvrir les producteurs de lait et de fromage dans les burons (bâtiments de pierre autrefois destinés à la fabrication du fromage) au gré de la balade.

Pour le plaisir

Une tempête à son nom

Depuis 2002, il est possible de donner son prénom à une dépression ou à un anticyclone. Il suffit pour cela de remplir un formulaire sur le site Internet de l'Institut de météorologie de l'Université libre de Berlin. Moyennant finances, vous pourrez être inscrit sur une liste d'attente pour que votre prénom soit attribué à un phénomène météorologique.

En tous sens

La teurgoule, une recette normande

Pour 4 à 6 personnes. Ingrédients : 90 g de riz rond ; 90 g de sucre en poudre ; 1 gousse de vanille ; 1 litre de lait entier ; 25 g de beurre ; ½ c. à café de cannelle moulue ; sel.

- Préchauffez le four à 120 °C.
- Mettez dans un plat allant au four le riz, le sucre, la gousse de vanille fendue en deux et 1 pincée de sel.
- Dans une casserole, faites chauffer le lait avec le beurre sans laisser bouillir.
- Versez délicatement le lait dans le plat, puis saupoudrez de cannelle. Mélangez.
- Faites cuire au four de 4 heures 30 à 5 heures. Plantez la pointe d'un couteau dans la teurgoule pour vérifier la cuisson : le lait ne doit plus être liquide mais crémeux.

C'ÉTAIT HIER

En villégiature sur la côte

Soulac-sur-Mer (Gironde)

Soulac-sur-Mer attira longtemps des Britanniques et des Néerlandais car la ville se trouve sur la voie littorale des chemins de Compostelle. Les voyageurs étrangers y débarquaient avant de poursuivre leur route vers Saint-Jacques-de-Compostelle. La ville connut un essor particulier au XIXe siècle, lorsque les stations balnéaires devinrent à la mode. Les bourgeois bordelais prirent l'habitude de venir s'y détendre et villas et immeubles se dressèrent vite sur la côte.

Samedi 14 mars

Sainte Mathilde

Pluie de mars grandit l'herbette
et bien souvent annonce disette.

07 h 07
18 h 54
Poissons
3e décan

Hiver

Le Fils du terre-neuvas

Yves Jacob

Terre-neuvas, c'était autre chose, c'était dangereux, épuisant. Chaque jour on risquait sa vie, on s'interrogeait sur demain. Ça fleurait bon les mers impossibles, les embruns, la solidarité dans le danger, l'exaltation de l'aventure, les frôlements fascinants de la mort. L'arrière-grand-père de Jean-Marie s'était écrasé sur le pont au pied du grand mât en carguant la voile de grand-flèche. Un cousin du Clos-Poulet avait disparu dans un naufrage, voilà deux ans. Cela faisait partie des risques.

A l'annonce des désastres survenant aux autres, les matelots hochaient la tête, basculaient leur chique d'une joue à l'autre, reniflaient un grand coup, tordaient leurs grosses mains l'une dans l'autre, soulevaient leur casquette pour se gratter le cuir, essuyaient quelquefois d'un revers de manche rageur une larme rebelle, avant de conclure : « Le pôvre, c'est comme ça ! » Puis ils reprenaient leur ouvrage, bousculés par les servitudes du présent.

Plus chanceux que Jean-Marie, ses deux frères aînés étaient embauchés sur un chalutier. Coque métallique, chambre froide à bord, moteurs puissants, nourriture abondante et variée, ils ne tarissaient pas d'éloges sur la pêche au chalut, son rendement supérieur et l'abondance de la morue au Groenland.

Qu'à cela ne tienne ! Aux entêtantes odeurs de carburant et de moteur, Jean-Marie préférait le frémissement des voiles, leur harmonieuse et simple magnificence, et il rêvait de devenir avant de doris afin de mesurer la vigueur de ses bras et son enthousiasme avec le grand océan.

La navigation, pour lui, c'était la voilure, pas la vapeur ! De mauvaises langues pourtant, à la Houle, à Saint-Malo, sur la goélette et même ailleurs, affirmaient que les grands voiliers de pêche vivaient leurs dernières heures. Le poisson à Terre-Neuve se raréfiait, le Groenland était plus éloigné, le climat plus rigoureux encore, nécessitant des navires modernes où l'on ne subissait plus la pêche boëttée au bulot.

C'est vrai, ça pue, ça fouette, on s'écorche les mains, reconnaissait Jean-Marie en pensant à la corvée de bulots, mais au moins on est sur un vrai bateau, nom de d'là ! Mes frangins, sur leurs chalutiers, y risquent plus rien ! Ce sont des touristes endimanchés !

Extrait du roman *Le Fils du terre-neuvas* d'Yves Jacob
paru aux Presses de la Cité dans la collection Terres de France

A faire aujourd'hui

Samedi

8 h ....
9 h ....
10 h ....
11 h ....
12 h ....
13 h ....
14 h ....
15 h ....
16 h ....
17 h ....
18 h ....
19 h ....
20 h ....

Dimanche

8 h ....
9 h ....
10 h ....
11 h ....
12 h ....
13 h ....
14 h ....
15 h ....
16 h ....
17 h ....
18 h ....
19 h ....
20 h ....

Notes

Sainte Louise

Dimanche 15 mars

07 h 05
18 h 55
Poissons
3e décan

Hiver

07 h 03
18 h 57
Poissons
3e décan

Lundi 16 mars

Sainte Bénédicte

Quand en mars il tonne,
l'année sera bonne.

A faire aujourd'hui

8 h

9 h

10 h

11 h

12 h

13 h

14 h

15 h

16 h

17 h

18 h

19 h

20 h

Notes

La France en vert

Les travaux de la seconde quinzaine de mars

- Plantez les fougères et les graminées.
- Plantez les arbustes à feuillage persistant.
- Plantez les haies de conifères.
- Plantez les œilletons d'artichaut.
- Semez en pleine terre les betteraves, les choux, les laitues.
- Plantez les asperges.
- Mettez en place les fraisiers appelés "frigo" qui produiront dans l'année.
- Greffez les arbres fruitiers à noyau.

Patrimoine

Les communes de France en question

Quelle commune est la plus septentrionale de France ?

Solution : Bray-Dunes (Nord).

Pour le plaisir

Enigme

Un escargot se lance à l'assaut d'un mur de 10 mètres de haut. Chaque jour, il monte de 3 mètres et chaque nuit, il redescend de 2 mètres. Au bout de combien de jours sera-t-il arrivé en haut ?

Solution : au bout de 8 jours. Il monte de 1 mètre toutes les 24 heures, il a donc franchi 7 mètres au bout de 7 jours. Le huitième jour, il grimpe de 3 mètres et arrive donc en haut du mur.

Au quotidien

Poser un arrêt de tiroir

Si votre tiroir sort trop facilement de son logement, posez un taquet d'arrêt à l'arrière : il bloquera le tiroir contre la traverse du meuble.

- Taillez un taquet en contreplaqué de 1 cm d'épaisseur, de 6 x 2 cm.
- Vissez-le sur l'arrière du tiroir, à l'intérieur, à l'aide de deux vis placées l'une au-dessus de l'autre en le faisant dépasser de 2 cm.
- Dévissez la vis du haut et faites pivoter le taquet sur le côté. Mettez le tiroir en place.
- Enfin, redressez le taquet par l'intérieur du tiroir et replacez la vis du haut.

C'ÉTAIT HIER

Le vignoble alsacien

Ammerschwihr (Haut-Rhin)

L'histoire des vins en Alsace remonte au temps des Romains, qui y introduisirent la vigne. Au IXe siècle, on sélectionnait déjà tel ou tel territoire en fonction des spécificités de son sol et du vin qu'il produisait. Il n'est donc guère étonnant que le vignoble alsacien soit aujourd'hui si réputé et qu'il compte pas moins de 51 grands crus. Parmi eux, citons le kaefferkopf, issu des vignes d'Ammerschwihr, commune située sur la fameuse route des vins d'Alsace.

Mardi 17 mars

Saint Patrice

Des fleurs qui ouvrent en mars,
on n'a que le regard.

07 h 01
18 h 58
Poissons
3e décan

Hiver

Patrimoine

Chateaubriand et la Bretagne

Né à Saint-Malo le 4 septembre 1768, le vicomte François-René de Chateaubriand est l'un des précurseurs du romantisme. Il renonce à sa carrière de marin pour se consacrer à la poésie, fréquente les salons parisiens et assiste aux premiers bouleversements de la Révolution. Homme politique, ambassadeur, ministre, il est avant tout un grand homme de lettres, élu à l'Académie française et à qui l'on doit *Atala, Génie du christianisme* et son chef-d'œuvre *Mémoires d'outre-tombe*. Il meurt à Paris le 4 juillet 1848. Selon ses dernières volontés, il est enterré sur le rocher du Grand-Bé, un îlot situé dans la rade de sa ville natale, Saint-Malo, auquel on accède à pied à marée basse.

A faire aujourd'hui

8 h ....

9 h ....

10 h ....

11 h ....

12 h ....

13 h ....

14 h ....

15 h ....

16 h ....

17 h ....

18 h ....

19 h ....

20 h ....

Notes ....

Au quotidien

Changer de prénom ?

Si vous souhaitez changer de prénom, sachez qu'il vous faudra lancer une procédure judiciaire et que votre demande ne sera acceptée que si elle est jugée recevable. Il vous appartiendra de montrer que vous utilisez un autre prénom dans la vie courante ou que votre prénom – ou que vos prénom et nom associés – est ridicule ou peut vous porter préjudice. La requête se fera auprès du juge aux affaires familiales du tribunal de grande instance de votre lieu de domicile ou de naissance. L'assistance d'un avocat sera requise.

Pour le plaisir

Une course solidaire

Si vous avez une bonne foulée, pensez à vous inscrire à une course à visée solidaire (gains reversés à une association, promotion d'une action humanitaire ou écologique…) et faites-vous sponsoriser par vos proches !

C'ÉTAIT HIER

Les bœufs à la campagne

Morvan (Bourgogne)

Au temps où les tracteurs n'existaient pas, ce sont souvent les bœufs qui, équipés d'un joug en bois, tiraient la charrue pour labourer la terre. Pour en prendre soin, les paysans veillaient à stocker le foin récolté à la fin du printemps pour les nourrir l'hiver, tandis qu'aux beaux jours les bêtes allaient paître dans les prés. Une visite chez le maréchal-ferrant s'imposait de temps en temps, car les fers posés sur les sabots s'abîmaient vite dans les champs.

Hiver

06 h 59
19 h 00
Poissons
3e décan

Mercredi 18 mars

Saint Cyrille

Quand mars mouillé sera, bien du vin tu récolteras.

A faire aujourd'hui

8 h ....

9 h ....

10 h ....

11 h ....

12 h ....

13 h ....

14 h ....

15 h ....

16 h ....

17 h ....

18 h ....

19 h ....

20 h ....

Notes ....

Patrimoine

Quiz – Grottes de France

1. De quelle période datent les peintures qui ornent les murs de la grotte de Lascaux ?
a. le paléolithique
b. le mésolithique
c. le néolithique

2. Quelle grotte abrite la plus grande stalagmite connue au monde ?
a. la grotte de Dargilan (Lozère)
b. la grotte de la Clamouse (Hérault)
c. l'Aven Armand (Lozère)

3. Quelles grottes des Hautes-Pyrénées sont surnommées grottes des mains mutilées ?
a. les grottes de Bétharram
b. les grottes d'Isturitz et d'Oxocelhaya
c. les grottes de Gargas

Solution : 1 a, 2 c, 3 c.

La France en vert

Eteignez votre moteur au point mort

Si vous êtes bloqué dans les embouteillages ou si vous sortez de votre voiture l'espace de quelques minutes pour acheter le pain, par exemple, ne laissez pas le moteur tourner. Vous ferez des économies de carburant et émettrez moins de CO_2.

En tous sens

Le saucisson de Lyon

A ne pas confondre avec la rosette ! Le saucisson de Lyon est fabriqué à base de porc, ou avec un mélange de porc et de bœuf. Il est réputé plus maigre que sa célèbre consœur, et farci de petits lardons carrés. Il est embossé dans un boyau naturel doublé et séché de 4 à 7 semaines. Il est renommé dans la région pour sa texture moelleuse et son goût singulier.

C'ÉTAIT HIER

Le costume oléronnais

Ile d'Oléron (Charente-Maritime)

De 1850 à 1915 environ, les femmes de l'île d'Oléron étaient habituellement vêtues d'un corsage paré de manchettes et d'une jupe en cotonnade ou en laine très épaisse serrée à la taille et portée sur plusieurs jupons. Des "yetras" en laine noire venaient leur protéger les jambes. Elles revêtaient également un sarrau, ou "gad'robe" (tablier), bleu ou gris muni d'une grande poche. Elles avaient aux pieds des sabots, et sur la tête un "ballet", large coiffe pour se protéger du soleil.

Jeudi 19 mars

Saint Joseph

A la Saint-Joseph, va et vient l'hirondelle.

06 h 57
19 h 01
Poissons
3e décan

Hiver

Patrimoine

La fée Polybotte, un conte vosgien

De toutes les fées qui vivaient dans la région de Gérardmer, Polybotte était la plus puissante. Elle habitait une grotte au cœur de la forêt de Martimpré. Sa méchanceté était proverbiale, aussi était-il rare qu'un habitant osât s'aventurer dans les parages. Or, un jour, un chevalier s'égara dans la forêt et décida de passer la nuit dans la grotte. A peine en eut-il franchi le seuil qu'une dame richement vêtue, entourée de nains et d'elfes, s'avança vers lui et l'invita à rester dormir. Le chevalier accepta. Mais, le lendemain matin, Polybotte refusa qu'il parte : « Noble chevalier, malgré ma puissance, je m'ennuie et j'aurais grand besoin de votre amour. » La fée était laide et des rides profondes creusaient son visage. Le chevalier décida donc de partir malgré ses injonctions. Mais à peine eut-il atteint la sortie de la grotte qu'un énorme bloc de glace se détacha de la paroi rocheuse et l'emprisonna à tout jamais…

Au quotidien

Masque à l'avocat maison

Pour combattre les tiraillements et les rougeurs du visage, préparez ce masque hydratant. Pour cela, écrasez la chair de 1 avocat et mélangez-la avec 1 c. à s. de jus de citron dans un saladier. Ajoutez 2 c. à s. de crème fraîche épaisse et battez au fouet jusqu'à obtention d'une crème lisse. Appliquez sur le visage en évitant le contour des yeux et laissez poser pendant 20 minutes. Rincez à l'eau claire.

A faire aujourd'hui

8 h ……………………………………
……………………………………
9 h ……………………………………
……………………………………
10 h ……………………………………
……………………………………
11 h ……………………………………
……………………………………
12 h ……………………………………
……………………………………
13 h ……………………………………
……………………………………
14 h ……………………………………
……………………………………
15 h ……………………………………
……………………………………
16 h ……………………………………
……………………………………
17 h ……………………………………
……………………………………
18 h ……………………………………
……………………………………
19 h ……………………………………
……………………………………
20 h ……………………………………
……………………………………
Notes ……………………………………
……………………………………
……………………………………

90. TESSÉ-la-MADELEINE – *Le Vieux Pressoir Normand des Buards* A. D.

C'ÉTAIT HIER

Le cidre normand

Tessé-la-Madeleine (Orne)

Au début du XXe siècle, le cidre était le breuvage le plus consommé en Normandie. Au quotidien, on buvait « la boisson », un cidre ordinaire provenant du marc. Issu de la première pression, le cidre bouché était réservé aux fêtes familiales. Les pommes étaient broyées dans un pressoir, tour de pierre équipé d'une grosse meule actionnée par un cheval. Chaque ferme fabriquait aussi son eau-de-vie de cidre : la tradition du trou normand, de la rincette et du café arrosé date de la fin du XIXe siècle.

Printemps

06 h 55
19 h 03
Poissons
3er décan

Vendredi 20 mars

Printemps

Quand, au printemps la lune
est claire, peu de noix espère.

A faire aujourd'hui

8 h ....

9 h ....

10 h ....

11 h ....

12 h ....

13 h ....

14 h ....

15 h ....

16 h ....

17 h ....

18 h ....

19 h ....

20 h ....

Notes ....

En tous sens

La fouée de Touraine

Ce petit pain servait à l'origine à utiliser les restes de pâte. Ceux-ci étaient aplatis à la main, et cuits dans un four à bois très chaud. On déguste la fouée de préférence chaude, ouverte en deux et garnie de beurre salé, de mogettes ou de rillettes.

Au quotidien

Obtenir un certificat d'immatriculation

Si vous venez d'acquérir un véhicule neuf, vous devrez faire établir un certificat d'immatriculation. Il arrive que le concessionnaire effectue les démarches, mais dans le cas contraire vous pouvez vous rendre à la préfecture ou dans certaines sous-préfectures. Pour les Parisiens, c'est au service des cartes grises de la préfecture de police qu'il faut s'adresser. Vous pouvez faire la demande par courrier à ces organismes.

La France en vert

La foire au boudin de Mortagne-au-Perche (Orne)

Cette foire internationale met le boudin à l'honneur depuis 1963. Plus de 20 000 visiteurs se pressent autour des stands pendant trois jours pour découvrir ce produit charcutier longtemps délaissé par le public mais qui prend aujourd'hui des allures gastronomiques. Parmi les festivités les plus appréciées, citons le concours du plus gros mangeur : sera déclaré vainqueur celui qui engloutira la plus grande quantité de boudin en 15 minutes !

C'ÉTAIT HIER

Les sabotiers

Fougères (Ille-et-Vilaine)

Autrefois installés au cœur des forêts dans des huttes en bois, les sabotiers transmettaient leur savoir-faire de père en fils. Chaque paire de sabots était façonnée en respectant le bois et le style d'une région : pointus, arrondis, peints ou recouverts de cuir… Considérés comme nomades, ces artisans vivaient isolés en autarcie. Chaque membre de la famille participait aux tâches de la fabrication. La profession tend à disparaître au XXe siècle.

Samedi 21 mars

Sainte Clémence

Mars change sept fois de casquette.

06 h 52
19 h 04
Bélier
1er décan

Printemps

Les Mains de Gabrielle
Colette Vlérick

La boutique était située dans la rue Haute, juste après les Halles. Gabrielle avait laissé sa carriole et son cheval, selon son habitude, à l'écurie des Messageries, à côté de Saint-Mélaine. Elle transportait son ouvrage dans une lourde corbeille en osier. Il faisait très chaud pour la saison et elle peina dans la montée de la rue des Nobles vers les halles, cherchant à ne pas salir ses souliers dans le ruisseau et les ordures qui occupaient le milieu de la ruelle, comme dans toutes les autres ruelles de la vieille ville. Ce n'était guère plus propre sur les quais mais le vent et les fréquents débordements du Dossen nettoyaient régulièrement les pavés. Elle évita un porteur d'eau dont le balancier, bien arrimé sur ses épaules, menaçait d'éborgner les distraits ; fronça le nez devant l'étal d'une vendeuse de poisson qui avait dû trop attendre pour les vendre ; sourit à une mendiante qu'elle gratifia d'une piécette et déboucha enfin sur la place des Halles où un bourgeois portant beau s'inclina sur son passage, gâchant ce que son geste aurait pu avoir d'agréable par une œillade fort vulgaire.

Gabrielle s'habillait toujours avec soin pour se rendre en ville mais encore plus quand elle livrait ses broderies. Grâce aux illustrations et aux conseils du *Journal des modes*, elle s'était confectionné une robe assez élégante en coton bleu foncé qu'elle portait — ce jour-là pour la première fois ! — avec un mantelet et un chapeau de paille noué d'une large bride sous le menton. Le corsage en pointe s'ornait d'une rangée de boutons et, légèrement drapé depuis les épaules, mettait sa taille fine en valeur. Les manches, d'une largeur normale, se terminaient par un double volant tandis que la jupe se plissait joliment avant de s'épanouir.

Pendant tout le trajet, on s'était retourné sur elle avec des regards appréciateurs et ce fut d'un pas plus léger qu'elle poussa la porte de la boutique.

Extrait du roman *Les Mains de Gabrielle* de Colette Vlérick
paru aux Presses de la Cité dans la collection Terres de France

A faire aujourd'hui

Samedi

8 h ……
9 h ……
10 h ……
11 h ……
12 h ……
13 h ……
14 h ……
15 h ……
16 h ……
17 h ……
18 h ……
19 h ……
20 h ……

Dimanche

8 h ……
9 h ……
10 h ……
11 h ……
12 h ……
13 h ……
14 h ……
15 h ……
16 h ……
17 h ……
18 h ……
19 h ……
20 h ……

Notes

Sainte Léa

Dimanche 22 mars

06 h 50
19 h 06
Bélier
1er décan

Printemps

06 h 48
19 h 07
Bélier
1er décan

Lundi 23 mars

Saint Victorien

*Quand à glace il gèle à la Saint-Victorien,
en pêches, en abricots il n'y a rien.*

A faire aujourd'hui
8 h ...
9 h ...
10 h ...
11 h ...
12 h ...
13 h ...
14 h ...
15 h ...
16 h ...
17 h ...
18 h ...
19 h ...
20 h ...
Notes ...

Pour le plaisir

Bélier (21 mars – 20 avril)

La sérénité sera votre maître mot cette année. Vous trouverez une stabilité professionnelle et sentimentale qui vous permettra de profiter à plein de chaque instant. Prenez garde toutefois à ne pas vous endormir sur vos lauriers !

Au quotidien

Une tête de lit capitonnée maison

Couvrez une planche de Medium de 120 x 160 centimètres d'une couette de 140 x 190 centimètres. Placez par-dessus un drap coloré. Tendez bien les deux épaisseurs et fixez-les au dos de la planche à l'aide d'agrafes à bois. Sur le devant, plantez des clous de tapissier à intervalles réguliers. Placez ensuite la planche derrière votre lit.

En tous sens

La bonnotte de Noirmoutier

S'il est des pommes de terre de luxe, la bonnotte de Noirmoutier est de celles-là ! Elle reste très peu de temps sur les étals des marchés, pendant le mois de mai, et se déguste fraîche. Plantée à la Chandeleur, elle se développe pendant 90 jours. Sa récolte est particulièrement précoce en raison du taux d'ensoleillement important qui préside à sa pousse, et de la présence d'embruns, qui évitent la gelée des jeunes plants. Cette petite pomme de terre dodue, à la peau claire et aux yeux très creusés, a failli disparaître, en raison de sa fragilité et de son faible rendement, mais des chercheurs de l'INRA ont réussi à la réhabiliter et à faire perdurer sa culture sur l'île vendéenne.

C'ÉTAIT HIER

Autour du sel

Salies-de-Béarn (Pyrénées-Atlantiques)

Ce n'est pas pour rien qu'on surnomme Salies-de-Béarn la "cité du sel", car on y trouve une source d'eau dix fois plus salée que l'eau de mer. Déjà connue à l'âge de bronze, c'est autour d'elle que s'est construite la ville. Au XIXe siècle, l'extraction du sel puis l'ouverture des thermes offrirent du travail à bon nombre d'habitants, comme à ces Salisiennes, qui portaient sur la tête la "herrade", un récipient en bois réservé au transport de l'eau que seules les femmes utilisaient.

Mardi 24 mars

Sainte Catherine de Suède

En mars quand il fait beau,
prends un manteau.

06 h 46
19 h 09
Bélier
1er décan

Printemps

En tous sens

Emincé de veau aux girolles

Pour 4 personnes. 600 g de sous-noix de veau ; 25 g de beurre ; 2 cl d'huile ; 1 cl de cognac ; 250 g de girolles ; 25 cl de crème fraîche liquide ; farine ; sel ; poivre.

- Coupez le veau en 3 grosses escalopes, puis coupez celles-ci en lanières de 1 cm d'épaisseur.
- Farinez légèrement la viande puis mettez-la à cuire doucement dans une poêle avec un peu d'huile. Elle doit être moelleuse.
- Réservez la viande au chaud dans un plat.
- Faites revenir les girolles bien essuyées dans le jus de cuisson de viande avec le beurre pendant 5 min.
- Flambez au cognac puis ajoutez la crème, le sel et le poivre.
- Laissez chauffer et, après réduction, nappez la viande de cette sauce.

Au quotidien

Arrêter un saignement

Si vous vous êtes légèrement coupé en jardinant ou en cuisinant, appliquez un peu de poivre sur la plaie, cela fera cesser le saignement. Vous pourrez ensuite désinfecter. Rassurez-vous, le poivre ne pique pas !

La France en vert

Le domaine d'Abbadia (Pyrénées-Atlantiques)

Proche de la frontière espagnole, le domaine d'Abbadia offre un paysage côtier sauvage saisissant. On peut y admirer d'immenses falaises de schiste, des calcaires rosés, des criques de sable blond, des landes de bruyère et, au large, des pitons rocheux isolés. Ce site naturel de 65 hectares a été placé sous la protection du Conservatoire du Littoral afin de préserver sa diversité fragile.

Pour le plaisir

Devinette

Une voiture s'engage tous feux éteints dans un passage étroit. Soudain un chat noir traverse la rue. L'automobiliste s'arrête pour le laisser passer. Comment est-ce possible ?

Solution : la scène se passe en plein jour.

A faire aujourd'hui

8 h ....

9 h ....

10 h ....

11 h ....

12 h ....

13 h ....

14 h ....

15 h ....

16 h ....

17 h ....

18 h ....

19 h ....

20 h ....

Notes ....

C'ÉTAIT HIER

Dans les cuisines bourgeoises

Lorraine

Dans les maisons bourgeoises, les cuisines n'avaient pas la sobriété de celles des campagnes. Pas de terre battue au sol, mais du carrelage ; le manteau de la cheminée sculpté et les meubles ouvragés, le plafond de bois et les fenêtres savamment ornées sont autant de signes de l'opulence des gens qui vivaient dans cette demeure typique de Lorraine. Ici comme ailleurs, la couture faisait partie des tâches dévolues aux femmes quand celles-ci n'avaient pas de domestiques.

06 h 44
19 h 10
Bélier
1er décan

Mercredi 25 mars

Saint Humbert

S'il gèle le 25 mars, les prairies diminuent d'un quart.

A faire aujourd'hui

8 h ....
....
9 h ....
....
10 h ....
....
11 h ....
....
12 h ....
....
13 h ....
....
14 h ....
....
15 h ....
....
16 h ....
....
17 h ....
....
18 h ....
....
19 h ....
....
20 h ....
....
Notes ....
....
....

La France en vert

Bien régler son chauffe-eau

60 °C est la température idéale de réglage du chauffe-eau. Une eau trop chaude est source de brûlures et de gaspillage d'énergie. De plus, le tartre s'y développe plus rapidement. Une eau trop froide, au-dessous de 50 °C, présente un risque bactérien plus important.

Au quotidien

Les bienfaits de la lavande

Utilisée depuis les Romains pour ses vertus médicinales, la lavande s'emploie sous différentes formes, pour divers types de maux : sous forme d'huile essentielle, elle permet de traiter les insomnies (verser deux à trois gouttes sur l'oreiller) et les maux de tête (en massage sur les tempes) ; en infusion (une à deux cuillères à café de fleurs), elle diminue l'anxiété et le stress. On l'utilise également en balnéothérapie pour traiter les troubles de la circulation.

En tous sens

Pâté aux pommes de terre du Bourbonnais

Pour 6 personnes. Ingrédients : 500 g de pommes de terre ; 1 gros oignon ; 2 gousses d'ail ; 1 c. à soupe de persil haché ; 1 pincée de piment d'Espelette ; 2 rouleaux de pâte feuilletée ; 1 jaune d'œuf mélangé ; 1 c. à café de lait ; 20 cl de crème fraîche épaisse ; sel ; poivre.

- Préchauffez le four à 200 °C.
- Pelez les pommes de terre et coupez-les en fines rondelles. Epluchez l'oignon et l'ail, et émincez-les.
- Mettez le tout dans un saladier avec le persil, le piment, du sel et du poivre.
- Foncez un moule à manqué avec 1 pâte feuilletée. Couvrez avec le mélange précédent, puis recouvrez avec la deuxième pâte. Soudez les bords des pâtes ensemble.
- Mélangez le jaune d'œuf avec le lait et badigeonnez-en la tourte.
- Faites cuire au four pendant 25 minutes, puis baissez la température à 180 °C et poursuivez la cuisson pendant 15 minutes.
- Laissez tiédir pendant quelques minutes, puis démoulez.
- Une fois le pâté refroidi, coupez-le en deux dans l'épaisseur et garnissez-le de crème fraîche.

C'ÉTAIT HIER

La chanteuse de complaintes

Bretagne

Jusqu'au milieu du XXe siècle, les chanteurs de complaintes étaient encore très présents en Bretagne. Ils se déplaçaient de village en village, comme cette chanteuse populaire circulant avec sa voiture à chiens au début des années 1900, pour aller entonner des chants traditionnels ou religieux, ou encore raconter des faits divers effrayants. Ils se produisaient a cappella, en langue bretonne en Basse-Bretagne et en français en Haute-Bretagne.

Jeudi 26 mars

Sainte Larissa

Brouillard en mars, gelée en mai.

06 h 42
19 h 12
Bélier
1er décan

La France en vert

Le village de Gerberoy (Oise)

Perché sur une butte au cœur de la Picardie, le village de Gerberoy ravit le visiteur par ses fleurs en abondance. Dès le printemps, roses, glycines et clématites parent de couleurs les anciennes maisons de torchis à colombages ou hourdies de briques et de silex des ruelles pavées. A l'emplacement de l'ancien château s'étagent des jardins en terrasses, qui séduisirent le peintre postimpressionniste Henri Le Sidaner au début du xxe siècle.

En tous sens

Du pain et des mots

Le pain occupe une telle place dans la culture française que des dizaines d'expressions courantes le mettent en avant. En voici quelques exemples : avoir du pain sur la planche, manger son pain blanc, ôter le pain de la bouche, acheter pour une bouchée de pain ou se vendre comme des petits pains…

Patrimoine

Les communes de France en question

Dans quelle ville se trouve la fondation Maeght, qui accueille notamment des œuvres de Joan Miró, Marc Chagall et Alberto Giacometti ?

Solution : Saint-Paul-de-Vence (Alpes-Maritimes).

A faire aujourd'hui

8 h ……………………

9 h ……………………

10 h ……………………

11 h ……………………

12 h ……………………

13 h ……………………

14 h ……………………

15 h ……………………

16 h ……………………

17 h ……………………

18 h ……………………

19 h ……………………

20 h ……………………

Notes ……………………

C'ÉTAIT HIER

Chez le maréchal-ferrant

Belhomert-Guéhouville (Eure-et-Loir)

Dans les campagnes, l'activité principale du maréchal-ferrant consistait à ferrer plusieurs fois par an les bœufs et les chevaux, car les fers étaient mis à rude épreuve avec les travaux agricoles. Après avoir forgé le fer, il le modelait à coups de marteau avant de l'appliquer sur le sabot de l'animal, dont il avait préalablement ôté la corne et qu'il avait limé. Ensuite, il poinçonnait le fer pour y passer des clous ou des crampons destinés à maintenir le fer au pied.

Printemps

06 h 40
19 h 13
Bélier
1er décan

Vendredi 27 mars

Saint Habib

Taille tôt, taille tard, rien ne vaut la taille de mars.

A faire aujourd'hui

8 h ....

....

9 h ....

....

10 h ....

....

11 h ....

....

12 h ....

....

13 h ....

....

14 h ....

....

15 h ....

....

16 h ....

....

17 h ....

....

18 h ....

....

19 h ....

....

20 h ....

....

Notes ....

....

....

La France en vert

Une balade en traîneau à chiens

Pour une sortie originale en montagne, vous pouvez profiter d'une balade en traîneau à chiens conduit par un musher professionnel ou, mieux encore, vous initier vous-même à la conduite d'un attelage grâce aux conseils d'un spécialiste. Certaines stations proposent également des visites pédagogiques pour mieux connaître les chiens nordiques. Et, toujours pour les amoureux des chiens, il est possible de découvrir la cani-randonnée, une promenade à pied ou à raquettes avec un chien relié à la taille, ou, en été, la cani-trottinette, qui consiste à conduire une trottinette tirée par un ou deux chiens. Diverses stations des montagnes françaises proposent ce type d'activités.

Patrimoine

La ganterie de Millau (Aveyron)

Le travail du cuir est présent à Millau depuis le Moyen Age mais la ville s'est spécialisée dans la ganterie à partir des années 1750. Elle s'est alors rapidement forgé une réputation à l'échelle mondiale, qui ne l'a pas quittée jusqu'à ce jour. Les manufactures de Millau fournissent encore les plus grandes maisons de couture en gants de très grande qualité.

Au quotidien

Des photophores version pop

Munissez-vous de pots de confiture vides lavés et parfaitement séchés. A l'aide de vernis à ongles de couleurs différentes, faites de petits pois à intervalles réguliers sur la paroi extérieure des pots en alternant les couleurs. Laissez sécher pendant 2 heures puis placez une bougie dans chaque photophore.

C'ÉTAIT HIER

Une ville sur le Lot

Villeneuve-sur-Lot (Lot-et-Garonne)

Fondée en 1253, la bastide de Villeneuve-sur-Lot fut longtemps marquée par son histoire militaire, car elle fut l'un des lieux stratégiques de la guerre de Cent Ans et des guerres de Religion. Plus tard, la ville se développa autour de sa rivière, le Lot : les produits venant d'Auvergne, du Quercy ou du Rouergue transitaient par son port avant d'être acheminés vers Paris. Au XIXe siècle, elle se fit connaître par sa production de prunes d'Ente, donnant après dessiccation les pruneaux d'Agen.

Samedi 28 mars

Saint Gontran

Le temps de Saint-Gontran voit l'hirondelle arrivant.

06 h 38
19 h 15
Bélier
1er décan

Printemps

Les Rochefort

Christian Laborie

« Reprenons, poursuivit Rochefort. Je disais donc que le mariage de nos enfants ne pourrait que conforter et consolider les intérêts de nos deux familles : de votre côté, vous apportez le foncier, la terre noble, la terre travaillée avec amour par des générations de riches paysans…

— Riches ! Pas autant que ça, Rochefort, remarqua Donatien.

— Ne soyez pas modeste, Rouvière ! De mon côté, je représente l'industrie, le monde des affaires. Bref, ce mariage serait l'union parfaite de la tradition et de la modernité. Et, qui plus est, pour le plus grand bien de nos enfants ! Ainsi, nous assurerions, vous et moi, la pérennité de nos patrimoines familiaux. N'est-ce pas également ce que vous souhaitez ? »

Donatien était abasourdi par la brutale proposition de son hôte. Il n'avait encore jamais envisagé un tel dessein. Dans son esprit, ses filles épouseraient des fils de paysans, riches ou non, il n'avait aucune préférence pourvu qu'elles fussent heureuses dans leurs choix. Il semblait hésiter. Rochefort s'en aperçut. Reprit l'assaut en assouplissant son propos :

« Nous pourrions attendre que votre fille ait atteint ses dix-huit ans. D'ici là nous fêterions les fiançailles et les jeunes tourtereaux auraient tout le temps de se connaître.

— Précisément, ce qui me gêne le plus dans tout cela, Rochefort, c'est que nos enfants ne s'aiment pas. Ils ne se connaissent même pas !

— Ils auront toute leur vie pour apprendre à s'aimer ! Vous savez, Rouvière, dans notre monde – je dis « notre », car vous et moi faisons partie du même monde –, dans notre monde, disais-je, ce sont les parents qui choisissent les époux de leurs enfants. Il en a toujours été ainsi et cela demeurera tant que nos valeurs ne seront pas bafouées.

Extrait du roman *Les Rochefort* de Christian Laborie
paru aux Presses de la Cité dans la collection Terres de France

A faire aujourd'hui

Samedi

8 h ……
9 h ……
10 h ……
11 h ……
12 h ……
13 h ……
14 h ……
15 h ……
16 h ……
17 h ……
18 h ……
19 h ……
20 h ……

Dimanche

8 h ……
9 h ……
10 h ……
11 h ……
12 h ……
13 h ……
14 h ……
15 h ……
16 h ……
17 h ……
18 h ……
19 h ……
20 h ……

Notes

Sainte Gladys

Dimanche 29 mars

07 h 36
20 h 16
Bélier
1er décan

Printemps

07 h 33
20 h 18
Bélier
1er décan

Lundi 30 mars

Saint Amédée

En mars la verdure est de mauvais augure.

A faire aujourd'hui

8 h ....
....
9 h ....
....
10 h ....
....
11 h ....
....
12 h ....
....
13 h ....
....
14 h ....
....
15 h ....
....
16 h ....
....
17 h ....
....
18 h ....
....
19 h ....
....
20 h ....
....
Notes ....
....
....

En tous sens

Pastasciutta corse

Pour 4 personnes. Ingrédients : 250 g de spaghettis ; 500 g de tomates ; 2 oignons ; 70 g de beurre ; 100 g de viande hachée cuite ; 1 gousse d'ail ; 1 petit morceau de piment fort ; 100 g d'olives vertes ; 50 g de gruyère râpé ; sel.

- Dans une poêle, faites dorer les oignons hachés avec le beurre.
- Ajoutez la viande hachée, les tomates pelées et coupées en morceaux, l'ail écrasé, le piment et du sel.
- Laissez mijoter, sans couvrir, 30 minutes, et retirez le piment en fin de cuisson.
- Faites bouillir une grande quantité d'eau salée.
- Faites-y cuire les spaghettis selon le temps indiqué sur le paquet.
- Egouttez-les puis versez-les dans un plat creux.
- Versez par-dessus le hachis, quelques noisettes de beurre et les olives ébouillantées et dénoyautées.
- Servez aussitôt en parsemant de gruyère râpé.

La France en vert

Eloigner les gastéropodes

Pour éviter que limaces et escargots viennent se nourrir de vos jeunes pousses, protégez celles-ci en les plaçant sous une bouteille en plastique à la base coupée. Vous pouvez aussi enrouler un fil de cuivre au sommet du pot les contenant ou encore entourer le pied de cendres de bois.

Pour le plaisir

Enigme

Comment pouvez-vous tenir derrière une personne lorsqu'au même moment celle-ci se tient également derrière vous ?

Solution : vous êtes dos à dos.

C'ÉTAIT HIER

Céramique et poterie

Vallauris (Alpes-Maritimes)

Si la production de poteries est de tradition séculaire à Vallauris, elle connut son véritable essor à la fin du XIXe et au début du XXe siècle. On fabriquait alors de la céramique culinaire simplement vernie. Dans les années 1920, on proposait trois finitions : ordinaire, vernie ou jaspée. Cette dernière constitue une spécificité locale : l'extérieur était émaillé de jaune citron et portait des marbrures, tandis que l'intérieur était émaillé de rouge ou de jaune clair.

Mardi 31 mars

Saint Benjamin

Quand mars entre comme un mouton,
il sort comme un lion.

07 h 31
20 h 19
Bélier
1er décan

Printemps

La France en vert

Le pays des Mille Etangs (Indre)

Cette zone humide s'étend sur plus de 160 000 hectares et abrite près de 1 200 espèces végétales et 250 espèces d'oiseaux. Vous pouvez choisir de marcher vers la Mer Rouge, le plus grand des étangs de Brenne. Il se laisse découvrir au gré d'une promenade agréable le long d'allées de chênes, de néfliers et de merisiers.

En tous sens

Des pâtisseries venues de la Renaissance

La pâtisserie française connut un grand tournant à la Renaissance grâce à l'influence notamment de maîtres venus d'Italie. C'est de cette époque que datent la pâte d'amandes et le massepain, la pâte à choux et les biscuits à la cuillère, mais aussi les confiseries telles que les écorces de fruits ou les fleurs confites, le nougat, ainsi que la crème glacée.

Patrimoine

Quiz – Châteaux de France

1. Quel château de la Loire a pour surnom “le château des Dames” ?
a. le château d'Ussé
b. le château de Chenonceau
c. le château de Cheverny

2. Lequel de ces souverains n'a pas habité au château de Versailles ?
a. Henri IV
b. Louis XIV
c. Louis XVI

3. A quelle époque fut construit le château du Haut-Koenigsbourg, en Alsace ?
a. pendant l'Antiquité
b. au Moyen Age
c. à la Renaissance

Solution : 1 b, 2 a, 3 b.

A faire aujourd'hui

8 h ....
9 h ....
10 h ....
11 h ....
12 h ....
13 h ....
14 h ....
15 h ....
16 h ....
17 h ....
18 h ....
19 h ....
20 h ....
Notes ....

C'ÉTAIT HIER

Les crues du Doubs

Besançon (Doubs)

Les crues du Doubs sont fréquentes mais généralement modestes. Besançon fut cependant frappée par quelques crues exceptionnelles, notamment en 1882 et en 1910. Le 21 janvier 1910, la crue atteignit le pic record de 9,57 mètres. Les rues de la capitale comtoise étaient inondées, et plusieurs barrages s'effondrèrent. Les crues du Doubs se déroulent surtout en hiver, en période de redoux, quand aux pluies abondantes s'ajoute la fonte des neiges.

Printemps

07 h 29
20 h 21
Bélier
2e décan

Mercredi 1er avril

Saint Hugues

Quand on a un sou dans sa poche
le 1er avril, on en a toute l'année.

A faire aujourd'hui

8 h ……………………………………

……………………………………

9 h ……………………………………

……………………………………

10 h ……………………………………

……………………………………

11 h ……………………………………

……………………………………

12 h ……………………………………

……………………………………

13 h ……………………………………

……………………………………

14 h ……………………………………

……………………………………

15 h ……………………………………

……………………………………

16 h ……………………………………

……………………………………

17 h ……………………………………

……………………………………

18 h ……………………………………

……………………………………

19 h ……………………………………

……………………………………

20 h ……………………………………

……………………………………

Notes ……………………………………

……………………………………

……………………………………

La France en vert

Les travaux de la première quinzaine d'avril

• Divisez les alysses, les corbeilles d'argent, les arabettes.
• Semez les pois de senteur.
• Supprimez le feuillage fané des bulbes de printemps, les fleurs fanées des rhododendrons.
• Taillez les forsythias, les groseilliers à fleurs.
• Plantez encore les rosiers achetés en containers.
• Semez le gazon et les plantes condimentaires : thym, mélisse, oseille, etc.
• Enfin, semez les annuelles rustiques comme les pavots de Californie, les capucines et les lavatères.

En tous sens

Les biscuits de Montbozon (Haute-Saône)

Ces petits biscuits ovales parfumés à la fleur d'oranger furent inventés par le cuisinier de Louis XVI, au château de Versailles. Lorsque la Révolution éclata, l'homme trouva refuge dans le village de Montbozon chez la famille Lanternier, à qui il transmit le secret de sa recette. La famille ouvrit une biscuiterie pour commercialiser ce "dessert des rois, roi des desserts", dont la réputation, deux siècles plus tard, ne faiblit toujours pas.

Au quotidien

Une cire dépilatoire maison

Faites chauffer 10 cl d'eau et 200 g de sucre en poudre dans une casserole, à feu doux. Remuez jusqu'à ce que le mélange dore et épaississe. Ajoutez le jus de ½ citron, et laissez chauffer à feu doux pendant 10 minutes. Ajoutez 125 g de miel liquide, portez à ébullition et laissez frémir pendant 2 minutes. Laissez tiédir durant quelques minutes avant utilisation.

C'ÉTAIT HIER

Processions corses

Ajaccio (Corse-du-Sud)

Les processions sur l'île de Beauté célèbrent le vendredi saint et la mort de Jésus. Elles respectent des cérémoniaux différents selon les villages : au nord, la *cerca*, la *parata* et la *granitula* font défiler les villageois conduits par les confréries en costumes traditionnels. Au sud, le *catenacciu* fait revivre le chemin de croix de Jésus tandis que les *casci* mettent à l'honneur les statues et les reliques des saints, portées pour l'occasion à travers les rues.

Jeudi 2 avril

Sainte Sandrine

Quand avril commence trop doux, il finit pire que tout.

07 h 27
20 h 22
Bélier
2e décan

Printemps

Patrimoine

Quiz – Cathédrales et basiliques

1. Où sont enterrées les dépouilles de François Ier et Louis XIV, entre autres ?
a. dans la cathédrale Notre-Dame de Paris
b. dans l'église de la Madeleine, à Paris
c. dans la basilique de Saint-Denis

2. Quelle basilique est surnommée la Bonne Mère ?
a. Notre-Dame-de-la-Garde, à Marseille
b. Notre-Dame-de-Fourvière, à Lyon
c. Notre-Dame-des-Victoires, à Paris

3. Quel édifice est considéré comme un chef-d'œuvre de l'art gothique lancéolé ?
a. la cathédrale Notre-Dame de Chartres
b. la basilique Saint-Sernin, à Toulouse
c. la cathédrale Notre-Dame de Rouen

Solution : 1 c, 2 a, 3 a.

La France en vert

La foire au jambon de Bayonne (Pyrénées-Atlantiques)

Chaque année depuis 1426 se tient à Bayonne la foire au jambon qui a fait la réputation de la ville. Les festivités s'étalent sur quatre jours et s'ouvrent par le concours du meilleur jambon fermier. Dans le cœur historique de la cité, les exposants proposent à la dégustation et à la vente la charcuterie emblématique du pays. Animations musicales, concours sportifs et joutes culinaires rythment également l'événement.

Pour le plaisir

Enigme

J'ai des billes, toutes sont rouges sauf deux, toutes sont vertes sauf deux, et toutes sont bleues sauf deux. Combien ai-je de billes rouges, vertes et bleues ?

Solution : 1 rouge, 1 verte et 1 bleue.

A faire aujourd'hui
8 h ....
9 h ....
10 h ....
11 h ....
12 h ....
13 h ....
14 h ....
15 h ....
16 h ....
17 h ....
18 h ....
19 h ....
20 h ....
Notes ....

LANGEAIS. — Le Château. — Partie Sud-Est. LL.

C'ÉTAIT HIER

La Bande Noire

Langeais (Indre-et-Loire)

La Bande Noire sévit en France de la Révolution au règne de Louis-Philippe. Cette expression désignait les spéculateurs qui rachetaient à prix modique les biens confisqués du clergé et de la noblesse. En Touraine, ces hommes de proie acquirent puis démolirent maints châteaux pour en revendre les matériaux de construction. Par chance, la forteresse de Langeais leur échappa. Elle fut rachetée en 1839 par un certain Christophe Baron, qui entreprit la restauration de l'édifice alors en ruine.

Printemps

07 h 25
20 h 24
Bélier
2e décan

Vendredi 3 avril

Saint Richard

Le 3 avril, le coucou chante mort ou vif.

A faire aujourd'hui

8 h ....

9 h ....

10 h ....

11 h ....

12 h ....

13 h ....

14 h ....

15 h ....

16 h ....

17 h ....

18 h ....

19 h ....

20 h ....

Notes ....

Pour le plaisir

Devinette

Elles blessent toutes, mais seule la dernière tue. Qui sont-elles ?

Solution : les heures.

Patrimoine

La légende de Moun Amo en Provence

Un paysan convoitait un petit terrain voisin du sien. Comme il était trop pauvre pour se l'offrir, il résolut de conclure un pacte avec le diable. Il se procura un chien, qu'il appela Moun Amo (mon âme), et lui apprit à mordre les mollets des personnes qui tenteraient de lui mettre une laisse autour du cou. Une fois le chien domestiqué, le paysan appela le diable : *« Aï envéjo de ti vendré moun amo, quand m'en dounès ? »* (J'ai envie de te vendre mon âme, combien m'en donnes-tu ?) Le diable, alléché par la proposition, lui en offrit une certaine somme. Le paysan marchanda quelque peu et, finalement, le marché fut conclu. Quand le paysan eut empoché ses écus sonnants et trébuchants, il s'écria : *« Moun Amo, Moun Amo ! Veni eici, ti vendi oun Diablé ! »* Le chien accourut. Le diable, déçu d'avoir gagné un chien, tenta tout de même de lui passer une laisse au cou. Le chien lui mordit fort les mollets et le diable dut partir, sans âme, sans chien et sans argent.

Au quotidien

Une déco de table pascale

Prenez une boîte à œufs en carton et peignez-la avec une couleur vive. Laissez sécher. Pendant ce temps, dessinez un gabarit d'œuf de Pâques, de lapin et de poule. Découpez 2 formes de chaque dans du papier épais coloré. Collez une pique à cocktail au dos de chaque forme. Garnissez les alvéoles de la boîte de mousse naturelle, puis piquez les formes dedans. Placez sur la table en guise de décoration.

C'ÉTAIT HIER

L'usine Schneider

Le Creusot (Saône-et-Loire)

L'usine Schneider fut au début du XIXe siècle l'un des premiers centres de sidérurgie et de métallurgie au monde. Elle produisait du métal pour canons, des rails ou encore des locomotives. Les Schneider mirent en place tout le nécessaire pour leurs employés, plus de 20 000 au début du XXe siècle, et leurs familles (écoles, soins, logements, loisirs). L'usine fonctionnera plus d'un siècle avant de fermer dans les années 1960 à cause de la crise économique.

5. — *Le Creusot en 1903.* - Vue générale des **Usines Schneider** (Côté Ouest).

Samedi 4 avril

Saint Isidore

Caprice d'avril fait tomber les fleurs
et trembler les laboureurs.

07 h 23
20 h 25
Bélier
2e décan

Printemps

L'Enfant du mistral
Jean-Michel Thibaux

Saint Marcel la regardait venir. Il avait vu des milliers d'enfants souffrir, des milliers de gens mourir ; il en avait sauvé beaucoup durant les années de guerre, de famine, de peste et de choléra. Lui-même n'était plus entier. Seul un bout de son pouce arraché au brasier qui avait consumé son squelette au soir d'un pillage par les protestants subsistait, mais ce minuscule morceau d'os suffisait à faire vivre pleinement sa statue.

La petite fille était en peine ; il l'avait senti dès qu'elle était entrée dans l'église. Elle se plaça face à lui et garda la tête baissée.

Mireille attendit longtemps avant de s'adresser à lui. Puis le courage vint.

— Saint Marcel. Je veux mon papa. Si tu sais où il se trouve, fais-le revenir pour qu'il nous défende, maman et moi, contre les méchants du village.

Elle ne put rien ajouter de plus.

— Que fais-tu ici, petite morveuse ?

Mireille fit un pas de côté, échappant à la main de la vieille femme qui tentait de la saisir. Elle reconnut madame Tarquin, femme d'une extrême dévotion qui voyait le mal partout et regrettait le temps de la Sainte Inquisition. La vieille la menaça de son chapelet.

— Tu comptais mettre le feu à l'église ? Oh non, je sais ! Tu es venue voler le doigt de saint Marcel !

— C'est pas vrai. Je suis venue demander à saint Marcel qu'il me rende mon papa.

— Ton père ! Mais tu n'as qu'à prendre le bateau pour les colonies, et tu le retrouveras dans sa case, avec tes demi-frères et sœurs !

— Tu es méchante ! s'exclama Mireille en la poussant violemment.

Déséquilibrée, madame Tarquin renversa un prie-Dieu qui fit un fracas de tonnerre en heurtant le sol. Les deux pénitentes en prière vinrent à son secours et tentèrent de barrer le passage à la petite. Elle leur échappa en feintant.

— C'est un démon ! s'écria madame Tarquin.

Mireille était déjà dehors. Elle courut jusque sur la route nationale.

Je vais me cacher dans un endroit où personne ne me trouvera, se dit-elle.

Extrait du roman *L'Enfant du mistral* de Jean-Michel Thibaux
paru aux Presses de la Cité dans la collection Trésors de France

A faire aujourd'hui

Samedi
8 h ...
9 h ...
10 h ...
11 h ...
12 h ...
13 h ...
14 h ...
15 h ...
16 h ...
17 h ...
18 h ...
19 h ...
20 h ...

Dimanche
8 h ...
9 h ...
10 h ...
11 h ...
12 h ...
13 h ...
14 h ...
15 h ...
16 h ...
17 h ...
18 h ...
19 h ...
20 h ...

Notes

Pâques

Dimanche 5 avril

07 h 21
20 h 27
Bélier
2e décan

☀ 07 h 19
20 h 28
Bélier
2e décan

Lundi 6 avril

Saint Marcellin

Quand mars a fait l'été, avril met son manteau.

A faire aujourd'hui

8 h ....
....
9 h ....
....
10 h ....
....
11 h ....
....
12 h ....
....
13 h ....
....
14 h ....
....
15 h ....
....
16 h ....
....
17 h ....
....
18 h ....
....
19 h ....
....
20 h ....
....
Notes ....
....
....

Pour le plaisir
Devinette

On m'aperçoit au début de l'été et on me retrouve à la fin de l'automne. Si l'on regarde le ciel, on peut aussi me voir. Qui suis-je ?

Solution : la lettre „e".

En tous sens
L'échaudé

Ce pain originaire de l'Aveyron et du Tarn est un pain azyme, c'est-à-dire sans levain. La pâte est cuite dans de l'eau très chaude avant d'être enfournée. Très dure, elle est parsemée de graines d'anis.

La France en vert
Le village de Lods (Doubs)

Flanqué de coteaux et bordé par la Loue qui coule en cascade, Lods s'est développé autour de la culture de la vigne, comme en témoignent les imposantes maisons vigneronnes du village, ouvertes sur de grandes caves voûtées. De l'autre côté de la rivière se trouvent également les anciennes forges qui fonctionnaient à plein régime au XIXe siècle. Un parcours ethnologique rappelant l'histoire de ses anciens forgerons et vignerons est proposé aux visiteurs.

Au quotidien
La garantie protection juridique

Elle permet au souscripteur de bénéficier de la prise en charge, dans certains cas, des frais engendrés (honoraires de l'avocat, frais d'expertise et de procédure) en cas de litige devant la justice. Renseignez-vous avant de souscrire ce type de contrat, car la garantie est parfois incluse dans votre contrat d'assurance multirisque habitation ou automobile, ou dans l'assurance liée à votre carte bancaire.

C'ÉTAIT HIER

La reine du Carnaval

Nantes (Loire-Atlantique)

A la fin du XIXe siècle et durant une bonne partie du XXe siècle, le carnaval de Nantes se tenait à la mi-Carême. Un comité des fêtes organisait les festivités et coordonnait la préparation des grosses têtes et des chars. Il menait aussi une enquête de moralité sur les jeunes filles qui se présentaient pour être élues reine du carnaval. Celle qui était désignée, sur des critères de présentation et de sympathie, défilait avec ses demoiselles d'honneur sur un char fleuri.

Mardi 7 avril

Saint Jean-Baptiste de La Salle

Chaque goutte d'avril en vaut mille.

07 h 17
20 h 30
Bélier
2e décan

Printemps

Pour le plaisir

Devinette

Elle se trouve parfois sous les pieds ou dans les mains et certains animaux en sont dotés. D'abondance, elle représente une source intarissable de bienfaits.
Qui est-elle ?

Solution : la corne.

Au quotidien

Ne jetez plus vos coquilles d'œuf !

Nettoyez-les à l'eau claire et conservez-les dans une boîte. Lorsque vous en avez assez, pilez-les au pilon et répandez-les au pied de vos plantes d'intérieur ou dans le jardin. Il s'agit là d'un excellent engrais, naturel et économique. En outre, elles éloigneront les limaces.

A faire aujourd'hui

8 h ....
....
9 h ....
....
10 h ....
....
11 h ....
....
12 h ....
....
13 h ....
....
14 h ....
....
15 h ....
....
16 h ....
....
17 h ....
....
18 h ....
....
19 h ....
....
20 h ....
....
Notes ....
....
....

La France en vert

Promenades autour du pont du Gard

Pour les habitués de la marche, il est possible de découvrir le site du pont du Gard en suivant le tracé de l'aqueduc sur 3,5 kilomètres. Le sentier vous permettra de découvrir aux alentours le pont Roupt, les arches de Valive ou la combe de la Sartanette, offrant différents belvédères sur le pont. Ceux qui préfèrent les balades courtes pourront emprunter les sentiers à proximité directe du pont ; ceux-ci sont aussi accessibles aux personnes à mobilité réduite.

C'ÉTAIT HIER

Les mares

Wailly-Beaucamp (Pas-de-Calais)

Pour des raisons d'insalubrité, les mares disparurent peu à peu après la Grande Guerre. Au nombre de 15 000 aujourd'hui, elles étaient plus de 140 000 en 1900. Alimentés par les eaux de pluie, entourés de végétation, repaires des poissons et des grenouilles, ces lieux très vivants avaient alors les usages les plus divers : on y rouissait le chanvre et le lin, on y pêchait, l'eau pouvait servir à éteindre les incendies et, bien entendu, elle abreuvait les animaux des villages environnants.

07 h 15
20 h 31
Bélier
2e décan

Mercredi 8 avril

Sainte Julie

Avril et mai secs, année maigre.

A faire aujourd'hui

8 h ...

9 h ...

10 h ...

11 h ...

12 h ...

13 h ...

14 h ...

15 h ...

16 h ...

17 h ...

18 h ...

19 h ...

20 h ...

Notes ...

Patrimoine

Quiz – Zones humides

1. Quel marais labélisé Grand Site de France est à cheval sur les départements de la Vendée, des Deux-Sèvres et de la Charente-Maritime ?
a. le marais d'Olonne
b. le Marais poitevin
c. la Brière

2. Quel marais est connu notamment pour accueillir chaque année des milliers de flamants roses ?
a. la baie de Somme
b. la Camargue
c. la presqu'île de Giens

3. Quel marais se trouve dans l'estuaire de la Seine ?
a. les palus du Moron
b. le marais de Goulaine
c. le Marais-Vernier

Solution : 1 b, 2 b, 3 c.

En tous sens

La tradition du trou normand

Cette pratique qui consiste à boire un petit verre d'alcool au milieu d'un repas copieux afin de favoriser la digestion et de stimuler l'appétit remonte à l'Antiquité et se nommait à l'époque « trou du milieu ». On a longtemps utilisé l'armagnac ou le cognac pour cet usage, mais c'est aujourd'hui le calvados qui est plébiscité. On le sert généralement sur un sorbet de fruit en accord avec l'eau-de-vie.

La France en vert

Un jardin "local"

Préférez les plantes régionales aux espèces exotiques. Elles résisteront mieux au climat et seront plus faciles à entretenir. D'autre part, sachez que l'introduction de plantes exotiques est l'une des causes de la disparition d'espèces locales, car elle bouleverse l'écosystème.

C'ÉTAIT HIER

Winstubs alsaciennes

Colmar (Haut-Rhin)

La winstub, la pièce à vin, est la taverne traditionnelle alsacienne. Ses origines remontent au Moyen Age. Jadis, les winstubs étaient tenues par les vignerons, qui trouvaient là le moyen d'écouler le surplus de leur production. Elles occupaient une pièce de leur maison. Dans ces lieux conviviaux, souvent exigus, les clients pouvaient manger des plats simples comme du jarret de porc ou du pâté de tête. Colmar, capitale des vins d'Alsace, en recensait un grand nombre.

Jeudi 9 avril

Saint Gautier

A la Saint-Gautier, jamais le jour entier
ne passe sans quelques giboulées.

07 h 13
20 h 33
Bélier
2e décan

Printemps

Patrimoine

Rabelais à Chinon

Dans les romans de Rabelais, le terroir local, Chinon et Tours en l'occurrence, est constamment évoqué et fait partie intégrante de l'œuvre. Né en 1494 à Chinon, en Touraine, François Rabelais fait son noviciat chez les Franciscains. Après des études de droit puis de médecine à Montpellier, il entre comme médecin à l'Hôtel-Dieu de Lyon en 1532. Parallèlement à son activité de médecin, Rabelais écrit et publie plusieurs romans, dont les plus connus restent *Pantagruel* en 1532 et *Gargantua* en 1535. Drôles mais surtout truffés de références savantes ainsi que d'allusions à la vie locale et politique de Touraine, ils sont considérés comme des classiques de la littérature française du XVIe siècle.

Au quotidien

Des sites pour bricoleurs

Les sites des grandes enseignes de bricolage proposent souvent des fiches indiquant la marche à suivre. Vous trouverez aussi sur certaines plateformes des vidéos proposant des "tutoriels" : vous pourrez ainsi visionner l'opération à effectuer.

La France en vert

Les cascades du Hérisson (Jura)

Sur le site des cascades du Hérisson, ce ne sont pas moins de 31 sauts et cascades qui jalonneront le parcours d'un peu plus de 7 kilomètres ! Parmi les plus célèbres, la cascade de l'Eventail et le Grand Saut, hauts de 65 et 60 mètres respectivement, offrent un spectacle impressionnant, tandis que le Gour Bleu, le Saut de la Forge ou le Saut Girard, certes moins hauts, sont propices à la baignade pour les moins frileux.

A faire aujourd'hui

8 h ....
....
9 h ....
....
10 h ....
....
11 h ....
....
12 h ....
....
13 h ....
....
14 h ....
....
15 h ....
....
16 h ....
....
17 h ....
....
18 h ....
....
19 h ....
....
20 h ....
....
Notes ....
....
....

C'ÉTAIT HIER

Le morvandiau

Morvan (Bourgogne)

Le bourguignon-morvandiau, ou morvandiau, est une langue d'oïl qui se parlait dans le Morvan, ce massif boisé à cheval sur l'Yonne, la Nièvre, la Côte-d'Or et la Saône-et-Loire. Il est dérivé de la langue bourguignonne par les sonorités, la prononciation et certains mots : le « j » se transforme en « y » ou encore le « c'est » devient « ç'ost ». Aujourd'hui, peu de personnes le parlent encore, mais il reste ancré dans certaines expressions courantes.

Printemps

07 h 11
20 h 34
Bélier
2e décan

Vendredi 10 avril

Saint Fulbert

Quand arrive la Saint-Fulbert,
dans la campagne tout est vert.

A faire aujourd'hui

8 h

9 h

10 h

11 h

12 h

13 h

14 h

15 h

16 h

17 h

18 h

19 h

20 h

Notes

Patrimoine

La bibliothèque Inguimbertine à Carpentras (Vaucluse)

Cette bibliothèque fut fondée en 1745 par Dom Malachie d'Inguimberg, évêque de Carpentras. C'est lui qui en constitua le fonds originel grâce à ses collections personnelles de manuscrits rares et enluminés et d'imprimés précieux. La bibliothèque s'enrichit encore au cours des siècles, et elle conserve aujourd'hui 76 000 volumes d'imprimés anciens et plus de 3 000 manuscrits. La richesse de son fonds lui a valu d'être érigée au rang de bibliothèque municipale classée en 1974.

Au quotidien

Mal aux dents ?

Et vous ne pouvez pas consulter un dentiste immédiatement ? Placez un clou de girofle contre la zone douloureuse, il anesthésiera la douleur.

En tous sens

Sauce cameline, une recette médiévale

Pour 1 bol. Ingrédients : 3 tranches de pain ; 10 cl de vinaigre de vin vieux ; 10 cl de vin rouge ; ½ c. à café de gingembre moulu ; 3 c. à café de cannelle moulue ; 2 capsules de cardamome écrasées ; 1 pincée de clous de girofle moulus ; 1 pincée de sel.

- Faites griller le pain.
- Mettez-le dans une casserole avec le vinaigre et le vin et laissez tremper pendant 10 minutes.
- Mixez le tout à l'aide d'un mixeur plongeant.
- Ajoutez les épices et le sel.
- Faites chauffer à feu doux, en remuant, jusqu'à ce que la sauce épaississe.
- Goûtez et ajoutez un peu de vinaigre et de vin si nécessaire.
- Servez avec une viande blanche ou du poisson.

C'ÉTAIT HIER

La révolte des vignerons

Aÿ (Marne)

En 1911, après plusieurs années de mauvaises récoltes en Champagne, les négociants en vin décidèrent de s'approvisionner dans l'Aube, ce qui provoqua la colère des vignerons marnais. Furieux contre cette infraction au décret du 17 décembre 1908 limitant l'aire géographique de l'appellation, ils saccagèrent nombre de chais et de fûts des négociants aubois. Les viticulteurs de l'Aube répliquèrent en incendiant des maisons de champagne à Aÿ et à Epernay, le 12 avril 1911.

Samedi 11 avril

Saint Stanislas

Avril tantôt pleure, tantôt rit.

07 h 09
20 h 36
Bélier
3e décan

Printemps

La Splendeur des Vaneyck

Annie Degroote

« Notre ville a perdu l'un de ses plus importants filateurs et l'un de ses meilleurs citoyens : Augustin Maes. »

Tous les acteurs de sa vie étaient là, pour lui adresser un suprême adieu. Les Vaneyck, seuls, manquaient à l'appel.

C'était normal. C'était la guerre. Une guerre familiale. Arrière-petits-cousins des Maes, les Vaneyck les ignoraient du haut de leur grandeur. Ces gens-là se conduisaient en seigneurs et ne se mélangeaient guère. Julien ne supportait pas leur mépris. Son père était, lui aussi, l'un de ces maîtres du Nord, connu et reconnu de ses pairs et de ses ouvriers.

Les Maes, comme les Vaneyck, étaient originaires de Lille, et, comme eux, s'étaient jadis spécialisés dans le coton, la « fibre reine » du début du siècle. Lors de la crise de 1827, confiant l'entreprise lilloise aux mains d'un contremaître compétent, Augustin Maes s'était installé à Roubaix pour y travailler la laine, sauvant ainsi les affaires familiales. Aujourd'hui, la modeste filature de Lille était sauvegardée par la prospérité et les bénéfices de celle de Roubaix. Les Maes étaient plutôt des libres-penseurs, les Vaneyck, catholiques et légitimistes. Mais cela ne suffit pas à engendrer la haine. Les motifs de cette animosité s'étaient égarés dans les méandres du passé. On racontait qu'un siècle auparavant une question d'héritage avait mal tourné. La rumeur, devenue méfiance, se perpétuait, s'entretenait entre les deux familles.

Réunie autour de la dépouille, la bourgeoisie oubliait pour un temps les mésententes, taisait ses passions politiques et la perpétuelle compétition, pour s'épauler dans le malheur. Dès que les dissensions s'apaisent, l'entraide nordiste renaît spontanément.

Des dignitaires de la ville aux diverses sociétés savantes dont Augustin était le fidèle adhérent, des « propriétaires » du textile aux ouvriers, toutes les classes de la société du Second Empire y étaient représentées. Les femmes aussi. Elles ne réservaient plus leurs larmes pour l'église, mais accompagnaient ces messieurs dans les cimetières. Les temps changeaient.

Extrait du roman *La Splendeur des Vaneyck* d'Annie Degroote
paru aux Presses de la Cité dans la collection Trésors de France

A faire aujourd'hui

Samedi

8 h ....
9 h ....
10 h ....
11 h ....
12 h ....
13 h ....
14 h ....
15 h ....
16 h ....
17 h ....
18 h ....
19 h ....
20 h ....

Dimanche

8 h ....
9 h ....
10 h ....
11 h ....
12 h ....
13 h ....
14 h ....
15 h ....
16 h ....
17 h ....
18 h ....
19 h ....
20 h ....

Notes

Saint Jules

Dimanche 12 avril

07 h 07
20 h 37
Bélier
3e décan

07 h 05
20 h 39
Bélier
3e décan

Lundi 13 avril

Sainte Ida

Fleur d'avril ne tient qu'à un fil.

A faire aujourd'hui

8 h ....

9 h ....

10 h ....

11 h ....

12 h ....

13 h ....

14 h ....

15 h ....

16 h ....

17 h ....

18 h ....

19 h ....

20 h ....

Notes ....

En tous sens

Un renouveau culinaire à la Renaissance

Au XVIe siècle, la cuisine française connut un certain renouveau grâce à l'introduction de nouveaux produits venus de la lointaine Amérique. Tomates, pommes de terre, chocolat, café, maïs, dinde, tous ces produits vinrent renouveler les traditions médiévales. La mise au point de l'imprimerie joua également un rôle dans la diffusion des recettes dans tout le royaume de France.

La France en vert

La fête du miel à Mouans-Sartoux (Alpes-Maritimes)

Chaque année depuis 1994, le village de Mouans-Sartoux accueille au mois d'avril la fête du miel, qui met à l'honneur la production mellifère provençale. Des apiculteurs viennent présenter leur métier, proposent des ateliers d'animation autour du miel et invitent à découvrir les plantes qu'affectionnent particulièrement les abeilles.

Patrimoine

La dentelle d'Alençon (Orne)

Le point d'Alençon fit la renommée de la ville dès le XVIIIe siècle. Il consistait en un assemblage méticuleux de pièces de textile ajourées, formant une dentelle d'une extrême finesse, selon une technique artisanale, qui réclamait de longues heures de patience. L'ornement obtenu était destiné à la décoration civile ou religieuse. Elle connut un immense succès jusqu'au début du XXe siècle, où la dentelle mécanique la supplanta. Le savoir-faire a cependant été conservé et la dentelle d'Alençon est aujourd'hui inscrite au patrimoine culturel immatériel de l'humanité de l'Unesco.

C'ÉTAIT HIER

Port des Pêcheurs

Biarritz (Pyrénées-Atlantiques)

Avant de devenir une grande ville de villégiature, Biarritz était un modeste village de pêcheurs. Un premier port, devenu trop vétuste, fut délaissé à la fin du XVIIIe siècle au profit du port des Pêcheurs, qui fut protégé par une première digue de 7 mètres de long en 1837, puis par une seconde de 30 mètres en 1858. Napoléon III rêva d'en faire un grand port, mais les vagues puissantes de l'océan détruisirent tous les ouvrages entrepris. Au début du XXe siècle, le port regroupait environ 300 pêcheurs.

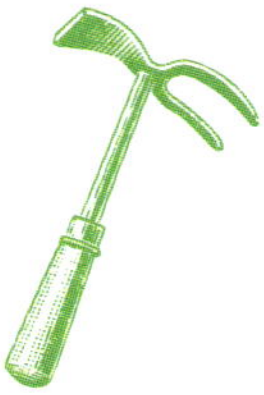

Mardi 14 avril

Saint Maxime

*Si la pluie d'avril vaut son pesant d'or,
quand le tonnerre va, c'est un trésor.*

07 h 03
20 h 40
Bélier
3e décan

Printemps

Patrimoine

Quiz – Musées nationaux

1. Où se trouve le musée des Civilisations de l'Europe et de la Méditerranée ?
a. à Nice
b. à Perpignan
c. à Marseille

2. A quels arts est consacré le musée du quai Branly, à Paris ?
a. aux arts premiers
b. aux arts décoratifs
c. aux arts forains

3. Quel musée national la ville de Sèvres accueille-t-elle ?
a. le musée de la faïence
b. le musée de la porcelaine
c. le musée de la céramique

Solution : 1 c, 2 a, 3 c.

La France en vert

Le petit geste écolo

Lorsque vous allez vous coucher, fermez tous les volets de votre habitation, et pas seulement ceux des chambres. Cela permettra de diminuer les pertes de chaleur de 15 % en moyenne et donc de réduire vos dépenses d'énergie.

Au quotidien

Un réfrigérateur qui sent bon

Mélangez 50 cl d'eau, 1 grosse c. à soupe de bicarbonate de soude et 1 c. à soupe de jus de citron. Versez la préparation dans un vaporisateur et pulvérisez-en sur les parois et les étagères de votre réfrigérateur. Les odeurs devraient disparaître rapidement. Pour maintenir cet effet, pensez à laisser une coupelle contenant du bicarbonate de soude sur une des étagères.

A faire aujourd'hui

8 h ....
....
9 h ....
....
10 h ....
....
11 h ....
....
12 h ....
....
13 h ....
....
14 h ....
....
15 h ....
....
16 h ....
....
17 h ....
....
18 h ....
....
19 h ....
....
20 h ....
....
Notes ....
....
....

C'ÉTAIT HIER

Histoire de palace

Nice (Alpes-Maritimes)

Construit le long de la promenade des Anglais, face à la baie des Anges, l'hôtel Negresco sortit de terre au début du XXe siècle. Le hall somptueux, la verrière éblouissante, le mobilier luxueux, les lustres de cristal, tout fut fait pour attirer la clientèle richissime qui avait pris ses quartiers sur la Côte d'Azur. Ce luxe affiché n'empêcha toutefois pas l'établissement d'être réquisitionné pendant la Première Guerre mondiale pour faire office d'hôpital militaire.

Printemps

07 h 01
20 h 42
Bélier
3e décan

Mercredi 15 avril

Saint Paterne

A la mi-avril, le blé est à l'épi.

A faire aujourd'hui

8 h ....

9 h ....

10 h ....

11 h ....

12 h ....

13 h ....

14 h ....

15 h ....

16 h ....

17 h ....

18 h ....

19 h ....

20 h ....

Notes ....

Pour le plaisir

Devinette

Combien de gouttes d'eau peut-on mettre dans un verre vide ?

Solution : une seule, car ensuite le verre n'est plus vide.

Patrimoine

Maupassant en Normandie

Guy de Maupassant naît en 1850 à Tourville-sur-Arques en Seine-Maritime. Il y passe son enfance, en compagnie de fils de pêcheurs. Il fait ses études à Paris et Yvetot, et séjourne durant les vacances d'été chez sa grand-mère à Etretat, cité balnéaire alors très en vogue. Gustave Flaubert, écrivain déjà reconnu et l'un de ses professeurs, lui donne la passion du livre et l'encourage à écrire. *Une vie*, *Bel-Ami* et *La Maison Tellier* comptent parmi les œuvres majeures de Maupassant. L'écrivain fait la part belle à sa région natale : coutumes, paysages de campagne, voiliers, pêche et canotage, tout ce qui fait la Normandie est inscrit dans son œuvre. Il meurt en 1893.

En tous sens

Betteraves à la poitevine

Pour 4 personnes. Ingrédients : 2 grosses betteraves ; 30 g de beurre ; 1 oignon ; 1 gousse d'ail ; 1 c. à soupe de Maïzena® ; 1 c. à soupe de vinaigre de vin ; sel ; poivre.

- Pelez les betteraves et coupez-les en rondelles. Epluchez l'oignon et l'ail, puis émincez-les.
- Faites fondre le beurre dans une casserole, puis faites-y revenir l'oignon et l'ail à feu doux.
- Ajoutez les betteraves et laissez dorer pendant 5 minutes.
- Ajoutez la Maïzena®, remuez, puis ajoutez le vinaigre. Salez et poivrez.
- Couvrez et laissez frémir à feu doux de 25 à 30 minutes.
- Servez chaud.

Au quotidien

Comment savoir si un œuf est frais ?

Placez-le dans un verre contenant de l'eau tiède salée. S'il coule, cela signifie qu'il est frais. S'il remonte à la surface, jetez-le !

C'ÉTAIT HIER

L'église Sainte-Catherine

Honfleur (Calvados)

Cette église à la nef du XVe siècle est bâtie comme une halle de marché surmontée d'une structure rappelant la coque d'un bateau retourné. Le clocher, sujet à la foudre, fut élevé à distance du bâtiment principal pour protéger les paroissiens d'un éventuel incendie. Réalisée par les ouvriers des chantiers navals, elle fut construite sans l'utilisation de la moindre scie, d'après des techniques vikings. Au XIXe siècle, elle inspira de célèbres peintres comme Boudin ou Jongkind.

Jeudi 16 avril

Saint Benoît-Joseph

Avril venteux rend le laboureur joyeux.

06 h 59
20 h 43
Bélier
3e décan

Printemps

Pour le plaisir

Et si vous parrainiez un caméléon ?

Depuis sa réouverture en 2014, le parc zoologique de Paris, plus connu sous le nom de zoo de Vincennes, propose de parrainer l'un des animaux du parc, l'idée étant de récolter des fonds pour la sauvegarde et l'étude des espèces menacées. Vous laisserez-vous plutôt séduire par Adeline la girafe, Diego la loutre ou Léon le caméléon ?

En tous sens

Le pain de campagne

Contrairement à une idée reçue, le pain de campagne est né… en ville ! Ce terme ne désigne pas un pain précis, mais répond plus à une recherche d'authenticité de la part des consommateurs. Le pain de campagne répond toutefois à certaines caractéristiques : sa croûte est plus épaisse et sa mie plus dense que celle de la baguette, et son goût est moins acidulé. Certains boulangers ajoutent de la farine de seigle à la farine de froment ; d'autres incorporent un morceau de pâte fermentée au pâton ; d'autres encore utilisent du levain, pour donner un goût fruité au pain.

Patrimoine

Villefranche-du-Périgord : première bastide

Guillaume de Bagneux, sénéchal d'Agenais, œuvrant pour le compte d'Alphonse de Poitiers, frère de Saint Louis, fonda la première bastide en Périgord, en 1261. Villefranche jouit d'un cadre naturel enchanteur, en surplomb de la Lémance, dans un cirque de forêts de chênes et de châtaigniers. Aujourd'hui, cette bastide, devenue chef-lieu de canton, joue un grand rôle économique dans la région : non loin des belles maisons à arcades des XIIe et XIIIe siècles, la halle, sept fois centenaire, est un haut lieu du commerce de châtaignes et de cèpes.

A faire aujourd'hui

8 h ……………………………

9 h ……………………………

10 h ……………………………

11 h ……………………………

12 h ……………………………

13 h ……………………………

14 h ……………………………

15 h ……………………………

16 h ……………………………

17 h ……………………………

18 h ……………………………

19 h ……………………………

20 h ……………………………

Notes ……………………………

C'ÉTAIT HIER

L'or blanc

Salins-les-Bains (Jura)

Comme d'autres communes comtoises, Salins-les-Bains fut un grand centre d'exploitation et de commerce du sel jusque dans les années 1920. Le sel provenait de sources naturellement salées ; il était extrait par évaporation, au sein d'une immense usine remontant à l'Ancien Régime, la Grande Saline. Très riches en oligo-éléments, les eaux de Salins attirèrent les curistes sous le Second Empire. Les premiers thermes furent édifiés en 1854.

06 h 57
20 h 45
Bélier
3e décan

Vendredi 17 avril

Saint Anicet

Beau temps à la Saint-Anicet est l'annonce d'un bel été.

A faire aujourd'hui

8 h ....

9 h ....

10 h ....

11 h ....

12 h ....

13 h ....

14 h ....

15 h ....

16 h ....

17 h ....

18 h ....

19 h ....

20 h ....

Notes ....

La France en vert

La fête de la coquille Saint-Jacques (Côtes-d'Armor)

Depuis 1993 se tient chaque année au mois d'avril la fête de la coquille Saint-Jacques. Elle a lieu en alternance à Erquy, Saint-Quay-Portrieux et Loguivy-de-la-Mer, et marque la fin de la saison de pêche du célèbre coquillage. Dégustation et vente de saint-jacques sont proposées aux visiteurs, tandis que chants marins et concerts de musique se succèdent.

Patrimoine

Les communes de France en question

Quel village a la particularité d'être à cheval sur les départements du Cantal et de l'Aveyron ?

Solution : Saint-Santin.

En tous sens

Les ravioles de Romans

Plusieurs légendes coexistent quant à l'origine des ravioles. Pour certains, elles seraient les descendantes des rissoles romaines, pour d'autres, une variante des raviolis italiens introduits dans le Dauphiné au XIXe siècle. Au début du XXe siècle, elles étaient fabriquées artisanalement par les "ravioleuses" de Romans, qui proposaient leurs petits carrés de pâte farcis au fromage à la vente au porte-à-porte. Le plat était à l'époque plutôt populaire ; ce n'est que dans les années 1950 que la production se développa et que les ravioles entrèrent à la carte des restaurants gastronomiques de la région.

Pour le plaisir

Devinette

Comment s'appellent les habitants de Puteaux ?

Solution : les Putéoliens et les Putéoliennes.

C'ÉTAIT HIER

Une ville au cœur de l'histoire

Phalsbourg (Moselle)

Au XVIIe siècle, Louis XIV, souhaitant fortifier son royaume, chargea l'urbaniste militaire Vauban d'établir un dispositif de défense des frontières. C'est ainsi qu'il fit fortifier notamment la ville de Phalsbourg et qu'il la dota d'une porte de France à l'ouest, et d'une porte d'Allemagne à l'est : deux édifices qui symbolisent toute la complexité de l'histoire de la ville, assiégée à trois reprises au cours des siècles et tour à tour française et allemande.

Samedi 18 avril

Saint Parfait

En avril, bruine obscure, trois jours dure.

06 h 55
20 h 45
Bélier
3e décan

Printemps

Le Bon numéro
Henriette Bernier

Amoureux, déjà ? Si tôt ? Si vite ?

Marcelline a raison, quand elle dit que Ferdinand et Lana, c'est pas pareil qu'elle et Fernand. Disons que c'est seulement à moitié vrai. Parce que si le garçon aime la fille, en effet, la fille de son côté ne l'aime pas. Pas encore.

Ferdinand n'a jamais vraiment connu l'amour. Pour parler comme sa mère, disons qu'il a connu quelques « expériences ». D'abord des amourettes limitées à des caresses rapides et maladroites, avec des filles comme lui timides en la matière et retenues par la morale des mères et des curés. Ensuite quelques aventures plus poussées, qui peuvent se compter sur les doigts d'une seule main, avec des filles plus hardies, de celles dont on disait qu'elles n'avaient pas froid aux yeux, pour rester dans un registre correct. Mais jamais encore il n'a senti son cœur battre au point de lui suggérer des idées de durée, de grand amour, de toujours…

Alors qu'avec Lana il se passe quelque chose. La voir, l'entendre, lui parler, même des choses les plus banales, les plus terre à terre, provoque en lui des émotions intenses. Sa beauté, son accent le charment au plus haut point. S'il a osé lui offrir un foulard, lui acheter un vélo, il ne sait comment lui dire, ni même lui faire comprendre, qu'il l'aime. Retenu par quoi ? Un peu par sa propre réserve. Un peu par le comportement de la fille, qui le tutoie, l'appelle Ferdi, l'a embrassé sur les joues, mais tout cela ressemble plus à de l'amitié que de l'amour. Suffirait-il d'un peu d'audace pour que se révèle ce qui peut-être sommeille sous tout cela ?

La principale raison de cette retenue, en réalité, c'est Marcelline. Elle au moins ne cherche pas midi à quatorze heures. Quand elle n'aime pas, quand elle se méfie, elle ne se gêne pas pour le montrer. Et même si Lana est sans reproche sur le plan du travail, Ferdinand sait bien que si par bonheur une idylle se nouait entre eux, sa mère, il en mettrait sa main à couper, s'y opposerait avec vigueur. Si elle croit que sa vigilance lui échappe, elle se trompe. Il voit bien qu'elle guette « la faute » pour les confondre.

Sa mère. Il l'aime, Ferdinand, comme on s'aime chez les Jubert, sans démonstrations de tendresse, mais c'est quand même de l'amour. Elle a été à la fois sa mère et son père. Il la respecte, pour son courage, sa détermination, son énergie, même dans l'excès, même dans l'injustice. C'est sa man.

A faire aujourd'hui

Samedi
8 h ...
9 h ...
10 h ...
11 h ...
12 h ...
13 h ...
14 h ...
15 h ...
16 h ...
17 h ...
18 h ...
19 h ...
20 h ...

Dimanche
8 h ...
9 h ...
10 h ...
11 h ...
12 h ...
13 h ...
14 h ...
15 h ...
16 h ...
17 h ...
18 h ...
19 h ...
20 h ...

Notes

Extrait du roman *Le Bon numéro* d'Henriette Bernier
paru aux Presses de la Cité dans la collection Terres de France

Sainte Emma

Dimanche 19 avril

06 h 53
20 h 48
Bélier
3e décan

Printemps

06 h 51
20 h 49
Bélier
3e décan

Lundi 20 avril

Sainte Odette

Avril froid pain et vin donne.

A faire aujourd'hui

8 h ....
....
9 h ....
....
10 h ....
....
11 h ....
....
12 h ....
....
13 h ....
....
14 h ....
....
15 h ....
....
16 h ....
....
17 h ....
....
18 h ....
....
19 h ....
....
20 h ....
....
Notes ....
....
....

Au quotidien

Le tai-chi-chuan

Cet art martial venu d'Asie consiste à enchaîner harmonieusement des mouvements continus et circulaires avec précision et lenteur, selon un ordre préétabli. Concentration et maîtrise de la respiration sont sollicitées pour cette pratique, qui s'apparente davantage à une forme de relaxation active et à une recherche du bien-être intérieur qu'à un exercice musculaire.

La France en vert

Le petit geste écolo

Optez pour la Lettre verte ! La Poste acheminera votre courrier en 48 heures au lieu de 24 heures, et pourra utiliser le train et non l'avion pour le transporter. Cela réduira de 15 à 30 % les émissions de carbone par rapport à une lettre classique.

En tous sens

Kouign amann une spécialité de Bretagne

Pour 6 personnes. Ingrédients : 25 g de levure de boulanger ; 250 g de sucre en poudre ; 500 g de farine ; 250 g de beurre demi-sel ; 1 œuf.

- Dans un saladier, versez la farine et la levure délayée dans 2 c. à soupe d'eau.
- Pétrissez jusqu'à obtention d'une pâte lisse et homogène.
- Laissez lever la pâte pendant 3 heures à l'abri de l'air, dans un endroit tiède.
- Etalez la pâte et répartissez le beurre en parcelles sur toute sa surface.
- Saupoudrez de sucre et pliez en quatre tout en faisant pivoter l'ensemble d'un demi-tour.
- Rabaissez la pâte et renouvelez l'opération quatre fois.
- Placez la pâte dans un moule beurré et laissez reposer 30 minutes.
- Préchauffez le four à 200 °C.
- Badigeonnez la surface avec l'œuf battu et faites cuire 25 minutes. Dégustez tiède.

C'ÉTAIT HIER

Le Jardin zoologique d'acclimatation

Paris (Ile-de-France)

Ce jardin fut créé en 1860, sous la double impulsion du zoologiste Saint-Hilaire et de Napoléon III. Constitué de vallons séparés par une rivière sinueuse, il fut dès ses débuts peuplé de zèbres, tapirs, autruches, antilopes, lamas, tatous, yacks et autres espèces exotiques qui faisaient la joie des enfants. Une magnanerie consacrée à la culture des vers à soie, des écuries et une volière complétaient la vaste ménagerie.

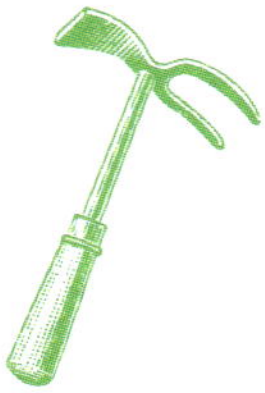

Mardi 21 avril

Saint Anselme

Tel temps à la Saint-Anselme,
tel temps pendant une semaine.

06 h 49
20 h 51
Taureau
1er décan

La France en vert

L'île d'Arz

Bien que mesurant moins de 4 kilomètres du nord au sud et d'est en ouest, l'île d'Arz est la deuxième par la taille du golfe du Morbihan. Au milieu de champs, de vergers et de marais, le bourg se love autour d'une église romane classée, d'un prieuré, de quelques manoirs. Les nombreuses et élégantes gentilhommières témoignent de la longue présence d'une lignée de capitaines originaires de l'île. Le moulin à marée de Berno qui a été remis en service mérite le détour.

Patrimoine

Les communes de France en question

Quelle ville du Sud-Ouest a vu naître l'artiste Henri de Toulouse-Lautrec ?

Solution : Albi.

Pour le plaisir

Taureau (21 avril-20 mai)

Vous aurez cette année de l'énergie à revendre, et cela se ressentira de façon positive dans votre travail. Votre vie de famille bénéficiera également de cette énergie. Vous aurez à cœur de mener à bien les projets que vous avez en tête depuis longtemps.

Au quotidien

Une pommade aux vertus apaisantes

Pour soigner vos gerçures, brûlures ou coupures, concoctez cette pommade maison aux propriétés apaisantes et adoucissantes : mélangez 2 cuillères à soupe de miel, 3 gouttes d'essence de lavande et 6 gouttes d'eau de rose dans un pot. Fermez le pot, étiquetez-le et conservez-le au frais. Appliquez une noisette de cette pommade sur la partie endolorie de la peau en massant doucement.

A faire aujourd'hui

8 h ....
....
9 h ....
....
10 h ....
....
11 h ....
....
12 h ....
....
13 h ....
....
14 h ....
....
15 h ....
....
16 h ....
....
17 h ....
....
18 h ....
....
19 h ....
....
20 h ....
....
Notes ....
....
....

C'ÉTAIT HIER

Place de la République

Uzès (Gard)

Depuis la révolution de 1789, les principales places royales des villes et villages de France ont été rebaptisées « place de la République ». Celle d'Uzès affiche un style typique de Provence, avec sa fontaine monumentale, ses vieux platanes et ses larges arceaux qui la bordent et protègent le promeneur de la chaleur. Haut lieu touristique de la ville avec ses restaurants et sa position au cœur de la ville, elle a depuis été rebaptisée « place aux Herbes ».

Printemps

06 h 47
20 h 52
Taureau
1er décan

Mercredi 22 avril

Saint Alexandre

Au mois d'avril, le chêne vit.

A faire aujourd'hui

8 h ....

9 h ....

10 h ....

11 h ....

12 h ....

13 h ....

14 h ....

15 h ....

16 h ....

17 h ....

18 h ....

19 h ....

20 h ....

Notes ....

La France en vert

Les travaux de la seconde quinzaine d'avril

- Commencez à transplanter les annuelles semées sous châssis.
- Plantez les bulbeuses à floraison estivale comme les dahlias, les glaïeuls.
- Plantez et divisez les bambous.
- Mettez en place les plantes grimpantes annuelles achetées en godet comme les cobées et les ipomées.
- Taillez les troènes.
- Plantez les nénuphars. Semez les pois à grains ridés.
- Commencez à supprimer les stolons de fraisiers et supprimez les hampes florales de rhubarbe.

En tous sens

On ne fait pas pain de toute farine

L'une des conditions pour qu'un pain puisse lever est la présence de gluten dans la farine. C'est pour cette raison qu'on privilégie le blé et le seigle pour fabriquer du pain. Le maïs, le quinoa ou le sarrasin étant dépourvus de gluten, ils ne peuvent entrer dans la composition des pains dits "aux céréales" qu'en complément de la farine de froment (blé jeune).

Patrimoine

L'horlogerie à Besançon

L'industrie horlogère s'implanta à Besançon en 1793, lorsqu'un négociant en horlogerie venu de Suisse installa une manufacture dans la ville. Rapidement, l'activité prit de l'ampleur. La production artisanale laissa place à l'implantation de nombreuses entreprises, une école d'horlogerie fut fondée ainsi qu'un observatoire astronomique, météorologique et chronométrique. En 1872, plus de 99 % de la production horlogère française provenait de Besançon. La filière prospéra durant tout le XIXe siècle et une bonne partie du XXe siècle, avant de décliner.

C'ÉTAIT HIER

Costumes bretons

Cornouaille (Bretagne)

Située aux confins de la Bretagne, la Cornouaille regroupe plusieurs pays traditionnels. Leurs costumes, quoique très proches, avaient chacun leurs spécificités, dans les broderies, les couleurs, les formes des coiffes, etc. Ils inspirèrent beaucoup les peintres de l'école de Pont-Aven, et Gauguin ne manqua pas de signer quelques toiles fort célèbres mettant en valeur les costumes de cérémonie locaux.

Jeudi 23 avril

Saint Georges

A la Saint-Georges, quitte tes avoines pour semer ton orge.

06 h 45
20 h 54
Taureau
1er décan

Printemps

La France en vert

La roche de Solutré (Saône-et-Loire)

“Deux navires pétrifiés surplombant une mer de vignes” : voilà ce que la roche de Solutré et son homologue de Vergisson inspirèrent au poète Alphonse de Lamartine au XIXe siècle. Haut de 493 mètres, l’éperon rocheux est présent dans le paysage bourguignon depuis la nuit des temps. Il abrite un gisement d’ossements et d’outils préhistoriques connu de tous les passionnés d’archéologie.

Patrimoine

La coutellerie à Thiers (Puy-de-Dôme)

La ville s’est spécialisée dans la fabrication de couteaux dès le XVe siècle, jusqu’à abriter plus de deux cents couteliers au XVIe siècle. Leur renommée était telle que les couteaux de Thiers étaient exportés en Espagne, en Italie et même en Orient ! L’activité continua de se développer pour connaître son apogée vers 1850. Depuis, la production s’est industrialisée et les ouvriers sont moins nombreux à Thiers, mais la ville continue de vivre de la coutellerie et produit plus de 70 % des couteaux français.

A faire aujourd’hui

8 h ....

9 h ....

10 h ....

11 h ....

12 h ....

13 h ....

14 h ....

15 h ....

16 h ....

17 h ....

18 h ....

19 h ....

20 h ....

Notes ....

Pour le plaisir

La bonne pensée du jour !

Si vous avez parfois l’impression de tâtonner sans réellement avancer, pensez à cette phrase de Jules Renard : “Le projet est le brouillon de l’avenir. Parfois, il faut à l’avenir des centaines de brouillons.”

C’ÉTAIT HIER

La fête des Cornards

Sauxillanges (Puy-de-Dôme)

Cette fête folklorique et traditionnelle d’Auvergne célèbre… les cocus ! Chaque année, le mercredi des Cendres, les mariés de l’année défilent derrière un cornard, personnage géant doté de cornes. Derrière lui, en chemise et bonnet de nuit, une paire de cornes sur la tête, les jeunes époux parcourent les rues du village assis sur un âne, la tête tournée vers la queue de l’animal. Disposant de sacs de farine, ils blanchissent les jeunes filles croisées sur le chemin.

Printemps

06 h 43
20 h 55
Taureau
1er décan

Vendredi 24 avril

Saint Fidèle

Avril et mai sont la clé de l'année.

A faire aujourd'hui

8 h ....

9 h ....

10 h ....

11 h ....

12 h ....

13 h ....

14 h ....

15 h ....

16 h ....

17 h ....

18 h ....

19 h ....

20 h ....

Notes ....

Patrimoine

Quiz – Le Nord-Pas-de-Calais

1. Comment se nomment les habitations typiques des ouvriers et mineurs de la région ?
a. les cabanons
b. les corons
c. les baraques

2. En dehors du charbon et de l'acier, quelle industrie fut le moteur économique de la région après la Seconde Guerre mondiale ?
a. l'industrie automobile
b. l'armement
c. le textile

3. Sous quel nom est plus connue la place du Général-de-Gaulle à Lille ?
a. la place des Flandres
b. la vieille place
c. la grand-place

Solution : 1 b, 2 c, 3 c.

La France en vert

Balade en Bretagne le long du GR 34

Ce chemin jalonne le littoral breton sur près de 1 700 kilomètres entre Vitré et la presqu'île de Rhuys. Il s'étend essentiellement sur l'ancien sentier des douaniers, un chemin créé au XIXe siècle pour rendre un chemin accessible aux gabelous et arrêter la contrebande qui sévissait alors sur la côte. Le GR 34 suit ainsi le bord de mer, sans presque jamais le quitter, parfois à flanc de falaise ou à travers les landes de bruyère et de genêts.

Au quotidien

Protégez vos mains pour bricoler

Si vous devez manier des outils à manche en bois pendant plusieurs heures, pensez à poncer le bois préalablement avec du papier de verre, puis à l'enduire de lin ou de paraffine, cela vous évitera d'avoir trop mal aux mains !

C'ÉTAIT HIER

La place du Cloître

Soissons (Aisne)

La place du Cloître débouche sur le portail nord de la cathédrale Saint-Gervais-Saint-Protais, l'une des plus anciennes églises gothiques de France. Elle appartient au quartier canonial, qui abritait maintes maisons médiévales et Renaissance élevées pour les chanoines. Malheureusement, la cathédrale servit de cible pendant les combats de la Grande Guerre. Elle fut restaurée depuis. En revanche, nombre de maisons alentour disparurent définitivement sous les bombes.

Samedi 25 avril

Saint Marc

S'il pleut à la Saint-Marc,
il y aura des prunes toute l'année.

06 h 42
20 h 57
Taureau
1er décan

Printemps

Le Printemps des enfants perdus

Béatrice Egémar

En quelques années, la rue Saint-Honoré était devenue l'endroit à la mode, et les commerces y florissaient. Fort bien située, tout près du Louvre, elle était l'une des voies les plus anciennes de Paris qu'elle traversait d'est en ouest ; elle prenait naissance à hauteur de l'actuelle rue du Pont-Neuf, et se prolongeait au couchant par le faubourg Saint-Honoré, qui conduisait au village du Roule. Depuis vingt ans, le quartier attirait les gens de cour et de haute finance qui s'y étaient fait construire de beaux hôtels tel le fameux hôtel d'Evreux, qui appartiendrait à la marquise de Pompadour avant de devenir le palais de l'Elysée.

On y trouvait les boutiques et les échoppes les plus prestigieuses ; les tailleurs, merciers, orfèvres, joailliers et gantiers-parfumeurs voisinaient avec les pâtissiers, confiseurs, rôtisseurs, épiciers ou marchands de vin.

Notre promeneur se trouvait devant une parfumerie, à l'enseigne : Au Bouquet de Senteurs, un nom tout à fait charmant. Extrêmement exigeant pour sa poudre et ses parfums, il avait ses habitudes non loin de là, au carrefour de la rue du Roule, chez le célèbre Rousselot Clérisseau, parfumeur du roi. Toutefois, il ne put résister à la curiosité et jeta un coup d'œil à la devanture. Bien qu'assez étroite, elle avait belle allure. Deux grandes arcades cintrées offraient une large vue sur l'intérieur. Sur les côtés de la boutique, adossés aux murs mitoyens, des meubles vitrines présentaient aux amateurs un alléchant assortiment de pots, flacons, étuis et boîtes de toutes sortes, parfaitement disposés par ordre de taille. Dans leur partie basse, des tiroirs étiquetés, pour y ranger les gants et sachets de senteur. Notre élégant au regard aiguisé repéra des produits remarquables : de l'eau ambrée pour la barbe, des savonnettes de Naples et des petites boîtes bergamotes tout à fait ravissantes, de ces babioles qu'une dame aime à recevoir. Une jolie boutique, assurément, qui mériterait une visite un jour qu'il en aurait le temps. Son regard se porta sur le mur qui lui faisait face ; il aperçut d'abord son propre reflet, renvoyé par un miroir de bois au cadre peint, et sous le miroir, il découvrit quelque chose qui excita au plus haut point son intérêt.

C'était une jeune femme en train de lire, derrière un grand comptoir de chêne. Penchée sur son livre, le menton dans la main, elle souriait.

Extrait du roman *Le Printemps des enfants perdus* de Béatrice Egémar
paru aux Presses de la Cité dans la collection Terres de France

A faire aujourd'hui

Samedi
8 h ....
9 h ....
10 h ....
11 h ....
12 h ....
13 h ....
14 h ....
15 h ....
16 h ....
17 h ....
18 h ....
19 h ....
20 h ....

Dimanche
8 h ....
9 h ....
10 h ....
11 h ....
12 h ....
13 h ....
14 h ....
15 h ....
16 h ....
17 h ....
18 h ....
19 h ....
20 h ....

Notes
....
....
....
....
....
....

Sainte Alida

Dimanche 26 avril

06 h 40
20 h 58
Taureau
1er décan

Printemps

☀ 06 h 38
21 h 00
Taureau
1er décan

Lundi 27 avril

Sainte Zita

A la Sainte-Zita, le froid ne dure pas.

A faire aujourd'hui

8 h ....
....
9 h ....
....
10 h ....
....
11 h ....
....
12 h ....
....
13 h ....
....
14 h ....
....
15 h ....
....
16 h ....
....
17 h ....
....
18 h ....
....
19 h ....
....
20 h ....
....
Notes ....
....
....

Au quotidien

Comment réparer un robinet qui goutte

- Avant toute réparation, pensez à fermer l'eau au compteur ou au robinet d'arrivée le plus proche de votre fuite.
- Quand un robinet goutte, la fuite provient de l'usure de son clapet. Il faut donc changer cette rondelle de caoutchouc située au-dessus du corps du robinet et sous les poignées de commande.
- Tout d'abord, fermez la bonde afin de ne perdre aucune pièce au démontage.
- Démontez les deux poignées de commande. Vous mettez ainsi au jour une vis contenant le joint usé. Dévissez-la et retirez le joint.
- Eliminez le calcaire avec du vinaigre blanc.
- Replacez un joint neuf et remontez l'ensemble.

Patrimoine

L'Académie française

Cette institution fut fondée en 1635 à l'initiative du cardinal de Richelieu. Le but en était – et demeure – de "donner des règles certaines à notre langue et [de] la rendre pure, éloquente et capable de traiter les arts et les sciences" (article 24 des statuts de l'Académie). C'est à elle que revint le privilège d'établir un dictionnaire de la langue française. Aujourd'hui encore, ce sont ses membres, nommés « immortels », au nombre de quarante, qui décident des mots qui entreront ou non dans le dictionnaire.

Pour le plaisir

Devinette

Quel est le moyen le plus simple de partager 7 poires pour 12 enfants ?

Solution : il faut en faire une tarte !

C'ÉTAIT HIER

Exposition maritime

Bordeaux (Gironde)

En 1907 se tint à Bordeaux la première Exposition maritime internationale. Installée au cœur de la ville pendant six mois, elle avait pour but de donner à voir l'importance du développement de la marine de commerce et de guerre. La ville se para d'un Grand Palais sur la place des Quinconces, ainsi que de divers autres palais dédiés aux colonies, aux vins de Bordeaux, à l'automobile... De l'autre côté de la Garonne se tenaient les pavillons étrangers.

Mardi 28 avril

Sainte Valérie

Quand il tonne en avril, vendangeurs, préparez vos barils.

06 h 36
21 h 01
Taureau
1er décan

Au quotidien

Masquer les odeurs de cuisson

Une fois que vous avez fini de cuisiner, jetez quelques feuilles d'eucalyptus dans votre four éteint encore chaud ou sur la plaque de cuisson tiède. Leur parfum cachera les odeurs désagréables.

La France en vert

Le village de Pradelles (Haute-Loire)

Cette ancienne place forte du xe siècle, qui surplombe la vallée de l'Allier et fait face aux Cévennes, fut longtemps une étape importante pour les marchands d'huile, de sel et de vin faisant route vers le midi et les pèlerins suivant la voie Régordane vers Compostelle. De grandes foires aux bovins s'y tenaient et la ville était prospère. Les riches demeures aux murs de pierre, les maisons à arcades, les vieilles ruelles et les passages voûtés témoignent de ce passé fastueux.

En tous sens

Le tourton

Spécialité de la Loire-Atlantique, le tourton se fabrique généralement à partir des restes de pâte ayant servi à confectionner des tartes. A la pâte, on ajoute un peu d'eau et on forme une boule que l'on écrase de la paume de la main et qu'on laisse ensuite reposer deux jours au frais. On étale ensuite sur la surface du beurre ramolli et légèrement salé. La pâte est pliée, étalée, beurrée, repliée, de nouveau étalée, cela plusieurs fois. Avant de l'enfourner, on la dore traditionnellement à l'œuf et on lui donne une forme allongée.

Pour le plaisir

Des robots dans nos maisons ?

Des robots humanoïdes dans nos foyers pour apporter de l'aide ? Régler le chauffage de la maison, rappeler l'agenda du jour, mais aussi soulever des charges lourdes ou aider une personne à mobilité réduite à se déplacer, tout cela ne sera bientôt plus de la science-fiction grâce aux progrès de la robotique. Les premiers prototypes ont d'ailleurs déjà vu le jour !

A faire aujourd'hui

8 h ....
9 h ....
10 h ....
11 h ....
12 h ....
13 h ....
14 h ....
15 h ....
16 h ....
17 h ....
18 h ....
19 h ....
20 h ....
Notes ....

C'ÉTAIT HIER

Cuisines d'autrefois

Limousin

Dans les fermes, jadis, la cuisine était la pièce principale de la maison. Elle accueillait la cheminée, une table et deux bancs, et une grande bassine en fer pour la toilette, parfois un poêle pour faire la cuisine, mais ni eau courante, ni électricité. Il n'était pas rare non plus que le lit des parents s'y trouve. Dans les logements les plus pauvres, le sol était simplement fait de terre battue et les murs à peine recouverts de chaux, des conditions assez peu propices à l'hygiène…

06 h 34
21 h 02
Taureau
1er décan

Mercredi 29 avril

Sainte Catherine de Sienne

En avril, le sureau doit fleurir
sinon le paysan va souffrir.

A faire aujourd'hui

8 h ....

9 h ....

10 h ....

11 h ....

12 h ....

13 h ....

14 h ....

15 h ....

16 h ....

17 h ....

18 h ....

19 h ....

20 h ....

Notes ....

En tous sens

Le cognac

Le cognac fut mis au point au XVIIe siècle par les producteurs de vin charentais qui souhaitaient répondre à la demande des marchands anglais et hollandais réclamant des vins à forte teneur en alcool. Les vignerons eurent ainsi l'idée de distiller les vins de moins bonne qualité pour en faire une eau-de-vie. Le succès fut immédiat et ne s'est jamais démenti. Le secret de cette "liqueur des dieux", comme le nommait Victor Hugo, réside avant tout dans sa double distillation et dans son vieillissement plus ou moins long en fûts de chêne.

Patrimoine

Le pivert

Selon la légende, après le Déluge, la terre était si desséchée que Dieu demanda à tous les oiseaux de prendre chacun une goutte de rosée sur les arbres du paradis et de la rapporter sur terre. Le pivert refusa. Pour le punir, Dieu le condamna à ne jamais pouvoir se désaltérer. Depuis, il pleure et tape sur l'écorce des arbres pour y récolter la moindre goutte d'eau. Le pivert est appelé à la campagne "oiseau de pluie", ou "pleupleu", car son chant est censé annoncer la pluie.

La France en vert

Privilégiez les produits sans phosphates

Certains détergents et lessives contiennent des phosphates, qui se retrouvent dans les cours d'eau et les nappes phréatiques. Ces produits favorisent l'apparition et la prolifération d'algues toxiques. Préférez les produits labellisés NF-Environnement. Ils signalent des produits à la fois plus performants et plus respectueux de l'environnement.

C'ÉTAIT HIER

De part et d'autre du Guiers

Rhône-Alpes

Le Guiers, rivière de 50 kilomètres de long, prend sa source dans le massif de la Chartreuse, dans les Préalpes en Savoie, et traverse la montagne par de pittoresques gorges pour se jeter dans le Rhône à hauteur de Saint-Genix-sur-Guiers. Jadis, il matérialisait la frontière entre la France et les Etats de Savoie ; aujourd'hui, il marque la limite entre la Savoie et l'Isère, et sépare deux communes aux noms quasi identiques : Pont-de-Beauvoisin (Isère) et Le Pont-de-Beauvoisin (Savoie).

Jeudi 30 avril

Saint Robert

Avril a trente jours, si trente et un il avait, personne ne s'en plaindrait.

06 h 33
21 h 04
Taureau
1er décan

Patrimoine

Henri Bosco et la Provence

Né à Avignon en 1888, Henri Bosco apprend la musique et part ensuite à Grenoble pour y suivre des études de lettres. En 1924 paraît son premier livre, *Pierre Lampedouze* ; suivront d'autres romans, comme *Le Mas Théotime*, aux évocations et images toujours en lien avec sa région natale. En 1968, l'Académie française couronne le « chantre du Luberon » du Grand Prix pour l'ensemble de son œuvre. A la fin de sa vie, il s'installe à Cimiez, sur les hauteurs de Nice, dans un vieux mas provençal. Il y meurt en 1976.

Pour le plaisir

Enigme

Depuis ma naissance, j'ai eu à chaque anniversaire un gâteau d'anniversaire décoré du bon nombre de bougies. J'ai jusqu'à ce jour soufflé très exactement 231 bougies. Quel est mon âge ?

Solution : 21 ans.

En tous sens

Crème vichyssoise

Pour 4 personnes. Ingrédients : 2 blancs de poireau ; 5 pommes de terre de taille moyenne ; 50 g de beurre ; 1,5 litre de lait ; 1 bouquet garni ; 200 g de crème fraîche épaisse ; gros sel ; sel fin ; poivre.

- Rincez les poireaux, taillez-les en quatre dans la longueur, puis en morceaux. Pelez les pommes de terre et coupez-les en cubes.
- Faites fondre le beurre dans une cocotte, puis faites-y revenir les poireaux pendant 2 minutes.
- Ajoutez les pommes de terre, le lait, le bouquet garni et un peu de gros sel. Portez à ébullition.
- Baissez le feu et laissez frémir pendant 35 minutes.
- Retirez le bouquet garni, puis mixez le mélange.
- Ajoutez la crème fraîche, salez et poivrez, puis servez.

A faire aujourd'hui

8 h ...
9 h ...
10 h ...
11 h ...
12 h ...
13 h ...
14 h ...
15 h ...
16 h ...
17 h ...
18 h ...
19 h ...
20 h ...
Notes ...

C'ÉTAIT HIER

Les épouseux

Berry (Cher et Indre)

Les Epouseux du Berry est une chanson évoquant les noces traditionnelles dans cette région. On y rappelle que l'on venait déposer autrefois un "mai", un bouquet ou des branchages, garnis de rubans, devant la porte de la future mariée à la veille du mariage. Un rituel similaire avait lieu la veille du 1er mai : c'étaient alors les jeunes gens célibataires qui venaient rendre hommage aux jeunes filles à marier. La fête qui suivait était souvent animée par un cornemuseux.

06 h 31
21 h 05
Taureau
2e décan

Vendredi 1er mai

Fête du Travail

Pluie du 1er mai présage année fertile.

A faire aujourd'hui

8 h ...

9 h ...

10 h ...

11 h ...

12 h ...

13 h ...

14 h ...

15 h ...

16 h ...

17 h ...

18 h ...

19 h ...

20 h ...

Notes ...

Patrimoine

Vie et mœurs des korrigans

Selon les légendes bretonnes, les korrigans sont des nains farceurs et cruels qui possèdent une science magique inconnue des hommes. Terrés dans les talus pendant la journée, ils courent la lande dès la nuit tombée, attirant dans leur tanière les voyageurs attardés. Enfants de la nature, ils célèbrent leur fête annuelle le premier mercredi de mai, au milieu des bois. Les ethnologues voient l'origine de ces lutins dans les interdits imposés par les prêtres. Les curés racontaient que la nuit était habitée par de mystérieuses créatures chargées de punir les voleurs et les maris alcooliques ou infidèles.

Au quotidien

Retirer une tache de chocolat

Si la tache est récente, déposez une goutte de savon liquide sur un linge humide et épongez délicatement la tache. Si le chocolat est incrusté, mélangez un peu d'eau et de vinaigre à parts égales, puis trempez un linge propre dans ce mélange et tamponnez doucement la tache. Rincez à l'eau tiède.

La France en vert

La fête de l'asperge de Pontonx (Landes)

Chaque 1er mai depuis bientôt vingt ans se déroule la fête de l'asperge à Pontonx, l'occasion de mieux connaître la variété blanche des Landes. Les producteurs locaux viennent vendre leurs produits sur le marché fermier, tandis que des démonstrations, dégustations et animations autour de l'asperge se succèdent toute la journée au son de la banda locale.

C'ÉTAIT HIER

La cueillette des fleurs d'oranger

Alpes-Maritimes

La cueillette des fleurs d'oranger avait lieu en mai. Le matin, après avoir étendu des toiles de jute au pied des arbres, les cueilleurs, juchés sur des échelles, agitaient doucement les branches, d'où tombait une pluie de fleurs odorantes mêlées de feuilles et de brindilles. Les fleurs restées accrochées aux branches étaient cueillies une à une. Une fois triées, les fleurs étaient apportées dans les usines de parfumerie de Grasse, où elles étaient transformées en hydrolat et en huile essentielle de néroli.

Samedi 2 mai

Saint Boris

Bourgeon de mai remplit le chai.

06 h 29
21 h 07
Taureau
2e décan

La Couze
Sylvie Anne

Epuisée, Olympe appuya son front contre le flanc de la vache qu'elle était en train de traire.

Seule dans l'étable en cette fin de journée, elle mesurait ce qui lui restait à faire. Outre les cinq autres vaches qui attendaient leur tour, il y avait encore le repas du soir à préparer. Depuis le matin, Elise Barial ne l'avait pas ménagée. Son assiette de soupe à peine terminée, elle avait été envoyée au lavoir puis requise pour s'occuper du jardin. Olympe n'avait même pas eu le temps de s'arrêter pour le marendou. Une pomme à cidre croquée à la va-vite avait suffi à tromper sa faim.

L'attitude d'Elise, sa voix et ses ordres étaient empreints d'une agressivité que la jeune fille ne s'expliquait pas.

La chaleur de l'étable devenait insupportable. Des gouttes de sueur coulèrent de ses tempes vers son cou. Autour d'elle, les bêtes s'impatientaient, meuglant de temps à autre entre des claquements de queue qui chassaient les dernières mouches et des souffles rauques qui faisaient frémir leurs naseaux.

Elle essuya son front dans le creux de son bras replié puis jeta un coup d'œil vers la minuscule ouverture qui servait de fenêtre. Par endroits, le ciel se marbrait de larges traînées orange et grises qui annonçaient un changement de temps. L'orage n'allait pas tarder. Pressée d'en finir, elle se dirigea vers le bidon en fer-blanc posé au milieu de l'allée et versa dedans le contenu du seau qu'elle venait de remplir. C'est à ce moment que la porte grinça et que la silhouette d'Elise se profila dans l'entrée. Son regard fit le tour de l'étable.

— Avez-vous vu monsieur Barial ? demanda-t-elle.

Olympe secoua la tête avant de retourner s'asseoir sur le tabouret placé près d'une autre vache. Là, elle continua sa traite comme si de rien n'était, alors qu'Elise se rapprochait d'elle.

— Vous me détestez, n'est-ce pas ?

Sa question pétrifia Olympe.

Extrait du roman *La Couze* de Sylvie Anne
paru aux Presses de la Cité dans la collection Trésors de France

A faire aujourd'hui

Samedi

8 h ....
9 h ....
10 h ....
11 h ....
12 h ....
13 h ....
14 h ....
15 h ....
16 h ....
17 h ....
18 h ....
19 h ....
20 h ....

Dimanche

8 h ....
9 h ....
10 h ....
11 h ....
12 h ....
13 h ....
14 h ....
15 h ....
16 h ....
17 h ....
18 h ....
19 h ....
20 h ....

Notes

Saints Philippe et Jacques

Dimanche 3 mai

06 h28
21 h 08
Taureau
2e décan

Printemps

06 h 26
21 h 10
Taureau
2e décan

Lundi 4 mai

Saint Sylvain

Pluie de mai grandit l'herbette,
mais c'est signe de disette.

A faire aujourd'hui

8 h ....

9 h ....

10 h ....

11 h ....

12 h ....

13 h ....

14 h ....

15 h ....

16 h ....

17 h ....

18 h ....

19 h ....

20 h ....

Notes ....

La France en vert

Le village de Sainte-Enimie (Lozère)

Au cœur des gorges du Tarn, le village de Sainte-Enimie s'est développé au xe siècle autour d'un monastère, fondé par la princesse Enimie, fille de Clotaire II et sœur de Dagobert. Celle-ci aurait guéri de la lèpre grâce à l'eau de source de la vallée et aurait fondé une abbaye en ce lieu en signe de reconnaissance. Des habitations de calcaire médiévales s'étagent le long des ruelles pavées sur les flancs d'un étroit canyon. Si vous visitez la région, essayez de monter jusqu'à la chapelle de l'Ermitage : la vue sur la vallée et les gorges y est exceptionnelle !

Patrimoine

Quiz – Les danses régionales

1. D'où est originaire le mutxiko ?
a. du Pays basque
b. du Roussillon
c. du Languedoc

2. Laquelle de ces danses ne fait pas partie des traditions bretonnes ?
a. la dañs tro
b. le laridé
c. la maraîchine

3. Laquelle de ces danses est originaire de Provence ?
a. la bourrée valsée
b. la danse des cordelles
c. la marchoise

Solution : 1 a, 2 c, 3 b.

En tous sens

Le maigret

Ce pain est originaire de Mayenne. Fait à partir de farine de blé, il est de forme oblongue et pèse environ 250 g. Il s'agit traditionnellement d'un pain de potage, que l'on trempait jadis dans le pot-au-feu et les soupes.

C'ÉTAIT HIER

Naissance d'une foire

Paris (Ile-de-France)

L'idée de créer une foire dans la capitale, à même de donner à voir les dernières nouveautés commerciales ou industrielles, est née à la suite de l'Exposition universelle de 1889. Ce n'est pourtant qu'en 1904 que la première Foire de Paris ouvrit sa porte au carreau du Temple. A partir de 1924, elle se tiendra à la porte de Versailles et, en 1929, elle accueillera le concours Lépine, aujourd'hui indissociable de l'événement, qui a lieu chaque année pendant dix jours.

Mardi 5 mai

Sainte Judith

S'il pleut le 5 mai, pas de noix,
s'il pleut le 13 juin, pas de raisin.

06 h 24
21 h 11
Taureau
2e décan

Printemps

En tous sens

Tarte à la rhubarbe meringuée

Pour 6 personnes. Ingrédients : 1 kg de rhubarbe ; 250 g de sucre en poudre ; 1 rouleau de pâte brisée ; 3 œufs ; 20 cl de crème fleurette ; 1 sachet de sucre vanillé ; 1 c. à soupe de Maïzena®.

- Lavez la rhubarbe et pelez-la grossièrement. Coupez les tiges en deux dans la longueur, puis taillez-les en tronçons de 2 cm.
- Mettez-les dans une jatte avec 50 g de sucre et laissez macérer pendant au moins 1 heure.
- Préchauffez le four à 230 °C.
- Déroulez la pâte dans un moule à tarte.
- Egouttez la rhubarbe et répartissez-la sur la pâte.
- Dans un bol, mettez 1 œuf entier, 2 jaunes d'œufs (réservez les blancs), le sucre vanillé, 100 g de sucre, la crème fleurette et la Maïzena®.
- Versez l'appareil sur la rhubarbe.
- Faites cuire au four pendant 30 minutes.
- Pendant ce temps, battez les blancs d'œufs en neige, puis incorporez le reste de sucre petit à petit.
- Sortez la tarte du four et baissez la température à 110 °C.
- Répartissez la meringue sur la tarte à l'aide d'une poche à douille, puis faites cuire au four pendant 1 heure.
- Laissez refroidir avant de servir.

La France en vert

Aérez votre habitation !

Ceux qu'on appelle les COV (composés organiques volatils) sont de minuscules poussières émises par les produits, les meubles, les revêtements, les parfums, etc., qui, inhalés, se révèlent nocifs pour la santé. Chaque pièce doit donc être aérée tous les jours. Dix minutes d'aération suffisent pour renouveler entièrement l'air d'une pièce.

A faire aujourd'hui

8 h ....

....

9 h ....

....

10 h ....

....

11 h ....

....

12 h ....

....

13 h ....

....

14 h ....

....

15 h ....

....

16 h ....

....

17 h ....

....

18 h ....

....

19 h ....

....

20 h ....

....

Notes ....

....

....

C'ÉTAIT HIER

Les carrières de pierres de taille

Cossé-en-Champagne (Mayenne)

Jusqu'à la Seconde Guerre mondiale, l'extraction de la pierre s'effectuait manuellement, respectant des techniques et un vocabulaire toujours d'actualité : « débitage » pour la division de la pierre, « équarrissage » pour la mise d'équerre sur les six faces… Le carrier procède à l'extraction, l'appareilleur au calibrage et le bardeur au transport. La pierre répond à une échelle de dureté allant de 1 à 13 selon sa résistance et porte généralement le nom de l'endroit d'où elle est extraite.

Printemps

06 h 23
21 h 13
Taureau
2e décan

Mercredi 6 mai

Sainte Prudence

Plus mai est chaud, plus l'an vaut.

A faire aujourd'hui

8 h ....

9 h ....

10 h ....

11 h ....

12 h ....

13 h ....

14 h ....

15 h ....

16 h ....

17 h ....

18 h ....

19 h ....

20 h ....

Notes ....

La France en vert

Les travaux de la première quinzaine de mai

- Semez les courges, les potirons et le basilic.
- Plantez les pommes de terre. Installez en pleine terre les tomates, les poivrons, les aubergines.
- Semez en place les courgettes et les melons.
- Divisez les plantes vivaces printanières comme les primevères et les violettes.
- Plantez les chrysanthèmes d'automne.
- Plantez les bulbeuses à floraison automnale comme les Crinum, les tubéreuses.
- Déterrez les bulbes de tulipe et mettez-les à l'abri dans un local sombre, frais et sec.
- Supprimez les gourmands des rosiers.
- Sortez les plantes d'orangerie comme les orangers et les citronniers.

Patrimoine

Les communes de France en question

Quelle ville côtière accueille chaque année le festival du cinéma américain depuis 1975 ?

Solution : Deauville.

Pour le plaisir

Enigme

Je suis dans l'étang. Je suis au bout du jardin. Je commence la nuit. Je finis le matin. Je viens deux fois dans l'année.

Solution : La lettre n.

Au quotidien

Réveiller vos stylos à bille

S'il y a encore de l'encre dans vos stylos à bille mais qu'ils ne fonctionnent plus, trempez la mine dans l'eau tiède puis frottez-la sur une gomme ou sur la semelle de vos chaussures.

C'ÉTAIT HIER

Fabrication du brocciu

Corse

Ce fromage à la recette ancestrale reste le plus célèbre de l'île. A base de petit-lait de brebis de race corse, il est le « fromage national » des Corses. Son lait chauffé est salé avant d'être égoutté et de reposer en faisselle. Très présent dans la cuisine régionale, il apparaît en dessert sous forme de beignet, *manfare*, appelé *fiadone* à Bastia et *ambrucciata* à Ajaccio. Au XIXe siècle, le poète Emile Bergerat écrivait de lui : « Qui n'en a pas goûté ne connaît pas l'Ile. »

Jeudi 7 mai

Sainte Gisèle

A la Sainte-Gisèle, prends garde s'il gèle.

06 h 21
21 h 14
Taureau
2e décan

La France en vert

Quand faut-il arroser ?

Vérifiez régulièrement l'état du sol, il doit toujours être légèrement humide pour que vos plantes prospèrent. Privilégiez les premières heures du jour ou le début de soirée pour arroser vos plantations en extérieur. Celles-ci souffrent si on les arrose alors que le soleil est trop haut car les gouttes d'eau agissent comme des loupes sur les plantes et le soleil brûle les feuilles.

Patrimoine

Quiz – Les parlers régionaux

1. Que signifie « kenavo » en langue bretonne ?
a. bonjour
b. au revoir
c. merci

2. Lequel de ces mots n'est pas d'origine provençale ?
a. tian
b. garrigue
c. lavande

3. Quelle langue était autrefois parlée dans le sud de la France ?
a. l'occitan
b. le chtimi
c. le francique

Solution : 1 b, 2 c, 3 a.

A faire aujourd'hui
8 h ....
9 h ....
10 h ....
11 h ....
12 h ....
13 h ....
14 h ....
15 h ....
16 h ....
17 h ....
18 h ....
19 h ....
20 h ....
Notes ....

Au quotidien

Des décors de table printaniers

Prenez 3 pots de yaourt en verre propres et déposez un petit tapis de mousse au fond. Prenez quelques tiges d'herbe à chat, enroulez-les lâchement par 4 ou 5 et déposez-les dans les pots, de façon à habiller les parois. Prenez 3 fleurs fraîches, coupez la tige pour qu'elle fasse 10 centimètres, et nouez un ruban de dentelle à la base des pétales. Placez les fleurs dans les pots et déposez-les sur la table.

C'ÉTAIT HIER

Vallée de la Cure

Asquins (Yonne)

Longue de 112 kilomètres, la Cure prend sa source à Anost en Saône-et-Loire. Elle traverse une trentaine de communes et le parc du Morvan avant d'arriver à Asquins, joli village au pied de la colline de Vézelay où trône la basilique Sainte-Madeleine, haut lieu bourguignon de pèlerinage vers Compostelle. La Cure poursuit jusqu'à Cravant, où elle se jette dans l'Yonne. Elle est l'une des rivières de France les plus appréciées par les pêcheurs à la mouche et les amateurs de canoë-kayak.

Printemps

06 h 20
21 h 15
Taureau
2e décan

Vendredi 8 mai

Victoire 1945

Mai mouillé, foin au pré.

A faire aujourd'hui

8 h ....

....

9 h ....

....

10 h ....

....

11 h ....

....

12 h ....

....

13 h ....

....

14 h ....

....

15 h ....

....

16 h ....

....

17 h ....

....

18 h ....

....

19 h ....

....

20 h ....

....

Notes ....

....

....

Au quotidien

Masque revitalisant à la pêche

Mélangez ensemble une demi-pêche mixée, deux cuillères à café de crème fraîche entière, deux cuillères à café de miel ainsi qu'une cuillère à café d'huile d'onagre. Appliquez sur votre visage, laissez agir 20 minutes puis rincez à l'eau tiède. Le jus de pêche resserre les pores de la peau, le miel et la crème fraîche nourrissent et l'huile d'onagre régénère.

En tous sens

Au temps de la Préhistoire

La naissance de la cuisine remonte vraisemblablement à la découverte du feu. Grâce à lui, nos ancêtres ont pu commencer à griller ou rôtir la viande, transformant ainsi son goût et sa texture. Puis le sel joua un rôle primordial dans l'assaisonnement et la conservation des aliments. La création d'ustensiles (silex en guise de lame, outres en cuir, pots en terre) permit aussi de diversifier les modes de cuisson. L'élevage et l'agriculture donnèrent le dernier élan. La transformation des céréales en farine, par exemple, ouvrit de nouveaux horizons et la créativité culinaire ne cessa de progresser depuis lors.

Patrimoine

Les communes de France en question

Dans quelle ville du sud de la France Pablo Picasso s'adonna-t-il au travail de la céramique de 1948 à 1955 ?

Solution : Vallauris.

Pour le plaisir

Devinette

Quand je vis, je dévore tout, et, quand je bois, je meurs. Qui suis-je ?

Solution : Le feu.

C'ÉTAIT HIER

Noce bretonne

Locronan (Finistère)

Historiquement, la noce bretonne célébrait les jeunes mariés dans une succession de festivités auxquelles la famille et tout le village participaient. Aujourd'hui, la tradition est conservée grâce à une fête ouverte à tous qui, sur le modèle de ces noces, met la ville en avant, et où se succèdent des défilés de costumes traditionnels, des chars avec des couples, une messe de mariage, des spectacles de musique et un dîner de noce. Cette fête, accompagnée de musique, se conclut par un fest-noz.

Samedi 9 mai

Saint Pacôme

Lorsque mai sera chaud, septembre rira haut.

06 h 18
21 h 17
Taureau
2e décan

La Fiancée du santonnier

Jean-Max Tixier

Les six amis descendirent la Canebière. Le soleil miroitait sur les eaux du Vieux-Port, encombré de tartanes, chalutiers, brigantins, petits caboteurs, pointus. Une forêt de mâts barrés de voiles affalées s'élançait vers le ciel. Caisses, ballots, paquets s'entassaient sur les quais où une foule bigarrée de portefaix, pêcheurs, matelots, charretiers s'activait dans une confusion joyeuse, bon enfant, tandis que la brise soufflait un air salin plein de vigueur.

Les nouveaux bassins désengorgeaient le Vieux-Port. Celui-ci, construit sur l'antique calanque du Lacydon, coincé entre les buttes de Saint-Jean et les collines de Rive-Neuve, était devenu trop petit. Navires de gros tonnage, paquebots, cargos affrétés par les grandes compagnies mouillaient donc à la Joliette. Napoléon III avait fait construire les bassins d'Arenc et du Lazaret, déjà saturés, et l'on prévoyait de les prolonger vers l'Estaque et Mourepiane. D'immenses docks étaient en voie d'achèvement.

L'activité du Vieux-Port demeurait néanmoins intense. Là, battait le cœur de la ville. Tout avait commencé sur cette rive, vingt-cinq siècles plus tôt, par une histoire d'amour entre un marin grec et une princesse barbare.

Marius Bonnafous était fier d'être marseillais et ses cinq amis exprimaient le même sentiment. Nés à Marseille, ils ne l'avaient jamais quittée et ne la quitteraient jamais. Pas un ne concevait de vivre ailleurs, sans soleil, sans mer, sans ciel bleu. Loin de son atmosphère à nulle autre pareille, ils dépériraient. Riches, considérés, satisfaits de leur sort, ils restaient dans le fond des plébéiens, comme leurs ancêtres. Voilà pourquoi de solides liens les arrimaient à Marseille depuis des siècles. Marseille les avait faits ce qu'ils étaient, et ils se reconnaissaient en elle.

Extrait du roman *La Fiancée du santonnier* de Jean-Max Tixier
paru aux Presses de la Cité dans la collection Trésors de France

A faire aujourd'hui

Samedi

8 h ...
9 h ...
10 h ...
11 h ...
12 h ...
13 h ...
14 h ...
15 h ...
16 h ...
17 h ...
18 h ...
19 h ...
20 h ...

Dimanche

8 h ...
9 h ...
10 h ...
11 h ...
12 h ...
13 h ...
14 h ...
15 h ...
16 h ...
17 h ...
18 h ...
19 h ...
20 h ...

Notes

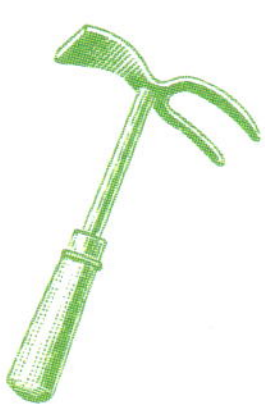

Sainte Solange

Dimanche 10 mai

06 h 16
21 h 18
Taureau
3e décan

Printemps

06 h 15
21 h 20
Taureau
3e décan

Lundi 11 mai

Sainte Estelle

Gare s'il gèle à la Sainte-Estelle.

A faire aujourd'hui

8 h ...

9 h ...

10 h ...

11 h ...

12 h ...

13 h ...

14 h ...

15 h ...

16 h ...

17 h ...

18 h ...

19 h ...

20 h ...

Notes ...

En tous sens

Les fraises de Plougastel

A l'extrême pointe du Finistère, la presqu'île de Plougastel réunit les meilleures conditions pour la culture de la fraise : le climat est doux, le sol, fertile, et les terrains, exposés au sud, sont protégés des vents. La fraise des bois a été la première variété cultivée à Plougastel, puis l'introduction de la fraise blanche du Chili en 1714 a marqué le début d'une importante reconversion agricole pour la région. Les cultures n'ont cessé depuis de s'étendre et, en 1940, les surfaces plantées de fraises atteignent leur apogée. Aujourd'hui, il n'existe pas de variété de fraise spécifique à Plougastel. On y cultive plusieurs variétés, dont la fameuse gariguette, qui se récolte dès le mois d'avril.

La France en vert

Les robines du Liman (Alpes-de-Haute-Provence)

Cachées entre les paysages verdoyants du Luberon et du Mercantour, les robines du Liman offrent un panorama lunaire surprenant. Les monticules de marne noire et la roche craquelée façonnés par l'érosion se parent de reflets sombres qui offrent des contrastes saisissants avec la végétation alentour. Fragiles par nature, les robines ne sont pas accessibles à pied, mais on peut les admirer depuis la route qui mène de Digne aux Clues de Barles.

Au quotidien

Comment déclarer un animal trouvé ?

Si vous trouvez un chien ou un chat, rendez-vous sur le site Internet du ministère de l'Agriculture pour faire une déclaration au fichier national d'identification des carnivores domestiques, en indiquant le numéro de tatouage et le numéro de puce électronique de l'animal. Cela permettra de retrouver son propriétaire.

C'ÉTAIT HIER

Les Galeries Lilloises

Lille (Nord)

Haut lieu de la capitale du Nord au début du XXe siècle, les Galeries Lilloises étaient le fleuron des grands magasins dans la région. En centre-ville, le magasin accueillait tout pour l'équipement de la maison et clamait qu'on y « vend tout, même l'épicerie » ! Sur plusieurs étages, les Galeries étaient desservies par un escalier monumental facilitant la circulation, innovation de l'époque. Depuis, le bel immeuble a été détruit et remplacé par l'actuel bâtiment du Printemps.

Mardi 12 mai

Saint Achille

Au mois de mai, le seigle déborde la haie.

06 h 14
21 h 21
Taureau
3e décan

Printemps

Patrimoine

La légende de la vouivre en Bourgogne

On dit en Bourgogne qu'il y a bien longtemps un monstre aux allures de serpent ailé, la wivre, ou vouivre, gardait un trésor caché dans un trou près de la chapelle de Maison-Dru. Personne n'avait osé s'en emparer. La vouivre faisait peur, et malheureusement ne s'éloignait qu'à de rares occasions du trésor. Elle allait se rafraîchir dans les sources toutes proches, d'où elle pouvait garder un œil sur son bien. A côté de ce mystérieux trésor, il en existait un autre : le diamant que la vouivre portait au front. Personne, là non plus, ne s'était risqué à capturer le monstre pour saisir le joyau. Pourtant, la vouivre, que tous imaginaient cruelle, n'avait jamais attaqué personne. Un signe toutefois indiquait qu'elle était l'envoyée du diable : elle ne se baignait jamais dans les sources bénites.

La France en vert

Le GR 11

Ce sentier de grande randonnée forme une boucle de plus de 600 kilomètres autour de la capitale et offre aux marcheurs la possibilité de découvrir la face verte de l'Ile-de-France. Son tracé traverse la ville fortifiée de Provins, le parc du château de Chantilly, la vallée de Chevreuse ou encore les jardins du château et la forêt de Fontainebleau. Cette dernière est aussi propice à la varappe (escalade) grâce aux très nombreux rochers qui la jalonnent.

Pour le plaisir

Devinette

Si on la perd, on ne sait plus rien. Si on la retrouve, on redevient soi-même. Qui est-elle ?

Solution : la mémoire.

A faire aujourd'hui

8 h ....
9 h ....
10 h ....
11 h ....
12 h ....
13 h ....
14 h ....
15 h ....
16 h ....
17 h ....
18 h ....
19 h ....
20 h ....

Notes ....

C'ÉTAIT HIER

Légendes foréziennes

Saint-Priest-la-Prugne (Loire)

Les monts du Forez, avec leurs roches granitiques et leurs forêts de hêtres et de sapins, sont peuplés de bien des légendes. On y parle de pierres druidiques, de mégalithes et de grottes aux fées. Ces récits étaient autrefois transmis à l'oral, durant les veillées dans les campagnes. Le conteur ouvrait son histoire par "Cric crac, sabot, cuillère à pot", puis racontait les sacrifices que les druides effectuaient dans la forêt, comme ici, à la pierre des fées.

Printemps

06 h 12
21 h 22
Taureau
3e décan

Mercredi 13 mai

Sainte Rolande

Rosée de mai, automne gai.

A faire aujourd'hui

8 h ....

9 h ....

10 h ....

11 h ....

12 h ....

13 h ....

14 h ....

15 h ....

16 h ....

17 h ....

18 h ....

19 h ....

20 h ....

Notes ....

En tous sens

Flan aux asperges à la tourangelle

Pour 6 personnes. Ingrédients : 1,3 kg d'asperges vertes ; 4 œufs ; 50 g de farine : 40 g de beurre ramolli ; 25 cl de lait ; 25 cl de crème liquide ; noix muscade râpée ; 250 g de jambon blanc ; sel ; poivre.

- Préchauffez le four à 220 °C.
- Parez les asperges, lavez-les, puis coupez-les en tronçons de 2 cm.
- Plongez-les dans une casserole d'eau bouillante salée et laissez cuire pendant 5 minutes. Egouttez-les, passez-les sous l'eau froide, puis égouttez-les de nouveau.
- Dans une jatte, mélangez les œufs, la farine, le beurre, le lait et la crème liquide. Salez, poivrez et saupoudrez de noix muscade.
- Coupez le jambon en dés, puis mettez-les au fond d'un plat à gratin. Ajoutez les asperges et l'appareil à flan.
- Faites cuire au four pendant 40 minutes.

La France en vert

Utilisez au mieux votre lave-linge

Faites-le tourner à plein de préférence. Si votre machine n'est pas pleine, appuyez sur la touche "éco" ou "demi-charge", qui permet d'économiser l'eau et 25 % d'électricité en moyenne. Lavez à basse température : à 40°, la machine consomme trois fois moins qu'à 90°. Essorez à grande vitesse : l'opération étant plus brève, elle utilise moins d'électricité.

Pour le plaisir

Savoir dire merci

Un simple remerciement a des conséquences positives insoupçonnées : il fait plaisir à la personne à qui il s'adresse, qui en retour vous renvoie sa gratitude. Et cette reconnaissance ressentie aurait la capacité de protéger le cœur, de renforcer le système immunitaire et de favoriser le sommeil. Cela mérite bien un merci !

C'ÉTAIT HIER

La poterie de Noron

Noron-la-Poterie (Calvados)

Dès le milieu du XVIIIe siècle, le village de Noron développe la fabrication de pots pour la conservation et le transport de marchandises. Les potiers se multiplient le long de la route menant à Bayeux, pour atteindre près d'une cinquantaine au début du XXe siècle. L'activité disparaîtra quasiment dans les années 1940, mais renaîtra, plus modestement, au lendemain de la Seconde Guerre mondiale. Depuis 1903, le village est rebaptisé Noron-la-Poterie.

Jeudi 14 mai

Ascension

Au jour de Saint-Matthias, toute boue s'efface.

06 h 11
21 h 24
Taureau
3e décan

Patrimoine

Claude Nougaro à Toulouse

Né en 1929 à Toulouse, Claude Nougaro est le fils d'un chanteur d'opéra et d'une professeur de piano. Elevé par ses grands-parents dans le quartier des Minimes, il restera toute sa vie attaché à la Ville rose. Après une jeunesse chaotique, il monte à Paris en 1947, où il rencontre Georges Brassens, qui deviendra son mentor, puis il s'essaie à la chanson et à la poésie. En 1962, il décide de chanter ses œuvres et rencontre un immense succès avec *Cécile, ma fille* en 1963, et avec son vibrant hommage à sa ville natale, *Toulouse*. Sa musique est fortement inspirée des tempos jazz et des sonorités brésiliennes. En 1984, c'est l'exil à New York, d'où il reviendra avec un nouvel album, intitulé *Nougayork*, récompensé aux Victoires de la musique en 1988. Il meurt en 2004 à Paris, et ses cendres sont dispersées dans la Garonne.

En tous sens

Le goût : les sens en éveil

Le goût ne fait pas intervenir que la langue ! L'un des facteurs du goût est la vue, qui renseigne sur l'aliment consommé et donne un a priori, positif ou négatif. L'odorat est sollicité pour analyser l'odeur qui se dégage du plat. Il intervient aussi lors de la mastication, par les arômes que celle-ci libère. Enfin, dans la cavité buccale, des récepteurs transmettent des données sur la température et la texture du mets.

A faire aujourd'hui

8 h ....

9 h ....

10 h ....

11 h ....

12 h ....

13 h ....

14 h ....

15 h ....

16 h ....

17 h ....

18 h ....

19 h ....

20 h ....

Notes ....

C'ÉTAIT HIER

L'estacade

Dieppe (Seine-Maritime)

L'estacade est une petite jetée en bois structurée sur pilotis, où aimaient se presser les badauds à l'affût de l'arrivée d'une régate ou d'un navire au XIXe siècle. Parfois ornées de drapeaux volant au vent, ces jetées ont inspiré grand nombre de peintres comme Monet ou Dufy, qui croquaient scènes et ambiances. Surplombant la mer, les foules s'y rassemblaient pour observer au plus près les voiliers, les baigneurs ou simplement venir y pêcher.

Printemps

06 h 09
21 h 25
Taureau
3e décan

Vendredi 15 mai

Sainte Denise

A la Sainte-Denise, le froid
n'en fait plus qu'à sa guise.

A faire aujourd'hui

8 h ....

9 h ....

10 h ....

11 h ....

12 h ....

13 h ....

14 h ....

15 h ....

16 h ....

17 h ....

18 h ....

19 h ....

20 h ....

Notes ....

Pour le plaisir

Devinette

Comment s'appellent les habitants du Puy-en-Velay ?

Solution : les Ponots et les Ponotes.

Au quotidien

A court de dentifrice ?

Déposez un peu de bicarbonate de soude et du jus de citron sur votre brosse à dents, puis lavez vos dents. Cette technique a l'avantage de blanchir les dents et de renforcer les gencives.

En tous sens

Du bon usage des épices

Si vous consommez des épices en petites quantités, une bonne option peut être de les acheter entières et de les moudre selon vos besoins, car les épices entières conservent leur parfum longtemps. Les épices moulues ont une durée de vie d'environ trois ans, après quoi elles risquent de s'éventer et de perdre de leur goût. Pour les conserver dans les meilleures conditions, placez-les dans un récipient à fermeture hermétique et rangez-les dans un endroit frais, à l'abri de l'air, de la lumière, de la chaleur et de l'humidité.

Patrimoine

La bibliothèque du patrimoine à Clermont-Ferrand

Fruit d'une histoire longue et complexe, la bibliothèque du patrimoine de Clermont-Ferrand rassemble une collection impressionnante de documents anciens (plus de 170 000 !). Une partie de son fonds est constituée de confiscations révolutionnaires, parmi lesquelles se trouvaient de nombreux manuscrits médiévaux. Par ailleurs, la bibliothèque s'est donné pour mission de rassembler un fonds important sur l'histoire auvergnate.

C'ÉTAIT HIER

Costume rochelais

La Rochelle (Charente-Maritime)

Dans les grandes occasions, les Rochelaises portaient autrefois une culotte fendue et un jupon en coton blanc, parfois ornés de dentelle, sous une jupe en étamine de laine ou en satin coloré arrivant aux chevilles. Elles revêtaient également un casaquin ou caraco paré de dentelle à l'encolure, qu'elles recouvraient d'un châle en cachemire orné de grands motifs. Un simple bonnet de coton ou une coiffe à large cornette venait compléter le costume.

Samedi 16 mai

Saint Honoré

Mai ensoleillé rend le paysan orgueilleux.

06 h 08
21 h 26
Taureau
3ᵉ décan

Printemps

Le Poète de Bellevue
Gérard Georges

Le printemps était revenu. Le parc de Bellevue bruissait de chants d'oiseaux. Des griffes de vent roulaient des senteurs enivrantes d'aubépine et de résine. Les matins, le ciel s'aquarellait de rose sur les montagnes de l'est. Et puis le soleil montait en majesté, de plus en plus haut chaque jour. De plus en plus chaud. Des fredons d'abeilles et de guêpes vrombissaient de fleur en fleur. Au-dessus du bassin, des libellules faisaient du sur place en exposant leur abdomen vernissé aux brillances bleu et noir.

Ce dimanche matin, Jocelyn rêvassait, seul sous la terrasse de la maison, près du mûrier blanc pleureur. Edmond, qui n'avait pas cessé de tousser durant la nuit, gardait la chambre. Sans doute ne se lèverait-il pas de la journée. Il n'était même pas certain qu'il pût retourner le lendemain à l'école. Jamais sa santé n'avait paru si chancelante.

Pauvre grand frère ! se dit Jocelyn. En plus d'être malade, il a fallu que mère le gifle après qu'elle eut découvert dans ses affaires *La Religieuse* de Diderot !

De rage, Marguerite avait jeté l'ouvrage dans la cheminée où brûlaient de grosses bûches de fayard.

Mère nous considérera toujours comme des enfants qui ne peuvent être responsables de leurs actes. Quant à père, il n'a pas la volonté de lui rappeler que nous devenons des hommes et que le temps des brassières et des couches est révolu.

Jocelyn se redressa et commença son exploration du parc. Des rouges-queues, ailes vibrantes, voletaient parmi le feuillage vert clair tacheté de blanc d'un érable. Dans les rais de lumière flottaient des myriades de poussières en suspension. Sur le toit de la demeure, un colombin gonflait son jabot devant une pigeonne et roucoulait d'importance en dodelinant de la tête et en tournant autour d'elle.

Le printemps… La puissance du printemps… Le renouveau de la vie…

Extrait du roman *Le Poète de Bellevue* de Gérard Georges
paru aux Presses de la Cité dans la collection Terres de France

A faire aujourd'hui

Samedi

8 h ....
9 h ....
10 h ....
11 h ....
12 h ....
13 h ....
14 h ....
15 h ....
16 h ....
17 h ....
18 h ....
19 h ....
20 h ....

Dimanche

8 h ....
9 h ....
10 h ....
11 h ....
12 h ....
13 h ....
14 h ....
15 h ....
16 h ....
17 h ....
18 h ....
19 h ....
20 h ....

Notes

06 h 07
21 h 28
Taureau
3ᵉ décan

Saint Pascal

Dimanche 17 mai

Printemps

06 h 06
21 h 29
Taureau
3e décan

Lundi 18 mai

Saint Eric

Soleil à la Saint-Eric promet
du vin plein les barriques.

A faire aujourd'hui

8 h ....

9 h ....

10 h ....

11 h ....

12 h ....

13 h ....

14 h ....

15 h ....

16 h ....

17 h ....

18 h ....

19 h ....

20 h ....

Notes ....

Patrimoine

Quiz – Les places de France

1. Dans quelle ville se trouve la place Stanislas ?
a. Mulhouse
b. Metz
c. Nancy

2. Laquelle de ces places parisiennes portait autrefois le nom de place Royale ?
a. la place des Vosges
b. la place du Trocadéro
c. la place de la Concorde

3. Quelle est la plus grande place de France ?
a. la place Bellecour, à Lyon
b. la place des Quinconces, à Bordeaux
c. la place du Capitole, à Toulouse

Solution : 1 c, 2 a, 3 b.

Pour le plaisir

Enigme

Je suis un homme, je suis une femme. Je ne suis ni un homme, ni une femme. Qui suis-je ?

Solution : une ombre. Dans la première phrase, "suis" est la forme conjuguée du verbe suivre, dans la seconde, du verbe être.

En tous sens

L'artichaut du Roussillon

Originaire d'Italie, l'artichaut est cultivé dans le Roussillon depuis des siècles. Les terres riches en limons sont en effet très propices à la culture de ce légume. La variété locale se singularise par sa petite taille et ses feuilles violettes. C'est une variété précoce, que l'on récolte très jeune, ce qui explique qu'il soit quasiment dépourvu de foin. On peut le consommer cru (à la croque-au-sel) ou cuit (en accompagnement d'un gigot d'agneau).

C'ÉTAIT HIER

Boucles de la Seine

Vétheuil (Val-d'Oise)

Bâti sur une boucle de la Seine, le village de Vétheuil est surtout connu pour avoir accueilli pendant plusieurs années le peintre Claude Monet, qui y peignit plus d'une centaine de toiles ayant le village pour thème. Point commun de bon nombre de ses tableaux de l'époque ? La Seine, représentée à diverses saisons et sous différents points de vue. Monet possédait même un bateau-atelier avec lequel il naviguait sur le fleuve et sur lequel il peignait.

Mardi 19 mai

Saint Yves

Chaleur de mai fleurit la haie.

06 h 04
21 h 30
Taureau
3e décan

Printemps

La France en vert

Adhérez à une AMAP

Une AMAP (Association pour le maintien de l'agriculture paysanne) permet de mettre en relation des consommateurs et des producteurs locaux. Les adhérents s'engagent à payer d'avance leur consommation, pour assurer au producteur des revenus stables. En retour, ils ont l'assurance de recevoir des fruits et légumes frais, souvent biologiques, tout en préservant l'environnement, les transports étant réduits dans ce type de système.

En tous sens

Epaule de mouton à l'angevine

Pour 6 personnes. Ingrédients : 1 épaule de mouton de 2 kg ; 50 g de beurre ; 100 g d'oignons ; 350 g de champignons de Paris ; 1 c. à soupe de farine ; 15 cl de lait ; sel ; poivre.

- Epluchez et hachez les champignons et les oignons.
- Dans une sauteuse, faites revenir ce hachis dans la moitié du beurre, ajoutez la farine et mélangez.
- Ajoutez le lait, salez, poivrez et remuez. Faites bouillir deux minutes puis retirez du feu et laissez refroidir la farce.
- Salez, poivrez, étalez la farce sur l'épaule de mouton puis roulez l'épaule et ficelez-la.
- Faites-la dorer sur toutes ses faces dans une cocotte dans le beurre restant. Couvrez et faites cuire à feux doux.
- Laissez la viande refroidir, mangez-la froide avec une salade de haricots verts et de pommes de terre.

A faire aujourd'hui

8 h ....
9 h ....
10 h ....
11 h ....
12 h ....
13 h ....
14 h ....
15 h ....
16 h ....
17 h ....
18 h ....
19 h ....
20 h ....
Notes ....

Pour le plaisir

Devinette

Je traverse tout Bordeaux sans sortir de mon lit. Qui suis-je ?

Solution : la Garonne.

Patrimoine

Les communes de France en question

Quelle ville portuaire normande est surnommée la Monaco du Nord en raison de sa presqu'île, de son casino et de ses résidences élégantes ?

Solution : Granville.

C'ÉTAIT HIER

La place des Ormeaux

Manosque (Alpes-de-Haute-Provence)

Cette petite place discrète se dresse au cœur de la jolie ville de Manosque, en Provence. Avec sa fontaine et ses vieux platanes, elle symbolise le lieu où se retrouvaient les habitants pour puiser l'eau mais également pour faire la fête et assister aux foires régionales. Comme dans de nombreux villages de la région, elle constituait le cœur de la commune. Aujourd'hui les Manosquins continuent, tout comme les touristes, de profiter de cette place, si caractéristique de la région.

Printemps

06 h 03
21 h 32
Taureau
3e décan

Mercredi 20 mai

Saint Bernardin

S'il pleut à la Saint-Bernardin,
tu peux dire adieu à ton vin.

A faire aujourd'hui

8 h ....

9 h ....

10 h ....

11 h ....

12 h ....

13 h ....

14 h ....

15 h ....

16 h ....

17 h ....

18 h ....

19 h ....

20 h ....

Notes ....

Pour le plaisir

Bonne résolution : un peu de sport ?

Si vous envisagez de pratiquer une activité physique mais craignez de ne pas tenir la distance, ménagez-vous des horaires précis chaque semaine qui seront entièrement dédiés au sport. Commencez en douceur par des exercices en rapport avec votre condition physique et augmentez la difficulté progressivement. Enfin, essayez de convaincre quelqu'un de s'entraîner avec vous, votre motivation en sera renforcée.

La France en vert

Les travaux de la seconde quinzaine de mai

- Semez les haricots verts.
- Buttez les pommes de terre.
- Sortez sous un arbre les plantes d'intérieur comme les orchidées et les ficus.
- Plantez les plantes grimpantes gélives comme les passiflores.
- Plantez les lotus.
- Enlevez les algues du bassin et continuez à tondre toutes les semaines la pelouse.
- Mettez en place, dans des jardinières, les pélargoniums achetés en godet ou ceux ayant passé l'hiver à l'abri.

Au quotidien

Retraite et complémentaire santé

Vous êtes salarié dans une entreprise, où vous bénéficiez d'une assurance complémentaire santé, et vous allez partir à la retraite. Votre contrat de travail cessant, vous ne pourrez plus bénéficier de votre mutuelle. Toutefois, celle-ci a l'obligation de vous proposer un nouveau contrat, sans questionnaire ni examens médicaux ni période de franchise. Il faut que vous en fassiez la demande dans un délai de 6 mois après la fin de votre contrat de travail.

C'ÉTAIT HIER

L'heure des châtaignes

Pays Marchois (Creuse)

Le Pays Marchois, que George Sand décrivit longuement dans ses œuvres, était autrefois relativement pauvre, et ses terres peu fertiles. Les paysans y menaient une vie rude fondée sur le travail et la frugalité. L'essentiel de leur alimentation était constitué de bouillies de sarrasin ainsi que de châtaignes, qui poussaient en abondance. L'une des activités quotidiennes des paysans consistait à éplucher des châtaignes, avant de les faire bouillir ou griller.

Jeudi 21 mai

Saint Constantin

Du mois de mai la chaleur de tout l'an fait la valeur.

06 h 02
21 h 33
Gémeaux
1er décan

Printemps

Patrimoine

Les châteaux de Barbe-Bleue

Gilles de Rais, que la tradition populaire a surnommé "Barbe-Bleue", fut l'une des plus grandes fortunes françaises du XVe siècle. Maréchal de France et compagnon d'armes de Jeanne d'Arc, il possédait de vastes domaines et de nombreux châteaux perchés sur les collines d'Anjou et de Vendée. Les plus importants d'entre eux, ceux de Champtocé, Tiffauges, Machecoul et Pouzauges, furent le théâtre de sinistres faits divers. C'est en effet derrière leurs murailles que le puissant seigneur commit de terribles meurtres en sacrifiant des jeunes garçons – officiellement 140 – au cours de messes noires où l'orgie sexuelle se mêlait aux invocations diaboliques. Dans son château de Machecoul, le 15 septembre 1440, abandonné de tous, il fut arrêté par les hommes du duc de Bretagne. Après un procès au cours duquel il avoua tous ses crimes, il fut brûlé à Nantes le 26 octobre 1440.

Pour le plaisir

Gémeaux (21 mai-21 juin)

Après un début d'année placé sous le signe de l'indécision, vous reprendrez confiance et parviendrez à mener vos projets à bien. Pour cela, vous ne devrez pas ménager vos efforts, sur le plan tant professionnel que sentimental. Mais accrochez-vous : le jeu en vaut la chandelle !

La France en vert

Le village de Gassin (Var)

Situé à quelques kilomètres de Saint-Tropez, Gassin accroche ses maisons aux couleurs douces le long de ruelles étroites joliment fleuries. Placé en haut d'une butte à 200 mètres d'altitude, le bourg servait autrefois de vigie pour donner l'alerte en cas d'attaque venue de la mer. Aujourd'hui, on se contente d'y admirer le panorama superbe sur les forêts de chênes-lièges, les vignes et la Méditerranée depuis la place des Barrys.

A faire aujourd'hui

8 h ....
....
9 h ....
....
10 h ....
....
11 h ....
....
12 h ....
....
13 h ....
....
14 h ....
....
15 h ....
....
16 h ....
....
17 h ....
....
18 h ....
....
19 h ....
....
20 h ....
....
Notes ....
....
....

C'ÉTAIT HIER

Le banquet nuptial en Bretagne

Surzur (Morbihan)

Dans certaines contrées bretonnes, on organisa jusqu'au début du XXe siècle des mariages collectifs, pouvant réunir jusqu'à un millier de convives. Tout le monde participait à la préparation du banquet : proches et voisins des mariés prêtaient marmites et soupières, les hommes portaient le matériel, les femmes faisaient la cuisine. Le repas se déroulait l'après-midi, en plein champ, autour de longues tables en bois dressées sur des tréteaux. Chaque convive apportait sa cuillère.

Printemps

06 h 01
21 h 34
Gémeaux
1er décan

Vendredi 22 mai

Saint Emile

Beau temps de Saint-Emile donne des fruits à la folie.

A faire aujourd'hui

8 h

9 h

10 h

11 h

12 h

13 h

14 h

15 h

16 h

17 h

18 h

19 h

20 h

Notes

En tous sens

La viande au Moyen Age

A cette époque, la viande était avant tout réservée aux plus hautes classes de la société, qui appréciaient le gibier dit noble (sanglier, cerf ou héron) ainsi que le porc ou les volailles comme la poularde ou la pintade. La viande était cuisinée à la broche ou dans une sauce à base de vin. Les paysans n'en consommaient que rarement et se contentaient de petites pièces de gibier comme le lièvre, la perdrix ou la bécasse, préparés en ragoût ou en pâté.

Pour le plaisir

Devinette

Comment s'appellent les habitants de Sablé-sur-Sarthe ?

Solution : les Saboliens et les Saboliennes.

La France en vert

La fête de l'agneau de Pauillac (Gironde)

Chaque année pour la Pentecôte, Pauillac organise une fête pour mettre à l'honneur l'agneau de la région, qui jouit d'une réputation d'excellence depuis plus de deux siècles. Cérémonie de transhumance, démonstrations de chiens de berger, dégustation autour de stands, les animations se déploient dans les rues et le long des quais de toute la ville.

Au quotidien

Des cheveux en pleine forme

Si vos cheveux sont ternes et manquent de vigueur, mélangez 1 jaune d'œuf, 10 cl d'huile d'amande douce et 1 c. à s. de poudre d'amandes. Appliquez ce mélange sur cheveux secs et laissez poser pendant 20 minutes. Rincez ensuite.

C'ÉTAIT HIER

Les industries sanclaudiennes

Saint-Claude (Jura)

Grande ville industrielle jusque dans les années 1930, Saint-Claude était réputée au XVIIIe siècle pour ses tabatières en corne et en buis verni. Elle accueillait aussi de nombreuses papeteries, tanneries et teintureries au safran, qui s'égrenaient le long de la rivière. Au siècle suivant, elle acquit une renommée internationale grâce à ses pipes en bruyère. Elle avait aussi pour spécialité la taille des pierres précieuses et des diamants.

Samedi 23 mai

Saint Didier

Qui sème les haricots à la Saint-Didier
les arrachera à poignées.

06 h 00
21 h 35
Gémeaux
1er décan

Les Frères amish
Marie Kuhlmann

Le départ de Hanspeter dans un silence de mort, un tout petit balluchon à la main, resta douloureusement gravé dans toutes les mémoires. L'un des leurs. Impensable, hallucinant, monstrueux. Les mots manquaient pour qualifier le désarroi et le déchirement.

Elias avait tenté de discuter avec son fils aîné, de le ramener à la raison, de lui rappeler l'engagement pris le jour de son baptême. Se rendait-il compte, le jeune fou, que sur un coup de tête il mettait son salut éternel en péril ? Seuls ceux qui restaient dans leur communauté seraient sauvés.

Hanspeter avait répondu avec détermination qu'il ne s'agissait nullement d'une décision prise à la légère, il y réfléchissait depuis des années. Des années, Elias ne parvenait pas à y croire. Pourquoi ne pas en avoir discuté avec lui, son père, un prédicateur ? Il entendait encore la réponse résonner à ses oreilles : « Tu aurais tout fait pour m'obliger à rester. Ma place n'est pas avec les amish. Je pense que le choix de la religion est un engagement personnel. Un ensemble de règles, que vous avez décidées vous-mêmes, ne peut pas représenter l'unique moyen d'atteindre le salut. Faut-il obligatoirement, pour être sauvé, abandonner les Eglises anciennes ? Ou peut-on être sauvé même dans ces Eglises, en dehors de la vôtre ? Je regrette, père. Ma décision est prise. »

La suite n'avait pris que quelques minutes. Le garçon avait embrassé sa mère avec emportement puis s'était détourné pour partir à grandes enjambées. Elle n'avait pas tenté de le retenir.

Extrait du roman *Les Frères amish* de Marie Kuhlmann
paru aux Presses de la Cité dans la collection Terres de France

A faire aujourd'hui

Samedi
8 h ....
9 h ....
10 h ....
11 h ....
12 h ....
13 h ....
14 h ....
15 h ....
16 h ....
17 h ....
18 h ....
19 h ....
20 h ....

Dimanche
8 h ....
9 h ....
10 h ....
11 h ....
12 h ....
13 h ....
14 h ....
15 h ....
16 h ....
17 h ....
18 h ....
19 h ....
20 h ....

Notes

Pentecôte

Dimanche 24 mai

05 h 59
21 h 37
Gémeaux
1er décan

Printemps

05 h 58
21 h 38
Gémeaux
1er décan

Lundi 25 mai

Sainte Sophie

A la Sainte-Sophie, le soleil ne quitte pas son lit.

A faire aujourd'hui
8 h ....
....
9 h ....
....
10 h ....
....
11 h ....
....
12 h ....
....
13 h ....
....
14 h ....
....
15 h ....
....
16 h ....
....
17 h ....
....
18 h ....
....
19 h ....
....
20 h ....
....
Notes ....
....
....

En tous sens

Le chocolat de Bayonne

Le cacao fait partie de ces trésors inestimables que les Espagnols rapportèrent de leurs expéditions aux Amériques. Conquis par la boisson amère et épicée dont se délectait le souverain aztèque Moctezuma, ils importèrent la recette chez eux, où elle connut un franc succès. C'est ainsi que les premières chocolateries firent leur apparition en Espagne. Beaucoup étaient tenues par des Juifs, mais ceux-ci, persécutés dans le pays, furent contraints de s'exiler de l'autre côté des Pyrénées. Ils s'installèrent à Bayonne, où ils firent découvrir le chocolat et ses raffinements aux Français. Ils participèrent pour beaucoup à la tradition chocolatière qui s'imposa à Bayonne, et dont la renommée perdure encore aujourd'hui.

Au quotidien

Recoller le pied cassé d'un verre

Nettoyez les deux parties du verre avec du produit à vaisselle, rincez-les et séchez-les. Posez le pied dans un récipient rempli de sable humide, pour le maintenir en place. Appliquez 1 goutte de colle cyanoacrylate sur la partie cassée et placez délicatement la deuxième par-dessus. Appuyez pendant quelques secondes, puis laissez durcir pendant 24 heures.

Patrimoine

L'émail de Limoges

L'émail sur cuivre champlevé fit son apparition à Limoges au Moyen Age pour répondre à la demande des pèlerins en route pour Saint-Jacques-de-Compostelle désireux d'emporter des souvenirs religieux. La production prit vite de l'essor et se tourna à la Renaissance vers l'émail peint, avant de connaître un long déclin jusqu'au XIXe siècle, où l'engouement pour les arts décoratifs fit reprendre l'activité jusqu'aux années 1950.

C'ÉTAIT HIER

La halle aux vins

Paris (Ile-de-France)

Créée à l'initiative de Mazarin au XVIIe siècle, puis agrandie à plusieurs reprises au fil du temps, la halle aux vins de Paris se trouvait sur le quai Saint-Bernard. C'est là que les marchands de vins venaient décharger et stocker les tonneaux destinés à la vente. Au début du XXe siècle, la halle se spécialisa dans les vins fins et les alcools forts, les vins de consommation courante étant désormais stockés dans un entrepôt à Bercy, de l'autre côté de la Seine.

Mardi 26 mai

Saint Bérenger

*Que mai soit venteux ou clair,
toute récolte aura bon air.*

05 h 57
21 h 39
Gémeaux
1er décan

Printemps

Au quotidien

Rénover le cuir d'un fauteuil

Pour redonner une seconde jeunesse à vos fauteuils en cuir ternes et patinés, munissez-vous de coton à mécher, d'une brosse plate, d'un chiffon de laine, d'un produit dégraissant, d'un produit primaire d'accrochage, d'un produit de coloration et d'un fixateur. Dégraissez et nettoyez le cuir en profondeur avec du coton à mécher imbibé de dégraissant. Changez de tampon dès qu'il est encrassé. Laissez sécher. Appliquez le primaire d'accrochage avec la brosse plate : il rendra le cuir poreux, ce qui permettra de bien fixer la teinture. Appliquez le produit de coloration avec la brosse plate, de façon uniforme. Laissez sécher. Pulvérisez le fixateur sur le cuir puis lustrez au chiffon de laine pour le faire briller.

La France en vert

La pointe du Raz (Finistère)

Pour accéder à cet éperon rocheux qui surplombe la mer d'Iroise de ses récifs de plus de 70 mètres de haut, il vous faudra laisser votre véhicule au parking et emprunter un sentier assez difficile, mais d'une beauté à couper le souffle. Vous cheminerez le long des falaises, sur des rampes ou sous la roche pour découvrir ce lieu célèbre que la mer vient parfois frapper avec une rare violence. Au loin, vous apercevrez le phare de Tévennec, qui brave les courants redoutables des environs depuis la fin du XIXe siècle.

A faire aujourd'hui

8 h ....

....

9 h ....

....

10 h ....

....

11 h ....

....

12 h ....

....

13 h ....

....

14 h ....

....

15 h ....

....

16 h ....

....

17 h ....

....

18 h ....

....

19 h ....

....

20 h ....

....

Notes ....

....

....

C'ÉTAIT HIER

Une petite Venise en Alsace

Colmar (Haut-Rhin)

La petite Venise désigne le pittoresque quartier de Colmar qui s'étend le long de la Lauch. Elle regroupe une partie du quartier des tanneurs, qui, bordé de hautes maisons à colombages, resta le fief du tannage jusqu'à la fin du XIXe siècle, une partie de l'ancien quartier des poissonniers, qui se déployait le long du quai de la Poissonnerie, et enfin une partie du quartier de la Krutenau, jadis habité par la corporation des maraîchers. Des barques à fond plat permettaient de se déplacer sur la rivière et les canaux.

Printemps

05 h 56
21 h 40
Gémeaux
1er décan

Mercredi 27 mai

Saint Augustin

Brouillard de mai, chaleur de juin
amènent la moisson à point.

A faire aujourd'hui

8 h ....

9 h ....

10 h ....

11 h ....

12 h ....

13 h ....

14 h ....

15 h ....

16 h ....

17 h ....

18 h ....

19 h ....

20 h ....

Notes ....

Patrimoine

Quiz – La production agricole française

1. Quelle est la première région céréalière de France ?
a. le Centre
b. l'Ile-de-France
c. la Picardie

2. Quel est le fruit le plus produit en France ?
a. la prune
b. la pêche
c. la pomme

3. Quelle est la part de la production viticole en France ?
a. 3 %
b. 7 %
c. 11 %

Solution : 1 a, 2 c, 3 a.

Au quotidien

L'instruction obligatoire

En France, l'instruction est obligatoire pour les enfants vivant sur le sol français de 6 à 16 ans. Les parents peuvent inscrire leur enfant dans une école ou un établissement d'enseignement public ou privé, assurer eux-mêmes cette instruction ou en confier la responsabilité à la personne de leur choix. Dans le premier cas, il revient aux parents d'inscrire leur enfant auprès du service scolarité de leur marie, puis de contacter l'établissement de leur choix. Dans le second cas, ils doivent faire une déclaration auprès du maire et du directeur académique des services de l'éducation nationale (DASEN).

Pour le plaisir

La bonne pensée du jour !

Dans *Propos sur le bonheur*, le philosophe Alain disait : "Le bonheur n'est pas le fruit de la paix, le bonheur c'est la paix même." Et vous, qu'en pensez-vous ?

C'ÉTAIT HIER

L'angélus

Landes (Aquitaine)

L'angélus, ou prière de l'ange, commémore l'Incarnation de Jésus, l'instant où le Saint-Esprit donne vie à Jésus dans le corps de sa mère Marie. Ce recueillement a lieu trois fois par jour à 6 heures, midi et 18 heures, mais peut varier selon les régions. A ces heures, une cloche de l'angélus est sonnée, avec trois séries de trois tintements suivis d'une pleine volée. Souvent peinte, cette scène est à l'origine d'un des plus célèbres tableaux de Jean-François Millet, *L'Angélus*, réalisé en 1857.

Jeudi 28 mai

Saint Germain

Soleil de Saint-Germain nous promet du bon vin.

05 h 55
21 h 41
Gémeaux
1er décan

Printemps

En tous sens

Le Poiré Domfront, un produit normand

Cousin du cidre, quoique de conception plus récente, le poiré est une boisson pétillante au goût fruité légèrement alcoolisée qui est issue de la fermentation de jus de poires spéciales, nommées poires à poiré. Sa fabrication s'est développée en Normandie, pays où les poiriers peuplent le paysage depuis plusieurs siècles. Le poiré Domfront bénéficie depuis 2002 de l'appellation d'origine contrôlée pour protéger et mettre en valeur la production de cette petite zone géographique normande.

Pour le plaisir

Devinette

Comment s'appellent les habitants d'Evreux dans l'Eure ?

Solution : les Ébroïciens et les Ébroïciennes.

Patrimoine

Marcel Pagnol et la Provence

Né à Aubagne en 1895, Marcel Pagnol passe son enfance à Marseille. D'abord répétiteur à Digne et Tarascon, il part enseigner à Paris en 1922. Attiré par l'écriture, il abandonne l'enseignement cinq ans plus tard. Ses pièces *Marius* et *Fanny*, créées respectivement en 1929 et 1931, remportent un franc succès. Sa Provence natale, avec sa chaleur, sa nature chatoyante et son art de vivre, le rappelle à elle dès 1932. Pagnol achète 24 hectares de terres et de garrigues dans les environs d'Aubagne pour y tourner ses propres films. Il y réalise *Jofroi*, *Angèle*, *Merlusse*, *Cigalon*, *César* et *Regain* entre 1933 et 1937. Les années 1950 le voient davantage tourné vers l'écriture romanesque : dans *La Gloire de mon père*, *Le Château de ma mère* et *Le Temps des secrets*, il retrace sa jeunesse et évoque son amour pour sa région. Marcel Pagnol meurt en 1974.

A faire aujourd'hui

8 h ....
9 h ....
10 h ....
11 h ....
12 h ....
13 h ....
14 h ....
15 h ....
16 h ....
17 h ....
18 h ....
19 h ....
20 h ....
Notes ....

C'ÉTAIT HIER

Les femmes et le vin

Indre-et-Loire (Touraine)

A la fin du XIXe siècle, rares étaient les images montrant des femmes respectables buvant du vin. En effet, la religion chrétienne avait véhiculé l'idée que les femmes buvant du vin risquaient de donner vie à des monstres et que le vin, d'essence divine, serait souillé par le sang menstruel. Cela n'empêchait toutefois pas les femmes d'en consommer, coupé avec de l'eau chez les bourgeoises, pur et de manière plus régulière dans les campagnes, comme ici en Touraine.

05 h 54
21 h 42
Gémeaux
1er décan

Vendredi 29 mai

Saint Aymar

A la Saint-Aymar, les radis sont encore rares.

A faire aujourd'hui

8 h ....
....
9 h ....
....
10 h ....
....
11 h ....
....
12 h ....
....
13 h ....
....
14 h ....
....
15 h ....
....
16 h ....
....
17 h ....
....
18 h ....
....
19 h ....
....
20 h ....
....
Notes ....
....
....

La France en vert

La fête de la morue à Bègles (Gironde)

Depuis 1996, la ville de Bègles célèbre le poisson qui fit sa grandeur au XIXe siècle. Pendant l'événement, stands gourmands et restaurants rivalisent pour proposer les meilleurs plats à base de morue. Deux temps forts marquent la fête : l'omelette géante à la morue et la « brandaderie » ! Des concerts et des animations sont organisés autour du thème ou du pays invité de l'année.

Pour le plaisir

Devinette

François a une sœur de moins qu'il a de frères. Sa sœur Sylvie a trois frères de plus qu'elle a de sœurs. Il y a dix enfants dans la famille. Combien de garçons et combien de filles ?

Solution : 6 garçons et 4 filles.

Au quotidien

Nettoyer les jouets des enfants

Les enfants en bas âge ayant tendance à mettre leurs jouets à la bouche, pensez à les nettoyer régulièrement en vaporisant du vinaigre blanc dessus. Essuyez-les ensuite avec un chiffon doux et aérez-les pour faire partir l'odeur du vinaigre.

En tous sens

Petits pois à la française

Pour 4 personnes. Ingrédients : 1,2 kg de petits pois frais ; 2 oignons nouveaux ; 2 cœurs de sucrine ; 20 g de beurre ; 125 g de lardons fumés ; 1 cube de bouillon de légumes ; sel.

- Ecossez les petits pois, puis rincez-les sous l'eau froide.
- Epluchez les oignons et coupez-les en rondelles. Rincez les sucrines, essorez-les et déchirez les feuilles.
- Faites fondre le beurre dans une cocotte. Faites-y revenir les oignons pendant 5 minutes, puis ajoutez les lardons et laissez cuire pendant encore 5 minutes.
- Ajoutez les petits pois, la sucrine et le cube de bouillon. Couvrez d'eau à hauteur.
- Couvrez et laissez cuire à frémissements pendant 20 minutes.

C'ÉTAIT HIER

A cheval

Auvergne

Avant l'avènement de la mécanisation et l'arrivée des véhicules et des tracteurs, soit guère avant les années 1930 pour les exploitants les plus fortunés, et bien plus tard pour la plupart des paysans, le cheval était le compagnon indispensable des agriculteurs : c'est lui, ou son comparse l'âne, qui emmenait ses propriétaires vendre leurs produits au marché de la ville, qui tirait la charrue dans les champs ou faisait tourner la noria chargée d'arroser les plantations.

Samedi 30 mai

Saint Ferdinand

Au mois de mai, pour une fois,
le vent ne court pas sur le toit.

05 h 53
21 h 43
Gémeaux
1er décan

Printemps

Marie sans terre
Yves Jacob

Marie avait cinq ans, Robert presque dix, Prudence trente-deux, tandis qu'ils gravissaient vaillamment la route pentue conduisant à Louvières. Sous le vent vif, les prés reverdissaient, pâquerettes et boutons-d'or épanouissaient leurs pétales, dans les haies les aubépines en fleur trahissaient leur soif de vivre ; vaches et chevaux paissaient l'herbe épaisse pendant qu'autour d'eux leurs petits gambadaient, insouciants, multipliant écarts et cabrioles comme s'ils avaient voulu mesurer leurs limites et affirmer leur plaisir d'exister.

Au-dessus de ce printemps heureux triomphaient les têtes roses et blanches des pommiers annonçant des récoltes abondantes. On eût dit que la nature tout entière avait décidé ce jour-là de s'élancer vers un été riche de promesses.

Bien qu'habitués à de longues errances, les pieds enflammés de Marie, enfermés dans des sabots de bois remplis de paille séchée, usés jusqu'à la corde, appelaient au secours. Lors, prétextant un besoin naturel, Marie se réfugia derrière un bosquet pour mettre bas la culotte et souffler un peu. Elle demeura accroupie un moment, profitant de l'instant pour admirer deux pies qui tournoyaient à la cime d'un grand chêne, puis, alertée par les grognements impatients de sa mère, elle s'essuya avec une touffe d'herbe et rejoignit en trottinant les autres qui s'étaient éloignés sans plus s'occuper d'elle. Ils allaient, courbés en avant pour mieux supporter les charges, les mollets tendus comme des cordes, chacun s'interrogeant silencieusement sur ce que leur réserverait demain.

Extrait du roman *Marie sans terre* d'Yves Jacob
paru aux Presses de la Cité dans la collection Terres de France

A faire aujourd'hui

Samedi
8 h ....
9 h ....
10 h ....
11 h ....
12 h ....
13 h ....
14 h ....
15 h ....
16 h ....
17 h ....
18 h ....
19 h ....
20 h ....

Dimanche
8 h ....
9 h ....
10 h ....
11 h ....
12 h ....
13 h ....
14 h ....
15 h ....
16 h ....
17 h ....
18 h ....
19 h ....
20 h ....

Notes

Visitation

Dimanche 31 mai

05 h 53
21 h 44
Gémeaux
1er décan

Printemps

05 h 52
21 h 45
Gémeaux
2e décan

Lundi 1er juin

Saint Justin

Un pré est bien vaurien quand en juin il ne donne rien.

A faire aujourd'hui

8 h ....

9 h ....

10 h ....

11 h ....

12 h ....

13 h ....

14 h ....

15 h ....

16 h ....

17 h ....

18 h ....

19 h ....

20 h ....

Notes ....

Au quotidien

La réglementation pour la pêche en eau douce

Pour pouvoir pêcher dans les cours d'eau, canaux, ruisseaux ou plans d'eau, vous devrez adhérer à une association agréée de pêche et vous acquitter d'une redevance. Une fois l'autorisation obtenue, il vous faudra respecter les périodes d'ouverture de la pêche – renseignez-vous auprès de votre association de pêche – ainsi que des horaires précis. On ne peut en effet pêcher qu'à partir de 30 minutes avant le lever du soleil et 30 minutes après son coucher.

Patrimoine

Les communes de France en question

Quelle ville a vu s'implanter les usines Michelin sur ses terres à partir du XIXe siècle ?

Solution : Clermont-Ferrand.

Pour le plaisir

Enigme

Quel est le point commun entre les mots suivants : abcès, stupide, définition, œnophile, étuve ?

Solution : chaque mot contient 3 lettres de l'alphabet qui se suivent dans le bon ordre.

La France en vert

Rendez-vous aux jardins

Le premier week-end de juin, ce sont près de 2 300 parcs et jardins, aussi bien publics que privés, qui ouvrent leurs portes aux visiteurs dans toute la France. Des visites guidées, des expositions, des ateliers sont proposés. Le but de la manifestation, organisée par le ministère de la Culture, est de favoriser la protection, la création et la connaissance des jardins. La liste des lieux ouverts à la visite est disponible sur le site www.rendezvousauxjardins.culture.fr.

C'ÉTAIT HIER

Le Zeppelin L 39

Compiègne (Oise)

En plein conflit 1914-1918, le samedi 17 mars 1917, trois Zeppelins de l'armée allemande, partis bombarder l'Angleterre, sont repérés à leur retour au-dessus du sol français. Une escadrille de la défense de Paris s'élance, et à l'aide des canons antiaériens au sol, en abat un. Tôt le matin, il s'écrasera en flammes sur Compiègne, dans un jardin, à la vue de nombreux témoins. Les pompiers éteindront cet amas de ferraille en feu qui attira une foule de curieux.

Mardi 2 juin

Sainte Blandine

Froid mai, chaud juin amènent pain et vin.

05 h 51
21 h 46
Gémeaux
2e décan

Au quotidien
Le champignon de Paris

Contrairement à bon nombre de leurs congénères, qui poussent naturellement dans les forêts ou les prairies, les champignons de Paris, ou de couche, font partie des champignons de culture. Sous Napoléon, ils étaient cultivés à grande échelle dans les carrières désaffectées de la capitale, puis dans ses proches abords, en particulier à Montrouge. En effet, les grognards (soldats de l'Empereur) avaient découvert le compost idéal pour favoriser la production : paille, humidité et crottin de cheval. C'est à cette culture parisienne que le champignon doit son nom, même s'il est aujourd'hui produit à 60 % dans le Val de Loire. Les champignons de Paris sont de deux sortes : le blanc et le blond, que l'on dit plus parfumé.

En tous sens
Encornets à la basquaise

Pour 4 personnes. Ingrédients : 1 oignon ; 1 gousse d'ail ; 1 poivron rouge ; 125 g de chorizo ; 2 c. à s. d'huile d'olive ; 1 kg d'anneaux d'encornets ; 2 c. à c. de concentré de tomate ; 15 cl de vin blanc sec ; 800 g de tomates concassées en boîte ; 50 g d'olives noires ; 1 pincée de piment d'Espelette ; sel ; poivre.

- Epluchez l'oignon et l'ail, puis émincez-les.
- Lavez le poivron, épépinez-le et coupez-le en lamelles. Pelez le chorizo et coupez-le en petits dés.
- Faites chauffer l'huile dans une sauteuse et faites-y cuire les encornets à feu vif, en remuant de temps en temps, jusqu'à ce qu'ils rendent leur eau (10 minutes environ). Retirez le jus de la sauteuse et réservez-le.
- Ajoutez l'ail et l'oignon et faites revenir pendant 2 minutes.
- Incorporez ensuite le concentré de tomates et le vin blanc et laissez bouillonner pendant 1 minute.
- Ajoutez les tomates en boîte, le chorizo, le poivron, les olives, le piment d'Espelette, du sel, du poivre.
- Versez 2 louches du jus réservé et mélangez. Laissez mijoter à feu moyen pendant 20 minutes à couvert, puis ôtez le couvercle et poursuivez la cuisson pendant 15 minutes avant de servir.

A faire aujourd'hui

8 h ....
9 h ....
10 h ....
11 h ....
12 h ....
13 h ....
14 h ....
15 h ....
16 h ....
17 h ....
18 h ....
19 h ....
20 h ....
Notes ....

C'ÉTAIT HIER

La langue occitane

Périgord

L'occitan, ou langue d'oc, touche le sud de la France, de la Gironde aux Alpes, en passant par le Limousin. D'origine romane, cette langue se développe autour du XIIe siècle grâce à sa riche littérature et aux troubadours qui la chantent dans de nombreuses cours d'Europe. Elle devient ensuite une langue juridique, de sciences et de commerce, allant jusqu'à concurrencer le latin au Moyen Age. Sa pratique a diminué, mais elle reste encore présente en France, en Italie, en Espagne et à Monaco.

05 h 51
21 h 47
Gémeaux
2e décan

Mercredi 3 juin

Saint Kévin

Qui en juin se porte bien
au temps chaud ne craindra rien.

A faire aujourd'hui

8 h ...
9 h ...
10 h ...
11 h ...
12 h ...
13 h ...
14 h ...
15 h ...
16 h ...
17 h ...
18 h ...
19 h ...
20 h ...

Notes ...

La France en vert

Les travaux de la première quinzaine de juin

- Semez les bisannuelles : digitales, pieds-d'alouette, giroflées.
- Divisez les iris.
- Taillez les arbustes à floraison printanière comme les lilas.
- Semez les plantes annuelles à croissance rapide comme les zinnias, les buglosses.
- Déterrez les bulbes de jacinthe.
- Semez en place le houblon et le haricot d'Espagne.
- Protégez les fraisiers des oiseaux par un filet.
- Tuteurez les pieds de tomate et d'aubergine.
- Semez du maïs doux.

Au quotidien

Visser dans des endroits difficiles d'accès

Commencez par faire un petit trou dans le mur avec la pointe du tournevis, puis placez la vis au bout du tournevis en intercalant un morceau de ruban adhésif double face entre eux. La vis ainsi maintenue, il sera plus facile de la mettre en place.

En tous sens

La cuisine bourgeoise au XIXe siècle

Après la Révolution française, les bourgeois prirent une place prépondérante dans l'économie française. Ils utilisèrent la gastronomie et les arts de la table, entre autres, pour asseoir leur suprématie. Les produits raffinés étaient de mise lors de leurs repas : foie gras, truffes, langouste se succédaient. Pour le service, les couverts spécifiques (service à dessert, à café…) firent leur apparition. Le service de table était quant à lui composé de verrerie fine, d'argenterie et de linge de maison d'une blancheur immaculée.

C'ÉTAIT HIER

La gare de Perrache

Lyon (Rhône)

Gare principale et historique de Lyon, « Perrache », comme on l'appelle, fut inaugurée en 1857. Installée dans le quartier du même nom, elle se situe au kilomètre 510 sur la ligne Paris-Marseille. Au fil des décennies, elle se modernise pour accueillir des trains toujours plus rapides, jusqu'en octobre 1981 où le tout premier TGV en provenance de Paris arrive en moins de 2 heures. Aujourd'hui à l'ombre de la nouvelle gare Lyon-Part-Dieu, elle assure autour de 300 départs quotidiens.

Jeudi 4 juin

Sainte Clotilde

A la Sainte-Clotilde, de fleur
en buisson, abeille butine à foison.

05 h 50
21 h 48
Gémeaux
2e décan

Pour le plaisir

Bonne nouvelle : le bonheur attend le nombre des années !

Les seniors auraient-ils découvert le secret du bonheur ? C'est ce que laisse penser une étude récente. Passé la cinquantaine, on a tendance à être plus optimiste et à se concentrer sur les points positifs plutôt que de rester bloqué sur les obstacles à surmonter. On saurait également mieux s'entourer à partir d'un certain âge...

Patrimoine

Au diable Vauvert, légende d'Ile-de-France

Aux environs de Paris, le château de Vauvert était au Moyen Age un objet de terreur pour les habitants du voisinage. On y entendait des bruits étranges, on y voyait les fenêtres s'éclairer vivement la nuit, et des fantômes enchaînés y poussaient des gémissements et des cris effroyables. Les démons, paraît-il, venaient y faire leur sabbat. Aussi fuyait-on ce lieu maléfique. Dès qu'ils prirent connaissance de cette situation, les moines de l'ordre des Chartreux, qui ne craignaient pas Satan, demandèrent au roi Saint Louis de leur céder le château. En contrepartie, ils promirent d'en chasser le diable. Le roi accepta. Devant les vertus des moines et devant l'eau bénite, les démons et les spectres prirent peur et quittèrent aussitôt les lieux.

A faire aujourd'hui

8 h ....
....
9 h ....
....
10 h ....
....
11 h ....
....
12 h ....
....
13 h ....
....
14 h ....
....
15 h ....
....
16 h ....
....
17 h ....
....
18 h ....
....
19 h ....
....
20 h ....
....
Notes ....
....
....

Au quotidien

Comment redonner vie à votre mascara ?

Versez quelques gouttes de sérum physiologique dans le tube et remuez légèrement avec le pinceau. Votre mascara retrouvera sa texture normale.

La France en vert

Renoncez aux sacs en plastique

Lorsque vous allez faire vos courses, emportez un sac pliable, un cabas ou encore un sac en tissu. Cela vous permettra de réduire de 2 kg votre consommation annuelle de matières plastiques !

C'ÉTAIT HIER

Les tuileries

Boutigny-Prouais (Eure-et-Loir)

La France comptait jadis de nombreuses fabriques de tuiles dont les formes, les tailles ou les matières variaient selon les régions. Mais toutes étaient moulées à la main. Une fois la terre travaillée, les tuiles étaient étendues côte à côte sur un grand espace de séchage avant d'être affinées puis stockées. Aujourd'hui, plusieurs lieux tirent leur nom d'anciens sites de fabrication, comme à Paris, où le jardin des Tuileries accueillait au Moyen Age la principale fabrique de la capitale.

Printemps

05 h 49
21 h 49
Gémeaux
2e décan

Vendredi 5 juin

Saint Igor

Juin humide et chaud
n'appauvrit pas le paysan.

A faire aujourd'hui

8 h

9 h

10 h

11 h

12 h

13 h

14 h

15 h

16 h

17 h

18 h

19 h

20 h

Notes

Patrimoine

Quiz – Le Languedoc-Roussillon

1. Lequel de ces départements ne fait pas partie de la région Languedoc-Roussillon ?
a. l'Ardèche
b. l'Aude
c. la Lozère

2. Quelle est la superficie du Languedoc-Roussillon ?
a. 17 376 km^2
b. 27 376 km^2
c. 37 376 km^2

3. Lequel de ces chanteurs n'est pas né en Languedoc-Roussillon ?
a. Georges Brassens
b. Boby Lapointe
c. Léo Ferré

Solution : 1 a, 2 b, 3 c.

En tous sens

Pour se détendre

Vous êtes stressé ou angoissé ? Versez 3 à 5 gouttes d'huile essentielle de lavande, réputée pour ses vertus calmantes et sédatives, dans un diffuseur. Laissez diffuser pendant 20 minutes environ.

La France en vert

Rendez-vous au travail à vélo !

Avec les beaux jours, remisez votre voiture au garage et enfourchez votre bicyclette ! Vous préserverez ainsi l'environnement tout en faisant du sport, mais gagnerez aussi du temps : on estime que sur un trajet de 1 à 5 kilomètres en ville, le vélo est plus rapide que la voiture. Le temps passé à chercher une place de stationnement est aussi bien moindre avec un deux-roues.

C'ÉTAIT HIER

La cueillette des fraises

Plougastel-Daoulas (Finistère)

Dès le milieu du XIXe siècle, les fraises constituèrent le gagne-pain principal des agriculteurs de Plougastel. La cueillette commençait à la mi-avril pour certaines variétés et se terminait fin septembre. Toute la famille était mise à contribution pour ramasser à la main les fruits, qui étaient ensuite vendus sur les marchés de Brest ou de Landerneau. La production prit de l'ampleur et, bientôt, les fraises locales ravitaillèrent toute la France et même l'Angleterre !

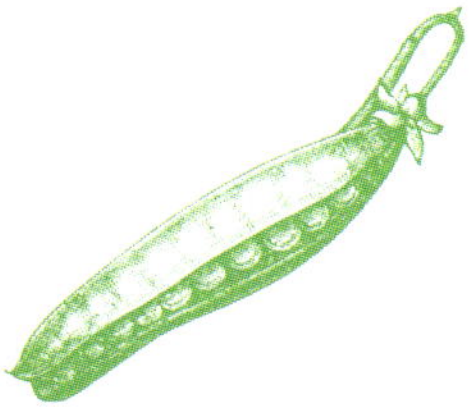

Samedi 6 juin

Saint Norbert

Les bains que prend saint Norbert
inondent toute la terre.

05 h 49
21 h 50
Gémeaux
2e décan

La Nuit de l'Aubrac

Charles Nemes

Découverte ou pèlerinage, Gabrielle et Marie avaient chacune sa motivation pour le détour. Elles avaient quitté la départementale avant d'atteindre Laguiole et s'étaient joyeusement dirigées vers le plateau. Avec l'été qui s'approchait, le ciel parsemé de cumulus sculpturaux faisait plisser les yeux. Comme les fillettes qu'elles étaient lors de leur rencontre au pensionnat, Gabrielle et Marie s'amusèrent à deviner des formes humaines ou animales dans les nuages imposants. « Dagobert ! Qui ça ? Le chien du *Club des cinq* ! Et là, un gendarme à moustaches ! Oh, regarde, mademoiselle Gidolin ! La peste Gidolin, tu veux dire ! » De terrible mémoire, l'infortunée Germaine Gidolin était la surveillante principale de l'internat où Marie et Gabrielle avaient été voisines de dortoir du primaire au baccalauréat. Se lançant à la poursuite de la Gidolin dans le ciel, Gabrielle tourna brusquement à droite sur une route étroite qui sinuait entre les pâtures parsemées de rochers granitiques, bordées par des murets en pierres sèches. Marie déplia la carte et tenta d'y retracer leur parcours. Gabrielle la lui arracha d'une main et la jeta sur la banquette arrière.

— Arrête de jouer la raisonnable, tout va bien.

Il était des moments où l'on ne pouvait contredire Gabrielle ; Marie se força à sourire tout en mémorisant le trajet. Après un kilomètre, on avait croisé une route plus étroite encore puis on avait tourné à gauche…

— Tu fais la tête, Marinette, je n'ai pas besoin de te regarder pour le savoir et ta mine réjouie ne me dupe pas.

Un coup d'œil et un geste pour accompagner la phrase, une secousse sur le volant, un écart, la carrosserie frôla le bas-côté, un coup de frein et l'on était reparti. Gabrielle conduisait mal, mais elle possédait son propre véhicule quand Marie en partageait un avec son mari. Et ce que Gabrielle possédait, elle le conduisait. Pourtant, songeait Marie en tentant de préserver sa bonne humeur, a-t-on jamais attrapé un nuage en le poursuivant en bagnole ? Elle courait toujours sa chance, Gabrielle, et c'était aussi pour cela que Marie l'aimait tant.

Extrait du roman *La Nuit de l'Aubrac* de Charles Nemes
paru aux Presses de la Cité dans la collection Terres de France

A faire aujourd'hui

Samedi

8 h ……
9 h ……
10 h ……
11 h ……
12 h ……
13 h ……
14 h ……
15 h ……
16 h ……
17 h ……
18 h ……
19 h ……
20 h ……

Dimanche

8 h ……
9 h ……
10 h ……
11 h ……
12 h ……
13 h ……
14 h ……
15 h ……
16 h ……
17 h ……
18 h ……
19 h ……
20 h ……

Notes

Saint Gilbert

Dimanche 7 juin

05 h 48
21 h 51
Gémeaux
2e décan

05 h 48
21 h 51
Gémeaux
2e décan

Lundi 8 juin

Saint Médard

S'il pleut à la Saint-Médard,
la récolte diminue d'un quart.

A faire aujourd'hui

8 h ....

9 h ....

10 h ....

11 h ....

12 h ....

13 h ....

14 h ....

15 h ....

16 h ....

17 h ....

18 h ....

19 h ....

20 h ....

Notes ....

Patrimoine

Fayl-Billot, capitale de la vannerie française (Haute-Marne)

La tradition du travail de l'osier à Fayl-Billot remonte aux années 1670, lorsqu'un frère vannier s'installa dans la région et créa une communauté à qui il transmit son savoir-faire. A leur tour, les moines diffusèrent leurs connaissances aux habitants de la ville. La vannerie n'y prit toutefois un vrai essor qu'au XIXe siècle, avec l'arrivée du train qui permit le commerce des produits en osier à grande échelle. A l'aube des années 1930, 1 800 vanniers officiaient encore en Haute-Marne. Aujourd'hui, la tradition perdure notamment grâce à la création de l'école nationale d'osiériculture et de vannerie de Fayl-Billot.

En tous sens

Les vins d'Alsace

Haut perchée, la vigne alsacienne, cultivée sur des collines bordant le massif des Vosges, profite d'un ensoleillement intense, propice à une lente maturation des raisins. Les sols sur lesquels elle pousse peuvent être argileux, calcaires, marneux, granitiques, schisteux et volcaniques, ce qui explique la grande variété des vins alsaciens. Quatre cépages sont qualifiés de nobles : le riesling, offrant un bouquet délicat et musqué ; le muscat, le plus ancien des vins de la région ; le pinot gris ; le gewurztraminer. Les trois autres sont le pinot (noir et blanc), le sylvaner et le chasselas.

C'ÉTAIT HIER

A la plage

Les Sables-d'Olonne (Vendée)

Située sur la Côte de Lumière, la grande plage des Sables-d'Olonne, longue de plus de 3 kilomètres et orientée plein sud, attire les visiteurs depuis le début du XIXe siècle. En 1825, sur le modèle anglais, y sont créés les premiers établissements de bains qui feront de cette station balnéaire une destination mondaine. En 1866, avec l'arrivée du train, le tourisme s'accentue et « Les Sables » accueillent de plus en plus de vacanciers sur ce que l'on considérait à l'époque comme la plus belle plage d'Europe.

Mardi 9 juin

Sainte Diane

S'il tonne en juin, paille et foin.

05 h 48
21 h 52
Gémeaux
2e décan

Patrimoine

Quiz – Les départements

1. Quel département a pour numéro le 41 ?
a. le Jura
b. le Loir-et-Cher
c. le Lot

2. Quel département n'est pas limitrophe de l'Aveyron ?
a. l'Hérault
b. la Corrèze
c. le Tarn

3. Quel nom portait le département des Alpes-de-Haute-Provence avant 1970 ?
a. les Basses-Alpes
b. les Alpes-Méridionales
c. les Alpes-Inférieures

Solution : 1 b, 2 b, 3 a.

En tous sens

Les cerises d'Itxassou (Pyrénées-Atlantiques)

Parmi les variétés produites dans ce petit village du Pays basque, on trouve notamment la xapata, un fruit jaune orangé à la saveur légèrement acide, ainsi que la peloa, rouge sombre, et la beltxa, de couleur presque noire. Ces deux dernières variétés sont utilisées pour préparer la confiture de cerises noires qui fait la réputation d'Itxassou.

La France en vert

Le village de Veules-les-Roses (Seine-Maritime)

Situé sur la Côte d'Albâtre, Veules-les-Roses était autrefois un village de pêcheurs et de tisserands avant de devenir une station balnéaire. Ce n'est toutefois pas du côté de la plage qu'il faut se rendre pour apprécier la beauté des lieux : les traditionnelles chaumières à colombages, les moulins sur la Veules, les lavoirs ou les jardins sont à admirer dans le bourg historique.

A faire aujourd'hui

8 h ....
9 h ....
10 h ....
11 h ....
12 h ....
13 h ....
14 h ....
15 h ....
16 h ....
17 h ....
18 h ....
19 h ....
20 h ....
Notes ....

C'ÉTAIT HIER

Transport du bois

Mont-Dore (Puy-de-Dôme)

Autrefois, selon les régions et l'environnement, le transport du bois se pratiquait de différentes manières. En montagne, les bûches se charriaient sur de petites charrettes, dont on freinait la descente sur les sentiers en basculant la masse arrière sur le sol. Parfois, des traîneaux chargés de pièces étaient descendus le long d'un escalier fait de rondins facilitant les pauses. En vallée, les rivières étaient utilisées pour un transport par flottaison.

05 h 47
21 h 53
Gémeaux
2e décan

Mercredi 10 juin

Saint Landry

Ciel du 10 juin boudeur, foin mal sec et sans saveur.

A faire aujourd'hui

8 h ....

9 h ....

10 h ....

11 h ....

12 h ....

13 h ....

14 h ....

15 h ....

16 h ....

17 h ....

18 h ....

19 h ....

20 h ....

Notes ....

En tous sens

La cannelle

Connue depuis l'Antiquité, c'est l'une des épices les plus utilisées dans les préparations culinaires. Dotée d'une saveur douce, légèrement sucrée et boisée, la cannelle peut accompagner aussi bien les plats salés (tajines, ragoûts) que sucrés (riz au lait, compotes, tartes) ou même les boissons (rhum, vin chaud). A l'achat, elle se présente sous forme de bâton ou moulue.

Au quotidien

Atténuer les cernes

Utilisez 3 ou 4 rondelles de concombre très froides, et appliquez-les sur les yeux tous les soirs pendant 15 minutes durant une semaine. Vous pouvez également masser le contour de vos yeux en effectuant des tapotements doux du coin interne vers l'extérieur.

La France en vert

Optimisez la cuisson des aliments !

Utilisez des casseroles et des poêles à fond plat pour exploiter au maximum les capacités de votre cuisinière. Lorsque vous faites bouillir de l'eau, n'oubliez pas de mettre un couvercle : la consommation d'énergie sera divisée par quatre. D'autre part, si vous possédez des plaques électriques (hormis les plaques à induction), sachez qu'elles continuent de chauffer pendant quinze minutes après extinction, alors n'hésitez pas à éteindre votre plaque un peu avant la fin de la cuisson.

C'ÉTAIT HIER

Les fileuses

Berry

Ce métier était principalement pratiqué par les femmes. Il consistait à filer la laine pour en faire des bobines, à l'aide d'une quenouille et d'un fuseau. D'une main, on étendait la laine et de l'autre on enroulait le fil tout en conservant sa régularité. Au XVe siècle, l'utilisation du rouet facilita la production, assurant à la fois le bobinage et le filage. Ce métier offrit à la langue française des expressions telles que « se faire embobiner » et « avoir une drôle de bobine ».

Jeudi 11 juin

Saint Barnabé

A Saint-Barnabé, canards potelés.

05 h 47
21 h 53
Gémeaux
3e décan

La France en vert

De sympathiques auxiliaires

Pour que votre verger prospère, vous devez attirer les "auxiliaires" : insectes, oiseaux, reptiles, batraciens et rongeurs, qui luttent contre les nuisibles tout en préservant la biodiversité. Pour cela, créez des haies d'arbres à fleurs et de plantes nectarifères pour attirer les insectes pollinisateurs et les oiseaux insectivores. Les herbes aromatiques feront venir les papillons et les mauvaises herbes bénéficieront au cycle de vie des insectes.

Au quotidien

Les boutons d'acné

Pour en venir à bout, il vous suffit d'appliquer dessus une compresse imbibée de jus de citron (réputé asséchant et antiseptique) plusieurs fois par semaine.

En tous sens

La godinette bretonne

Pour 6 à 8 personnes. Ingrédients : 500 g de fraises de Plougastel ; 25 cl d'eau-de-vie ; 250 g de sucre en poudre ; 20 cl de muscadet.

- Rincez rapidement les fraises, puis essuyez-les.
- Equeutez-les, coupez-les en deux ou en quatre selon leur taille et mettez-les dans un grand saladier.
- Ajoutez l'eau-de-vie et le sucre, mélangez, puis laissez macérer pendant 24 heures.
- Ajoutez le muscadet, remuez délicatement, puis réservez au frais pendant encore 24 heures.
- Répartissez dans des verres et servez bien frais.

Patrimoine

Paul Cézanne et la Provence

Né en 1839 à Aix-en-Provence, Paul Cézanne fréquente le collège Bourbon, où il se lie d'amitié avec Emile Zola. En 1862, il abandonne une carrière juridique entreprise sans enthousiasme et part pour Paris. Il y rencontre Pissarro, Renoir, Monet et Sisley. Lorsqu'il n'est pas dans la capitale, il s'installe à l'Estaque, quartier de Marseille. Sa première exposition se heurte à l'incompréhension du public, mais lui vaut l'estime des artistes. Sa renommée devient alors internationale. Plus d'une centaine des œuvres de Paul Cézanne ont pour inspiration la Provence ou ont été peintes dans la région.

A faire aujourd'hui

8 h ....

9 h ....

10 h ....

11 h ....

12 h ....

13 h ....

14 h ....

15 h ....

16 h ....

17 h ....

18 h ....

19 h ....

20 h ....

Notes ....

C'ÉTAIT HIER

La plage Fleurie

Deauville (Calvados)

Installée sur la Côte Fleurie, la station balnéaire de Deauville prit le surnom de « Plage Fleurie ». Depuis le début du XXe siècle, elle est considérée comme l'une des plus prestigieuses de France, avec sa longue plage, ses Planches, ses belles villas et son casino. Les têtes couronnées et les Parisiens s'y bousculent, Coco Chanel y ouvre sa première boutique en 1913, tout comme Van Cleef & Arpels. S'ensuit l'ouverture de l'hôtel de luxe le Normandy. Les Années folles sont lancées !

Printemps

☀ 05 h 47
21 h 54
Gémeaux
3e décan

Vendredi 12 juin

Saint Guy

De juin le vent du soir est pour le grain bon espoir.

A faire aujourd'hui

8 h ....

9 h ....

10 h ....

11 h ....

12 h ....

13 h ....

14 h ....

15 h ....

16 h ....

17 h ....

18 h ....

19 h ....

20 h ....

Notes ....

Patrimoine

Les communes de France en question

Quelle ville accueille chaque année en juin le festival international du livre et du film Etonnants Voyageurs ?

Solution : Saint-Malo.

La France en vert

Le chaos de Huelgoat (Finistère)

Dans le pays d'Armor, au cœur des terres bretonnes, se cache un paysage singulier fait d'énormes blocs de granit recouverts de mousses émeraude. On déambule à pied dans ce lieu labyrinthique où chaque recoin évoque une légende : la grotte du Diable, la rivière d'Argent, le Ménage de la Vierge, la Pierre tremblante ou la mare aux Fées se succèdent le long de sentiers bien balisés et accessibles à tous.

Au quotidien

De jolis pots pour vos aromates

Nettoyez avec soin quelques pots en terre cuite et séchez-les. Munissez-vous de peinture ardoise et peignez les pots : vous pouvez les recouvrir entièrement de peinture ou dessiner des formes d'étiquette. Passez deux à trois couches de peinture et laissez sécher quelques heures. Ecrivez ensuite à la craie le nom des aromates que vous allez planter dans les pots.

Pour le plaisir

Devinette

Nous sommes deux frères. L'un ne voit pas l'autre mais on peut nous voir en même temps. Quand nous ouvrons nos volets, on peut y apercevoir le reflet du monde. Qui sommes-nous ?

Solution : les yeux.

C'ÉTAIT HIER

La centrale téléphonique

Strasbourg (Bas-Rhin)

Les centrales téléphoniques dépendaient jadis des opératrices qui mettaient en relation les différents correspondants. Ces « demoiselles du téléphone » étaient recrutées selon des critères précis : elles devaient être célibataires (un mariage leur faisait perdre leur emploi), de bonne éducation et à la morale irréprochable. Leur rôle consistait à recevoir l'appel entrant, à en prendre la demande, à se mettre en relation avec la personne à contacter, puis à connecter les deux correspondants.

Samedi 13 juin

Saint Antoine de Padoue

Saint-Antoine sec et beau remplit caves et tonneaux.

05 h 47
21 h 55
Gémeaux
3e décan

Marie di Lola
Michèle Castelli

A l'Ile-Rousse, il y a plusieurs points d'eau, possédant chacun sa spécificité : Eau des repas, qui coule de la pompe, toujours fraîche, même au plus fort de la canicule, des *sullioni* de l'été.

Eau qui embue les verres, sur la table, et que l'on boit à grands traits.

Avant les repas, Lola demande : « Qui veut aller à la pompe ? » Nous répondons toujours avec empressement, y allant à deux, provoquant au besoin cette course, en renversant l'eau qui restait dans la cruche. A la pompe, nous sommes sûres de retrouver nos amies, d'apprendre les dernières nouvelles. Les jeunes filles, portant leur cruche sur la tête, patientent devant la fontaine, attendent leur tour. Il y a aussi tout un code de politesse que nous n'avons garde d'oublier ; céder sa place aux femmes âgées, pomper pour les autres, remercier lorsque le service vous est rendu en retour.

Ne pas pomper pour quelqu'un qui remplit sa cruche équivaut à une déclaration hostile. De même, un jeune homme ne doit pas pomper trop fréquemment pour la même jeune fille, c'est compromettant. Autour de la pompe, se répandent les nouvelles, s'établissent les projets, se nouent les amitiés, se font et se défont les réputations.

Les jeunes gens, assis sur les bancs de la place, ou groupés sous l'arbre « fainéant », nous regardent passer en se poussant du coude ; les plus hardis lancent, à voix haute, quelques plaisanteries. Nos regards parfois lourds de messages se croisent, mais nous ne nous parlons pas : nos mères trouveraient à redire à une telle conduite !

Extrait du roman de *Marie di Lola* de Michèle Castelli
paru aux Presses de la Cité dans la collection Terres de France

A faire aujourd'hui

Samedi
8 h ....
9 h ....
10 h ....
11 h ....
12 h ....
13 h ....
14 h ....
15 h ....
16 h ....
17 h ....
18 h ....
19 h ....
20 h ....

Dimanche
8 h ....
9 h ....
10 h ....
11 h ....
12 h ....
13 h ....
14 h ....
15 h ....
16 h ....
17 h ....
18 h ....
19 h ....
20 h ....

Notes

Saint Elisée

Dimanche 14 juin

05 h 47
21 h 55
Gémeaux
3e décan

Printemps

05 h 46
21 h 56
Gémeaux
3e décan

Lundi 15 juin

Sainte Germaine

En juin, pluie au soleil unie fait prévoir récolte bénie.

A faire aujourd'hui

8 h ....
9 h ....
10 h ....
11 h ....
12 h ....
13 h ....
14 h ....
15 h ....
16 h ....
17 h ....
18 h ....
19 h ....
20 h ....
Notes ....

La France en vert

Le long du canal du Midi

Pour découvrir ce cours d'eau artificiel de 240 kilomètres reliant Toulouse et la Méditerranée et classé au patrimoine mondial de l'humanité, vous pouvez choisir de naviguer à bord d'une péniche sur une partie du tracé, ou décider de longer le canal à pied, à vélo ou à rollers. En effet, une voie verte a été conçue à cet effet : large de 3 mètres et recouverte de bitume, elle est fermée à la circulation des voitures.

Au quotidien

Quelle aide au logement pour les étudiants ?

L'allocation logement est attribuée au titre de la résidence principale. Un étudiant doit être titulaire d'un bail, l'allocation n'étant pas versée s'il est hébergé par votre famille, votre conjoint(e) ou votre concubin(e), même si vous payez un loyer. Pour un étudiant, est considérée comme résidence principale une maison ou un appartement, un logement dans une résidence universitaire, un logement en foyer ou un meublé.

Pour le plaisir

La bonne pensée du jour !

"Il est dur d'échouer, mais il est pire de n'avoir jamais tenté de réussir", disait Franklin Roosevelt. Ou comment dire différemment qu'il vaut mieux vivre avec des remords qu'avec des regrets !

C'ÉTAIT HIER

Ferme landaise

Arjuzanx (Landes)

Quand on parle de maison landaise, on évoque bien souvent l'oustaù des Landes de Gascogne, cet habitat traditionnel à colombages, tout en longueur, construit d'un torchis de paille et d'argile, et peint aux couleurs de la région. Caractérisée par une charpente en chêne inspirée de la marine, munie d'un toit à trois pans en queue de palombe, la maison landaise est ouverte à l'est et bâtie autour d'une salle principale qui accueille une cheminée, une grande table et autrefois du bétail.

Mardi 16 juin

Saint Jean François Régis

Beau temps trois jours durant avant la Saint-Jean, bon grain pour l'an.

05 h 46
21 h 56
Gémeaux
3e décan

Printemps

Patrimoine
Les jouets en bois du Jura

La tournerie du bois est une tradition séculaire dans le Jura et les premiers jouets en bois de la région furent fabriqués au XIVe siècle par des paysans tourneurs. Au XIXe siècle, la tournerie rurale se développa et se spécialisa, entre autres, dans les jouets : jeux d'échecs, bilboquets, quilles, toupies, etc. Au XXe siècle, la pratique artisanale se mua en industrie. L'introduction du plastique modifia la donne, mais les entreprises locales surent s'adapter. Pour faire face à la mondialisation, elles misent aujourd'hui sur l'originalité et la haute qualité.

En tous sens
Salade landaise

Pour 4 personnes. Ingrédients : 1 laitue ; 1 salade trévise ; 16 tranches de magret de canard fumé ; 12 gésiers de canard confits ; 4 tranches de foie gras de canard ; 4 tranches de jambon cru ; 1 c. à soupe d'huile ; 3 c. à soupe de vinaigre de vin ; sel ; poivre du moulin.

- Lavez les salades et essorez-les soigneusement. Effeuillez-les délicatement et mettez-les dans un grand saladier.
- Faites cuire les gésiers coupés en fines lamelles dans une sauteuse, à feu doux.
- Egouttez-les et réservez-les au chaud.
- Poêlez les tranches de magret à feu vif.
- Poêlez les tranches de foie gras à feu doux.
- Mélangez l'huile, le vinaigre, du sel et du poivre dans un bol et assaisonnez les salades.
- Répartissez les salades dans 4 assiettes.
- Répartissez dans chacune les lamelles de gésiers, le jambon cru, les morceaux de magret et, enfin, les tranches de foie gras.
- Poivrez et servez.

A faire aujourd'hui

8 h ....
....
9 h ....
....
10 h ....
....
11 h ....
....
12 h ....
....
13 h ....
....
14 h ....
....
15 h ....
....
16 h ....
....
17 h ....
....
18 h ....
....
19 h ....
....
20 h ....
....
Notes ....
....
....

Pour le plaisir
Devinette

Parfois cloche, il ne sonne pourtant jamais. Quand il est melon, on ne peut pas le manger. Qui est-il ?

Solution : le chapeau.

C'ÉTAIT HIER

Pêche et thalasso

Berck-sur-Mer (Pas-de-Calais)

Au début du XXe siècle, Berck-sur-Mer était le premier port d'échouage de France et comptait une centaine de bateaux de pêche. Les navires avaient la particularité de présenter un fond plat, ce qui leur permettait à marée basse de reposer sur le sable. C'était aussi une station balnéaire prisée des estivants et un centre de thalassothérapie de renom. Ses eaux très iodées étaient utilisées depuis le Second Empire pour le traitement de la tuberculose osseuse.

05 h 46
21 h 57
Gémeaux
3e décan

Mercredi 17 juin

Saint Hervé

Temps de Saint-Hervé
n'est pas toujours mauvais.

A faire aujourd'hui

8 h ....

9 h ....

10 h ....

11 h ....

12 h ....

13 h ....

14 h ....

15 h ....

16 h ....

17 h ....

18 h ....

19 h ....

20 h ....

Notes ....

En tous sens

Les saveurs

On considère généralement qu'il y a quatre saveurs fondamentales : le sucré, le salé, l'acide (le citron, la groseille...) et l'amer (l'endive, le cacao...). Au début du xxe siècle, on y ajouta une cinquième saveur, l'umami, qui signifie savoureux en japonais, et qui serait présente dans les aliments riches en protéines.

La France en vert

Les travaux de la seconde quinzaine de juin

- Matérialisez l'emplacement des plantes vivaces défleuries et ayant perdu leur feuillage, comme les cœurs-de-Marie et les pavots d'Orient, afin d'éviter d'endommager leurs racines par des sarclages ou des binages.
- Plantez la clématite de montagne, la Suzanne-aux-yeux-noirs, la capucine des Canaries.
- Taillez les charmilles.
- Pincez les tomates.
- Taillez les cassis et les groseilliers après la récolte.

Patrimoine

Le parapluie à Aurillac

Son histoire commença dès le Moyen Age, lorsque des dinandiers s'installèrent dans la ville. Grâce au cuivre qu'ils fournissaient, des artisans fabriquèrent les pièces en cuivre nécessaires à la réalisation de parapluies. Les forêts du Cantal fournirent le bois utile pour les mâts et poignées, et l'on mit à profit le coton rapporté d'Espagne par des vendeurs de cheveux auvergnats pour faire les couvertures en toile. Au xixe siècle, la fabrication artisanale laissa place à une véritable industrie. Aujourd'hui, Aurillac fournit encore plus de la moitié des parapluies français.

C'ÉTAIT HIER

Jus de raisin

Nuits-Saint-Georges (Côte-d'Or)

L'une des premières entreprises de jus de fruits françaises naquit à Nuits-Saint-Georges, au cœur de la Bourgogne viticole. Après la Première Guerre mondiale, l'exportation d'alcool vers les Etats-Unis étant rendue impossible par la Prohibition, le vigneron Henri Challand se lança dans la fabrication de jus pour écouler sa production de raisins. Vendu en pharmacie comme un produit aux multiples vertus, ce jus de raisin prendra en 1926 le nom de Pampryl.

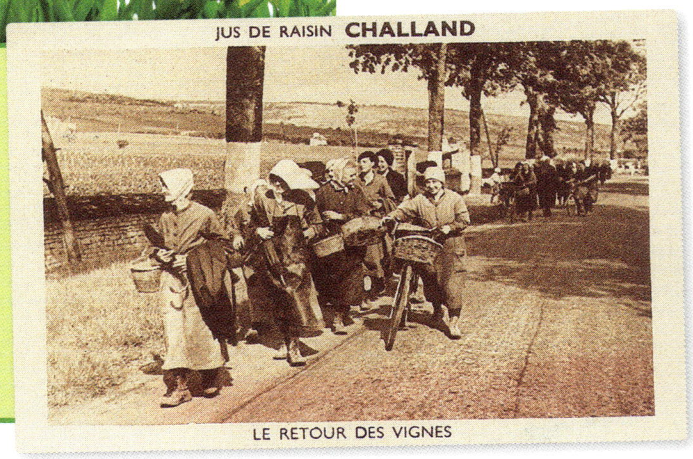

Jeudi 18 juin

Saint Léonce

Pluie de Saint-Léonce pour trente jours s'annonce.

05 h 46
21 h 57
Gémeaux
3e décan

Au quotidien

Une peau douce grâce à l'avoine

Pour hydrater efficacement votre peau, faites comme les habitants de la Grèce et de la Rome antiques, prenez un bain d'avoine ! Ajoutez à l'eau de votre bain 25 cl de lait, 200 g de flocons d'avoine et une généreuse cuillère à café de miel.

Patrimoine

Quiz – Vauban

1. Laquelle de ces citadelles, construites par Vauban, surnommait-il lui-même la “reine des citadelles” ?
a. la citadelle de Lille
b. la citadelle de Mont-Louis
c. la citadelle de Blaye

2. Lequel de ces forts n'a pas été conçu ou remanié par Vauban ?
a. le fort Médoc
b. le fort Paté
c. le fort Boyard

3. Laquelle de ces villes n'a pas été entièrement conçue par Vauban ?
a. Neuf-Brisach
b. Briançon
c. Longwy

Solution : 1 a, 2 c, 3 b (la ville a seulement été fortifiée par Vauban).

Pour le plaisir

Enigme

Deux canards se trouvent devant un canard, deux canards se trouvent derrière un canard et un canard est au milieu. Combien y a-t-il de canards en tout ?

Solution : 3.

A faire aujourd'hui

8 h ....
....
9 h ....
....
10 h ....
....
11 h ....
....
12 h ....
....
13 h ....
....
14 h ....
....
15 h ....
....
16 h ....
....
17 h ....
....
18 h ....
....
19 h ....
....
20 h ....
....
Notes ....
....
....

C'ÉTAIT HIER

Chateaubriand

Saint-Malo (Ille-et-Vilaine)

La place Chateaubriand doit son nom au célèbre écrivain malouin, qui vécut à l'hôtel White, au n° 2, de l'âge de trois à huit ans. A la suite d'un incendie, il retourna vivre avec sa famille à l'hôtel de Gicquelais, sa maison natale, sise aujourd'hui au 3, rue Chateaubriand. L'auteur des *Mémoires d'outre-tombe* fit élever son tombeau sur le Grand Bé, une île inhabitée au pied des remparts. Sa dépouille y fut transportée le 16 juillet 1848, après une messe grandiose donnée à sa mémoire.

Printemps

05 h 47
21 h 57
Gémeaux
3e décan

Vendredi 19 juin

Saint Romuald

Au moins de juin se mangent la fraise et l'avoine en grains.

A faire aujourd'hui

8 h ....

9 h ....

10 h ....

11 h ....

12 h ....

13 h ....

14 h ....

15 h ....

16 h ....

17 h ....

18 h ....

19 h ....

20 h ....

Notes ....

En tous sens

La fraise au fil du temps

Du temps des Romains, les fraises des bois étaient déjà largement utilisées pour les vertus thérapeutiques et cosmétiques qu'on leur prêtait. Ce n'est qu'au Moyen Age qu'elles firent leur entrée dans les potagers. Elles avaient alors la faveur des alchimistes ; à la Renaissance, on les appréciait davantage pour leurs qualités gustatives. La culture des fraises s'intensifia lors des siècles suivants et des variétés nouvelles furent introduites et mises au point, parmi lesquelles les célèbres fraises de Plougastel.

Patrimoine

Les communes de France en question

Quelle commune détient le record du nom le plus long de France ?

Solution : Saint-Remy-en-Bouzemont-Saint-Genest-et-Isson (Champagne-Ardenne).

Au quotidien

Nettoyer votre salon de jardin

Pour supprimer des taches noires, de graisse ou de poussière incrustées sur vos meubles de jardin en métal ou en PVC, utilisez de la pierre d'argent. Humidifiez une éponge avec de l'eau froide, frottez-la sur la pierre d'argent, puis passez-la en mouvements circulaires sur le mobilier de jardin. Rincez généreusement à l'eau froide.

La France en vert

La fête des roses à Saverne (Bas-Rhin)

Riche de près de 8 500 rosiers, la roseraie de Saverne célèbre chaque troisième dimanche de juin la fleur qui lui a valu le surnom de « cité des roses ». Tout au long de la journée, on peut assister à des visites guidées gratuites pour découvrir les variétés rares exposées. On peut également se restaurer sur place tout en profitant d'animations musicales et de démonstrations de danse.

C'ÉTAIT HIER

Les arènes

Nîmes (Gard)

Cet amphithéâtre romain bâti au Ier siècle est classé monument historique depuis 1840. Lors des Grandes Invasions, il est transformé en village fortifié, devenant un quartier de Nîmes à part entière, du Moyen Age jusqu'au XIXe siècle. En 1883, il est partiellement restauré et réhabilité pour des courses de taureaux. En forme d'ellipse, il est bâti sur deux étages, avec une soixantaine d'arches par niveau. Il reste l'un des mieux conservés au monde et accueille aujourd'hui corridas et concerts.

Samedi 20 juin

Saint Silvère

Pluie d'orage à la Saint-Silvère,
c'est beaucoup de vin dans le verre.

05 h 47
21 h 57
Gémeaux
3e décan

Printemps

La Fille du goémonier
Colette Vlérick

Yves pivota doucement vers le sud, tournant le dos à la mer. Madeleine écarquillait les yeux pour tenter de voir au-delà des fougères, vers l'intérieur des terres.

— Première question ! s'exclama Yves en prenant un ton de maître d'école. Première question ! Où sommes-nous ?

— Sur la côte de la Manche, dans le département du Finistère, monsieur, répondit Madeleine d'un ton très sérieux.

— Bien ! Passons à autre chose : combien d'habitants ?

— Ah, non ! Tu sais bien que j'oublie toujours ! C'est à toi de le dire. D'ailleurs, tu ne le sais pas non plus.

— Si. Environ cinq mille habitants. Tu vois ?

— Environ, c'est pas une réponse, monsieur !

— Tu as raison, mademoiselle !

— Alors, on joue !

— Bien, on joue.

Yves Larvor prit sa respiration.

— Qu'est-ce qu'il y a au sud-ouest ? Ce n'est pas loin d'ici, chanta-t-il sur un air de comptine.

— Il y a ceux de Lilia ! Ils sont sur la rivière ! répondit Madeleine de la même facon.

A une heure de marche de Trolouc'h, s'ouvre en effet le long estuaire de l'Aber-Wrac'h, dont le niveau monte et descend suivant la marée, et qui constitue la limite sud de la commune. Les hameaux de Lilia, l'autre village goémonier de Plouguerneau, s'échelonnaient sur la rive de l'aber en remontant sur la côte ouest, ponctuée par le petit phare de l'île Vierge. Pour Madeleine, même si « ceux » de Lilia et « ceux » de Tréménac'h, son quartier, ne pouvaient se comparer, on restait quand même en pays de connaissance car, là-bas comme ici, le travail était le même. On vivait de la même façon, à récolter le goémon et à cultiver de petits champs de terre sableuse. Comment imaginer une autre vie ?

Extrait du roman *La Fille du goémonier* de Colette Vlérick
paru aux Presses de la Cité dans la collection Terres de France

A faire aujourd'hui

Samedi

8 h
9 h
10 h
11 h
12 h
13 h
14 h
15 h
16 h
17 h
18 h
19 h
20 h

Dimanche

8 h
9 h
10 h
11 h
12 h
13 h
14 h
15 h
16 h
17 h
18 h
19 h
20 h

Notes

Eté

Dimanche 21 juin

05 h 47
21 h 58
Gémeaux
3e décan

Été

05 h 47
21 h 58
Cancer
1er décan

Lundi 22 juin

Saint Alban

A la Saint-Alban, on peut poser ses vêtements.

A faire aujourd'hui

8 h ....

9 h ....

10 h ....

11 h ....

12 h ....

13 h ....

14 h ....

15 h ....

16 h ....

17 h ....

18 h ....

19 h ....

20 h ....

Notes ....

En tous sens

Le nougat de Montélimar

Il existe quantité de nougats en France, mais celui de Montélimar est certainement le plus réputé ! Sa recette aurait été finalisée dans la deuxième moitié du XVIIe siècle. Les ingrédients de base sont le miel, le sucre et le blanc d'œuf, mais une stricte réglementation impose que 28 % d'amandes douces et 2 % de pistaches entrent dans la composition de la pâte. Celle-ci est blanche et aérée, délicatement posée sur de minces feuilles de pain azyme. La qualité du nougat de Montélimar repose pour beaucoup sur celle des amandes utilisées pour le préparer. Elles doivent être sélectionnées minutieusement, triées, ébouillantées, mondées, séchées et légèrement grillées pour être dignes de la gourmandise à laquelle on les destine.

Patrimoine

La grotte Chauvet-Pont-d'Arc

Inviolée depuis la préhistoire, elle a été découverte fortuitement, en 1994, à Vallon-Pont-d'Arc (Ardèche) par trois archéologues. Sa richesse est telle que son étude ne cesse de livrer des secrets sur notre lointain passé. Ses fresques remontent à plus de 30 000 ans, ce qui les classe parmi les plus anciennes de l'histoire de l'humanité. Ces grottes, inaccessibles au public en raison de la fragilité des peintures et des gravures, ont été inscrites au patrimoine mondial de l'Unesco en 2014.

Pour le plaisir

Cancer (22 juin-23 juillet)

Cette année, vous privilégierez votre vie personnelle et laisserez l'aspect professionnel entre parenthèses. Pour les célibataires, les rencontres seront fructueuses. Si vous êtes en couple, votre conjoint aura toute votre attention et vos liens en seront renforcés.

C'ÉTAIT HIER

La mémoire d'un fleuve

Nice (Alpes-Maritimes)

Le Paillon est un fleuve côtier de 36,5 km de long, qui prend sa source dans les Préalpes et se jette dans la baie des Anges. A Nice, où son lit est intégralement couvert depuis 1971, c'était le repaire des lavandières. Les crues du Paillon, soudaines et brutales, faisaient régulièrement des ravages. Aussi, au XIXe siècle, un cavalier avait été engagé pour le surveiller et prévenir les femmes de l'arrivée imminente de la crue : *« Lou Paillon ven ! »* (Le Paillon arrive !), criait-il alors.

Mardi 23 juin

Sainte Audrey

Le sage dit qu'à la Sainte-Audrey,
mieux vaut suer que grelotter.

05 h 48
21 h 58
Cancer
1er décan

Été

Au quotidien

Dites au revoir aux fourmis

Pour éloigner en douceur les fourmis de votre garde-manger, installez des pots de menthe poivrée à proximité des fenêtres ou des fissures dans les murs. Vous pouvez aussi utiliser de l'huile essentielle de menthe poivrée déposée sur des boules de coton.

En tous sens

Artichauts à la barigoule (Provence)

Pour 4 personnes. Ingrédients : 8 petits artichauts ; 2 oignons ; 1 carotte ; 2 c. à s. d'huile d'olive ; 100 g de lardons nature ; 20 cl de vin blanc sec ; quelques brins de persil ; sel ; poivre.

- Lavez les artichauts. Coupez les feuilles dures à la base et la pointe des feuilles restantes.
- Epluchez l'oignon et pelez la carotte. Emincez l'oignon et coupez la carotte en rondelles.
- Faites chauffer l'huile dans une sauteuse et ajoutez l'oignon, la carotte et les lardons.
- Disposez les artichauts par-dessus, pointes vers le haut, en les serrant bien les uns contre les autres.
- Salez et poivrez, puis laissez cuire pendant 5 minutes avant d'ajouter le vin et 20 cl d'eau.
- Couvrez hermétiquement et laissez mijoter à feu doux pendant 1 h 15.
- Rincez le persil, séchez-le et détachez les feuilles.
- Servez les artichauts parsemés de persil.

La France en vert

Comment économiser l'eau de la machine à laver ?

En mettant des balles de caoutchouc dans le tambour de sa machine, on améliore le battage du linge, on économise de l'eau et on divise par deux la dose de lessive nécessaire pour un lavage. Ce type de balles est disponible dans le commerce, mais vous pouvez également les confectionner vous-même en récupérant de vieilles balles de tennis. Pour cela, ôtez la partie jaune de la balle et ne conservez que la balle en caoutchouc noire à l'intérieur.

A faire aujourd'hui

8 h ....
9 h ....
10 h ....
11 h ....
12 h ....
13 h ....
14 h ....
15 h ....
16 h ....
17 h ....
18 h ....
19 h ....
20 h ....
Notes ....

C'ÉTAIT HIER

Les porteurs d'eau

Bonifacio (Corse-du-Sud)

Dressée sur un piton rocheux, la citadelle de Bonifacio n'a connu pendant des siècles qu'un seul point d'eau de source pour s'alimenter. Située au pied de la ville, la fontaine se trouvait en bas de l'escalier aux 189 marches dit du Roi d'Aragon. Celui-ci aurait été façonné par des moines franciscains afin de pouvoir accéder à la source. Passé l'hiver et une fois les réserves d'eaux pluviales épuisées, des porteurs se chargeaient de charrier l'eau pour les Bonifaciens.

Été

05 h 48
21 h 58
Cancer
1er décan

Mercredi 24 juin

Saint Jean-Baptiste

**Si Saint-Jean manque sa ventée,
celle de Saint-Pierre ne sera pas volée.**

A faire aujourd'hui

8 h ....

9 h ....

10 h ....

11 h ....

12 h ....

13 h ....

14 h ....

15 h ....

16 h ....

17 h ....

18 h ....

19 h ....

20 h ....

Notes ....

Patrimoine

Quiz – Villes aux noms de saints

1. Quelle ville a vu naître le corsaire Robert Charles Surcouf et a fait ériger une statue à sa mémoire ?
a. Saint-Pol-de-Léon
b. Saint-Nazaire
c. Saint-Malo

2. Quelle ville était célèbre dans les années 1960 et 1970 pour son équipe de football dont les joueurs étaient surnommés les Verts ?
a. Saint-Etienne
b. Saint-Denis
c. Saint-Brieuc

3. Quelle ville accueille chaque année un grand pèlerinage de gens du voyage venus célébrer leur sainte patronne Sara ?
a. Sainte-Maxime
b. Saintes-Maries-de-la-Mer
c. Saint-Raphaël

Solution : 1 c, 2 a, 3 b.

En tous sens

Le pain de ménage

Jusqu'au XIXe siècle, il était courant de réaliser son pain soi-même et de le faire cuire directement à la ferme ou dans le four du village. Ce qu'on appelait alors le "pain de ménage" avait la forme d'une grosse miche dense d'au moins six livres. Les Français consommaient à l'époque plus d'une livre de pain par jour et par personne, bien plus que les 150 g quotidiens qu'ils s'octroient aujourd'hui.

Pour le plaisir

Enigme

Comment peut-on couper un reblochon en 8 parts égales en ne donnant que 3 coups de couteau ?

Solution : il faut commencer par couper le fromage en quatre en donnant 2 coups de couteau. Ensuite, on empile les 4 quarts et on les coupe par le centre en 1 coup de couteau.

C'ÉTAIT HIER

Les Galeries Lafayette

Paris (Ile-de-France)

En 1894, les cousins Théophile Bader et Alphonse Kahn ouvrent un « magasin de nouveautés » à l'angle des rues Lafayette et Chaussée-d'Antin, « Aux Galeries Lafayette ». La clientèle s'y précipite, la société s'étend aux immeubles voisins et, en 1912, le luxe fait son entrée grâce à des produits haut de gamme. S'ajoute à cela l'installation de ferronneries inspirées de l'Opéra Garnier et d'une majestueuse verrière Art nouveau, qui façonneront la réputation du magasin.

Jeudi 25 juin

Saint Prosper

Le jour de la Saint-Prosper, n'oublie pas de fumer la terre.

05 h 48
21 h 58
Cancer
1er décan

Été

La France en vert

Le village de Ciboure (Pyrénées-Atlantiques)

Dans cette petite ville balnéaire du Pays basque, située tout près de Saint-Jean-de-Luz, on peut admirer les mêmes maisons rehaussées de colombages et d'encorbellements colorés que dans son illustre voisine, tout en profitant du calme qui sied aux cités plus discrètes. L'église au clocher octogonal à toits superposés mérite, entre autres découvertes, le détour, tout comme le cloître du couvent des Récollets.

Patrimoine

Dracula et Colmar

La bibliothèque municipale de Colmar, construite à partir du XIIIe siècle, recèle quelque 1 200 manuscrits, dont les plus anciens remontent au VIIe siècle. L'un des recueils, datant des années 1460, relate les horribles traitements qu'infligeait aux minorités germaniques installées en Transylvanie le voïvode Vlad Dracul, aujourd'hui plus connu sous le nom de Dracula. Héros de la résistance roumaine aux Turcs, ce dernier fit subir les mêmes sévices aux ennemis faits prisonniers et aux étrangers travaillant sur ses terres. Le texte de *L'Histoire du voïvode Dracula* raconte notamment comment “ce fou sanguinaire fit empaler et brûler des hommes et bouillir leurs têtes dans une marmite...”. C'est ce document, dont le contenu fut largement diffusé dans les territoires du Saint-Empire, qui marqua le début de la gloire tragique de Dracula.

Au quotidien

Massages contre les maux de tête

Peignez quarante fois votre cuir chevelu, les doigts en crochet, du crâne vers la nuque. Ce geste active la circulation du sang et favorise la détente. En cas de raideurs dans la nuque, posez la paume de vos mains à plat sur vos oreilles et percutez dix fois la base de votre crâne, à sa jonction avec la nuque, avec l'index.

A faire aujourd'hui

8 h ....
9 h ....
10 h ....
11 h ....
12 h ....
13 h ....
14 h ....
15 h ....
16 h ....
17 h ....
18 h ....
19 h ....
20 h ....
Notes ....

C'ÉTAIT HIER

La halle du Beffroi

Revel (Haute-Garonne)

Au pied de la Montagne Noire, dans le Lauragais, la bastide médiévale de Revel est fière de son marché qui a lieu chaque samedi matin depuis plus de six cents ans et est l'un des plus beaux de France. Il se déroule sous la belle et imposante halle du Beffroi, construite au XIVe siècle en forme d'octogone. En son centre, elle abrite la maison de ville avec sa salle d'audience des consuls, la prison au premier étage et, au dernier étage, les cloches et le beffroi, autrefois utilisé comme tour de guet.

Eté

05 h 48
21 h 58
Cancer
1er décan

Vendredi 26 juin

Saint Anthelme

Beau mois de juin change
herbe rare en beau foin.

A faire aujourd'hui

8 h ....

9 h ....

10 h ....

11 h ....

12 h ....

13 h ....

14 h ....

15 h ....

16 h ....

17 h ....

18 h ....

19 h ....

20 h ....

Notes ....

La France en vert

La fête de la gastronomie sétoise (Hérault)

Chaque dernier dimanche de juin, les spécialités de Sète sont mises à l'honneur lors d'une grande fête organisée dans la ville. Une foire aux produits du terroir et un buffet géant sont proposés aux visiteurs : tielle, rouille de seiche, pistre de moules et d'encornets, salpicons de fruits de mer ou glace à la gentiane et près d'une centaine d'autres plats locaux sont proposés en petites portions pour que les gourmands puissent découvrir un maximum de spécialités.

Au quotidien

Des consultations juridiques gratuites

Si vous avez besoin de conseils juridiques mais n'avez pas les moyens de payer les services d'un avocat, vous pouvez bénéficier de consultations gratuites dans des organismes publics tels que les maisons de justice et du droit ou les centres départementaux d'accès au droit (CDAD). Les mêmes services sont proposés dans certaines mairies et tribunaux d'instance ou de grande instance.

Pour le plaisir

Se souvenir des belles choses

Pour ne pas oublier les menus plaisirs du quotidien, pensez à les inscrire sur un cahier exclusivement dédié à cet effet : un mot d'enfant, une citation, un livre aimé, une bonne action réalisée... En relisant le récit de ces instants, c'est un peu du bonheur ressenti qui reviendra à chaque fois !

C'ÉTAIT HIER

La route de la Schlucht

Entre les Vosges et le Haut-Rhin

Ce col des Vosges culmine à 1 139 m et son nom signifie « gorge » en allemand. Sa route relie la vallée de la Fecht à celle de la Meurthe. Napoléon III avait ses habitudes dans le luxueux hôtel Hartmann au bord de cette route et il contribua à sa notoriété. Au XIXe siècle, d'importants travaux furent engagés afin de réaliser cet axe. De 1871 à 1918, il fut un poste frontière entre la France et l'Allemagne. Il accueille aujourd'hui un domaine skiable, une via ferrata et régulièrement le Tour de France.

Samedi 27 juin

Saint Fernand

Juin fait pousser le lin, et juillet le rend fin.

05 h 49
21 h 58
Cancer
1er décan

Eté

Le Double Secret de Bigaroque
Guillemette de La Borie

Fin juin, dans la splendeur du début de l'été, alors qu'on voyait encore s'élever des volutes d'épaisse fumée dans la direction de Bergerac, Garrigue raconta les combats qui s'étaient déroulés autour du village de Mouleydier, entre des groupes de résistants et les Allemands. En regardant la jeune mère qui nourrissait son petit au coin du cantou, il détaillait l'incendie, les pillages, la chasse à l'homme dans les rues et les jardins, et finalement les exécutions.

— Il ne reste plus un homme vivant, ni une maison debout. On ne pourra jamais oublier cela...

Au même moment, l'abbé Vigouroux avait pris le risque de revenir à Bigaroque, et de rouvrir l'église pour y célébrer la Fête-Dieu. Pour l'occasion, Arsène y avait fait porter par un drôle les gerbes de roses coupées le matin à la chartreuse, comme le lui ordonnait autrefois madame.

Mais Margot n'assista pas à la cérémonie : elle aurait dû y emmener son enfant, toujours au sein, et sentir sur elle toute la réprobation du village.

Par méfiance, on ne sonna évidemment pas les cloches, ni ne fit procession dehors.

Et on avait raison : à l'aube du lendemain, 24 juin, Marguerite, qui faisait les cent pas sur la terrasse pour bercer le petit Charles, distingua sur la grand-route en contrebas une colonne allemande. Elle défilait, interminable, faite à la fois de chars, d'automobiles, de chariots tirés par des chevaux de trait, d'ambulances et de soldats à pied.

Le cœur battant à tout rompre, ses yeux fouillaient l'horizon. Etait-il là ?

Extrait du roman *Le Double Secret de Bigaroque* de Guillemette de La Borie paru aux Presses de la Cité dans la collection Terres de France

A faire aujourd'hui

Samedi

8 h ....
9 h ....
10 h ....
11 h ....
12 h ....
13 h ....
14 h ....
15 h ....
16 h ....
17 h ....
18 h ....
19 h ....
20 h ....

Dimanche

8 h ....
9 h ....
10 h ....
11 h ....
12 h ....
13 h ....
14 h ....
15 h ....
16 h ....
17 h ....
18 h ....
19 h ....
20 h ....

Notes

Saint Irénée

Dimanche 28 juin

05 h 49
21 h 58
Cancer
1er décan

Eté

05 h 50
21 h 58
Cancer
1er décan

Lundi 29 juin

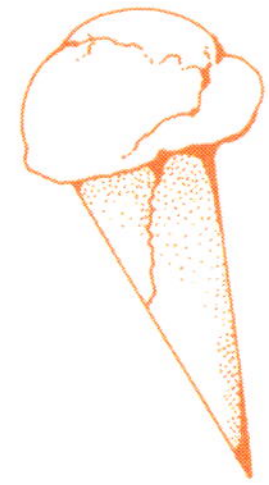

Saints Pierre et Paul

*Saints-Pierre-et-Paul pluvieux
est pour trente jours dangereux.*

A faire aujourd'hui

8 h ....

9 h ....

10 h ....

11 h ....

12 h ....

13 h ....

14 h ....

15 h ....

16 h ....

17 h ....

18 h ....

19 h ....

20 h ....

Notes ....

En tous sens

Fonds d'artichaut Clamart

Pour 4 personnes. Ingrédients : 8 fonds d'artichaut ; 500 g de petits pois en boîte ; 50 g de beurre ; cerfeuil ; sel ; poivre.

- Faites chauffer les petits pois dans leur jus, sans les laisser bouillir.
- Egouttez les fonds d'artichaut et faites-les revenir à la poêle avec un peu de beurre. Salez et poivrez.
- Egouttez les petits pois. Ajoutez une grosse noix de beurre. Salez et poivrez.
- Disposez les fonds d'artichaut dans un plat.
- Garnissez-les de petits pois.
- Parsemez de cerfeuil haché.

Au quotidien

Un vase vêtu de feuilles

Prenez des grandes feuilles de bananier (ou d'autres grandes feuilles très larges) et disposez-les en étoile. Collez-les au centre avec du ruban adhésif double face. Posez un vase en verre rond au centre de l'étoile. Rabattez les feuilles autour du vase, puis entourez-les de 2 rubans, en faisant plusieurs tours et en les entrelaçant. Nouez les rubans pour bien maintenir les feuilles. Remplissez le vase d'eau et mettez un bouquet dedans.

Pour le plaisir

Devinette

Si vous souhaitez la conserver, il vous faudra renoncer aux excès. Elle marque le départ et l'arrivée. L'horizon en a une. Qui est-elle ?

Solution : la ligne.

C'ÉTAIT HIER

Au lavoir

Tréboul (Finistère)

Après avoir fait bouillir le linge dans un cuvier en bois, les femmes se rendaient au lavoir équipées d'une brosse, d'un battoir et de savon. Le linge était nettoyé dans un bassin puis rincé dans un autre, avant d'être essoré et mis à sécher sur des tréteaux, à même le sol ou sur des haies. Pour éviter les douleurs, elles travaillaient agenouillées dans des caissettes en bois garnies de coussinets. Dans les lavoirs à ciel ouvert, elles n'étaient protégées ni du soleil ni des intempéries...

Mardi 30 juin

Saint Martial

Pour la Saint-Martial, la faux est au travail.

05 h 50
21 h 58
Cancer
1er décan

Eté

Au quotidien

Contre les vergetures

Pour faire disparaître les vergetures, massez-les légèrement avec le pouce en comblant les petites fissures avec de la fine poudre d'iris. Répétez jusqu'à complète disparition des vergetures.

La France en vert

Les tourbières du Cézallier (Puy-de-Dôme)

La beauté sauvage de ce lieu est singulière : de loin, on croirait voir un vaste pâturage fait de pelouses vert vif et d'herbes fauves à proximité des points d'eau. Difficile de croire que tout cela repose en réalité sur de l'eau ! Pour s'y promener, il faut donc suivre les sentiers sur pilotis qui traversent cette zone, née de la fonte des glaciers il y a 15 000 ans.

Patrimoine

Quiz – Les maires célèbres

1. Quel homme de lettres célèbre fut maire de Bordeaux dans la deuxième moitié du XVIe siècle ?
a. François Rabelais
b. Joachim du Bellay
c. Michel de Montaigne

2. Quel homme politique, considéré comme l'un des fondateurs de la République française, fut maire de Paris de 1870 à 1871 ?
1. Sadi Carnot
2. Léon Gambetta
3. Jules Ferry

3. Quel homme politique fut maire de Lille avant de devenir ministre de l'Intérieur du Front populaire de Léon Blum ?
a. Edouard Daladier
b. Roger Salengro
c. Vincent Auriol

Solution : 1 c, 2 c, 3 b.

Pour le plaisir

Enigme

Quelle est la plante que l'on n'arrose jamais et que l'on écrase sans qu'elle s'abîme ?

Solution : la plante des pieds.

A faire aujourd'hui

8 h ....
....
9 h ....
....
10 h ....
....
11 h ....
....
12 h ....
....
13 h ....
....
14 h ....
....
15 h ....
....
16 h ....
....
17 h ....
....
18 h ....
....
19 h ....
....
20 h ....
....
Notes ....
....
....

C'ÉTAIT HIER

Entraînement militaire

Sissonne (Aisne)

Situé au nord-ouest de la Champagne, le camp de Sissonne fut créé en 1896. Les militaires s'y entraînaient aux manœuvres et aux tirs de guerre. A l'origine, ils arrivaient à Sissonne à pied et campaient dans des tentes. Des baraquements étaient réservés aux douches, aux cuisines et autres équipements collectifs. Le camp s'agrandit jusqu'en 1914, passant de 620 à 6 000 hectares environ. Pendant la Grande Guerre, les Allemands l'investirent et le transformèrent en prison.

05 h 51
21 h 58
Cancer
2e décan

Mercredi 1er juillet

Saint Thierry

A la Saint-Thierry, aux champs jour et nuit.

A faire aujourd'hui

8 h ……………………………………

9 h ……………………………………

10 h ……………………………………

11 h ……………………………………

12 h ……………………………………

13 h ……………………………………

14 h ……………………………………

15 h ……………………………………

16 h ……………………………………

17 h ……………………………………

18 h ……………………………………

19 h ……………………………………

20 h ……………………………………

Notes ……………………………………

Au quotidien

Une peau prête pour le soleil

Pensez à privilégier les aliments riches en bêta-carotène (carotte crue, tomate, mangue, etc.) et en vitamine A (œufs, fromage, foie de volaille, etc.) car ils ont des vertus protectrices pour la peau et les muqueuses. Consommez également des aliments riches en acides gras essentiels (poissons gras, huile de pépins de raisin), qui ont l'avantage de nourrir, d'hydrater et de régénérer l'épiderme.

Patrimoine

Les communes de France en question

Quelle ville a pour devise *Ab oriente refulget* (C'est de l'Orient qu'elle resplendit) ?

Solution : Lorient.

Pour le plaisir

Devinette

Saurez-vous trouver la réponse à cette devinette qui nous vient de Voltaire ?
Cinq voyelles, une consonne en français composent mon nom, et je porte sur ma personne de quoi l'écrire sans crayon.

Solution : l'oiseau.

La France en vert

Les travaux de la première quinzaine de juillet

- Repiquez les semis de bisannuelles.
- Tuteurez les dahlias et les glaïeuls.
- Taillez les seringas.
- Supprimez les gourmands des rosiers.
- Continuez à pincer les tomates.
- Plantez des chicorées, des choux de Bruxelles, des choux-fleurs et des poireaux.
- Etayez les branches des pommiers et des poiriers trop productifs.
- Ebourgeonnez les dahlias.
- Taillez les rosiers non remontants.

C'ÉTAIT HIER

Tous au camping !

Coutainville (Manche)

Après la Seconde Guerre mondiale, les Français commencèrent à partir plus souvent en vacances. La plupart restaient en France et se dirigeaient vers la mer ou la campagne, la montagne restant trop onéreuse. Pour s'en tirer à moindre coût, ils optaient pour le camping et allaient planter leur tente sur les terrains aménagés à leur intention. Le phénomène prit de plus en plus d'ampleur au fil des années. En 1960, on comptait 165 000 emplacements ; en 1980, ils étaient 900 000 !

Jeudi 2 juillet

Saint Martinien

Chaud juillet sur frais juin,
peu de blé mais bon vin.

05 h 52
21 h 57
Cancer
2e décan

Eté

Patrimoine

Anciennes croyances normandes liées aux animaux

Il existerait en Normandie deux animaux étranges : la Taranne, aux allures de grand chien efflanqué, aimant dévorer les chiens pendant les nuits d'hiver, et la Létiche, une petite bête d'une blancheur éclatante qui ne fait aucun mal et qui, dit-on, incarne les âmes des enfants morts non baptisés. On dit qu'il ne faut pas vendre les abeilles, mais les échanger ou les donner, et que les tuer sans nécessité, c'est compromettre son bonheur. On dit aussi que si un cochon meurt de mort naturelle, c'est présage sinistre annonçant une mort humaine prochaine. Le criquet porte bonheur à la maison dans laquelle il se réfugie.

A faire aujourd'hui

8 h ....

9 h ....

10 h ....

11 h ....

12 h ....

13 h ....

14 h ....

15 h ....

16 h ....

17 h ....

18 h ....

19 h ....

20 h ....

Notes ....

En tous sens

Soupe de melon au pastis

Pour 4 personnes. Ingrédients : 80 g de sucre en poudre ; 2 melons de Cavaillon ; 4 c. à s. de pastis ; 4 brins de menthe.

- Préparez un sirop en faisant fondre le sucre avec 15 cl d'eau à feu doux dans une casserole.
- Coupez les melons en deux, retirez les pépins, puis taillez la chair en cubes et mixez-la.
- Mettez la purée de melon, le sirop de sucre et le pastis dans un saladier.
- Rincez la menthe, puis ajoutez-la à la soupe. Mélangez bien.
- Réservez au réfrigérateur pendant 2 heures.
- Répartissez la soupe dans des verrines et servez très frais.

La France en vert

Le village de Saint-Cirq-Lapopie (Lot)

Perché au sommet d'une falaise, ce petit village médiéval se découvre à travers une longue rue escarpée, entrecoupée de ruelles étroites, de jardins et d'escaliers qui relient entre elles les anciennes maisons de pierre parées de pans de bois et surmontées de tuiles brunes. Depuis les abords de son église, on a une vue imprenable sur la vallée du Lot en contrebas. La beauté pittoresque du lieu séduisit notamment l'écrivain André Breton, qui y passait ses étés.

C'ÉTAIT HIER

L'âne à tout faire

Robinson (Hauts-de-Seine)

Doté d'un pied sûr et de reins solides, l'âne peut porter sur de longues distances des charges équivalentes à son poids. Travailleur infatigable, peu exigeant en matière de nourriture et de soins, il a longtemps partagé le quotidien des petites gens. On le voyait porter sur son dos les personnes et des marchandises en tout genre, charroyer les récoltes, tirer la charrue dans les champs, effectuer des travaux de débardage en forêt et même tracter les wagonnets au fond des mines de charbon.

Eté

05 h 52
21 h 57
Cancer
2e décan

Vendredi 3 juillet

Saint Thomas

En juillet, mois d'abondance,
le pauvre a toujours sa pitance.

A faire aujourd'hui

8 h ....

9 h ....

10 h ....

11 h ....

12 h ....

13 h ....

14 h ....

15 h ....

16 h ....

17 h ....

18 h ....

19 h ....

20 h ....

Notes ....

En tous sens

La madeleine de Commercy (Meuse)

Deux versions s'affrontent quant à l'origine de cette petite pâtisserie parfumée au citron ou à la fleur d'oranger. Pour certains, on en aurait servi au roi de Lorraine, Stanislas Leszczynski, lors d'un passage au château de Commercy. Le monarque, charmé, aurait demandé à rencontrer la servante qui les avait préparées et leur aurait donné le nom de celle-ci : Madeleine. Pour d'autres, les madeleines seraient l'œuvre de Madeleine Paumier, cuisinière de madame du Barmond, riche habitante de Commercy.

La France en vert

Le festival du saumon à Pont-Scorff (Morbihan)

Cet événement qui se déroule sur trois jours propose des animations gratuites pour faire découvrir le saumon et sensibiliser le public à la préservation de l'eau et de l'environnement. Initiation à la pêche, balades en kayak, spectacles de rues, promenades contées, concerts et feu d'artifice sont au programme durant tout le week-end.

Au quotidien

Un tombé parfait pour vos rideaux

Pour que vos rideaux restent bien droits, glissez un fil de plomb ou une chaîne de petit calibre gainé dans l'ourlet inférieur du rideau et cousez-le à petits points invisibles sur l'envers de l'ourlet. Pour des voilages, choisissez un fil de plomb le plus léger possible.

C'ÉTAIT HIER

A l'assaut des sommets

Col du Galibier (Savoie et Hautes-Alpes)

Créé en 1903, le Tour de France a toujours bénéficié d'une grande popularité auprès des Français, qui viennent chaque été se masser le long des routes pour acclamer les cyclistes. Les épreuves de montagne sont les plus appréciées et certains cols, tel le Galibier, dans les Alpes, sont devenus mythiques. Les coureurs l'ont franchi à 59 reprises depuis que la course existe. Mais le record du col le plus franchi est détenu par le Tourmalet, dans les Pyrénées, avec 78 passages.

Samedi 4 juillet

Saint Florent

Pluie du matin en juillet est bonne au vin.

05 h 53
21 h 57
Cancer
2e décan

Eté

Un été à Pont-Aven
Jean-Luc Bannalec

Ce 7 juillet promettait d'être une magnifique journée d'été. L'une de ces belles percées de soleil typiques de l'Atlantique, qui avaient le don de rendre le commissaire Dupin parfaitement heureux. Le bleu du ciel semblait déteindre sur tout. Inhabituellement chaud pour la Bretagne au petit matin, l'air était aussi très léger, transparent, donnant à toute chose une présence claire et précise. Hier soir, encore, régnait une atmosphère de fin du monde. De monstrueux nuages noirs, lourds et menaçants, avaient obstrué le ciel, filant à toute allure tandis que des torrents de pluie s'abattaient en rafales.

Concarneau, la somptueuse « Ville bleue », ainsi nommée en raison des filets de pêche d'un bleu lumineux qui bordaient déjà les quais au siècle dernier, rayonnait. Le commissaire Georges Dupin était installé au fond du café l'Amiral, son journal déplié devant lui. Surplombant le toit du vieux marché couvert où l'on pouvait acheter les poissons fraîchement débarqués, l'horloge indiquait sept heures trente. Le traditionnel café-restaurant, qui avait également fait office d'hôtel par le passé, se dressait en bonne place le long du quai, juste en face de la vieille ville. Protégée par une muraille massive ponctuée de tours, la ville close avait été construite sur une île de forme oblongue et étroite, de telle manière qu'elle semblait posée au beau milieu du bassin dans lequel débouche le nonchalant Moros. Un peintre n'aurait pu la rendre plus belle.

Extrait du roman *Un été à Pont-Aven* de Jean-Luc Bannalec
paru aux Presses de la Cité dans la collection Terres de France

A faire aujourd'hui

Samedi
8 h ....
9 h ....
10 h ....
11 h ....
12 h ....
13 h ....
14 h ....
15 h ....
16 h ....
17 h ....
18 h ....
19 h ....
20 h ....

Dimanche
8 h ....
9 h ....
10 h ....
11 h ....
12 h ....
13 h ....
14 h ....
15 h ....
16 h ....
17 h ....
18 h ....
19 h ....
20 h ....

Notes

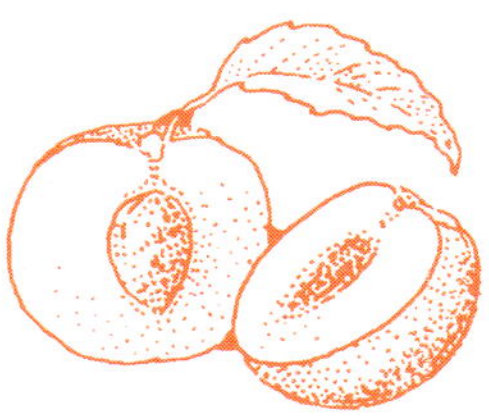

Saint Antoine

Dimanche 5 juillet

05 h 54
21 h 56
Cancer
2e décan

Eté

05 h 54
21 h 56
Cancer
2e décan

Lundi 6 juillet

Sainte Marietta

Au mois de juillet, ni veste ni corset.

A faire aujourd'hui

8 h ....

....

9 h ....

....

10 h ....

....

11 h ....

....

12 h ....

....

13 h ....

....

14 h ....

....

15 h ....

....

16 h ....

....

17 h ....

....

18 h ....

....

19 h ....

....

20 h ....

....

Notes ....

....

....

Patrimoine

Quiz – Les lacs

1. Quel lac de Haute-Savoie dispose d'une île artificielle nommée « île aux Cygnes » ?
a. le lac d'Annecy
b. le lac du Bourget
c. le lac Léman

2. Dans quel massif de montagne se trouve le lac d'Oô ?
a. les Pyrénées
b. les Alpes
c. les Vosges

3. Quel lac est le plus grand lac artificiel d'Europe ?
a. le lac du Der
b. le lac de Serre-Ponçon
c. le lac des Settons

Solution : 1 b, 2 a, 3 a.

Pour le plaisir

La bonne pensée du jour !

"Si vous voulez que la vie vous sourie, apportez-lui d'abord votre bonne humeur", disait le philosophe Spinoza. C'est à vous de jouer maintenant !

Au quotidien

La main de Nice

Ce pain se distingue par sa forme originale, composée d'une paume et de quatre doigts. La pâte contient 10 % d'huile d'olive ou d'arachide, ce qui lui confère une mie très fine. La main de Nice est aussi appelée « monte-dessus ».

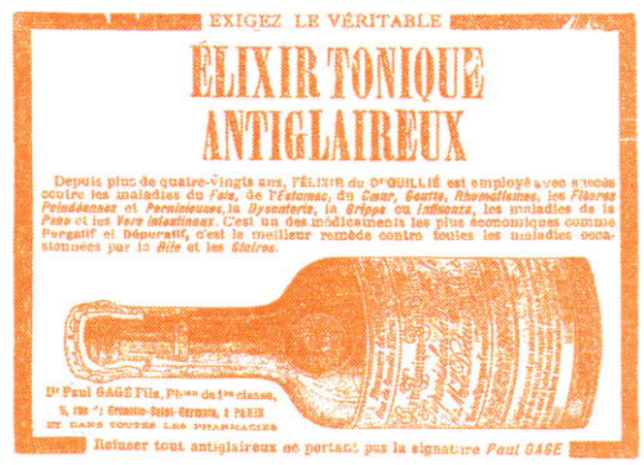

C'ÉTAIT HIER

Qui voit Ouessant voit son sang

Ile d'Ouessant (Finistère)

Au XIXe siècle, il pouvait se passer des semaines sans qu'aucun bateau n'accoste sur l'île d'Ouessant, en raison de ses côtes déchiquetées et de la mer capricieuse à son abord. Ce n'est qu'à partir de 1881 qu'un vapeur effectua des liaisons régulières entre l'île et le continent, ce qui ouvrit de nouveaux horizons aux Ouessantins, jusque-là cantonnés à la pêche, au commerce des moutons et au brûlage du goémon.

Mardi 7 juillet

Saint Raoul

Juillet, c'est le mois des moissons, on met la faux au sillon.

05 h 55
21 h 55
Cancer
2e décan

Été

Patrimoine

Le parfum à Grasse (Alpes-Maritimes)

Au Moyen Age, Grasse était connue pour ses gants en cuir de qualité. Le travail des peaux engendrait une odeur tellement forte que les artisans eurent l'idée de les parfumer. Le succès fut immédiat et perdura jusqu'à ce que la ville renonce au cuir au XVIIIe siècle pour se consacrer exclusivement au parfum. Les senteurs naturelles du pays (lavande, myrte, jasmin, mimosa, fleur d'oranger…) en faisaient l'endroit idéal pour créer des fragrances incomparables. Au XIXe siècle, Grasse se spécialisa dans la production de matières premières de parfumerie et se forgea une réputation au niveau mondial. Aujourd'hui encore, plusieurs parfumeries de renom y sont implantées.

Au quotidien

Faire disparaître des coulures de peinture

Si vous chargez trop votre pinceau en peinture au moment de repeindre un mur, il se peut que des coulures ou des gouttes de peinture apparaissent sur la surface recouverte. Dans ce cas, laissez sécher entièrement, puis poncez les irrégularités et repeignez, en veillant à bien égoutter votre pinceau.

Pour le plaisir

Devinette

- A l'autel elle alla, elle le tua là.
- Esope reste ici et se repose.
- Un roc lamina l'animal cornu.
- La malade pédala mal.

Quel est le point commun de ces phrases ?

Solution : elles peuvent se lire dans un sens ou dans l'autre.

A faire aujourd'hui

8 h ……………………
……………………
9 h ……………………
……………………
10 h ……………………
……………………
11 h ……………………
……………………
12 h ……………………
……………………
13 h ……………………
……………………
14 h ……………………
……………………
15 h ……………………
……………………
16 h ……………………
……………………
17 h ……………………
……………………
18 h ……………………
……………………
19 h ……………………
……………………
20 h ……………………
……………………
Notes ……………………
……………………
……………………

C'ÉTAIT HIER

La Petite France

Strasbourg (Bas-Rhin)

Située dans le cœur historique de Strasbourg, la Petite France fut bâtie au XVIe siècle sur une île entièrement cernée par l'Ill. C'est là qu'autrefois vivaient tanneurs, meuniers et pêcheurs de la ville, qui ont laissé leur nom à certaines rues (rue des Moulins, rue du Fossé-des-Tanneurs…). Le quartier doit son nom à un hospice où étaient soignés les soldats de François Ier souffrant du mal français, également connu sous le nom de syphilis…

Eté

05 h 56
21 h 55
Cancer
2e décan

Mercredi 8 juillet

Saint Thibaut

A la Saint-Thibaut, sème
tes raves, arrache tes aulx.

A faire aujourd'hui

8 h ....

9 h ....

10 h ....

11 h ....

12 h ....

13 h ....

14 h ....

15 h ....

16 h ....

17 h ....

18 h ....

19 h ....

20 h ....

Notes ....

Au quotidien

De l'antimite naturel

Pour éloigner les mites de vos placards, mettez des fleurs de lavande séchée, des feuilles de laurier ou du romarin séché dans de petits sachets et placez-les entre vos piles de linge. Vous pouvez également placer de petits blocs de savon d'Alep dans les coins.

En tous sens

Brochettes de poulet de Bresse au romarin

Pour 6 brochettes. Ingrédients : 6 branches de romarin frais ; 3 citrons ; 3 cébettes ; 6 tranches de lard fumé ; 3 filets de poulet de Bresse ; poivre.

- Détachez les feuilles de romarin des branches. Mettez celles-ci à tremper dans de l'eau froide pendant 10 minutes. Placez les feuilles dans un saladier.
- Prélevez le zeste des citrons et pressez-en le jus. Epluchez les cébettes et coupez-les en quartiers. Ajoutez le tout dans le saladier. Poivrez.
- Coupez le poulet en cubes et ajoutez-les à la marinade. Remuez. Laissez mariner au réfrigérateur pendant 3 heures.
- Préchauffez votre barbecue à feu moyen à vif.
- Coupez le lard en morceaux, puis enfilez ceux-ci sur les branches de romarin en alternance avec les cubes de poulet.
- Faites cuire les brochettes de 4 à 5 minutes sur chaque face. Servez chaud.

C'ÉTAIT HIER

Place de la Comédie

Bordeaux (Gironde)

La place de la Comédie doit son nom au Grand Théâtre qui la domine depuis 1780. Œuvre de Victor Louis, le monument est rythmé en façade par douze colonnes corinthiennes et surmonté par autant de statues, représentant les neuf muses et les déesses Junon, Minerve et Vénus. Il fait face à un autre joyau architectural, le Grand Hôtel, signé par le même architecte. Point de convergence des artères importantes de la ville, cette somptueuse place fut de tout temps très animée.

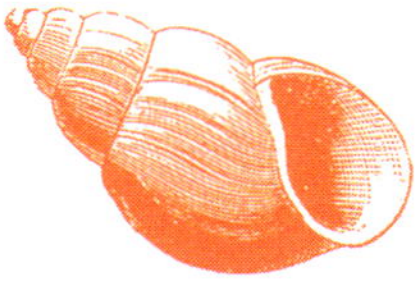

Jeudi 9 juillet

Sainte Amandine

Soleil de juillet donne la fortune.

05 h 57
21 h 54
Cancer
2e décan

Été

Patrimoine

Georges Brassens et Sète (Hérault)

Il naît à Sète en 1921, d'un père maçon et d'une mère italienne férue de musique, auprès de laquelle il s'initie à la mandoline. Adolescent, peu tourné vers l'étude, il préfère lire Villon et Rimbaud. A dix-huit ans, il écope d'un an de prison avec sursis pour une histoire de vol. Il quitte alors Sète pour Paris. Envoyé au STO pendant la guerre, il profite d'une permission en France pour s'y soustraire. Il restera reclus jusqu'à la Libération, et composera intensément, dévoilant dans ses textes son mépris pour l'hypocrisie, la bigoterie et les conventions sociales. En 1952, il fait la rencontre décisive de Patachou, chanteuse et propriétaire d'un cabaret en vogue. Brassens connaît d'emblée un immense succès public et critique qui ne sera jamais démenti. Il meurt en 1981 à Saint-Gély-du-Fesc, à 40 km de sa ville natale. Sète abrite un musée consacré à Georges Brassens et organise chaque année un festival en son honneur.

Au quotidien

Des compresses contre les orgelets

Pour guérir de cette infection qui se développe sur le bord d'une paupière, faites bouillir une tasse d'eau de source. Ajoutez-y 10 g de thym, 10 g de basilic et 10 g de camomille. Couvrez et laissez infuser pendant 10 minutes. Filtrez, puis appliquez en compresses sur la paupière matin et soir.

A faire aujourd'hui

8 h ....
9 h ....
10 h ....
11 h ....
12 h ....
13 h ....
14 h ....
15 h ....
16 h ....
17 h ....
18 h ....
19 h ....
20 h ....

Notes ....

Pour le plaisir

Plus de bonnes nouvelles !

Selon un sondage, les Français regretteraient la place trop importante accordée aux mauvaises nouvelles dans les médias. Ils seraient plus de 60 % à souhaiter que soient davantage évoqués les avancées en matière médicale ou scientifique, les réussites de jeunes entrepreneurs, les initiatives solidaires ou tout simplement les petits bonheurs du quotidien.

C'ÉTAIT HIER

La Côte d'Azur au quotidien

Menton (Alpes-Maritimes)

Vers 1900, la ville de Menton, comme ses voisines de la Côte d'Azur, vivait déjà du tourisme hivernal. Son économie reposait aussi sur la pêche, la production de vin et d'huile d'olive, et la culture des agrumes : grâce à la douceur exceptionnelle du climat, les citronniers mentonnais fournissaient 30 à 40 millions de fruits par an, exportés dans le monde entier. La vie se concentrait dans la vieille ville, lacis de ruelles étroites et de passages voûtés, abrités du soleil.

05 h 58
21 h 54
Cancer
2e décan

Vendredi 10 juillet

Saint Ulrich

Ciel de juillet rouge au matin est un pluvieux voisin.

A faire aujourd'hui

8 h ....

....

9 h ....

....

10 h ....

....

11 h ....

....

12 h ....

....

13 h ....

....

14 h ....

....

15 h ....

....

16 h ....

....

17 h ....

....

18 h ....

....

19 h ....

....

20 h ....

....

Notes ....

....

....

En tous sens

Le mythe de la carte de la langue

Au xxe siècle, on a longtemps cru qu'on percevait les diverses saveurs à différents endroits de la langue : le sucré sur le bout, l'amer au fond, etc. Or, plusieurs études de la fin du millénaire ont démontré qu'il n'en était rien ! La légende, quant à elle, est tenace et peine à se faire oublier.

La France en vert

Le GR 10

Ce sentier de randonnée s'étend sur plus de 850 kilomètres et relie l'océan Atlantique à la Méditerranée via les Pyrénées. Son parcours intégral demande plus d'un mois, mais on peut choisir de le suivre sur seulement quelques-unes des 50 étapes qui le jalonnent. Les paysages sont aussi époustouflants que variés : sommets de haute montagne comme vallées ombragées, collines verdoyantes à l'ouest ou recouvertes de garrigue à l'est.

Patrimoine

La bibliothèque Mazarine (Paris)

Plus ancienne bibliothèque publique de France, créée à l'initiative de Mazarin, la bibliothèque Mazarine est en partie constituée de la collection personnelle du cardinal ainsi que des milliers d'ouvrages qu'il fit rassembler. Il la légua à sa mort au collège des Quatre-Nations (aujourd'hui l'Institut de France) afin qu'elle ne soit pas éparpillée. Riche de 600 000 volumes, son fonds est pour un tiers constitué d'ouvrages encyclopédiques anciens et pour le reste de livres d'histoire essentiellement. Elle possède aussi de nombreux incunables ainsi qu'un exemplaire de la bible de Gutenberg. Son accès est libre.

C'ÉTAIT HIER

Entre Loire, Nièvre et Allier

Nevers (Nièvre)

La promenade d'Entre les deux Eaux à Nevers était un passage entre deux bras de la Nièvre, souvent emprunté au siècle dernier lors des promenades dominicales. Cette ville est bercée par les cours d'eau, avec le passage de la Loire où vient se jeter au cœur de la ville la Nièvre, le canal latéral à la Loire qui rejoint également le sud de la cité, et à quelques kilomètres seulement, l'Allier qui se marie à la Loire au Bec d'Allier.

NEVERS. — Entre les Deux Eaux. — LL.

Samedi 11 juillet

Saint Benoît

— Au mois de juillet, faucille au poignet. —

05 h 59
21 h 53
Cancer
2ᵉ décan

Été

L'Armoire allemande

Jean-Paul Malaval

Alexandrine s'était interdit de retourner dans sa chambre d'enfance. Elle l'avait décidé une bonne fois pour toutes en quittant le nid familial, et son retour à Saint-Gillet en cet été 1979 ne changerait rien à sa détermination. Maintenant que la cérémonie des adieux était terminée, que le père et la mère se trouvaient au cimetière, quelle impérieuse raison l'obligeait encore ? François se posa la question sans parvenir à comprendre.

Elle choisit l'une des deux chambres d'amis, comme on avait coutume de nommer ces chambrettes mansardées dans les combles. Servant de débarras, l'une d'elles, dont la minuscule fenêtre apportait assez de luminosité, parut lui convenir. Le temps de déménager quelques malles de vêtements, des paquets de livres endommagés, des collections de journaux et un ensemble de jardin en rotin, elle y établit sa cache avec une ribambelle de coussins qu'il suffirait de disposer sur un lit de coin pour en faire tantôt un sofa, tantôt une couche douillette.

Cette sorte d'enfermement dans un étroit espace, dépourvu de souvenirs — autrefois, l'enfant qu'elle était n'y venait jamais —, la rassurait, l'apaisait. Ici, la réflexion, la lecture, la rêverie, tout s'y trouvait aisé. Car Alexandrine redoutait sans doute de se faire grignoter par la maison familiale et les sortilèges du passé. Tant de fantômes dormaient dans les placards. Il lui suffisait de secouer une couverture, de déplier un paquet de vêtements, de fouiller un tiroir pour voir surgir quelques réminiscences.

Extrait du roman *L'Armoire allemande* de Jean-Paul Malaval paru aux Presses de la Cité dans la collection Terres de France

A faire aujourd'hui

Samedi
8 h ....
9 h ....
10 h ....
11 h ....
12 h ....
13 h ....
14 h ....
15 h ....
16 h ....
17 h ....
18 h ....
19 h ....
20 h ....

Dimanche
8 h ....
9 h ....
10 h ....
11 h ....
12 h ....
13 h ....
14 h ....
15 h ....
16 h ....
17 h ....
18 h ....
19 h ....
20 h ....

Notes

Saint Olivier

Dimanche 12 juillet

06 h 00
21 h 52
Cancer
2ᵉ décan

Été

06 h 01
21 h 51
Cancer
3e décan

Lundi 13 juillet

Saints Henri et Joël

Si juillet est beau, prépare tes tonneaux.

A faire aujourd'hui

8 h

9 h

10 h

11 h

12 h

13 h

14 h

15 h

16 h

17 h

18 h

19 h

20 h

Notes

La France en vert
La fête de l'absinthe à Pontarlier (Haut-Doubs)

Depuis 2004, Pontarlier invite les amoureux de la fée verte, cet alcool longtemps prohibé, à venir visiter les distilleries locales et à profiter de dégustations gratuites. Des expositions, des ateliers, des parades et des concerts rythment la journée. Pour les plus jeunes, une kermesse est organisée.

Au quotidien
Soliflores minute

Prenez 6 petites bouteilles en verre de différentes sortes (bouteilles de bière, de soda, etc.) et peignez-les au pinceau avec de la peinture acrylique de différentes couleurs. Laissez sécher. Alignez les soliflores sur le rebord d'une fenêtre ou le long d'une étagère et mettez une fleur dans chacun.

Patrimoine
Les communes de France en question

Quelle ville au riche passé industriel surnomme-t-on le “Manchester français” ?

Solution : Mulhouse.

En tous sens
La bergamote de Nancy

Délicieusement parfumée, d'une jolie teinte ambrée, la bergamote de Nancy, composée de sucre et d'essence de bergamote, fut inventée en 1857. Le mot “bergamote” provient du turc *beg-armâdé* signifiant “poire du Seigneur”. Il désigne un agrume acide, proche du citron. La boîte métallique renfermant les confiseries représente la place Stanislas et a contribué à leur succès.

C'ÉTAIT HIER

La musique morvandelle
Morvan (Bourgogne)

La musique morvandelle se joue en Auvergne et dans le centre de la France. Elle emploie des instruments régionaux comme la vielle à roue, l'accordéon, introduit au XXe siècle dans les mélodies, la cornemuse, qui après avoir disparu dans les années 1950 est de nouveau rejouée, ou encore le violon et la flûte. Les chansons content dans un genre musical enjoué et dansant les conditions de vie difficiles de la région, évoquant un pays pauvre et rude, mais fier de sa liberté.

Mardi 14 juillet

Fête nationale

Qui dort en juillet jusqu'au soleil levant mourra pauvre finalement.

06 h 02
21 h 51
Cancer
3e décan

Pour le plaisir

Faites le vide…

… dans votre intérieur. Classez vos papiers en jetant tous ceux qui n'ont plus d'utilité ; triez les vêtements des enfants qui ne sont plus à leur taille et donnez-les à des amis ; videz vos armoires des objets dont vous ne vous servez plus et faites-en don à des associations !

Au quotidien

Après-shampooing au thé

Si vos cheveux sont châtains, vous pouvez utiliser comme après-shampooing un thé très infusé. Vos cheveux prendront alors une très belle couleur cuivrée.

En tous sens

Clafoutis du Limousin

Pour 6 personnes. Ingrédients : 500 g de cerises noires ; 4 œufs ; 125 g de sucre ; 80 g de farine ; 60 g de beurre ; 25 cl de lait ; 1 sachet de sucre vanillé ; 1 pincée de sel.

- Préchauffez le four à 180 °C.
- Lavez et équeutez les cerises. Ne les dénoyautez pas.
- Dans un saladier, battez les œufs, ajoutez le sucre et le sel et fouettez pendant 5 min.
- Versez la farine et mélangez doucement à la spatule. Ajoutez peu à peu 30 g de beurre fondu et le lait.
- Beurrez un plat à gratin. Disposez les cerises dans le plat et versez la préparation sur les fruits. Mettez une noix de beurre sur le dessus.
- Enfournez et faites cuire pendant 40 min.
- Après la cuisson, saupoudrez de sucre vanillé.
- Servez tiède ou froid.

A faire aujourd'hui

8 h ……………………………………
……………………………………
9 h ……………………………………
……………………………………
10 h ……………………………………
……………………………………
11 h ……………………………………
……………………………………
12 h ……………………………………
……………………………………
13 h ……………………………………
……………………………………
14 h ……………………………………
……………………………………
15 h ……………………………………
……………………………………
16 h ……………………………………
……………………………………
17 h ……………………………………
……………………………………
18 h ……………………………………
……………………………………
19 h ……………………………………
……………………………………
20 h ……………………………………
……………………………………
Notes ……………………………………
……………………………………
……………………………………

C'ÉTAIT HIER

Bal du 14 Juillet

Paris (Ile-de-France)

Défilés militaires, feux d'artifice et bals se succèdent chaque 14 juillet. Cette journée populaire célèbre la République, la prise de la Bastille de 1789 et la fête de la Fédération de 1790. La date fut reconnue et officialisée « Fête nationale » en 1880. Quant au bal des pompiers, il vient de Paris, où les casernes fêtaient l'événement entre sapeurs jusqu'en 1937, année où la caserne de Montmartre autorisa ce rassemblement aux personnes extérieures. Cette habitude se répandit à toutes les casernes.

06 h 03
21 h 50
Cancer
3e décan

Mercredi 15 juillet

Saint Donald

En mi-juillet, pluie ou vent font mal au froment.

A faire aujourd'hui

8 h ....

9 h ....

10 h ....

11 h ....

12 h ....

13 h ....

14 h ....

15 h ....

16 h ....

17 h ....

18 h ....

19 h ....

20 h ....

Notes ....

La France en vert

Barbizon (Seine-et-Marne)

Au XIXe siècle, quelques artistes firent de Barbizon, en bordure de la forêt de Fontainebleau, le centre de la peinture de paysages. Corot, Théodore Rousseau et Millet — qui y situa son fameux *Angélus* – s'y installèrent, attirant une pléiade de peintres. Ils festoyaient dans l'épicerie-buvette du père Ganne, qui fut souvent payé en œuvres d'art, alors sans valeur marchande. La grande rue est aujourd'hui bordée d'hôtels, de magasins d'antiquités et de restaurants. On peut visiter les ateliers de Rousseau et de Millet.

Pour le plaisir

Devinette

Comment s'appellent les habitants de Dreux ?

Solution : les Drouais et les Drouaises.

Patrimoine

La Dame blanche de Tonneville (Normandie)

De son vivant, la demoiselle de Tonneville se brouilla avec ses voisins au sujet d'une lande qu'elle revendiquait comme sienne. Quand elle tomba malade, le curé vint à elle et l'exhorta à se réconcilier avec ses ennemis. Elle refusa. Lorsqu'elle mourut, il fut impossible de déplacer le cercueil tant il était lourd ! On décida donc de l'enterrer à l'endroit même où il était posé, en creusant une fosse devant la maison. Le souhait de la demoiselle de Tonneville ne tarda pas à se réaliser. Ceux qui passaient sur la lande rencontraient une femme vêtue de blanc, qui prenait un malin plaisir à les attirer sur ses pas pour les précipiter dans un étang.

C'ÉTAIT HIER

De si belles coiffes

Niort (Deux-Sèvres)

Réalisées par des lingères, les coiffes connurent leur âge d'or de 1850 à la Première Guerre mondiale. Rivalisant d'audace et de créativité, elles faisaient même l'objet de concours. Au premier plan, on peut voir deux malvinas parées de satin, de dentelles ruchées et de rubans savamment noués, autrefois portées par les catholiques des Deux-Sèvres. A l'arrière-plan, on remarque plusieurs capots à large cornette de dentelle ainsi que des coiffes carrées ou des bonnets ronds.

Jeudi 16 juillet

Notre-Dame du Mont-Carmel

A la fête du Mont-Carmel,
mieux vaut chèvre que vache à lait.

06 h 04
21 h 49
Cancer
3e décan

Eté

Patrimoine

Les dragons du mont Canigou

Le Canigou, qui signifie "colline" en vieux celtique, est la montagne sacrée des Catalans, qui, à l'aube du 24 juin, y allument le premier des feux de la Saint-Jean et y cueillent les herbes réputées assurer bonheur et protection. Le majestueux Canigou a toujours suscité un mélange d'admiration et d'effroi ; on n'osait l'affronter car on y craignait les dragons. La légende révèle que le premier à avoir osé gravir le mont fut le roi d'Aragon Pierre III le Grand, en 1285. Parvenu seul au sommet, il trouva un étang et y jeta une pierre : il en sortit aussitôt un dragon hideux qui s'envola et, de son souffle, couvrit l'espace de ténèbres. Vieille croyance partagée par la plupart des peuples européens selon laquelle orages et averses prendraient source dans les lacs de montagne.

Pour le plaisir

Devinette

Chacun a la sienne mais certaines sont contrefaites. Si elle est célèbre et avérée, elle est collectionnée. Pourtant, une simple croix peut parfois la remplacer. Qui est-elle ?

Solution : la signature.

En tous sens

La gastronomie française classée

Le repas à la française est entré au patrimoine culturel immatériel de l'humanité de l'Unesco en 2010. L'idée n'est pas tant de sacraliser certaines recettes, mais plutôt le rituel qui incite les Français à célébrer les moments les plus importants de leur vie autour d'un repas. C'est donc la convivialité et le partage qu'il représente qui sont mis en avant.

A faire aujourd'hui

8 h ....
9 h ....
10 h ....
11 h ....
12 h ....
13 h ....
14 h ....
15 h ....
16 h ....
17 h ....
18 h ....
19 h ....
20 h ....
Notes ....

C'ÉTAIT HIER

Les Planches

Trouville (Calvados)

En 1868, bien avant Deauville, Trouville aménage une promenade faite de larges planches le long de sa plage. Réalisées en bois d'azobé imputrescible, les Planches permettaient de se promener sans avoir à fouler le sable, et donc sans abîmer ses souliers. Bordé d'un côté par les villas cossues faisant face au littoral et de l'autre par les cabines installées pour les baigneurs, le lieu inspira de nombreux artistes au XIXe siècle, dont Claude Monet, qui réalisa une série de tableaux sur le sujet.

Été

06 h 05
21 h 48
Cancer
3e décan

Vendredi 17 juillet

Sainte Charlotte

Le soleil de juillet travaille pour deux.

A faire aujourd'hui

8 h ....

9 h ....

10 h ....

11 h ....

12 h ....

13 h ....

14 h ....

15 h ....

16 h ....

17 h ....

18 h ....

19 h ....

20 h ....

Notes ....

Patrimoine

L'orfèvrerie et les arts de la table à Ercuis (Oise)

Lorsque l'orfèvrerie d'Ercuis fut fondée, en 1867, par un jeune prêtre de la ville, l'entreprise se consacrait à la fabrication d'objets de culte richement ornés d'émaux, d'argent ou d'or. Vers la fin du siècle, la production se tourna vers les arts de la table et l'argenterie de luxe. Elle fournissait les somptueux palaces de la Riviera ou de la côte basque et disposait de boutiques dans la capitale. Avec le temps, l'orfèvrerie d'Ercuis a assis sa réputation d'excellence et poursuit ses activités avec succès à ce jour.

Pour le plaisir

Devinette

Un viticulteur souhaite planter 10 pieds de vigne en formant 5 lignes de 4 pieds de vigne. Comment doit-il s'y prendre ?

Solution : il doit former une étoile à 5 branches (pentagramme).

La France en vert

Les Olivades à Nyons (Drôme)

Chaque été est organisée à Nyons une manifestation autour du produit phare de la ville : l'olive noire. Durant quatre jours, les visiteurs peuvent déguster sur le marché du terroir des olives, bien sûr, mais aussi de l'huile d'olive, des fruits de pays, des miels et confitures, etc. Un marché artisanal et un marché d'art nocturne, des randonnées pédestres et balades, des conférences et des activités pour les enfants viennent compléter la fête.

Au quotidien

Pour nettoyer une crédence en faïence ou de la porcelaine

Mélangez 2 c. à soupe de savon de Marseille liquide avec 25 gouttes d'huile essentielle d'arbre à thé. Frottez la surface ou l'objet à nettoyer avec ce mélange, puis rincez à l'eau claire.

C'ÉTAIT HIER

La transhumance en Auvergne

Puy-de-Dôme

Jusque dans les années 1950, la transhumance se fit à pied. A la fin du mois de mai, bergers et troupeaux quittaient les plaines arides pour les gras pâturages des hauts plateaux. L'estive, qui durait jusqu'au mois d'octobre, imposait le transport de matériel : une écuelle et des couverts, des outils, de quoi soigner les bêtes, et le nécessaire à la fabrication du fromage. Le long du chemin, des constructions de pierres sèches, les burons, servaient d'abris et d'ateliers fromagers.

Samedi 18 juillet

Saint Frédéric

En juillet jusqu'au dernier
mets ton blé dans ton grenier.

06 h 06
21 h 47
Cancer
3e décan

Eté

La Soupe à la fourchette
Jean Anglade

— Est-ce que tu aimes aussi le lard ? répéta le Vieux.
— Oui, oui. J'aime tout.
— En cette saison, nous le mangeons froid.

En vérité, elle se sentait disposée à tout aimer. Bien entraînée, d'ailleurs. La-bàs, elle avait mangé du pain noir, des topinambours, des betteraves fourragères, crues et cuites, des feuilles de radis en purée, de la soupe d'orties, du mou de bœuf en civet, de la saucisse de choux. Comment n'aurait-elle pas aimé le lard froid, le vrai lard de vrai cochon auvergnat ? A titre d'essai, Céleste lui en présenta une largeur de doigt sur du pain.

— Goûte d'abord.

Toujours pas d'assiettes sur la table. « Les Auvergnats, se dit-elle, mangent sans assiettes. » Elle regarda comment faisaient les autres. Elle apprit à maintenir sa tranche du pouce gauche, à la découper de la main droite en tranchettes, à porter chacune à sa bouche sur un taillon de pain. Il ne restait qu'à apprécier ces saveurs inattendues, rustiques, naïves, aussi peu marseillaises que possible, mais moelleuses, réconfortantes, eucharistiques. Elle eut conscience, comme l'avait proféré Jeff, qu'elle les devait à l'aimable Providence du Seigneur. Personne rue du Poirier ne remerciait Dieu pour les topinambours ni les betteraves. Quand elle eut terminé :

— C'est bon ! dit-elle.

Il y eut un sourire général. Céleste, qui avait compris, lui servit une autre ration. Elle s'en suça les doigts.

Extrait du roman *La Soupe à la fourchette* de Jean Anglade
paru aux Presses de la Cité dans la collection Terres de France

A faire aujourd'hui

Samedi

8 h ....
9 h ....
10 h ....
11 h ....
12 h ....
13 h ....
14 h ....
15 h ....
16 h ....
17 h ....
18 h ....
19 h ....
20 h ....

Dimanche

8 h ....
9 h ....
10 h ....
11 h ....
12 h ....
13 h ....
14 h ....
15 h ....
16 h ....
17 h ....
18 h ....
19 h ....
20 h ....

Notes

Saint Arsène

Dimanche 19 juillet

06 h 07
21 h 46
Cancer
3e décan

06 h 08
21 h 45
Cancer
3e décan

Lundi 20 juillet

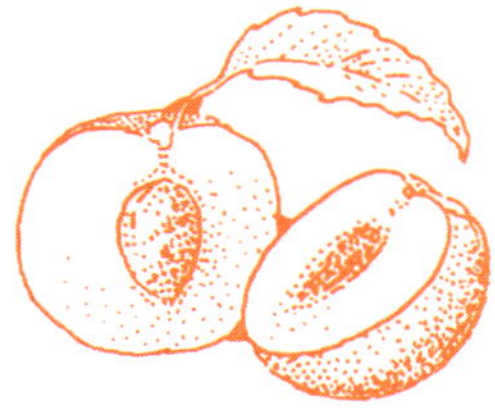

Sainte Marina

S'il pleut à la Sainte-Marina,
des noix il n'y en aura pas.

A faire aujourd'hui

8 h ....
9 h ....
10 h ....
11 h ....
12 h ....
13 h ....
14 h ....
15 h ....
16 h ....
17 h ....
18 h ....
19 h ....
20 h ....

Notes ....

Patrimoine

Quiz – La France au patrimoine mondial de l'humanité

1. Quelle ville, reconstruite après la Seconde Guerre mondiale par Auguste Perret, est entrée au patrimoine mondial de l'humanité en 2005 ?
a. Brest
b. Le Havre
c. Beauvais

2. Quelle ville, dont le centre historique est entré au patrimoine mondial de l'humanité en 1995, est célèbre pour son palais des Papes, son ensemble épiscopal et son pont Saint-Bénézet ?
a. Nîmes
b. Arles
c. Avignon

3. Dans quelle ville se trouve le port de la Lune, classé au patrimoine mondial de l'humanité en 2007 ?
a. La Rochelle
b. Biarritz
c. Bordeaux

Solution : 1 b, 2 c, 3 c.

Au quotidien

Les témoins de mariage

Aucun mariage civil ne peut être célébré sans la présence de témoins, celle-ci ayant pour objet de certifier l'identité des comparants et la conformité de l'acte avec leur déclaration. Au nombre de deux ou de quatre, les témoins doivent être âgés de 18 ans au moins et sont librement choisis par les futurs mariés. En dernier recours, le personnel de la mairie peut faire office de témoin si les époux n'en ont pas trouvé.

Pour le plaisir

Devinette

Je porte des rues, mais pas de bitume ; des villes, mais pas d'immeubles ni de maisons ; des rivières, mais pas d'eau ; des forêts mais aucun arbre. Qui suis-je ?

Solution : une carte de géographie.

C'ÉTAIT HIER

La légende du sillon de Talbert

Presqu'île de Pleubian (Côtes-d'Armor)

Cet étonnant banc de sable et de galets long de plus de 3 kilomètres est de ces curiosités bretonnes qui ont donné naissance à des légendes. On raconte que la fée Morgane vivait recluse sur l'île de Talbert et que, apercevant le roi Arthur au loin, elle forma le sillon pour le rejoindre. Longtemps exploité pour son goémon, le sillon est désormais une réserve naturelle régionale, essentiellement peuplée d'hirondelles de mer qui viennent s'y reposer entre deux migrations.

Mardi 21 juillet

Saint Victor

S'il pleut à la Saint-Victor,
la récolte n'est pas d'or.

06 h 09
21 h 44
Cancer
3e décan

Eté

La France en vert

Le GR 20 (Corse)

C'est probablement le GR le plus célèbre de France. Balisé en 1970 par une équipe de bénévoles passionnés, il traverse la Corse du nord au sud et s'étend sur 180 kilomètres. Réputé très difficile, il s'effectue en 14 jours de marche au minimum, à raison de 7 heures de randonnée par jour. La beauté des paysages de montagne, la nature sauvage, les villages d'altitude, les lacs, les cascades et les piscines naturelles sont autant de raisons qui attirent les milliers d'amoureux de la marche qui s'y pressent chaque année.

A faire aujourd'hui

8 h

9 h

10 h

11 h

12 h

13 h

14 h

15 h

16 h

17 h

18 h

19 h

20 h

Notes

En tous sens

Le melon de Cavaillon (Vaucluse)

En 1537, François Ier, de passage à Cavaillon, autorisa les paysans locaux à détourner les eaux de la Durance pour irriguer leurs champs. De là germa l'idée de faire pousser des melons, qui se développent dans les sols riches, bien irrigués et ensoleillés. A l'origine, on cultivait surtout des cantaloups, gros et ovales, à Cavaillon. Aujourd'hui, on privilégie le charentais, fruit rond à la chair orangée, sucrée et parfumée, qui résiste mieux au transport, et le rond brodé, à l'écorce plus épaisse et à la chair plus ferme, un peu moins parfumé que le charentais.

C'ÉTAIT HIER

La vie du mineur

Arras (Pas-de-Calais)

Les beurtias, ainsi étaient appelés les puits intérieurs sans fond que les mineurs utilisaient pour monter ou descendre au cœur de la mine, à l'aide de cages-ascenseurs. Avec la révolution industrielle au XIXe siècle, les mines en France furent très actives : cuivre, gaz, sel, fer, et surtout charbon. Au pic de leur activité, les charbonnages concernaient près de 900 communes réparties sur 18 départements, dont près d'un tiers dans la région Nord-Pas-de-Calais.

06 h 11
21 h 43
Cancer
3e décan

Mercredi 22 juillet

Sainte Marie Madeleine

Pour la Sainte-Madeleine, la noisette est pleine.

A faire aujourd'hui

8 h ....
9 h ....
10 h ....
11 h ....
12 h ....
13 h ....
14 h ....
15 h ....
16 h ....
17 h ....
18 h ....
19 h ....
20 h ....
Notes ....

La France en vert

Les gorges de Kakouetta (Pyrénées-Atlantiques)

Pour découvrir ce canyon de 3,5 kilomètres qui s'étend au pied de falaises de 300 mètres de haut, vous devrez emprunter un chemin aménagé (payant) fait de passerelles et de tunnels qui se succèdent en zigzaguant au bord de l'eau. Au gré de la balade, on découvre une flore luxuriante, de puissants torrents ainsi qu'une cascade surprenante et, au bout du parcours, une belle grotte.

Au quotidien

Comment choisir son mandataire pour un vote par procuration ?

Si vous êtes dans l'impossibilité de vous rendre à une élection, vous pourrez faire établir une procuration et devrez donc désigner la personne qui se rendra aux urnes à votre place. Celle-ci doit être inscrite sur les listes électorales de la même commune que vous, mais son bureau de vote peut être différent du vôtre. Le mandataire ne peut détenir qu'une procuration établie en France, deux si l'une des personnes est établie à l'étranger, trois si le vote s'effectue à l'étranger.

En tous sens

La faluche du Nord

Ce petit pain rond pèse 200 g. Cuit à très haute température, il a la particularité de gonfler au four. Sa surface se déchire alors et forme un trou, dans lequel on glisse du beurre ou de la mélasse avant de le déguster.

Pour le plaisir

Devinette

Plus j'ai de gardiens, moins je suis gardé. Moins j'ai de gardiens, plus je suis gardé. Qui suis-je?

Solution : le secret.

C'ÉTAIT HIER

Exposition nationale

Angers (Maine-et-Loire)

Entre 1835 et 1906 se tinrent à Angers des expositions montrant les progrès de l'industrie française. Au programme de cette dernière édition, les visiteurs découvrirent une galerie des machines, un palais de l'alimentation, un casino, etc. Le clou de l'événement résidait dans un toboggan américain : un chemin de fer nautique acheminait de petits bateaux jusqu'à une plate-forme d'où ils étaient propulsés dans un lac, à la vitesse folle pour l'époque de 90 km/h !

Jeudi 23 juillet

Sainte Brigitte

Nuages de la Sainte-Brigitte
par le soleil sont chassés vite.

06 h 12
21 h 42
Cancer
3e décan

Eté

La France en vert

Le château de Sedan aux flambeaux (Ardennes)

Durant les mois de juillet et août, il est possible de découvrir le château fort de Sedan lors d'une visite guidée hors du commun. A la nuit tombée, vous pourrez partir à l'assaut des fortifications, des remparts, du chemin de ronde et des souterrains du château à la simple lueur de bougies. Un guide vous contera toute l'histoire et les mystères des lieux au cours de la visite.

Pour le plaisir

Devinette

Comment s'appellent les habitants de Saint-Germain-des-Prés dans le Loiret ?

Solution : les Germanopratins et les Germanopratines.

Patrimoine

Montaigne à Bordeaux

Né en 1533 dans le château de Saint-Michel-de-Montaigne, en Dordogne, Michel de Montaigne suit des études de philosophie et de droit avant d'entrer comme conseiller au parlement de Bordeaux. En 1571, il se retire sur ses terres pour se consacrer à l'étude et à la réflexion, et se lance dans la rédaction de ses célèbres *Essais, journal d'un homme à la recherche de la sagesse*. Deux fois élu maire de Bordeaux, en 1581 et 1583, il adopte une attitude modérée pendant les guerres de Religion qui ravagent alors la France. Il meurt en 1592 dans son château. Celui-ci brûla totalement lors d'un incendie au XIXe siècle, mais la "tour de la librairie Montaigne", salle de travail du penseur, demeura intacte. Elle se visite aujourd'hui. Sur les poutres, sont peintes des maximes tirées de la Bible et des auteurs latins et grecs.

A faire aujourd'hui

8 h ....
....
9 h ....
....
10 h ....
....
11 h ....
....
12 h ....
....
13 h ....
....
14 h ....
....
15 h ....
....
16 h ....
....
17 h ....
....
18 h ....
....
19 h ....
....
20 h ....
....
Notes ....
....
....

C'ÉTAIT HIER

Travaux des champs

Corse

Si, en Corse comme ailleurs, on a toujours tenté de produire du blé, l'île ne s'est jamais vraiment prêtée à ce type d'exploitation. Les reliefs escarpés, les conditions difficiles qu'exigeaient les cultures en terrasse, le faible rendement sont autant de raisons qui ont peu à peu poussé la plupart des paysans à renoncer à cette production pour se tourner vers la culture du châtaignier et de l'olivier sur les coteaux et les montagnes, et celle de la vigne et des fruits en plaine.

06 h 13
21 h 40
Lion
1er décan

Vendredi 24 juillet

Sainte Christine

A la Sainte-Christine mûrit l'aubépine.

A faire aujourd'hui

8 h ....
9 h ....
10 h ....
11 h ....
12 h ....
13 h ....
14 h ....
15 h ....
16 h ....
17 h ....
18 h ....
19 h ....
20 h ....

Notes ....

La France en vert

Les travaux de la seconde quinzaine de juillet

- Taillez les glycines.
- Taillez les ifs, les thuyas, les buis et les lauriers-cerises.
- Récoltez les échalotes, l'ail et les oignons et laissez-les ressuyer une journée sur le sol.
- Pincez les tiges des potirons et des melons pour obtenir des fruits plus gros en limitant leur quantité.
- Semez des laitues d'automne.
- Marcottez les mûres.

En tous sens

Un saint pour chaque métier

Dès le Moyen Age, les artisans ont commencé à se regrouper en corporations afin de défendre leurs intérêts. Chaque corporation était liée à une confrérie religieuse et possédait son saint patron. Les métiers de bouche n'échappaient pas à la règle. Ainsi, le saint patron des boulangers était saint Honoré, qui a donné son nom à un célèbre gâteau. Sainte Marthe veillait sur les cuisiniers, saint Michel sur les pâtissiers, saint Uguzon, sur les fromagers, saints Nicolas et Aurélien sur les bouchers, etc.

Pour le plaisir

Lion (24 juillet – 23 août)

Cette année, vous devrez prêter attention à vos finances et éviter les achats compulsifs ! Vous devrez également vous recentrer sur votre travail et essayer d'améliorer vos relations avec vos collègues. Vous pourrez vous appuyer sur votre famille pour passer ce cap difficile.

C'ÉTAIT HIER

Chez la mère Blanc

Vonnas (Ain)

A l'image des mères Brazier, Léa ou Castaing, qui ont fait la réputation gastronomique de la région lyonnaise dans la première moitié du XXe siècle, Elisa Blanc, dite la mère Blanc, proposait dans son restaurant une cuisine simple et raffinée, qui mettait à l'honneur les produits du terroir. Parmi les spécialités qui lui ont valu d'obtenir 2 étoiles au Guide Michelin, citons le poulet de Bresse à la crème, les écrevisses de la Dombes aux herbes et les crêpes vonnassiennes.

Samedi 25 juillet

Saint Jacques le Majeur

Si Saint-Jacques est serein,
l'hiver sera dur et chagrin.

06 h 14
21 h 39
Lion
1er décan

Eté

La Nuit de l'amandier

Françoise Bourdon

Il avait passé du temps à nettoyer ses baïasses, enlevant les cailloux, éclaircissant les plants trop serrés, binant et désherbant les terres. C'était un travail rude, qu'il appréciait parce qu'il était au contact de la nature. Lorsque son dos le faisait souffrir, il se redressait, contemplait le ciel et se sentait bien. Chez lui.

Ses voisins les plus proches habitaient à près d'un kilomètre. La famille Brosset vivait dans le val de Sault depuis près de deux siècles. Ils avaient observé d'un air sceptique les travaux d'Olivier avant de se lancer à leur tour dans la lavande. « Ça vient bien », commentait le père Brosset, étonné de constater l'envolée des cours.

Olivier sourit. Le moment tant attendu de la cueillette constituait pour lui la récompense d'une année de labeur. Et puis, il allait revoir Silvia, la belle Silvia, que tous les coupeurs courtisaient. Le premier été, il l'avait contemplée, ébloui, sans parvenir à prononcer un mot. Toine lui avait décoché une bourrade.

— Hé, Olivier !

La belle Piémontaise s'avançait pieds nus sur le chemin caillouteux menant au bastidon. Elle avait une démarche de reine, qui contrastait avec ses vêtements raccommodés. Elle portait un baluchon et une paire de sandales de toile qu'elle balançait. Avec ses seins arrogants et sa taille fine, elle affolait les hommes.

« Tu n'as pas peur d'introduire la louve dans la bergerie ! » lui avait fait remarquer Toine en riant.

Elle avait planté son regard sombre dans les yeux verts d'Olivier.

— *Padrone ?* avait-elle demandé d'une voix sourde.

Il avait eu envie de refermer les bras sur elle et de l'attirer contre lui.

Marinette, qui venait cuisiner chez lui le temps de la cueillette, avait glissé :

« Lou ven, la fremo e la fourtuno
Soun mouvedis coumo la luno. »
(Vent, femme et fortune
Sont changeants comme la lune).

Extrait du roman *La Nuit de l'amandier* de Françoise Bourdon
paru aux Presses de la Cité dans la collection Terres de France

A faire aujourd'hui

Samedi

8 h ....
9 h ....
10 h ....
11 h ....
12 h ....
13 h ....
14 h ....
15 h ....
16 h ....
17 h ....
18 h ....
19 h ....
20 h ....

Dimanche

8 h ....
9 h ....
10 h ....
11 h ....
12 h ....
13 h ....
14 h ....
15 h ....
16 h ....
17 h ....
18 h ....
19 h ....
20 h ....

Notes

....
....
....
....
....
....

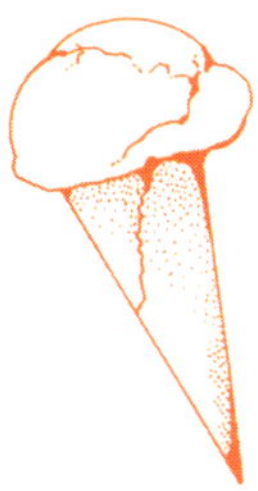

Saints Anne et Joachim

Dimanche 26 juillet

06 h 15
21 h 38
Lion
1er décan

Eté

06 h 17
21 h 37
Lion
1er décan

Lundi 27 juillet

Sainte Nathalie

A la Sainte-Nathalie, temps joli.

A faire aujourd'hui

8 h

9 h

10 h

11 h

12 h

13 h

14 h

15 h

16 h

17 h

18 h

19 h

20 h

Notes

La France en vert

Bonifacio (Corse-du-Sud)

Perchée au sommet d'une falaise de calcaire blanc, Bonifacio s'appréhende en deux temps : en bord de mer, on apprécie la marina et l'animation du port, puis on se dirige par une rampe escarpée vers l'impressionnante citadelle qui marque l'entrée de la ville haute. Là, on découvre au gré de ruelles étroites et ombragées les maisons anciennes qui se dressent au-dessus de la falaise. En laissant filer son regard, on aperçoit au loin l'archipel des îles Lavezzi.

Pour le plaisir

Devinette

Quand après-demain sera hier, il nous faudra autant de jours pour atteindre dimanche qu'il nous en a fallu quand avant-hier était demain pour que nous soyons aujourd'hui. Quel jour sommes-nous ?

Solution : lundi.

Au quotidien

De l'huile d'olive pour des cheveux secs

Après avoir lavé vos cheveux, versez un peu d'huile d'olive dans le creux de vos mains, puis appliquez-la sur vos cheveux en partant des pointes vers les racines (pour éviter que le cuir chevelu ne devienne gras). Enroulez une serviette chaude autour de votre tête et laissez poser pendant 15 minutes. Rincez à l'eau tiède. Vos cheveux retrouveront vigueur et brillance.

C'ÉTAIT HIER

L'église et le rocher Saint-Michel d'Aiguilhe

Le Puy-en-Velay (Haute-Loire)

Cette impressionnante petite église romane en pierre de lave, dressée au sommet de son roc, surplombe la ville du Puy-en-Velay. Le rocher, haut de 82 mètres, est en réalité un neck, soit un piton volcanique. La chapelle fut édifiée au milieu du Xe siècle grâce à l'évêque du Puy-en-Velay Godescalc, de retour du pèlerinage de Saint-Jacques-de-Compostelle. Pas moins de 268 marches mènent à son superbe portail.

Mardi 28 juillet

Saint Samson

De juillet la chaleur fait de septembre la valeur.

06 h 18
21 h 35
Lion
1er décan

Eté

En tous sens

Les rillettes du Mans

Les rillettes, ou rillés, se fabriquaient autrefois dans toutes les fermes sarthoises à l'occasion de l'abattage du cochon. Elles sont faites à partir d'épaule, de poitrine et de palette de porc. Ces morceaux sont mis à cuire pendant 4 à 10 heures dans du gras de porc, jusqu'à ce que les fibres se détachent. Traditionnellement, on n'ajoute aux rillettes que du sel et du poivre. Présentées en terrine de grès ou en pot, elles sont parfois protégées par une couche de graisse issue de la cuisson.

Patrimoine

Lamartine et la Bourgogne

Né à Mâcon en 1790, Alphonse de Lamartine passa toute son enfance dans le petit village de Milly, en Saône-et-Loire. Les souvenirs heureux qu'il garda de cette période lui inspirèrent de nombreux écrits, comme le poème *Milly ou la Terre natale*, ou le recueil *La Vigne et la Maison*. Le grand homme de lettres s'engagea également dans la vie politique de sa région d'origine et fut longtemps député de Mâcon. La maison qu'il habitait enfant se visite, et on peut suivre la "route Lamartine" en Bourgogne, à la découverte de lieux qui ont inspiré son œuvre.

A faire aujourd'hui

8 h ...
9 h ...
10 h ...
11 h ...
12 h ...
13 h ...
14 h ...
15 h ...
16 h ...
17 h ...
18 h ...
19 h ...
20 h ...
Notes ...

La France en vert

Installez un récupérateur d'eau

L'arrosage des plantes en été est très gourmand en eau. Pour éviter de gaspiller inutilement ce bien précieux, placez un récupérateur d'eau de pluie dans votre jardin et utilisez l'eau qu'il contient pour irriguer vos cultures !

C'ÉTAIT HIER

La place du Martroi

Orléans (Loiret)

Le mot « martroi » vient du latin *martyretum*, le « champ des martyrs », une nécropole ou la place où l'on exécutait les condamnés. On le retrouve essentiellement dans le Loiret et à Orléans, dont la place principale porte ce nom. Son origine serait liée à son rôle de place d'exécution au Moyen Age, ainsi qu'à l'existence d'un cimetière antique en ce lieu à l'époque gallo-romaine. Depuis, elle a accueilli le marché au blé, la guillotine pendant la Révolution et, depuis 1855, une statue à la gloire de Jeanne d'Arc.

Eté

06 h 19
21 h 34
Lion
1er décan

Mercredi 29 juillet

Sainte Marthe

A Sainte-Marthe, prunes
mûres, bonnes tartes.

A faire aujourd'hui

8 h ....

9 h ....

10 h ....

11 h ....

12 h ....

13 h ....

14 h ....

15 h ....

16 h ....

17 h ....

18 h ....

19 h ....

20 h ....

Notes ....

En tous sens

Tomates aux anchois de Collioure

Pour 6 personnes. Ingrédients : 12 filets d'anchois de Collioure au sel ; 3 gros œufs ; 3 c. à c. de câpres ; 2 oignons ; 6 tomates fraîches.

- Faites tremper les anchois dans de l'eau pendant 15 minutes, puis épongez-les avec du papier absorbant.
- Pendant ce temps, faites cuire les œufs dans de l'eau salée pendant 10 minutes, puis rafraîchissez-les sous l'eau froide et écalez-les.
- Mettez 6 anchois, les œufs et les câpres dans le bol d'un robot et mixez en purée.
- Epluchez les oignons et hachez-les. Ajoutez-les à la préparation précédente.
- Lavez les tomates, puis coupez-leur un chapeau et évidez-les à l'aide d'une petite cuillère. Garnissez les tomates du mélange, puis ornez chacune d'un filet d'anchois. Servez frais.

Au quotidien

Une tisane drainante

Vous souffrez de légers problèmes de rétention d'eau et vous souhaitez éliminer les toxines de votre organisme ? Portez 1 litre d'eau à la limite de l'ébullition. Hors du feu, ajoutez 2 c. à soupe de graines de fenouil, 2 c. à soupe de feuilles de bouleau, 1 c. à soupe de pissenlit, 1 c. à soupe de racines de réglisse et un trait de jus de citron. (Vous trouverez tous les ingrédients dans votre boutique bio.) Laissez infuser pendant 20 minutes, puis filtrez. Laissez refroidir. Buvez chaud ou froid.

La France en vert

Promenade citoyenne

Lorsque vous vous baladez en forêt ou dans tout autre site naturel, ne laissez pas vos déchets traîner derrière vous, par respect pour les autres promeneurs et pour la nature. Sachez qu'un chewing-gum jeté a besoin d'environ 5 ans pour se dégrader naturellement et une canette, de plusieurs dizaines d'années. N'oubliez donc pas, avant de partir, d'emporter avec vous un sac plastique où vous jetterez vos déchets.

C'ÉTAIT HIER

Station balnéaire en 1900

Dinard (Ille-et-Vilaine)

Petit port de pêche joliment situé, Dinard attira les touristes dans les années 1860, Britanniques en tête. Le site se couvrit peu à peu de villas plus fantaisistes les unes que les autres, de styles néogothique, colonial, médiéval, etc. Des navettes permettaient aux estivants de se rendre à Dinan et à Saint-Malo, que l'on aperçoit au loin. La vogue de Dinard se poursuivit jusque dans les années 1930, puis s'étiola avec l'essor de la Côte d'Azur.

Jeudi 30 juillet

Sainte Juliette

Bon fermier à la Sainte-Juliette
doit vendre ses poulettes.

06 h 21
21 h 33
Lion
1er décan

Patrimoine

Quiz – La France fait son cinéma

1. Dans quelle ville se déroule le film de Claude Lelouch *Un homme et une femme* ?
a. Honfleur
b. Houlgate
c. Deauville

2. Dans quelle ville se situe l'action du film de Jacques Demy qui lança la carrière de Catherine Deneuve en 1964 ?
a. Rochefort
b. Cherbourg
c. Paris

3. Dans quelle ville se trouve le quartier de l'Estaque, qui sert de cadre au film *Marius et Jeannette*, de Robert Guédiguian ?
a. Marseille
b. Aix-en-Provence
c. Menton

Solution : 1 c, 2 b (*Les Parapluies de Cherbourg*), 3 a.

En tous sens

Le cinq-épices

Peut-être utilisez-vous ce condiment dans vos recettes, mais savez-vous quelles épices le composent ? Il s'agit de badiane, de clous de girofle, de cannelle, de fenouil et de poivre.

La France en vert

Les hortillonnages d'Amiens (Somme)

Etendus sur 300 hectares, les hortillonnages sont composés d'une myriade de jardins maraîchers ou fleuris entrecoupés de petits canaux nommés rieux. Situés au cœur d'Amiens, ces terres, déjà cultivées au temps des Romains, étaient au début du XXe siècle le gagne-pain des hortillons, les maraîchers vivant de la culture et de la vente de fruits et de légumes. Aujourd'hui, ils sont plutôt destinés à l'agrément. Les visiteurs peuvent découvrir ce festival végétal à pied le long des chemins de halage, ou en bateau sur les rieux.

A faire aujourd'hui

8 h ...
9 h ...
10 h ...
11 h ...
12 h ...
13 h ...
14 h ...
15 h ...
16 h ...
17 h ...
18 h ...
19 h ...
20 h ...
Notes ...

C'ÉTAIT HIER

La pétanque

Saint-Gervais-sur-Cèze (Gard)

Dérivée du jeu provençal, la pétanque trouve ses origines dans le sud de la France où elle fut démocratisée au début du XXe siècle. Son nom vient du provençal *pé*, « pieds », et *tancat*, « planté ». C'est en 1910, à La Ciotat, qu'elle est officiellement reconnue. Elle se joue alors avec des boules en bois serties de clous, remplacées en 1930 par des boules en acier. La pétanque est devenue un sport à part entière en 1945, et la fédération compte plus de 310 000 licenciés.

06 h 22
21 h 31
Lion
1er décan

Vendredi 31 juillet

Saint Ignace de Loyola

De juillet chaud vient un automne
pendant lequel souvent il tonne.

A faire aujourd'hui

8 h ....

9 h ....

10 h ....

11 h ....

12 h ....

13 h ....

14 h ....

15 h ....

16 h ....

17 h ....

18 h ....

19 h ....

20 h ....

Notes ....

La France en vert

La fête de la myrtille à Belfahy (Haute-Saône)

Ce petit village des Vosges devient chaque dernier dimanche de juillet le paradis des amoureux de la myrtille ! Ceux-ci peuvent la déguster sous toutes ses formes : tartes, confitures, beignets, bières, bonbons, etc. De nombreux exposants viennent présenter les diverses variétés aux visiteurs, qui peuvent aussi profiter d'animations musicales, de jeux et de concours.

Au quotidien

Comment changer une prise murale ?

Il vous faut : un tournevis, une nouvelle prise du même modèle, un testeur de courant.

- Coupez le courant au disjoncteur général en enlevant le fusible qui correspond à la prise.
- Démontez le socle et sortez-le du boîtier avec les fils toujours reliés à leurs fixations.
- Utilisez le testeur de courant pour être sûr que le circuit est fermé.
- Faites un schéma du montage des fils (le nombre, les couleurs, la borne à laquelle ils sont reliés).
- Desserrez les fixations et dégagez les fils.
- Reliez les fils aux bornes du nouveau socle puis enfoncez-le dans le boîtier.
- Vissez le socle et remettez le courant au disjoncteur.

Pour le plaisir

Et si vous vous mettiez à la corde à sauter ?

La corde à sauter, un jeu d'enfant ? Pas seulement ! Il s'agit aussi d'un sport très complet qui permet de faire travailler aussi bien le souffle, l'équilibre et la coordination que les muscles des mollets, des cuisses, des fesses et les abdominaux. Sachez que 15 minutes de corde à sauter équivalent à 30 minutes de course à pied !

C'ÉTAIT HIER

Au bord de l'eau

Compiègne (Oise)

L'Oise inspire depuis toujours de nombreux pêcheurs qui y trouvent goujons, brochets et carpes. De nombreux artistes au XIXe siècle venaient de loin pour peindre la lumière de ses berges : Corot, Cézanne, Pissarro, Daubigny et Van Gogh. De Compiègne à Auvers, tous aimaient poser leur chevalet sur les bords de cette douce rivière. On retrouve aujourd'hui ces scènes dans les plus grands musées du monde.

Samedi 1er août

Saint Alphonse

Si le mois d'août est beau,
c'est signe que l'hiver sera bon.

06 h 23
21 h 30
Lion
1er décan

Eté

Le Rêve de la Grenouille

Elise Fischer

Et vint le Tour de France…
Pour nous les enfants, le plus important, c'était la caravane publicitaire. On pouvait récupérer des montagnes de babioles. Nos mères ont bien râlé au début que nous n'étions pas des mendiants. Nous connaissions le couplet depuis l'histoire des chewing-gums américains. Mais quand elles ont vu que tous, petits et grands, se précipitaient pour ramasser les premiers stylos à bille, les casquettes de soleil aux grandes marques de différents produits, des maillots, les porte-clefs et que cet exercice donnait bien des joies, elles ont fermé les yeux. « Une fois n'est pas coutume », avait glissé tante-marraine à Poulette. Les hommes, eux, guettaient les coureurs et pariaient sur celui qui franchirait le premier l'arche de la brasserie. L'arche était dressée à l'aide de tonneaux empilés les uns sur les autres, décorés bien évidemment et fleuris aux blasons de Champigneulles et de la brasserie. Les journalistes étaient là, passaient parmi la foule, recueillaient les impressions des uns et des autres, faisaient des photos. La Route, pour une fois, était à l'honneur. Ses habitants étaient mis en vedette. Le fermier n'avait pas sorti ses vaches. Surtout pas de bouse sur la route, qui avait été lavée au jet. Même dans nos cités, on avait fleuri les fenêtres le temps d'une journée. Les hommes avaient prélevé les premiers glaïeuls et des dahlias avec de la terre et les avaient disposés dans des caissettes de bois peintes en rouge. On les remettrait au jardin ensuite.

Extrait du roman *Le Rêve de la Grenouille* d'Elise Fischer
paru aux Presses de la Cité dans la collection Terres de France

A faire aujourd'hui

Samedi
8 h ....
9 h ....
10 h ....
11 h ....
12 h ....
13 h ....
14 h ....
15 h ....
16 h ....
17 h ....
18 h ....
19 h ....
20 h ....

Dimanche
8 h ....
9 h ....
10 h ....
11 h ....
12 h ....
13 h ....
14 h ....
15 h ....
16 h ....
17 h ....
18 h ....
19 h ....
20 h ....

Notes

Saint Julien

06 h 25
21 h 28
Lion
1er décan

Dimanche 2 août

06 h 26
21 h 27
Lion
2e décan

Lundi 3 août

Sainte Lydie

S'il pleut au mois d'août, huile et vin partout.

A faire aujourd'hui

8 h ....

9 h ....

10 h ....

11 h ....

12 h ....

13 h ....

14 h ....

15 h ....

16 h ....

17 h ....

18 h ....

19 h ....

20 h ....

Notes ....

Au quotidien

Estomper des zébrures d'autobronzant

Faites-vous un gommage léger ou mettez quelques gouttes de jus de citron sur un coton et frottez-vous le corps avec. Cette technique est trop agressive pour le visage, préférez dans ce cas camoufler les taches avec du fond de teint.

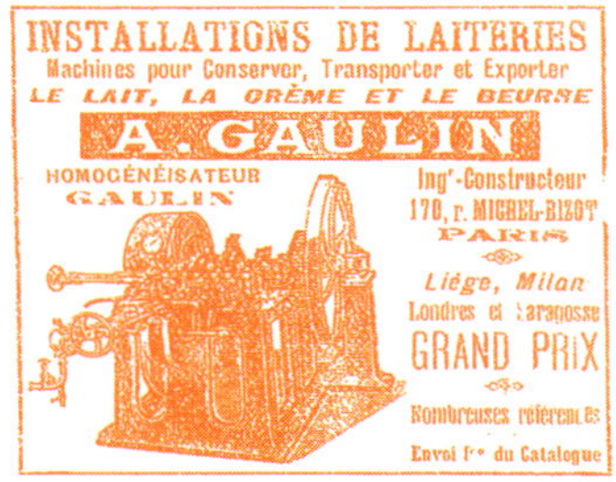

La France en vert

Aubeterre-sur-Dronne (Charente)

A quelques encablures du Périgord, Aubeterre déploie ses jolies maisons aux façades de craie blanche ornées de pans de bois, accolées les unes aux autres le long de ruelles pentues pavées de galets. Dominant la vallée verdoyante de la Dronne, le village est connu pour la belle église romane qui le domine, mais aussi pour l'église souterraine Saint-Jean, creusée à même le roc, et située en contrebas du bourg.

C'ÉTAIT HIER

Au pays du jasmin

Grasse (Alpes-Maritimes)

Originaire d'Inde, le jasmin fut introduit à Grasse au XVIIe siècle. Ses petites fleurs blanches au parfum enivrant firent la fortune et la réputation de la ville, qui, dès le XVIIIe siècle, se spécialisa dans la parfumerie. La récolte avait lieu au mois d'août, au petit jour, quand les fleurs étaient encore couvertes de rosée. Ce travail délicat était confié aux femmes. A partir de 1946, une fête fut dédiée à la fleur, la « Jasminade », avec corso fleuri, joutes entre producteurs et feux d'artifice.

Mardi 4 août

Saint Jean-Marie Vianney

Au mois d'août, n'ôte la flanelle qu'en cas de chaleur torrentielle.

06 h 27
21 h 25
Lion
2e décan

Eté

La France en vert
Repousser les moustiques
Installez des plantes à l'odeur citronnée dans votre jardin ou sur le rebord des fenêtres. Le thym citron, la mélisse ou le basilic à petites feuilles repoussent assez efficacement les moustiques. Au potager, plantez des tomates, des piments, des poivrons et des aubergines.

Patrimoine
Les communes de France en question
Quelle ville du Vaucluse est connue notamment pour ses fruits confits ?

Solution : Apt.

Au quotidien
Si votre papier peint est cloqué
Percez la cloque au milieu avec une aiguille. Passez un petit rouleau dessus, depuis les bords jusqu'au centre. Couvrez la cloque avec une feuille de papier buvard et appliquez votre fer à repasser, réglé sur température minimale. Le tour est joué !

En tous sens
Glace aux myrtilles des Vosges
Pour 8 personnes. Ingrédients : 1 gousse de vanille ; 25 cl de lait ; 25 cl de crème fraîche ; 5 jaunes d'œufs ; 120 g de sucre en poudre ; 500 g de myrtilles sauvages des Vosges ; 50 cl de yaourt aux myrtilles.

- Mettez les graines de la gousse de vanille dans une casserole avec le lait et la crème fraîche. Portez à ébullition à feu moyen, puis laissez refroidir.
- Dans une jatte, battez les jaunes d'œufs et le sucre au fouet. Ajoutez le mélange précédent dans la jatte sans cesser de battre.
- Filtrez le mélange et versez-le dans une casserole. Faites épaissir la crème à feu moyen en battant au fouet 5 à 8 min. Filtrez la préparation.
- Laissez refroidir, puis mettez au frais pour 30 min.
- Mixez le mélange avec les myrtilles, rincées et séchées, et le yaourt.
- Réservez au frais pendant 1 h.
- Faites turbiner dans une sorbetière.

A faire aujourd'hui
8 h ....
9 h ....
10 h ....
11 h ....
12 h ....
13 h ....
14 h ....
15 h ....
16 h ....
17 h ....
18 h ....
19 h ....
20 h ....
Notes ....

C'ÉTAIT HIER
Le décrotteur-commissionnaire
Paris (Ile-de-France)
Dans les rues de la capitale, on voyait autrefois des hommes, venus pour la plupart du Midi, du Cantal ou de Savoie, qui ciraient les chaussures et se chargeaient de quelques courses. La plupart d'entre eux n'étaient pas attachés à un lieu particulier, mais installaient leur boîte au hasard des rues et des opportunités. Ce n'est qu'au bout de plusieurs années d'expérience, et avec l'appui de quelque protection haut placée, que certains obtenaient une place fixe.

Eté

06 h 29
21 h 24
Lion
2e décan

Mercredi 5 août

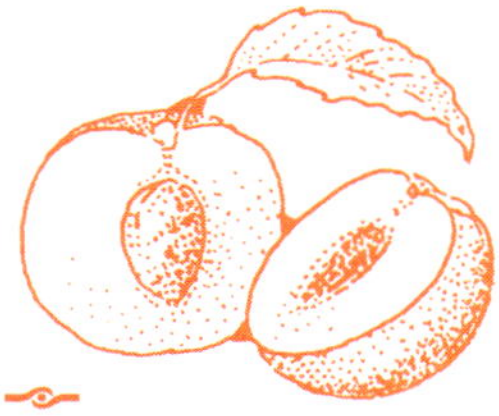

Saint Abel

A la Saint-Abel, faites vos confitures de mirabelles.

A faire aujourd'hui

8 h ...

9 h ...

10 h ...

11 h ...

12 h ...

13 h ...

14 h ...

15 h ...

16 h ...

17 h ...

18 h ...

19 h ...

20 h ...

Notes ...

Patrimoine

Les communes de France en question

Dans quelle ville de Dordogne trouve-t-on notamment la cathédrale Saint-Sacerdos, la place du Marché-aux-Oies, la lanterne des Morts ou encore le manoir de Gisson ?

Solution : Sarlat-la-Canéda.

Pour le plaisir

Devinette

Comment s'appellent les habitants de Châteauroux ?

Solution : les Castelroussins et les Castelroussines.

Au quotidien

Le pan bagnat de Nice

A l'origine, le pan bagnat, qui signifie "pain mouillé", se confectionnait dans les foyers à partir des restes de la salade niçoise du dimanche midi. Ce n'était pas un pain à proprement parler, mais la salade, dans laquelle on incorporait du pain de campagne rassis effrité au pilon, puis imbibé d'huile d'olive et de jus de tomate. Aujourd'hui, on appelle pans bagnats de gros pains ronds coupés en deux et garnis entre autres d'anchois, de tomates et d'olives.

La France en vert

Les travaux de la première quinzaine d'août

- Semez les radis d'automne, les carottes, les choux de printemps.
- Buttez les poireaux et le céleri.
- Plantez des bulbes de freesia et d'arum d'Ethiopie.
- Bouturez les pélargoniums.
- Plantez les iris de jardin.
- Supprimez les fruits des pois de senteur pour favoriser la floraison.
- Plantez les nérines, les colchiques et les fritillaires.
- Continuez à supprimer les stolons des fraisiers.

C'ÉTAIT HIER

Danses bretonnes

Plougastel-Daoulas (Finistère)

Chaque région, presque chaque ville, de Bretagne possède sa danse traditionnelle. Plougastel-Daoulas ne fait pas exception à la règle et peut se targuer de présenter une dizaine de danses spécifiques comme la gavotte de Plougastel, la gavotte Tinduff (du nom d'un port de Plougastel) ou encore la *dãns an torchou*. Noces, pardons, fin des travaux agricoles, foires, toutes les occasions étaient bonnes autrefois pour danser au son des bombardes, des binious ou des accordéons.

Jeudi 6 août

Transfiguration

Quand août est bon,
abondance à la maison.

06 h 30
21 h 22
Lion
2ᵉ décan

Au quotidien

Petits ennuis à l'hôtel

Si votre valise disparaît de votre chambre ou si votre voiture est endommagée sur le parking de l'hôtel où vous séjournez, celui-ci en sera tenu pour responsable et devra vous indemniser. Certains établissements placardent des affiches censées les dédouaner en cas d'incidents : sachez qu'elles n'ont aucune valeur légale et qu'ils devront tout de même vous indemniser.

En tous sens

Le floc de Gascogne

Assez proche du pineau, le floc de Gascogne est composé d'un mélange d'armagnac et de jus de raisin frais. Il ne vieillit que très peu de temps en fût et doit idéalement être consommé dans l'année de sa mise en vente. Assez léger, il se déguste généralement à l'apéritif, glacé s'il est blanc, plutôt rafraîchi avec des glaçons s'il est rouge. Il peut également accompagner un dessert ou servir à déglacer des viandes grasses.

Patrimoine

L'oie du Sidobre en Languedoc

Le Sidobre est un plateau granitique du haut Languedoc délimité par l'Agout et la Durenque. Ses roches érodées forment d'énormes masses arrondies qui se tiennent en équilibre les unes sur les autres, constituant un paysage chaotique stupéfiant. Le roc de l'Oie frappe par sa ressemblance avec le volatile, que l'on croit voir couvant un œuf, la tête levée d'un côté. On raconte qu'une oie soumise à l'autorité d'un puissant tyran avait reçu de lui l'autorisation de sortir la nuit pour couver son œuf unique ; les pires châtiments l'attendaient si elle n'était pas rentrée avant la pointe du jour. Un matin, elle oublia de rejoindre son maître à l'heure convenue. Le tyran, hors de lui, la punit en la pétrifiant sur son œuf…

A faire aujourd'hui

8 h ....

9 h ....

10 h ....

11 h ....

12 h ....

13 h ....

14 h ....

15 h ....

16 h ....

17 h ....

18 h ....

19 h ....

20 h ....

Notes ....

C'ÉTAIT HIER

Pêcheurs en Alsace

Mulhouse (Haut-Rhin)

Dans les divers cours d'eau qui sillonnent l'Alsace, le saumon fut longtemps roi. A tel point que les domestiques se plaignaient au XIXᵉ siècle de ne manger pratiquement que du saumon ! Pourtant, le poisson disparut peu à peu des eaux du Rhin et des canaux le reliant à d'autres rivières à partir des années 1950. La faute en revient à la pollution de ce fleuve, très utilisé pour le transport fluvial, ainsi qu'à la construction de barrages et de centrales hydroélectriques.

06 h 31
21 h 21
Lion
2e décan

Vendredi 7 août

Saint Gaétan

En août, de l'aube au soir, on n'a qu'une heure pour s'asseoir.

A faire aujourd'hui

8 h

9 h

10 h

11 h

12 h

13 h

14 h

15 h

16 h

17 h

18 h

19 h

20 h

Notes

Pour le plaisir

Un nouveau légume chaque semaine !

Plutôt que de savourer toujours les mêmes légumes, pourquoi ne pas essayer des variétés rares ou oubliées ? Cela vous permettra de varier les goûts mais aussi les apports en vitamines et en minéraux. Alors, laissez-vous tenter par des carottes jaunes du Doubs, du cerfeuil tubéreux, du concombre lemon, des crosnes, des pois sucrés ou des topinambours, etc.

Patrimoine

Quiz – Plages de France

1. Dans quelle ville de la côte basque, célèbre pour ses spots de surf, trouve-t-on les plages de la Madrague ou des Sables d'Or, entre autres ?
a. Anglet
b. Biarritz
c. Saint-Jean-de-Luz

2. Laquelle de ces plages ne fait pas partie des plages du débarquement allié en Normandie du 6 juin 1944 ?
a. Omaha Beach
b. Juno Beach
c. Spring Beach

3. Où se trouve la baie des Anges ?
a. sur la côte atlantique
b. sur la côte méditerranéenne
c. sur la Manche

Solution : 1 a, 2 c, 3 b.

Au quotidien

Créer une table de jardin

Récupérez 2 petites palettes et poncez-les. Fixez-les l'une sur l'autre à l'aide de vis placées dans chaque angle. Peignez-les en blanc, puis laissez sécher. Il ne restera plus qu'à installer la table entre 2 chaises longues pour y poser des boissons fraîches.

C'ÉTAIT HIER

Dans les calanques

Près de Porto (Corse-du-Sud)

En Corse, les anciennes générations racontent que les calanques de Piana seraient nées de la colère du diable, qui aurait créé ce chaos de pierre après une mésaventure amoureuse. Pour se rendre à Porto, les muletiers descendaient autrefois le long des calanques en empruntant un chemin émaillé de pierres, au sommet de murs en pierres sèches parfois hauts de plusieurs mètres : le parcours n'était guère aisé, seulement adouci par la vue spectaculaire qui s'offrait à leurs yeux.

Samedi 8 août

Saint Dominique

Au mois d'août, le vent est fou.

06 h 33
21 h 19
Lion
2e décan

Eté

L'Etranger de Saint-Cernin
Sylvie Anne

Très tôt, comme à son habitude, Léonie ouvrit le café. Le temps d'enfiler son tablier et déjà deux journaliers se présentaient. Ils ne parlaient que du temps et de leur travail qui se terminait aujourd'hui. Les moissons finies, il y avait toujours la fête, moins exubérante qu'autrefois, mais c'était une soirée à ne pas manquer. Ils commandèrent un café avec un petit verre d'alcool de prune puis demandèrent à Léonie si elle connaissait des fermiers qui embauchaient. Bientôt, d'autres moissonneurs les rejoignirent. Bruits et rires emplirent la salle. Imperturbable, la maîtresse des lieux servait en surveillant son monde. Si le ton montait, elle intervenait et, parfois, n'hésitait pas à mettre dehors les excités. Jusqu'à présent, personne n'avait osé la contrecarrer. Quand Taulade entra à son tour, il fut accueilli par de grands saluts. Il avait une place de choix dans le village. On lui payait toujours un verre pour l'écouter raconter les anecdotes dont il était friand. Ce matin, il parla de « monsieur Vitrolles », cet étranger qu'il avait rencontré la veille et qui cherchait à se loger. Prudente, Léonie ne dit rien sur le billet de vingt francs ni sur sa visite, attendant d'en apprendre davantage.

— Il est chez Albert Chazat, précisa-t-il, content d'intéresser son auditoire, il veut louer la vieille maison, celle qui est sur la droite, juste avant le tournant.

— Mais elle est inhabitable, commenta un client. Je connais l'intérieur, il n'y a plus que la cheminée qui tienne !

— Et d'abord, renchérit un autre, d'où vient-il ?

— Ça se trouve, fit un troisième, il sort de prison…

Sa remarque entraîna aussitôt des murmures d'approbation. La méfiance s'imposait envers tout nouveau venu dans le village. L'angélus qui sonnait au clocher de l'église abrégea les échanges. Il était temps d'aller travailler, surtout avec le temps qui ne s'annonçait pas aussi beau que la veille.

Extrait du roman *L'Etranger de Saint-Cernin* de Sylvie Anne
paru aux Presses de la Cité dans la collection Terres de France

A faire aujourd'hui

Samedi
8 h ……
9 h ……
10 h ……
11 h ……
12 h ……
13 h ……
14 h ……
15 h ……
16 h ……
17 h ……
18 h ……
19 h ……
20 h ……

Dimanche
8 h ……
9 h ……
10 h ……
11 h ……
12 h ……
13 h ……
14 h ……
15 h ……
16 h ……
17 h ……
18 h ……
19 h ……
20 h ……

Notes

Saint Amour

Dimanche 9 août

06 h 34
21 h 17
Lion
2e décan

Été

06 h 36
21 h 16
Lion
2e décan

Lundi 10 août

Saint Laurent

Pour la Saint-Laurent, tout fruit est bon pour les dents.

A faire aujourd'hui

8 h ......

9 h ......

10 h ......

11 h ......

12 h ......

13 h ......

14 h ......

15 h ......

16 h ......

17 h ......

18 h ......

19 h ......

20 h ......

Notes ......

La France en vert

Le pic du Midi de Bigorre (Hautes-Pyrénées)

Haut de 2 877 mètres, le pic du Midi a longtemps été uniquement consacré à la science. On le reconnaît d'ailleurs de loin grâce à l'observatoire astronomique planté à son sommet et à la haute antenne de télévision qui le surmonte. Le lieu offre en effet des conditions uniques d'observation grâce à la transparence parfaite de l'atmosphère qui l'entoure. Depuis les années 2000, le site est ouvert au public. Un téléphérique emmène les visiteurs jusqu'au sommet, où ils peuvent découvrir un espace muséographique et apprécier le panorama sublime sur toute la chaîne pyrénéenne.

En tous sens

De l'usage de la fourchette

Jusqu'à la Renaissance, on avait coutume de manger avec les mains et ce, même à la cour des grands. C'est Catherine de Médicis qui apporta avec elle d'Italie la fourchette, ainsi que les assiettes individuelles en faïence et les verres, qui vinrent remplacer les coupes en étain ou en argent. La fourchette ne s'imposa pourtant qu'à l'époque où les fraises et les collerettes firent leur apparition : il s'avéra plus simple d'utiliser cet ustensile que ses mains pour ne pas se salir !

Pour le plaisir

Enigme

Deux employés enveloppent dix-huit paquets en une heure et demie. Le livreur doit emporter soixante-douze paquets dans une heure. Combien d'employés faudra-t-il pour envelopper ces soixante-douze paquets en une heure ?

Solution : 12.

C'ÉTAIT HIER

Pins et résine

Dax (Landes)

Au tournant du XXe siècle, la ville de Dax était très active. Réputée pour ses boues thérapeutiques, elle pratiquait aussi l'exploitation intensive de pins maritimes. Commerce du bois, exportation de produits issus de la gemme (essence de térébenthine et colophane), Dax, qui accueillait l'une des deux Bourses internationales de résineux, resta jusqu'en 1939 le premier marché de résineux et de produits dérivés en France. Les transactions se faisaient à la criée, le samedi, au café de la Bourse.

Mardi 11 août

Sainte Claire

A la Sainte-Claire, s'il éclaire ou tonne, c'est l'annonce d'un bel automne.

06 h 37
21 h 14
Lion
2e décan

Eté

Au quotidien

Soigner une ampoule

Percez l'ampoule avec une aiguille désinfectée, puis laissez vos pieds respirer de façon que l'ampoule sèche et que la peau durcisse. Si vous devez continuer à marcher, pendant une randonnée par exemple, placez un morceau de sparadrap spécial ampoules par-dessus.

En tous sens

L'épice la plus chère au monde

Il s'agit du safran, issu des stigmates de la fleur de crocus. Pour obtenir 1 kg de safran frais, 200 000 fleurs de crocus récoltées à la main sont nécessaires. Il n'est donc guère étonnant que son prix avoisine les 1 500 € le kilo ! Provenant essentiellement des pays du Moyen-Orient, il est également produit – en moindre quantité – sous nos latitudes, en témoigne le safran du Quercy, dont la réputation n'est plus à faire.

Patrimoine

Quiz – La ville la plus...

1. Quelle ville est la plus étendue de France métropolitaine ?
a. Saintes-Maries-de-la-Mer
b. Marseille
c. Arles

2. Après Paris, Marseille et Lyon, quelle est la 4e ville la plus peuplée de France ?
a. Nantes
b. Toulouse
c. Nice

3. Quelle est la commune la plus à l'ouest de la France métropolitaine (hors îles) ?
a. Plouarzel
b. Le Conquet
c. Camaret

Solution : 1 c, 2 b, 3 a (au niveau de la pointe de Corsen, située sur la commune).

A faire aujourd'hui

8 h ....
9 h ....
10 h ....
11 h ....
12 h ....
13 h ....
14 h ....
15 h ....
16 h ....
17 h ....
18 h ....
19 h ....
20 h ....
Notes ....

Pour le plaisir

Devinette

Quelle est l'anagramme du mot parisien ?

Solution : aspirine.

C'ÉTAIT HIER

Les ânes en culotte

Ile de Ré (Charente-Maritime)

C'est au XIXe siècle que les ânes furent amenés sur l'île de Ré depuis le continent, essentiellement pour transporter le sel issu des marais salants, mais également pour aider aux travaux agricoles et au ramassage du varech. Les bêtes étant souvent incommodées par les piqûres des moustiques et des mouches, omniprésents sur l'île, les habitants eurent l'idée de les vêtir de pantalons à bretelles cousus dans des tissus à rayures ou à carreaux aux couleurs vives.

Été

06 h 38
21 h 12
Lion
2e décan

Mercredi 12 août

Sainte Clarisse

S'il pleut à la Sainte-Clarisse,
c'est souvent comme vache qui pisse.

A faire aujourd'hui

8 h ....
....
9 h ....
....
10 h ....
....
11 h ....
....
12 h ....
....
13 h ....
....
14 h ....
....
15 h ....
....
16 h ....
....
17 h ....
....
18 h ....
....
19 h ....
....
20 h ....
....
Notes ....
....
....

Au quotidien

Enlever une tache de vin sur une nappe en coton

Imbibez la tache avec du lait très chaud. Frottez énergiquement, rincez abondamment, puis lavez votre nappe en machine comme d'habitude.

Pour le plaisir

Un petit café ?

On a beau l'accuser de tous les maux, le café est excellent pour la santé ! Riche en antioxydants et en polyphénols, il aurait le pouvoir de protéger du cancer, du diabète, de la dépression et de la cirrhose du foie, à condition d'en consommer au moins trois tasses par jour. Que des bonnes raisons pour ne jamais se refuser un petit noir au comptoir !

Patrimoine

Le vinaigre à Orléans (Loiret)

Son histoire remonte au Moyen Age. En ce temps-là, déjà, les rois de France, grands amateurs de vins d'Anjou et de Touraine, se les faisaient expédier par bateau sur la Loire jusqu'à Orléans. Là, seuls les meilleurs crus poursuivaient leur route pour Paris. Les vins piqués étaient transformés en vinaigre par des artisans locaux. Au XVIIIe siècle, Orléans comptait plus de 300 producteurs de vinaigre et cette suprématie perdura jusqu'au début du XXe siècle.

En tous sens

Le cochelin de Chartres

Il s'agit d'une pâtisserie à pâte feuilletée en forme de petit bonhomme, consommée nature ou fourrée avec de la confiture ou du chocolat. Le mot "cochelin", dont la signification exacte est incertaine, provient de l'ouest et du centre de la France. Il a désigné au Moyen Age un gâteau dentelé que l'on offrait aux enfants pour le Nouvel An. Le parrain et la marraine donnaient aussi un cochelin à leurs filleuls qui se mariaient.

C'ÉTAIT HIER

Le château d'If

Marseille (Bouches-du-Rhône)

Rendu célèbre par Alexandre Dumas et le personnage d'Edmond Dantès dans *Le Comte de Monte-Cristo*, le château d'If fut construit sur un îlot du Frioul, au large de Marseille, du temps de François Ier. La forteresse eut pour rôle de défendre le port de la cité phocéenne avant d'être transformée en prison à partir de 1540, sa position rendant toute évasion quasi impossible. Nombre d'opposants à la religion catholique ou à la royauté y furent enfermés.

Jeudi 13 août

Saint Hippolyte

A la Saint-Hippolyte, quand l'eau abonde, c'est misère dans le monde.

06 h 40
21 h 10
Lion
3e décan

Eté

Patrimoine

Jean Bart et Dunkerque

Né le 21 octobre 1650 à Dunkerque, Jean Bart se rendit célèbre par ses exploits de corsaire durant les guerres de Louis XIV. Dès 1672, il navigue en course pour le compte de la France et se révèle un virtuose du genre, accumulant plus de 50 prises entre 1674 et 1678. L'exploit le plus fameux de Jean Bart date de 1694, lorsqu'il s'empare, aux dépens des Hollandais, au large de Texel, d'un énorme convoi de 130 navires chargés de blé. Cette prise, effectuée en période de disette, fait du corsaire un héros national et lui vaut ses lettres de noblesse. Chef d'escadre en 1697, il commande la marine à Dunkerque, où il meurt le 27 avril 1702.

Pour le plaisir

Devinette

Comment s'appellent les habitants de Bourg-en-Bresse ?

Solution : les Burgiens et les Burgiennes.

A faire aujourd'hui

8 h ....
....
9 h ....
....
10 h ....
....
11 h ....
....
12 h ....
....
13 h ....
....
14 h ....
....
15 h ....
....
16 h ....
....
17 h ....
....
18 h ....
....
19 h ....
....
20 h ....
....
Notes ....
....
....

Au quotidien

Contre la peau sèche

Appliquez après chaque douche une crème à base d'amande douce pour tonifier la peau et l'assouplir. Vous pouvez également utiliser une crème à base d'aloe vera, qui hydrate et régénère la peau.

C'ÉTAIT HIER

Le temps des moissons

Nivernais (Bourgogne)

Si la mécanisation gagna les campagnes au cours du XXe siècle, les exploitations n'y eurent pendant longtemps pas accès et le travail des moissons se faisait donc à la main. Lorsque les grains étaient à maturité, il était temps de couper les épis, les battre et les regrouper en gerbes. Harassantes, les moissons n'en étaient pas moins un moment de solidarité entre familles et voisins, car tous, petits et grands, hommes et femmes, mettaient la main à la pâte.

Eté

06 h 41
21 h 09
Lion
3e décan

Vendredi 14 août

Saint Evrard

A la Saint-Evrard au plus tard fais battre la gerbe.

A faire aujourd'hui

8 h ....

9 h ....

10 h ....

11 h ....

12 h ....

13 h ....

14 h ....

15 h ....

16 h ....

17 h ....

18 h ....

19 h ....

20 h ....

Notes ....

Au quotidien
En cas d'insolation

Si, au retour de la plage, vous êtes pris de vertiges, de maux de tête et de fièvre, vous souffrez certainement d'une insolation. Dans un premier temps, installez-vous dans un endroit frais ou à l'ombre. Puis prenez une douche fraîche afin de faire baisser la température de votre organisme ou, à défaut, passez-vous un linge humide sur la peau. Enfin, buvez beaucoup d'eau ou d'infusion de tilleul pour vous réhydrater au plus vite.

En tous sens
Les papilles en émoi

Lorsqu'on consomme un aliment, les quelque 10 000 papilles gustatives réparties sur la langue, mais aussi sur le palais, les amygdales et le pharynx, activent leurs cellules pour envoyer aux neurones des informations sur les saveurs. Ces récepteurs de goût ne fonctionnent qu'en milieu humide, c'est donc le rôle de la salive que de dissoudre les aliments pour exciter les papilles.

La France en vert
La flambée de la morteau à Morteau (Doubs)

A la mi-août se tient une fête en l'honneur de la plus grande spécialité franc-comtoise. C'est le moment où l'on sèche (dans le patois local, on dit qu'on "flambe") la saucisse avant de la fumer au genièvre et à l'épicéa. Les amateurs de la morteau peuvent prendre part à des dégustations et des démonstrations de fabrication, faire leurs achats au marché gastronomique et artisanal ou assister au cortège des confréries. Une randonnée cycliste, des animations musicales et des spectacles de rue viennent compléter le programme.

C'ÉTAIT HIER

Notre-Dame de Rumengol

Le Faou (Finistère)

Depuis le Moyen Age se déroule à Rumengol, les jours de la Trinité et de l'Assomption, l'un des pardons les plus connus de Bretagne. Bâti sur un ancien site druidique, ce lieu saint a réuni en 1901 plus de 30 000 pèlerins et 400 prêtres. Le recueillement se fait le temps d'une messe en breton, auprès d'une Vierge couronnée par le pape en 1958, sortie pour l'occasion et rebaptisée Notre-Dame de Tout Remède. Tout près se trouve une fontaine sacrée.

Samedi 15 août

Assomption

A la mi-août, le temps s'arrange ou défait tout.

06 h 43
21 h 07
Lion
3e décan

Un palais dans les dunes

Annie Degroote

Elle contempla l'immensité des plages de sable blond, l'ondoiement et le reflet mordoré des touffes d'oyats sur les dunes, le soleil miroitant sur l'onde, les vastes étendues qui s'étiraient avec nonchalance – tour à tour désert ou eau –, où l'œil portait loin, sans barrière, sans fin. Le va-et-vient des marées ponctuait sa vie. L'estuaire de la Canche émergeait dans un halo d'opaline, lui conférant un aspect de bout du monde. Des milliers d'oiseaux y nichaient. D'autres migraient, selon les saisons.

Dès la fin de l'été, elle observait le ballet mystérieux des oiseaux descendant vers les contrées chaudes. Ils faisaient étape un peu plus au sud, dans la baie de Somme. A l'approche du printemps, c'était le passage des cygnes puis des sarcelles d'été, qui formaient dans le ciel un prodigieux cerf-volant remontant vers le nord. La vallée de la Canche était rieuse. Son village d'Etaples était niché dans des bocages verdoyants. Il n'était guère étonnant que tant de peintres soient inspirés par sa région et tentent d'en capturer la lumière, d'esquisser les nuances bigarrées du paysage, d'embusquer le déferlement des vagues, d'intercepter, de s'approprier puis éterniser des scènes fugitives. Un attachement quasi viscéral reliait les familles de pêcheurs à la Côte d'Opale. Elle ne dérogeait pas à la règle. Alors, pourquoi ne se contentait-elle pas de ce qu'elle avait ? Pourquoi désirait-elle fuir son village ?

D'où provenait cette constante insatisfaction, ce mal-être qui la possédait comme le diable depuis sa petite enfance ? Elle prétendait alors devenir un grand marin. Ses frères aînés lui avaient ri au nez. Ses incompréhensibles tourments provenaient-ils de ce moment-là ? N'était-ce pas un peu disproportionné ? Bien peu de femmes étaient marins. Leur place était au foyer. L'aventure s'écrivait au masculin.

Extrait du roman *Un palais dans les dunes* d'Annie Degroote
paru aux Presses de la Cité dans la collection Terres de France

A faire aujourd'hui

Samedi

8 h ......
9 h ......
10 h ......
11 h ......
12 h ......
13 h ......
14 h ......
15 h ......
16 h ......
17 h ......
18 h ......
19 h ......
20 h ......

Dimanche

8 h ......
9 h ......
10 h ......
11 h ......
12 h ......
13 h ......
14 h ......
15 h ......
16 h ......
17 h ......
18 h ......
19 h ......
20 h ......

Notes

Saint Armel

Dimanche 16 août

06 h 44
21 h 05
Lion
3e décan

06 h 45
21 h 03
Lion
3e décan

Lundi 17 août

Saint Hyacinthe

Pluie et tonnerre au mois d'août, c'est joie et prospérité.

A faire aujourd'hui

8 h ....

....

9 h ....

....

10 h ....

....

11 h ....

....

12 h ....

....

13 h ....

....

14 h ....

....

15 h ....

....

16 h ....

....

17 h ....

....

18 h ....

....

19 h ....

....

20 h ....

....

Notes ....

....

....

La France en vert

Saint-Antoine-l'Abbaye (Isère)

Dominant le bourg, l'abbaye de Saint-Antoine compte parmi les plus grands joyaux gothiques du Dauphiné ; ses portails flamboyants, ses intérieurs somptueux, son hôpital et ses jardins ne doivent pourtant pas éclipser la beauté toute pittoresque du village. Au détour d'un dédale de goulets – ruelles étroites en partie couvertes –, les vastes demeures de notables, construites en pierre, succèdent aux maisons d'artisans en moellons ou à colombages, aux petites places, aux fontaines et à une jolie halle médiévale.

Au quotidien

La redevance audiovisuelle

Depuis 2005, tout particulier qui paye une taxe d'habitation et détient au 1er janvier, pour son usage privatif, un poste de télévision ou tout dispositif assimilé permettant la réception de la télévision doit acquitter la redevance audiovisuelle. La redevance est due quel que soit le mode d'acquisition du téléviseur ou du matériel assimilé : achat, don, prêt, succession.

Pour le plaisir

Devinette

Un émir mourant fait venir auprès de lui ses deux fils. Il leur dit : "Vous voyez à l'horizon le minaret de la ville voisine ? Celui d'entre vous dont le cheval arrivera en dernier au pied de ce minaret héritera de mon immense fortune." Les deux fils se précipitent vers l'écurie et partent au triple galop vers le minaret. Pourquoi se dépêchent-ils ainsi ?

Solution : parce que chacun a pris le cheval de l'autre.

C'ÉTAIT HIER

Les Planches

Deauville (Calvados)

Au XIXe siècle, c'était surtout pour son hippodrome que Deauville était connue. La ville ne devint une véritable station balnéaire qu'à partir de 1923, lorsque l'architecte Charles Adda construisit une promenade en bois exotique longue de 650 mètres. Il conçut également les bains pompéiens et leurs mosaïques Art déco en bordure de la promenade, ainsi que des villas de style normand, qui ne manquèrent pas de séduire rapidement une clientèle très fortunée.

Mardi 18 août

Sainte Hélène

Vigneron qui prie sainte Hélène ne perd pas sa peine.

06 h 47
21 h 01
Lion
3e décan

Eté

La France en vert

Le GR 54

Ce sentier emmène les randonneurs à la découverte du parc national des Ecrins, au cœur du massif de l'Oisans, dans les Alpes. Mieux vaut être averti : cette boucle de 176 kilomètres est réputée difficile et nécessite une bonne condition physique. Pour les plus chevronnés, 10 à 12 jours seront nécessaires pour effectuer le parcours complet à travers les superbes paysages alpins. Certaines étapes sont toutefois moins exigeantes et permettront aux marcheurs d'apprécier le tracé partiellement et peut-être d'apercevoir quelques bouquetins et marmottes au détour d'un rocher.

Patrimoine

Quiz – La Bretagne

1. Comment se nomme le pèlerinage catholique qui fait le tour de la Bretagne en passant par les villes des sept saints fondateurs de la région ?
a. le fest-noz
b. le Tro Breizh
c. le gwenodenn-vale

2. Qu'est-ce que le Gwenn-ha-Du ?
a. le nom d'un phare breton
b. le nom de la langue bretonne
c. le nom du drapeau breton

3. Quel animal la Bretagne a-t-elle pour emblème ?
a. le goéland
b. l'hermine
c. le homard

Solution : 1 b, 2 c, 3 b.

Pour le plaisir

Eloge de la générosité

Savez-vous qui a dit que "la valeur d'un homme tient dans sa capacité à donner et non dans sa capacité à recevoir" ? Il s'agit du célèbre scientifique Albert Einstein !

A faire aujourd'hui

8 h ....
9 h ....
10 h ....
11 h ....
12 h ....
13 h ....
14 h ....
15 h ....
16 h ....
17 h ....
18 h ....
19 h ....
20 h ....
Notes ....

C'ÉTAIT HIER

La catastrophe de Courrières

Bassin minier (Pas-de-Calais)

Le samedi 10 mars 1906, à 6 h 30 du matin, une formidable explosion ravagea trois puits de mine entre Courrières et Lens, dévastant 110 kilomètres de galeries. Mille cent « gueules noires » furent tuées par le coup de grisou. Le 30 mars, près de trois semaines après l'explosion, treize miraculés parvinrent à s'extirper des décombres alors que les recherches de survivants avaient depuis longtemps cessé. Il s'agit là de la plus grande catastrophe minière en Europe.

Été

06 h 48
20 h 59
Lion
3e décan

Mercredi 19 août

Saint Jean Eudes

Août mûrit, septembre vendange,
en ces deux mois tout bien s'arrange.

A faire aujourd'hui

8 h ....

9 h ....

10 h ....

11 h ....

12 h ....

13 h ....

14 h ....

15 h ....

16 h ....

17 h ....

18 h ....

19 h ....

20 h ....

Notes ....

La France en vert

Les travaux de la seconde quinzaine d'août

- Semez les épinards d'hiver, les oignons blancs, la mâche, le persil.
- Blanchissez les chicorées.
- Ensachez les fruits pour les préserver de l'attaque des frelons.
- Semez les cyclamens.
- Pincez les fuchsias pour obtenir une seconde floraison.
- Plantez le lis de la Madone.
- Semez des annuelles rustiques qui passeront l'hiver, comme les soucis, les nigelles, les coquelicots.
- Plantez le safran.
- Taillez la lavande.

En tous sens

L'origine du baba au rhum

L'invention de ce gâteau désormais célèbre remonterait à l'aube du XVIIIe siècle et serait à attribuer au duc de Lorraine, Stanislas Leszczynski. Le souverain, grand amateur de pâtisseries, avait l'habitude de déguster son kouglof garni de chantilly, arrosé de rhum et flambé. On dit qu'il aurait nommé le gâteau en référence à Ali Baba, mais le nom vient plus probablement de celui des gâteaux ronds et massifs polonais : babas. La recette fut par la suite améliorée par son pâtissier, Stohrer le Lorrain. C'est sa version qui est parvenue jusqu'à nous.

Pour le plaisir

Enigme

Une mère explique à sa fille : « A une certaine époque, ton père était 2 fois plus âgé que moi ; l'année suivante, il était 1,5 fois plus vieux que moi. » Sachant que la mère a 40 ans, quel âge a le père ?

Solution : 41 ans. Lorsque la mère avait 1 an, son mari en avait 2 ; lorsqu'elle en avait 2, il en avait 3. Pour que l'énoncé reste valide, les parents ne doivent avoir qu'1 an de différence.

C'ÉTAIT HIER

Les sources thermales

Châtel-Guyon (Puy-de-Dôme)

La station de Châtel-Guyon, située aux portes du parc régional des Volcans d'Auvergne, acquit une grande renommée au cours du XIXe siècle grâce à ses eaux à très haute teneur en magnésium, favorables aux soins de l'appareil digestif. Abritant des sources curieusement baptisées Germaine, Yvonne, Louise ou encore Marguerite, le parc thermal fut fréquenté par la haute société française mais aussi, pendant les Années folles, par les maharadjas et les princes arabes...

CHATEL-GUYON. — Source Louise. — LL

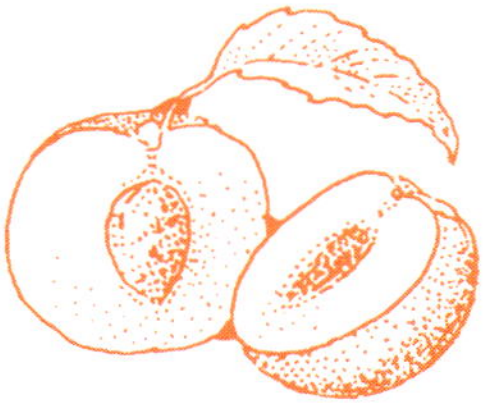

Jeudi 20 août

Saint Bernard

Pluie de la Saint-Bernard fait déborder la mare.

06 h 50
20 h 58
Lion
3e décan

Été

Patrimoine

Les inventions de Léonard de Vinci au Clos-Lucé

Léonard de Vinci passa les trois dernières années de sa vie au château du Clos-Lucé, somptueux manoir Renaissance en Indre-et-Loire. Peintre et sculpteur de génie, Vinci avait aussi d'immenses talents d'ingénieur, qu'il mit au service des plus grands souverains. En avance de plus de quatre siècles sur son temps, le créateur de *La Joconde* fut ingénieur militaire avant tout. Il inventa le char d'assaut, la mitrailleuse et le canon à vapeur. Outre une anticipation de l'hélicoptère et du parachute, on peut admirer au Clos-Lucé une très moderne turbine hydraulique et la toute première automobile. On remarque aussi l'entrée du souterrain secret qui reliait le manoir au château d'Amboise. La tradition rapporte que le roi François Ier l'empruntait pour rendre visite à son protégé.

Pour le plaisir

Devinette

Il lui arrive de ronronner ou de ronfler. Parfois gourmand, il se nourrit de liquide. Si on n'en prend pas soin, il a parfois des ratés. Qui est-il ?

Solution : le moteur.

Au quotidien

Soignez vos coups de soleil

Pour un soulagement rapide, prenez un bain froid avec des flocons d'avoine bien écrasés. Versez-en deux verres dans le bain et prenez soin de ne pas glisser en entrant dans l'eau. Restez dans le bain de 15 à 20 minutes et séchez-vous en tapotant doucement afin qu'il reste sur votre peau une fine pellicule d'avoine. Vous pouvez aussi passer du suc de feuilles d'aloès fraîches ou encore du fromage blanc battu sur les zones brûlées.

A faire aujourd'hui

8 h ....

9 h ....

10 h ....

11 h ....

12 h ....

13 h ....

14 h ....

15 h ....

16 h ....

17 h ....

18 h ....

19 h ....

20 h ....

Notes ....

C'ÉTAIT HIER

Les laiteries

Poitou-Charentes

Autrefois spécialisée dans la viticulture, la région Poitou-Charentes se tourna vers l'élevage de vaches laitières dans les années 1880. Des laiteries-fromageries furent créées peu après. On voyait ainsi chaque jour hommes ou femmes portant des bidons de lait accrochés à une armature en bois portée sur les épaules apporter le lait de leurs bêtes à la coopérative, qui l'achetait pour le transformer en beurre et fromage, puis, plus tard, en yaourt, fromage blanc ou lait pasteurisé.

06 h 51
20 h 56
Lion
3e décan

Vendredi 21 août

Saint Christophe

Pluie violente à la Saint-Christophe
peut mener à la catastrophe.

A faire aujourd'hui

8 h ....

9 h ....

10 h ....

11 h ....

12 h ....

13 h ....

14 h ....

15 h ....

16 h ....

17 h ....

18 h ....

19 h ....

20 h ....

Notes ....

La France en vert

La fête de l'oignon de Roscoff (Finistère)

Le célèbre petit oignon rosé de Roscoff est à l'honneur chaque année durant deux journées du mois d'août. Sur les quais du vieux port se tient un grand marché, où les visiteurs peuvent se procurer les fameux bulbes en vrac ou en tresse proposés par les producteurs locaux. Des dégustations permettent de faire découvrir le goût légèrement sucré de cet oignon (compotée d'oignon, tarte à l'oignon, soupe à l'oignon, etc.) et des jeux et animations viennent ponctuer ce week-end festif.

Au quotidien

Entretenir une terrasse en bois

Sur une terrasse en teck ou en bois exotique, utilisez simplement de l'eau additionnée de savon de Marseille liquide et un balai-brosse. Un rinçage avec un jet d'eau suffira ensuite. Les jets à haute pression sont à déconseiller, car ils endommagent la structure du bois.

C'ÉTAIT HIER

Le parc Louis-Pasteur

Orléans (Loiret)

Sur le site de l'ancien cimetière Saint-Vincent, on érigea au début du XXe siècle un parc qui fut baptisé Louis-Pasteur en 1929, en l'honneur du savant dont les recherches avaient permis de sauver l'industrie du vinaigre à Orléans. Alors couvert de parterres de fleurs et orné de sculptures provenant pour certaines du Louvre, il fut pensé dès l'origine comme un parc pour enfants, avec un bassin accueillant les modèles réduits de bateaux et une piste de patinage à roulettes.

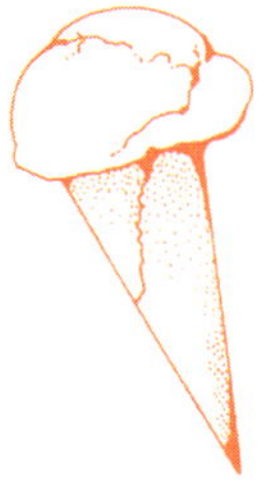

Samedi 22 août

Saint Fabrice

Quand il pleut fin août, il pleut miel et moût.

06 h 52
20 h 54
Lion
3e décan

Eté

La Madelon de l'an 40
Georges Coulonges

Ainsi, trouvant en chemin Elyette, Paulette, Muguette et Suzette, la petite bande arriva à l'étang.

Les garçons étaient déjà sur ce qu'on appelait la plage : étroite bande de sable roux – ou, plus exactement, d'alios en grains rudes – qui, au-delà des joncs, bordait les clapotis de l'eau. La jeune bande chantait à tue-tête : « Y a de la joie, bonjour, bonjour les hirondelles. » Le vieux Basile Flourens, qu'on appelait Monsavon, les regardait en fumant sa pipe. Sa mine sceptique semblait dire que la joie pourrait bien s'enfuir avec les hirondelles. Un garçon se détacha du groupe. Portant casquette et chemisette blanches, il se prenait pour l'émule du grand Alibert qu'il avait vu au cinéma dans *Les Gangsters du château d'If.* Malheureusement, le pantalon à pont, qui avait été à la mode trois années auparavant, n'avait pas grandi en même temps que lui.

— Hé ! Alibert ! Chez toi, il y a eu le feu au plancher ? lui demandaient les copains.

Cela faisait rire les filles.

Alibert se plaça devant Millette. Comme à chacune de leurs rencontres, il se mit à chanter :

Miette, Miette,
Toi, si jolie si joliette,
J'aime tes yeux où resplendit
L'éclat du soleil du midi !

La jeune fille leva les yeux au ciel.

— Dis, Raymond, t'en connais pas une autre ?

Raymond Dupouey, dit Alibert, la regarda. Convaincu :

— Celle-là, elle te va bien.

Il était balourd et désarmant. En désordre dans sa tenue et dans sa tête.

Elle lui tourna le dos.

Il la suivit, faisant mine de prendre son échec pour un jeu, semblant croire que tout cela, un jour, se terminerait à son avantage. Millette partit en courant.

Prenant à témoin les visiteurs de la plage et les pins définitivement penchés par le vent, ses pieds nus dans le sable et son pantalon couvrant à peine ses mollets, d'une voix ample, Alibert-le-farfelu termina sa chanson :

Mon cœur t'appartient pour toujours,
Miette, mes amours !

A faire aujourd'hui

Samedi
8 h ....
9 h ....
10 h ....
11 h ....
12 h ....
13 h ....
14 h ....
15 h ....
16 h ....
17 h ....
18 h ....
19 h ....
20 h ....

Dimanche
8 h ....
9 h ....
10 h ....
11 h ....
12 h ....
13 h ....
14 h ....
15 h ....
16 h ....
17 h ....
18 h ....
19 h ....
20 h ....

Notes

Extrait du roman *La Madelon de l'an 40* de Georges Coulonges
paru aux Presses de la Cité dans la collection Trésors de France

Sainte Rose

Dimanche 23 août

06 h 54
20 h 52
Lion
3e décan

06 h 55
20 h 50
Vierge
1er décan

Lundi 24 août

Saint Barthélemy

A la Saint-Barthélemy, la perche au noyer, le trident au fumier.

A faire aujourd'hui

8 h ....

9 h ....

10 h ....

11 h ....

12 h ....

13 h ....

14 h ....

15 h ....

16 h ....

17 h ....

18 h ....

19 h ....

20 h ....

Notes ....

Pour le plaisir

Vierge (24 août-23 septembre)

Dynamisme, vitalité, enthousiasme, cette année vous sourit ! Vous n'aurez de cesse de progresser et de réaliser les projets qui vous tiennent à cœur depuis longtemps. Un changement de cap professionnel, une union, un heureux événement ? Tout semble vous sourire, alors sachez profiter de cette année positive.

Patrimoine

Les communes de France en question

Dans quelle ville d'Eure-et-Loir décrite sous le nom de Combray dans *A la recherche du temps perdu* l'écrivain Marcel Proust passait-il ses vacances étant enfant ?

Solution : Illiers, qui prit le nom officiel d'Illiers-Combray en 1971, en l'honneur de l'auteur.

En tous sens

La vanille de La Réunion

Le vanillier fait partie de la famille des orchidées. Il est cultivé au Mexique, à Madagascar, aux Antilles, à Tahiti ainsi qu'à La Réunion, où son fruit est appelé "vanille Bourbon", en référence au nom que l'île portait autrefois. La vanille locale est particulièrement réputée, notamment pour son mode de fécondation, pratiqué à la main, mais surtout pour son goût exceptionnel. Les gousses de vanille, cueillies tout juste mûres, sont ébouillantées puis séchées une semaine sur des claies dans un four avant d'être exposées au soleil quelques heures par jour, pendant plusieurs mois. Les gousses prennent alors une couleur brun foncé et se couvrent de cristaux de vanilline, qui donnent à la vanille son goût et son parfum uniques.

C'ÉTAIT HIER

Sur l'autoroute

Ouest de la France

Le tout premier tronçon d'autoroute français fut ouvert au sortir de la Seconde Guerre mondiale. Cette route, qu'on surnommerait plus tard l'autoroute de l'Ouest, relierait à terme Paris et la Normandie. Ce n'est qu'à partir des années 1970 que le pays a commencé à se doter d'un vaste réseau autoroutier. Les Français adoptèrent vite son confort à une époque où la circulation n'était guère importante et où les bouchons, même aux abords de la capitale, étaient inexistants.

Mardi 25 août

Saint Louis

A la Saint-Louis, l'été est fini.

06 h 57
20 h 48
Vierge
1er décan

Eté

La France en vert
Lavez votre voiture dans les centres spécialisés

Si vous lavez votre véhicule devant votre maison, vous envoyez directement dans la nature ou les égouts les hydrocarbures, les graisses et autres polluants. Les centres de lavage disposent, eux, de bacs de décantation qui traitent ces déchets.

Au quotidien
Contre la mousse sur les toits

Munissez-vous d'un produit anti-mousse et pulvérisez-en sur la toiture. Laissez agir quinze jours, frottez avec une brosse de chiendent et rincez. Vous pouvez appliquer de nouveau de l'anti-mousse à titre préventif. A la place d'un anti-mousse, il est possible d'utiliser de l'eau de Javel diluée. Sachez toutefois que l'effet est moins probant.

En tous sens
Abricots rôtis au miel de lavande

Pour 4 personnes. Ingrédients : 500 g d'abricots ; 2 c. à soupe de miel de lavande ; 25 g de beurre ; 1 c. à café de fleurs de lavande ; 4 brins de menthe.

- Préchauffez le four à 180 °C.
- Lavez les abricots et coupez-les en deux pour les dénoyauter. Déposez-les dans un plat à gratin, côté bombé vers le bas.
- Mettez le miel dans une petite casserole et faites-le chauffer pour le liquéfier. Versez-le sur les abricots.
- Détaillez le beurre en parcelles et répartissez-les sur les abricots.
- Faites cuire au four pendant 15 minutes.
- Parsemez les fruits de beurre en copeaux et enfournez 15 min.
- Répartissez les abricots dans 4 assiettes à dessert, parsemez-les de fleurs de lavande et ornez-les de brins de menthe, puis servez sans attendre.

A faire aujourd'hui

8 h ....
9 h ....
10 h ....
11 h ....
12 h ....
13 h ....
14 h ....
15 h ....
16 h ....
17 h ....
18 h ....
19 h ....
20 h ....

Notes ....

C'ÉTAIT HIER

La porte Stanislas

Nancy (Meurthe-et-Moselle)

Non loin de la place Stanislas se trouve la porte du même nom. Classée monument historique en 1925, elle fut érigée en 1761 dans un style dorique. Elle marquait la limite de l'ouest de la ville, et porte le nom de Stanislas Ier, roi de Pologne et duc de Lorraine et de Bar, qui décida de nombreux aménagements dans la ville. A son sommet, quatre statues représentent les arts chers à Stanislas que sont la musique, l'architecture, la sculpture et la peinture.

Eté

06 h 58
20 h 46
Vierge
1er décan

Mercredi 26 août

Sainte Natacha

Ce que le mois d'août ne mûrira pas, ce n'est pas septembre qui le fera.

A faire aujourd'hui

8 h ....

9 h ....

10 h ....

11 h ....

12 h ....

13 h ....

14 h ....

15 h ....

16 h ....

17 h ....

18 h ....

19 h ....

20 h ....

Notes ....

Patrimoine

La tapisserie à Aubusson (Creuse)

Si les origines de l'artisanat de la tapisserie à Aubusson sont incertaines, il n'en reste pas moins une tradition séculaire dans la région. Les ouvriers s'y sont spécialisés dans le tissage d'images complexes et généralement de haute taille, que l'on retrouve sur les tentures au mur des palais, mais aussi sur des tapis ou des meubles luxueux. Les "lissiers" ont adopté une technique manuelle, complexe et onéreuse, mais qui produit des résultats d'une grande finesse réputés dans le monde entier.

La France en vert

Stop aux emballages !

Privilégiez les produits qui sont vendus sans emballages en plastique. Ceux-ci n'ont aucune utilité pratique et sont nocifs pour l'environnement.

En tous sens

L'ail rose de Lautrec (Tarn)

La culture de l'ail dans le Tarn remonte au Moyen Age, mais c'est au XIXe siècle qu'elle prit de l'essor et se développa, notamment autour du village de Lautrec, dont les terres argilo-calcaires se prêtaient particulièrement bien à ce type d'exploitation. L'ail rose qui y est produit est apprécié pour son excellente conservation et pour ses qualités gustatives : il a un goût marqué mais doux, très légèrement sucré. Ses qualités lui ont permis d'obtenir un Label rouge en 1966.

Pour le plaisir

Devinette

Comment s'appellent les habitants de Pézenas, dans l'Hérault ?

Solution : les Piscénois et les Piscénoises.

C'ÉTAIT HIER

Les rochers sculptés de Rothéneuf

Saint-Malo (Ille-et-Vilaine)

Sur le sentier bordant la Côte d'Emeraude se dressent des personnages grimaçants, des cadavres, des monstres marins, des scènes burlesques ou religieuses sculptés sur 600 mètres carrés de roches de granit. Cette œuvre étrange relevant de l'art brut est celle de l'abbé Fouré, un ancien prêtre qui se retira sur la côte afin de vivre en ermite. Il se consacra à ce travail titanesque pendant près de vingt ans, jusqu'à sa mort en 1910.

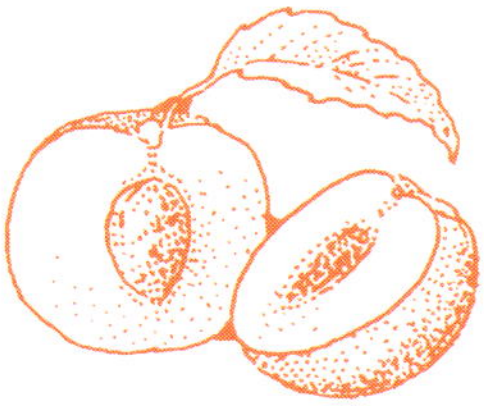

Jeudi 27 août

Sainte Monique

A la Sainte-Monique, ne te plains pas si le soleil pique.

07 h 00
20 h 44
Vierge
1er décan

Eté

Au quotidien
Soulager les jambes lourdes

Avec la chaleur, il arrive parfois que l'on ait les pieds, les jambes et les mains gonflés en fin de journée. Dans ce cas, prenez une douche froide, en passant le jet sur les jambes des orteils vers l'aine afin de favoriser l'afflux sanguin. Pratiquez également une activité bénéfique pour la circulation sanguine, telle que le vélo ou la natation, et ce aux heures fraîches de la journée.

Patrimoine
Les communes de France en question

De quelle ville Stendhal disait-il : « Au bout de chaque rue, une montagne » ?

Solution : Grenoble.

Pour le plaisir
Devinette

Comment s'appellent les habitants du Crotoy, dans la Somme ?

Solution : les Crotellois et les Crotelloises.

La France en vert
La via ferrata du Diable, à Aussois (Savoie)

La via ferrata est une activité à mi-chemin entre l'escalade et la randonnée. Le ferratiste, relié à un câble par des mousquetons, longe la roche sur des corniches, traverse des gorges au moyen de ponts de singe et de passerelles ou gravit des versants abrupts grâce à des murs verticaux. Le parcours d'Aussois est l'un des plus longs de France avec ses 3,8 kilomètres. Sept tronçons de difficultés diverses sont proposés aux sportifs.

A faire aujourd'hui

8 h ....

9 h ....

10 h ....

11 h ....

12 h ....

13 h ....

14 h ....

15 h ....

16 h ....

17 h ....

18 h ....

19 h ....

20 h ....

Notes ....

C'ÉTAIT HIER

En balade au square

Paris (Ile-de-France)

Réalisé à l'emplacement de l'ancienne place publique du hameau des Batignolles, le square des Batignolles fut créé à la demande de Napoléon III, qui souhaitait doter la capitale de jardins à l'anglaise, pour lesquels il avait eu un coup de foudre lors de ses séjours outre-Manche. Emaillé de collines, de divers points d'eau surmontés de ponts, de nombreuses sculptures et d'une végétation luxuriante, il était le lieu de promenade de prédilection des familles du quartier.

Été

07 h 01
20 h 42
Vierge
1er décan

Vendredi 28 août

Saint Augustin

Pluie de Saint-Augustin rend
le sort des noix incertain.

A faire aujourd'hui

8 h ....
....
9 h ....
....
10 h ....
....
11 h ....
....
12 h ....
....
13 h ....
....
14 h ....
....
15 h ....
....
16 h ....
....
17 h ....
....
18 h ....
....
19 h ....
....
20 h ....
....
Notes ....
....
....

Patrimoine

Quiz – Ponts de France

1. Combien de kilomètres mesure le viaduc de Millau, dans l'Aveyron ?
a. 1,960 km
b. 2,160 km
c. 2,460 km

2. Quelles villes le pont de Normandie relie-t-il ?
a. Le Havre et Honfleur
b. Tancarville et le Marais-Vernier
c. Etretat et Deauville

3. Lequel de ces ponts ne se situe pas à Paris ?
a. le pont de l'Alma
b. le pont des Arts
c. le pont de Pierre

Solution : 1 c, 2 a, 3 c.

Au quotidien

Pas de gaspillage !

Si vous avez épluché trop de légumes, placez l'excédent dans un saladier rempli d'eau salée. Ils pourront ainsi se conserver au réfrigérateur de 2 à 3 jours et ne noirciront pas. Il ne vous restera plus qu'à les utiliser dans une nouvelle recette.

La France en vert

La fête de la figue à Solliès-Pont (Var)

Le dernier week-end du mois d'août est l'occasion de célébrer le début de la saison de la figue à Solliès. Pour fêter le produit phare de ce village – qui fournit les trois quarts de la production française – est organisé un repas géant à base du fruit violet. Des dégustations sont aussi proposées ; les visiteurs sont invités à rencontrer les producteurs sur le grand marché qui envahit les rues du village ou lors de visites guidées dans les champs de figuiers.

C'ÉTAIT HIER

Départ pour les vendanges

Pyrénées

Lorsque l'heure des vendanges arrivait dans les régions viticoles, les petites exploitations faisaient appel à la famille et aux voisins pour ramasser les grappes : petits et grands étaient réquisitionnés. Dans les domaines plus vastes, en revanche, on faisait venir des journaliers, en provenance des départements environnants, voire de l'étranger. Pour ceux-ci, cela signifiait plusieurs semaines loin de leurs familles, entre fin août et fin septembre.

Samedi 29 août

Sainte Sabine

A la Sainte-Sabine tout mal s'affine.

07 h 02
20 h 40
Vierge
1er décan

Été

Les Rives Blanches

Christian Laborie

« Avec un peu de chance, lui dit encore l'ingénieur agronome, vous pouvez trouver un terroir aussi favorable que celui des Costières. Veillez à ce que le sol soit bien drainé. Ici ce sont les galets de grès qui aèrent la terre et font la richesse et la spécificité de notre terroir. En hiver, ils gardent davantage la chaleur et empêchent les racines de souffrir du froid. Quand il pleut, ils permettent un bon drainage. Mais, méfiez-vous, là-bas, les vignes sont souvent surpâturées par les troupeaux de moutons, de l'automne à la fin du printemps. Ça leur donne trop de phosphates. Vous devrez veiller à rectifier la chimie du sol. L'avantage, en vous rapprochant du piémont cévenol, c'est que vous y serez moins exposé au grand vent. Ici, quand le mistral souffle, il vous décornerait un bœuf !

— Je suivrai vos conseils », acquiesça Maxime.

Ce dernier allait prendre congé, quelque peu déçu de ses vaines démarches, quand l'ingénieur le retint encore un instant.

« Vous êtes pied-noir, n'est-ce pas ?

— C'est exact. Originaire d'Oran.

— Ça s'entend à votre accent. Votre façon de prononcer les *r*. J'ai fait mon service en Algérie. J'ai été impressionné, là-bas, par l'excellente tenue des exploitations agricoles et par le savoir-faire des viticulteurs. Avec cet afflux de rapatriés, nous ne devrions pas être en peine de secouer les vieilles habitudes de nos paysans ! Vous nous apportez du sang neuf. Nous en avons besoin !

— Vous êtes bien le premier à juger positive notre arrivée en métropole !

— Vous n'êtes pas venu seul ?

— Non, en famille. Vous savez, nous avons tout perdu... ou tout abandonné, c'est comme vous voulez. La famille, c'est tout ce qui nous reste. »

Extrait du roman *Les Rives Blanches* de Christian Laborie
paru aux Presses de la Cité dans la collection Terres de France

A faire aujourd'hui

Samedi

8 h ....
9 h ....
10 h ....
11 h ....
12 h ....
13 h ....
14 h ....
15 h ....
16 h ....
17 h ....
18 h ....
19 h ....
20 h ....

Dimanche

8 h ....
9 h ....
10 h ....
11 h ....
12 h ....
13 h ....
14 h ....
15 h ....
16 h ....
17 h ....
18 h ....
19 h ....
20 h ....

Notes

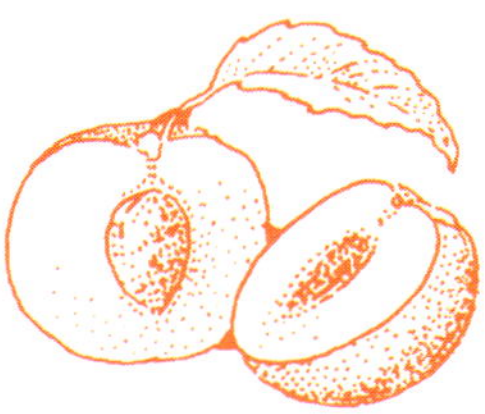

Saint Fiacre

Dimanche 30 août

07 h 04
20 h 38
Vierge
1er décan

07 h 05
20 h 36
Vierge
1er décan

Lundi 31 août

Saint Aristide

Température d'août à nos vins donne goût.

A faire aujourd'hui

8 h ...
9 h ...
10 h ...
11 h ...
12 h ...
13 h ...
14 h ...
15 h ...
16 h ...
17 h ...
18 h ...
19 h ...
20 h ...
Notes ...

Patrimoine

L'Heure joyeuse (Paris)

Ce lieu, ouvert non loin de la Sorbonne en 1924, fut la toute première bibliothèque française entièrement conçue pour les enfants. L'initiative en revient à une fondation américaine, le *Book Committee on Children's Libraries*, qui souhaitait pouvoir donner accès aux livres aux plus jeunes en ces temps douloureux d'après-guerre. Le fonds était constitué aussi bien d'ouvrages documentaires que de romans, d'imagiers ou de recueils de contes. Détail singulier pour l'époque, filles et garçons avaient accès aux mêmes livres, dans la même pièce.

En tous sens

Poulet à la champenoise

Pour 4 personnes. Ingrédients : 1 poulet de 1,2 kg ; 250 g de champignons ; 4 échalotes ; 35 cl de champagne ; 3 c. à soupe de crème fraîche ; 500 g de petits pois frais ; 70 g de beurre ; 20 g de farine ; sel ; poivre.

- Faites dorer le poulet coupé en morceaux dans une cocotte avec 20 g de beurre.
- Ajoutez les échalotes hachées et les champignons.
- Laissez colorer puis mouillez avec le champagne.
- Salez et poivrez.
- Laissez mijoter 40 minutes à couvert.
- Ecrasez à la fourchette le beurre restant et la farine.
- Faites cuire les petits pois à l'anglaise.
- Dès que le poulet est cuit, réservez-le au chaud sur un plat de service.
- Liez la sauce avec le beurre manié et la crème fraîche.
- Versez les petits pois et les champignons dans le plat et nappez de sauce.

Pour le plaisir

Devinette

Je sers de frontière entre la terre et la mer ; il m'arrive d'être fort raide ; et si jamais vous me tenez, je vous arracherai sûrement un éclat de rire. Qui suis-je ?

Solution : la côte.

C'ÉTAIT HIER

Le biniou

Guingamp (Côtes-d'Armor)

Instrument traditionnel de Bretagne, le biniou est le mot breton pour désigner une cornemuse. Cet instrument à vent à anche double se joue à l'aide d'une poche en cuir remplie d'air sur laquelle le joueur appuie pour produire le son. Son existence remonte à l'Antiquité, mais il se développe en France au Moyen Age pour disparaître lors de la Grande Guerre et réapparaître dans les années 1970. On en joue à l'occasion de danses traditionnelles ou de mariages.

Mardi 1er septembre

Saint Gilles

S'il pleut à la Saint-Gilles, cela dure jusqu'à la Saint-Michel.

07 h 07
20 h 34
Vierge
1er décan

Eté

Pour le plaisir

Enigme

Dans un zoo, une cage abrite des hirondelles et des biches. On y décompte 30 yeux et 44 pattes. Combien y a-t-il d'animaux de chaque espèce dans cette cage ?

Solution : 8 hirondelles et 7 biches. S'il y a 30 yeux, il y a 15 animaux. S'ils avaient tous 4 pattes, il y aurait 60 pattes, donc (60-44)/2 = 8 hirondelles (à 2 pattes) et (15-8) = 7 biches (à 4 pattes).

En tous sens

Le chasselas de Moissac (Tarn-et-Garonne)

C'est au XVIIIe siècle que le chasselas fut introduit dans la région de Moissac. Les sols secs et caillouteux et le grand ensoleillement lui permirent de se développer rapidement. Ce raisin de table, et non de cuve, est fait de grappes compactes et assez grosses. Les grains dorés et juteux renferment une chair très parfumée et sucrée, aux arômes de miel et de fleurs. Ces caractéristiques exceptionnelles lui valent d'ailleurs de bénéficier d'une AOC.

Au quotidien

Pour enlever la rouille sur un objet

Frottez la tache avec un oignon coupé en deux ou le jus d'un citron. Laissez agir, rincez et recommencez si nécessaire.

La France en vert

Ségur-le-Château (Corrèze)

L'étymologie du lieu n'en fait pas mystère, Ségur est un "lieu sûr", situé sur une presqu'île formée par les boucles capricieuses de l'Auvézère. C'est là que les vicomtes de Limoges décidèrent d'établir leur château fort. Il n'en reste qu'un donjon carré, qui domine la cascade de toits de tuiles brunes des maisons de schiste (les charriérous) et des hôtels particuliers, aux façades à tourelles ou à colombages aux détails raffinés, qui témoignent de la période faste du village, entre les XVe et XVIIIe siècles.

A faire aujourd'hui

8 h ....

9 h ....

10 h ....

11 h ....

12 h ....

13 h ....

14 h ....

15 h ....

16 h ....

17 h ....

18 h ....

19 h ....

20 h ....

Notes ....

C'ÉTAIT HIER

En voiture !

Paris (Ile-de-France)

Avant l'avènement de l'automobile ou la mise en place du métropolitain, il n'était pas question de circuler autrement qu'à pied ou en voiture à cheval dans les rues de Paris. A la fin du XIXe siècle, les voyageurs les plus aisés se déplaçaient en calèche, en landau ou en fiacre conduit par un cocher et tiré par un ou deux chevaux selon le modèle. Les autres empruntaient les omnibus publics, de grandes voitures de transport qui desservaient des lignes régulières.

Eté

07 h 08
20 h 32
Vierge
1er décan

Mercredi 2 septembre

Sainte Ingrid

Septembre se nomme le mai de l'automne.

A faire aujourd'hui

8 h

9 h

10 h

11 h

12 h

13 h

14 h

15 h

16 h

17 h

18 h

19 h

20 h

Notes

Patrimoine

Quiz – Le nom latin des villes

1. Quel nom portait Paris du temps des Romains ?
a. Civitas
b. Lutèce
c. Parisis

2. Lequel de ces noms Marseille n'a-t-elle pas porté autrefois ?
a. Massilia
b. Phocea
c. Nicaea

3. Quelle ville se nommait Burdigala pendant l'Antiquité ?
a. Bordeaux
b. Bourges
c. Bourg-en-Bresse

Solution : 1 b, 2 c, 3 a.

En tous sens

Histoires de pâtisseries

Le paris-brest a été inventé à la fin du XIXe siècle en référence au nom de la grande course cycliste Paris-Brest-Paris, récemment créée. D'ailleurs, le gâteau – couronne en pâte de chou fourrée d'une délicieuse crème pralinée – rappelle une roue de vélo. D'autres pâtisseries doivent leur nom à leur forme : le financier ressemble à un lingot d'or, la religieuse fait penser à une nonne en habit. Quant au Petit Beurre, on dit que Louis Lefèvre-Utile s'est inspiré des napperons en dentelle de sa grand-mère pour sa forme.

Pour le plaisir

Un *doggy bag* à la française

S'il est courant outre-Atlantique de revenir du restaurant avec ses restes de repas, cette pratique est peu répandue dans l'Hexagone. Pourtant, cette démarche permet d'éviter le gaspillage alimentaire. De plus en plus de restaurateurs et de clients la plébiscitent : on peut d'ailleurs trouver sur Internet une liste d'établissements qui vous proposent de repartir avec un sac contenant vos restes.

C'ÉTAIT HIER

Maisons de granit

Le Faou (Finistère)

La rue principale du Faou est connue pour ses maisons à encorbellement bâties en schiste et en granit aux XVIe et XVIIe siècles. Celles-ci furent construites du temps de la grandeur du village, lorsque l'activité portuaire de la bourgade était florissante. C'est de là que partaient les bateaux transportant le bois de chêne et de hêtre (*ar faou* en breton) provenant de la forêt du Cranou toute proche. L'activité y perdura à moindre échelle jusqu'au XXe siècle.

Jeudi 3 septembre

Saint Grégoire

07 h 09
20 h 30
Vierge
2e décan

Été

Le coq en septembre chantant en matinée annonce une abondante rosée.

Patrimoine

Les lavandières de nuit

Les légendes concernant les lavandières de nuit sont notamment répandues dans l'ouest et le centre de la France. Ces femmes grandes, maigres, effrayantes se rencontrent au bord des mares, des étangs et des lavoirs à la nuit tombée. Il s'agit de revenantes qui retournent travailler sur terre en attendant leur délivrance. On dit qu'elles sont mortes en couches ou assassinées, ou coupables de graves péchés. Lorsqu'un passant croise leur chemin, les lavandières lui demandent de les aider à tordre le linge. Malheur à celui qui accepte : il mourra noyé…

La France en vert

Les travaux de la première quinzaine de septembre

- Divisez les touffes des vivaces défleuries.
- Plantez les arbustes à feuillage persistant.
- Déterrez les bulbes de glaïeuls et rentrez-les dans un local sombre, frais et sec.
- Semez les laitues et les poireaux.
- Semez de l'engrais vert sur les parties délaissées du potager.
- Terminez la plantation des fraisiers.
- Plantez les choux de printemps.
- Bouturez le cassis et le groseillier.

A faire aujourd'hui

8 h ....
9 h ....
10 h ....
11 h ....
12 h ....
13 h ....
14 h ....
15 h ....
16 h ....
17 h ....
18 h ....
19 h ....
20 h ....
Notes ....

Pour le plaisir

Une résolution pour la rentrée

C'est le moment de vous inscrire dans un club, que ce soit de gym, de relaxation, d'anglais ou de scrapbooking ! Bon nombre de communes organisent un forum des associations au moment de la rentrée scolaire pour permettre aux habitants de découvrir les activités qu'il est possible de pratiquer dans la ville. Ne ratez pas ce rendez-vous !

C'ÉTAIT HIER

L'essor d'une ville

Cannes (Alpes-Maritimes)

Modeste village de pêcheurs de 4 000 habitants dans les années 1830, Cannes prit son essor sous l'impulsion d'aristocrates anglais qui venaient s'y fixer en hiver pour profiter de son doux climat et de son site enchanteur. Les Russes et la haute société française suivirent leur exemple. Le port fut aménagé, des villas luxueuses et de grands hôtels sortirent de terre, un yacht-club vit le jour en 1863. Le port s'urbanisa rapidement et comptait déjà, en 1900, 30 000 habitants.

Été

07 h 11
20 h 28
Vierge
2e décan

Vendredi 4 septembre

Sainte Rosalie

Septembre se montre souvent comme un second et court printemps.

A faire aujourd'hui

8 h

9 h

10 h

11 h

12 h

13 h

14 h

15 h

16 h

17 h

18 h

19 h

20 h

Notes

Patrimoine

La grande braderie de Lille

Tradition séculaire, cette brocante géante est l'un des événements incontournables de la rentrée dans le Nord. Elle réunit des milliers de "bradeux", des particuliers venus installer leur étal sur les trottoirs de la ville durant tout le premier week-end de septembre. Les visiteurs s'y pressent en masse pour chiner mais aussi pour déguster des moules-frites, plat emblématique de la braderie.

Au quotidien

Pour conserver votre bronzage encore quelques semaines

Pensez à faire des gommages réguliers, afin de débarrasser votre épiderme des peaux mortes. Hydratez soigneusement votre corps avec un lait nourrissant le matin après la douche et le soir avant d'aller au lit.

Pour le plaisir

La bonne pensée du jour !

"Ce n'est pas parce que les choses sont difficiles que nous n'osons pas, c'est parce que nous n'osons pas qu'elles sont difficiles", disait Sénèque. Souvenez-vous-en !

C'ÉTAIT HIER

Le palais de justice

Tours (Indre-et-Loire)

Au début du XIXe siècle, il existait à Tours deux prisons : la maison de justice, comprenant les prisons civile et criminelle, et la maison d'arrêt, destinée aux vagabonds, déserteurs, débiteurs et suspects. Il fut décidé de regrouper ces prisons, la gendarmerie et le palais de justice dans un même bâtiment, qui fut achevé en 1843. Pour des raisons d'espace, ce remarquable édifice néoclassique, trônant place Jean-Jaurès, ne fit plus office que de palais de justice à partir de 1926.

Samedi 5 septembre

Sainte Raïssa

Août mûrit, septembre vendange.

07 h 12
20 h 26
Vierge
2e décan

La Maîtresse d'école
Marie-Paul Armand

Dans la classe, je commençai à me détendre. La vue des tables alignées, du tableau noir, des cartes géographiques accrochées au mur me rappela familièrement les salles de classe des années précédentes, où j'avais travaillé et étudié avec plaisir. Je retrouvais la même odeur, particulière et indéfinissable, un mélange de bois, de craie et d'encre, que je respirai à fond. Je sus à ce moment, avec certitude, que là était ma place, et qu'elle correspondait au désir profond ancré en moi.

Nous fîmes la connaissance des professeurs, que je regardai avec respect et admiration. L'une après l'autre, elles vinrent nous parler, nous expliquer notre travail de l'année, nous faire remplir une fiche de renseignements. A la récréation, je fis également la connaissance de mes compagnes de classe. Chacune de nous se présenta, expliqua d'où elle venait, ce qu'elle désirait faire. La plupart déclarèrent qu'elles voulaient être institutrices, et que leurs parents faisaient un effort pour leur payer des études au lieu de les envoyer travailler à l'atelier de confection qui, dans la ville, employait les filles dès l'âge de treize ans.

Lorsque vint mon tour, je racontai que je venais d'un village de la côte, où mon père était pêcheur. Cela les surprit. Elles prirent conscience que j'étais différente d'elles, que je n'étais pas une des leurs. Elles ne firent pas de commentaires, passèrent à la suivante, satisfaites de se retrouver en pays connu. Je remarquai que toutes arrivaient soit de la ville, soit d'un village des environs. J'étais la seule à venir d'aussi loin.

Extrait du roman *La Maîtresse d'école* de Marie-Paul Armand paru aux Presses de la Cité dans la collection Terres de France

A faire aujourd'hui

Samedi
8 h ....
9 h ....
10 h ....
11 h ....
12 h ....
13 h ....
14 h ....
15 h ....
16 h ....
17 h ....
18 h ....
19 h ....
20 h ....

Dimanche
8 h ....
9 h ....
10 h ....
11 h ....
12 h ....
13 h ....
14 h ....
15 h ....
16 h ....
17 h ....
18 h ....
19 h ....
20 h ....

Notes

Saint Bertrand

Dimanche 6 septembre

07 h 14
20 h 23
Vierge
2e décan

07 h 15
20 h 21
Vierge
2e décan

Lundi 7 septembre

Sainte Reine

A la Sainte-Reine, sème tes graines.

A faire aujourd'hui

8 h ……………………

9 h ……………………

10 h ……………………

11 h ……………………

12 h ……………………

13 h ……………………

14 h ……………………

15 h ……………………

16 h ……………………

17 h ……………………

18 h ……………………

19 h ……………………

20 h ……………………

Notes ……………………

En tous sens

La rosette de Lyon

La rosette de Lyon en forme de fuseau, longue d'un mètre de long parfois, était fabriquée dans le Beaujolais avant de devenir une spécialité lyonnaise. Elle est constituée de gras de bardière et de maigre de porc issu du jambon et de la longe. Ces ingrédients, hachés puis assaisonnés de sel, de poivre, d'ail et d'épices, sont embossés dans un boyau spécial. La rosette est ensuite séchée pendant deux ou trois mois.

Patrimoine

Quiz – La Bourgogne

1. Combien de départements la Région Bourgogne regroupe-t-elle ?
a. 3
b. 4
c. 5

2. Quel est le chef-lieu de la Région Bourgogne ?
a. Dijon
b. Mâcon
c. Nevers

3. Quel site préhistorique était cher au président François Mitterrand ?
a. les grottes d'Arcy-sur-Cure
b. la Roche de Solutré
c. Vergisson

Solution : 1 b, 2 a, 3 b.

La France en vert

L'archipel des Glénan (Finistère)

Au large de Concarneau, cet archipel composé de onze îles principales offre un paysage digne des lagons du Pacifique avec son eau turquoise et le sable immaculé de ses plages. C'est la nature du sable, composé principalement de maërl (une accumulation d'algues calcaires), qui a créé ce paysage exotique si près des côtes bretonnes.

C'ÉTAIT HIER

Séjour aux eaux

Martigny-les-Bains (Vosges)

Ouverte au XIXe siècle, la station thermale de Martigny-les-Bains était surnommée le "Versailles thermal". Les riches bourgeois s'y rendaient en empruntant le "train des eaux" (à partir de 1881) pour profiter des bienfaits des sources locales. L'établissement s'étalait sur 14 hectares et était notamment composé de plusieurs hôtels, d'un casino-théâtre, d'un pavillon des sources. A l'extérieur, on pouvait s'adonner à divers jeux : tennis, croquet, tir d'amateurs, etc.

Mardi 8 septembre

Nativité de Notre-Dame

Le temps de la Nativité dure
tout un mois sans variété.

07 h 17
20 h 19
Vierge
2e décan

Eté

Au quotidien
Démaquillant pour peaux grasses

Faites bouillir des fraises dans du sucre jusqu'à obtenir une pâte épaisse. Laissez refroidir. Pendant ce temps, faites fondre de la cire d'abeille dans de l'huile de tournesol. Ajoutez ensuite la préparation à la fraise et mélangez bien. Vous obtenez un excellent démaquillant. Vous pouvez également ajouter quelques gouttes de benjoin afin de conserver cette préparation.

Patrimoine
Les communes de France en question

Dans quelle ville de Bretagne se tient chaque année le festival musical des Vieilles Charrues ?

Solution : Carhaix (Finistère).

En tous sens
Croquettes de camembert, une recette normande

Pour 6 personnes. Ingrédients : 40 g de beurre ; 40 g de farine ; 30 cl de lait ; 2 camemberts à point ; 3 c. à soupe de crème fraîche ; 1 œuf ; 70 g de chapelure ; huile de friture ; sel ; poivre.

- Faites fondre le beurre dans une casserole à feu moyen. Hors du feu, ajoutez la farine d'un seul coup, puis remettez la casserole sur le feu et remuez jusqu'à ce que le mélange mousse. Hors du feu, versez le lait froid d'un seul coup, délayez, puis remettez sur le feu, puis portez à ébullition à feu doux. Laissez cuire pendant 5 minutes en remuant jusqu'à ce que la béchamel épaississe. Salez, poivrez.
- Otez la croûte des camemberts, pesez-les, écrasez-les à la fourchette et incorporez le même poids de béchamel et la crème fraîche. Laissez reposer pendant 1 heure au frais.
- Prélevez des noix du mélange. Passez-les dans l'œuf battu, puis dans la chapelure.
- Faites frire les boulettes jusqu'à ce qu'elles soient dorées. Egouttez-les sur du papier absorbant, puis servez-les sans attendre.

A faire aujourd'hui

8 h ....

9 h ....

10 h ....

11 h ....

12 h ....

13 h ....

14 h ....

15 h ....

16 h ....

17 h ....

18 h ....

19 h ....

20 h ....

Notes ....

2 — Paludiers Guérandais se rendant aux Courses

C'ÉTAIT HIER

Jour de courses

Guérande (Loire-Atlantique)

La petite ville saline de Guérande connaissait une animation inhabituelle le jour des courses. Venue de toutes les communes environnantes, la foule assistait à la grand-messe dans la collégiale Saint-Aubin avant de se rendre à l'hippodrome, situé en dehors de la ville. Les paludiers guérandais portaient le costume traditionnel du pays, composé d'une blouse blanche et d'un tricorne noir. Une fanfare et un feu d'artifice étaient au menu des réjouissances.

Eté

☀ 07 h 18
20 h 17
Vierge
2e décan

Mercredi 9 septembre

Saint Alain

Si en septembre on voit des étoiles filantes,
les cuves déborderont aux vendanges.

A faire aujourd'hui

8 h ....

....

9 h ....

....

10 h ....

....

11 h ....

....

12 h ....

....

13 h ....

....

14 h ....

....

15 h ....

....

16 h ....

....

17 h ....

....

18 h ....

....

19 h ....

....

20 h ....

....

Notes ....

....

....

Pour le plaisir

Enigme

Un brocanteur achète un chandelier pour 170 euros. Il le revend le jour même à un collègue 180 euros. Le lendemain, pris de remords, il court le lui racheter. Son collègue le lui cède pour 190 euros. Finalement, le brocanteur le vend à un client pour 200 euros. Combien le brocanteur a-t-il fait de bénéfice ?

Solution : il a fait 20 euros de bénéfice. Il gagne 10 euros à la première vente et de nouveau 10 à la seconde : (180-170) + (200-190) = 20.

Au quotidien

Donner un coup de jeune à un vieux bureau en bois

Mélangez de l'eau et du vinaigre blanc à parts égales, imbibez-en un torchon sans trop le mouiller et frottez doucement le meuble. Laissez sécher, puis cirez le bois avec une préparation faite de 3 volumes d'huile d'olive pour 1 volume d'huile essentielle de citron. Frottez doucement en effectuant des mouvements circulaires.

Patrimoine

Quiz – Vins de France

1. Lequel de ces cépages n'est pas présent en Alsace ?
a. le pinot gris
b. le riesling
c. le sauvignon

2. Laquelle de ces AOC n'est pas un vin de Bourgogne ?
a. le chablis
b. le bugey
c. le côte-de-nuits

3. Lequel de ces vignobles n'est pas situé dans le Bordelais ?
a. graves
b. sauternes
c. bourgueil

Solution : 1 c, 2 b, 3 c.

C'ÉTAIT HIER

La Bonne Mère

Marseille (Bouches-du-Rhône)

Construite à partir de 1853 sur la colline de la Garde qui domine Marseille du haut de ses 154 mètres, la basilique Notre-Dame-de-la-Garde, surnommée la Bonne Mère, a ceci de rare qu'elle n'est pas seulement un édifice religieux pour les habitants de la ville, elle est considérée comme le symbole même de la cité phocéenne. C'est elle, avec la statue de la Vierge à l'Enfant qui la surmonte, qui protégeait autrefois les pêcheurs et les marins et à qui l'on adressait ses requêtes.

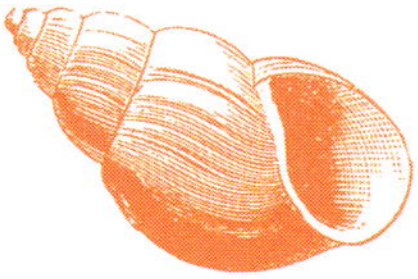

Jeudi 10 septembre

Sainte Inès

A la Sainte-Inès, travaille sans cesse.

07 h 19
20 h 15
Vierge
2e décan

Été

Patrimoine

Les frères Montgolfier en Ardèche

Joseph et Etienne Montgolfier, nés respectivement en 1740 et 1745 à Vidalon-lès-Annonay, petite ville d'Ardèche située à 75 km de Lyon, sont passionnés par la conquête de l'air. Un jour, ils ont l'idée de construire un engin, qui porte encore leur nom, la montgolfière, enveloppe gonflable faite de papier d'emballage, de forme sphérique et ouvrant en bas sur un brûlot. Après plusieurs essais, ils envoient dans les airs un ballon de 200 m³ qui parcourt 2,5 km en 10 minutes. L'expérience intéressant Louis XVI, les deux frères se rendent à Versailles en 1783 et envoient un ballon de 1 400 m³ transportant dans un panier d'osier un coq, un canard et un mouton. Un mois plus tard, un homme parvient à s'élever à plus de 30 m dans les airs. Etienne est nommé membre associé à l'Académie des sciences en 1796 et Joseph y est reçu en 1807. L'aîné décède en 1810 et le cadet en 1799.

Pour le plaisir

Devinette

Hier, c'était simplement demain. Demain, il ne sera plus qu'hier. Qui est-il ?

Solution : aujourd'hui.

En tous sens

Du bonheur en cuisine

Le célèbre cuisiner Auguste Escoffier disait : "La bonne cuisine est la base du véritable bonheur." Quant à Brillat-Savarin (1755-1826), grand gastronome, on lui doit l'aphorisme suivant : "La découverte d'un mets nouveau fait plus pour le bonheur du genre humain que la découverte d'une étoile."

A faire aujourd'hui

8 h ....

9 h ....

10 h ....

11 h ....

12 h ....

13 h ....

14 h ....

15 h ....

16 h ....

17 h ....

18 h ....

19 h ....

20 h ....

Notes ....

C'ÉTAIT HIER

Le quartier de Fourvière

Lyon (Rhône)

Ce quartier historique se situe au pied de la colline du même nom, au sommet de laquelle trône la basilique Notre-Dame de Fourvière, protectrice de la ville. Les Romains fondèrent *Lugdunum* sur cette colline, en 43 av. J.-C. Devenue capitale des Gaules, la ville connaît alors un développement vers l'est et autour du Rhône. Fourvière est également connue sous le nom de « la colline qui prie » en raison des nombreux édifices religieux qu'elle accueille.

Eté

07 h 21
20 h 13
Vierge
3e décan

Vendredi 11 septembre

Saint Adelphe

En septembre, si l'osier fleurit, le raisin mûrit.

A faire aujourd'hui

8 h ....

9 h ....

10 h ....

11 h ....

12 h ....

13 h ....

14 h ....

15 h ....

16 h ....

17 h ....

18 h ....

19 h ....

20 h ....

Notes ....

La France en vert

La fête du ttoro (Pyrénées-Atlantiques)

Spécialité basque à mi-chemin entre la soupe et le ragoût de poisson, ce plat typique des pêcheurs locaux est célébré chaque année le temps d'une journée : un concours gastronomique ouvre les festivités. Des animations musicales sont également proposées avant la dégustation du ttoro au port, le soir venu.

Patrimoine

Frison-Roche et Chamonix

Roger Frison-Roche a passé sa vie à parcourir le monde. Il fut tour à tour journaliste, reporter, guide de haute montagne, moniteur de ski, paysan, romancier, explorateur. Né à Paris en 1906 et ayant ses racines familiales à Beaufort, c'est à Chamonix, capitale de l'alpinisme, qu'il a choisi de vivre. Il restera un formidable conteur de la haute montagne avec ses nombreux romans, dont *Premier de cordée* ou *La Grande Crevasse*.

Au quotidien

Une huile raffermissante pour le corps

Versez 50 cl d'huile d'olive dans une casserole et jetez-y une poignée de feuilles de tilleul séchées et une poignée de fleurs de prêle séchées. Portez à frémissement, puis laissez chauffer à feu doux pendant 30 minutes. Versez dans une bouteille et laissez macérer pendant une semaine en remuant chaque jour. Filtrez, puis ajoutez 40 gouttes d'huile essentielle de cyprès. Appliquez un peu d'huile sur le corps et massez de façon à faire pénétrer l'huile dans l'épiderme.

C'ÉTAIT HIER

Du temps des bergers

Corse

L'agriculture corse a longtemps été fondée sur un système autarcique, reposant sur la culture maraîchère et sur l'élevage porcin, ovin et caprin. Moutons et chèvres fournissaient notamment de la laine, de la viande et du lait (indispensable à la fabrication du *brocciu* !). Figure emblématique de l'île, le berger, *u pastore*, avait la charge d'emmener ses bêtes dans les hauteurs pour la transhumance saisonnière et de les ramener dans la plaine pour les pâturages d'hiver.

Samedi 12 septembre

Saint Apollinaire

Au mois de septembre, figues à vendre.

07 h 22
20 h 11
Vierge
3e décan

Eté

La Clé aux âmes
Gilles Laporte

Au premier rang, au milieu des représentants de l'Ecole normale, maîtres et maîtresses d'école, officiels élus ou désignés, et délégués des commerçants, Mathilde tremblait comme une feuille dans le vent d'été. A sa gauche, très ému, Paul Bazin en costume sombre et fine cravate de soie noire nouée à la sauvage sur le col cassé. Sur cet habit de cérémonie, il avait tenu à porter le tablier à bavette bleu du faiseur d'instruments. A sa droite, cheveu plaqué et menton volontaire, cravate prune nouée à l'étroit sur le col amidonné, raide comme un passe-lacet, Adrien Demange. La pâleur du directeur valait bien celle du maître luthier, et de Mathilde. Il croisait, décroisait, recroisait ses doigts à s'en faire mal. De temps en temps lui échappait un regard en coin vers sa voisine. Une folle envie le tenaillait de la prendre dans ses bras, là, devant tout le monde, de la rassurer, de lui dire que tout allait bien se passer pour p'tit Paul, qui, sous sa conduite, avait répété dix, vingt, cent fois le morceau qu'il allait jouer, là, devant eux, dans la seconde à durée d'éternité. Il savait que l'enfant était prêt. Mais, comme la mère, il ne pouvait s'empêcher de ruminer : « Comment va-t-il s'en sortir ? »

Le moment fatidique était venu.

Le Gamin paraissait sûr de lui. Il tira le violon de son écrin, leva le bras gauche en lent mouvement de demi-cercle jusqu'à se toucher l'oreille de l'auriculaire, cala l'instrument sous son menton, saisit l'archet, forma l'anneau pouce-majeur, petit doigt posé sur le talon, souple, très souple, lança un coup d'œil à sa mère, un autre à Adrien, effleura les cordes...

Extrait du roman *La Clé aux âmes* de Gilles Laporte
paru aux Presses de la Cité dans la collection Terres de France

A faire aujourd'hui

Samedi
8 h ...
9 h ...
10 h ...
11 h ...
12 h ...
13 h ...
14 h ...
15 h ...
16 h ...
17 h ...
18 h ...
19 h ...
20 h ...

Dimanche
8 h ...
9 h ...
10 h ...
11 h ...
12 h ...
13 h ...
14 h ...
15 h ...
16 h ...
17 h ...
18 h ...
19 h ...
20 h ...

Notes

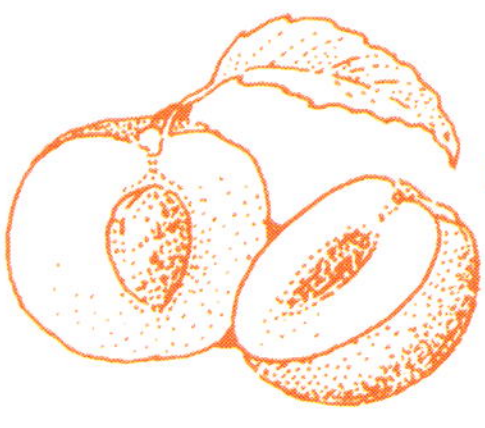

Saint Aimé

Dimanche 13 septembre

07 h 24
20 h 09
Vierge
3e décan

07 h 25
20 h 07
Vierge
3e décan

Lundi 14 septembre

Sainte Croix

Automne en fleurs, hiver plein de rigueur.

A faire aujourd'hui

8 h ....

9 h ....

10 h ....

11 h ....

12 h ....

13 h ....

14 h ....

15 h ....

16 h ....

17 h ....

18 h ....

19 h ....

20 h ....

Notes ....

Patrimoine

Quiz – Les îles

1. Laquelle de ces îles ne fait pas partie du golfe du Morbihan ?
a. l'île aux Oiseaux
b. l'île d'Arz
c. Ouessant

2. Laquelle de ces îles n'a pas le statut de département d'outre-mer ?
a. La Réunion
b. Saint-Barthélemy
c. la Martinique

3. Comment se nomme l'archipel de quatre îlots qui se trouve à l'entrée du golfe d'Ajaccio ?
a. les Sept-Iles
b. les Sanguinaires
c. les Mascareignes

Solution : 1 c, 2 b (elle a le statut de collectivité d'outre-mer), 3 b.

Pour le plaisir

Devinette

Que jette-t-on lorsqu'on en a besoin et que l'on ramasse dès que cela n'est plus nécessaire ?

Solution : une ancre de bateau.

En tous sens

Le brocciu

Fromage corse par excellence, produit AOC depuis 1998, le brocciu est fabriqué à partir du lactosérum extrait des caillés frais de brebis et/ou de chèvre, additionné de lait entier de brebis et/ou de chèvre et de sel. Chauffé entre 80 et 90 °C, ce mélange est alors égoutté dans des moules tronconiques. Le fromage, pesant entre 250 g et 3 kg, est blanc, moelleux et crémeux lorsqu'il est consommé frais. Il peut être aussi vendu *passu*, c'est-à-dire salé, sec, et affiné, auquel cas sa pâte se couvre d'une fine pellicule crème.

C'ÉTAIT HIER

Les maringottes

Le Mont-Saint-Michel (Manche)

Au début du XXe siècle, les maringottes étaient indissociables du paysage du Mont-Saint-Michel. Ces voitures à deux roues tirées par des chevaux en tandem faisaient la navette pour les touristes entre le Mont et Genêts, une bourgade située en face. La traversée durait une heure. L'îlot dominé par son abbaye était déjà un haut lieu touristique et plusieurs hôtels y étaient implantés. Les habitants y étaient plus nombreux qu'aujourd'hui : on en recensait 231 en 1901, contre 43 en 2011.

157 LE MONT SAINT-MICHEL. — Les Voitures de Genêts. — LL.

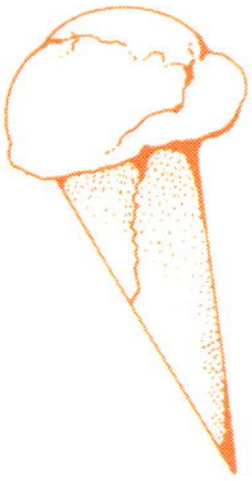

Mardi 15 septembre

Saint Roland

En septembre, s'il tonne, la vendange est bonne.

07 h 26
20 h 04
Vierge
3e décan

Été

En tous sens
Figues de Solliès au chèvre et au sirop d'érable

Pour 4 personnes. Ingrédients : 8 figues de Solliès ; 120 g de chèvre frais ; 8 cerneaux de noix ; 4 c. à s. de sirop d'érable.

- Préchauffez le gril du four.
- Rincez les figues, puis séchez-les. Coupez-les en quatre, sans séparer les quartiers. Déposez-les sur une plaque à pâtisserie recouverte de papier sulfurisé.
- Répartissez le chèvre frais dans les figues.
- Concassez grossièrement les noix et ajoutez-les sur les figues.
- Faites chauffer sous le gril du four de 8 à 10 minutes.
- Arrosez de sirop d'érable et servez sans attendre.

Au quotidien
Un pêle-mêle vole-au-vent

Munissez-vous d'un bâton de 40 cm et posez-le à plat, dans la largeur. Prenez une vingtaine de photos de vacances et disposez-les en quatre colonnes sous le bâton. Coupez 4 longueurs de fil de cuisine (plus grandes que les colonnes de photos) et nouez une extrémité de chaque fil sur le bâton à intervalles réguliers. Glissez le fil sous les photos, puis collez celles-ci sur les fils avec du scotch double face. Fixez le pêle-mêle au mur.

La France en vert
Donnez vos vieux vêtements

Des associations collectent les habits et textiles (en bon état !) que vous n'utilisez plus afin de les redistribuer ou de les recycler. Alors ne jetez plus, donnez !

A faire aujourd'hui

8 h ....

9 h ....

10 h ....

11 h ....

12 h ....

13 h ....

14 h ....

15 h ....

16 h ....

17 h ....

18 h ....

19 h ....

20 h ....

Notes ....

C'ÉTAIT HIER

Du bonnet à la coiffe

Environs de Niort (Deux-Sèvres)

Si le bonnet que portaient les paysannes eut longtemps une simple fonction utilitaire, il prit au XIXe siècle, et surtout dans sa deuxième moitié, un rôle social et devint une coiffe savamment étudiée, mettant à la fois en valeur les traditions locales et la richesse de la famille, tout en offrant la possibilité de se démarquer des autres. D'abord imposantes par la taille, les coiffes perdirent en volume ce qu'elles gagnèrent en finesse dans les broderies et la complexité du montage.

Eté

07 h 28
20 h 02
Vierge
3e décan

Mercredi 16 septembre

Sainte Edith

En septembre sois prudent,
achète bois et vêtements.

A faire aujourd'hui

8 h

9 h

10 h

11 h

12 h

13 h

14 h

15 h

16 h

17 h

18 h

19 h

20 h

Notes

Pour le plaisir

Faites de vos erreurs un atout

Il ne faut pas vivre les échecs comme quelque chose que l'on subit, mais comme un obstacle que l'on doit surmonter ! C'est en faisant des erreurs que l'on en apprend davantage et que l'on progresse. Oser se tromper, c'est aller de l'avant et persévérer. De plus, cela apprend la patience, l'empathie et la tolérance envers les erreurs des autres.

La France en vert

Les travaux de la seconde quinzaine de septembre

- Plantez les pivoines.
- Commencez à planter les bulbes à floraison printanière.
- Isolez les potirons et les courges du sol en les plaçant sur une planche afin d'éviter des débuts de pourriture.
- Commencez à rentrer les plantes fragiles comme les cactées et les agrumes.
- Rentrez le soir les jardinières si la nuit s'annonce froide.

Au quotidien

La réflexologie plantaire

Il s'agit d'une technique de massage qui part de l'idée que chaque organe est relié à un point du pied. En exerçant une pression appuyée sur certaines zones du pied, le praticien provoque un influx nerveux qui se transmet par voie réflexe aux différents organes. Une zone sensible est synonyme de dysfonctionnements et de déséquilibres ; le massage peut ainsi permettre de soulager les troubles.

C'ÉTAIT HIER

La pêche à la sardine

Douarnenez (Finistère)

La pêche à la sardine a toujours constitué l'une des activités principales du port de Douarnenez, le poisson abondant dans sa baie. Dans la deuxième moitié du XIXe siècle, c'est la mise en boîte de la sardine qui fit la fortune de la ville. En 1880, 40 conserveries y fonctionnaient à plein régime avant que la ressource ne s'appauvrisse. Aujourd'hui subsistent encore dans la ville des conserveries de l'époque, dont la plus ancienne au monde, Chancerelle, ouverte en 1853.

Jeudi 17 septembre

Saint Renaud

Si Saint-Renaud est pluvieux,
suivent neuf jours dangereux.

07 h 29
20 h 00
Vierge
3e décan

La France en vert

Le village de Lavardin (Loir-et-Cher)

Niché dans la verdure au bord du Loir, Lavardin se dessine au pied des ruines impressionnantes d'un château fort. Son donjon haut de 26 mètres et ses courtines ont encore fière allure ! Un vieux pont gothique permet d'accéder à un dédale de rues bordées de maisons de différents styles et époques. Ici une demeure Renaissance, là une habitation gothique ou une maison troglodytique donnent au village où il fait bon flâner un côté pittoresque et inattendu.

Pour le plaisir

Devinette

Il a plein de dents, mais ne mordra pourtant jamais personne. Qui est-il ?

Solution : le peigne.

Patrimoine

La légende du Volo Biòu (du bœuf qui vole) en Roussillon

Au Moyen Age, à Saint-Ambroix, une récolte annuelle de raisins avait été si abondante que, faute de récipients, les grains avaient moisi… Le désespoir était grand, les habitants vivant de la vente de raisin et buvant du vin en quantité. Le consul annonça alors : "A la foire prochaine ce sera fête, le bœuf Caïet volera, et, parole de consul, notre vin se vendra." Le jour venu, des milliers de curieux accoururent. Après une longue animation, le bœuf Caïet défila, paré de superbes ailes. Arrivé au sommet du rocher de la tour Guisquet, il fut lancé dans les airs sous les applaudissements et les acclamations. Il paraît qu'il déplia ses ailes et s'envola… Quant au raisin moisi, il se changea en vin savoureux. Depuis, tous les ans, les habitants de Saint-Ambroix font revivre leur légende occitane médiévale. Un bœuf majestueux ailé et doré est promené en procession, suivi des habitants.

A faire aujourd'hui

8 h ……………………………

9 h ……………………………

10 h ……………………………

11 h ……………………………

12 h ……………………………

13 h ……………………………

14 h ……………………………

15 h ……………………………

16 h ……………………………

17 h ……………………………

18 h ……………………………

19 h ……………………………

20 h ……………………………

Notes ……………………………

C'ETAIT HIER

Les marchands de sabots

Auvergne

En Auvergne, le sabot était une tradition, un objet culturel très présent dans le quotidien. Reclus dans les forêts, les sabotiers confectionnaient tout au long de l'année ces souliers tant prisés puis allaient les vendre en ville ou aux marchés des villages. Les vendeurs s'installaient sur les trottoirs aux côtés des autres marchands. Peu onéreux, les sabots rapportaient quelques sous, mais assuraient surtout tout au long de l'année une rentrée d'argent ainsi qu'un travail à l'abri des intempéries.

07 h 31
19 h 58
Vierge
3e décan

Vendredi 18 septembre

Sainte Nadège

Froid de Sainte-Nadège annonce pour bientôt la neige.

A faire aujourd'hui

8 h ...
9 h ...
10 h ...
11 h ...
12 h ...
13 h ...
14 h ...
15 h ...
16 h ...
17 h ...
18 h ...
19 h ...
20 h ...
Notes ...

La France en vert

Le GR 21 (Normandie)

Ce sentier de grande randonnée s'étend sur 171 kilomètres entre Le Havre et Le Tréport. Il alterne les passages dans les terres et les sentiers au bord de la mer. Sur le tracé, on peut notamment marcher à flanc de falaise entre Yport et Etretat et jouir d'une vue imprenable. Vent et embruns sont souvent au rendez-vous, mais le tracé, qui présente peu de difficultés, peut accueillir les marcheurs de tous niveaux.

En tous sens

Le macaron de Nancy (Meurthe-et-Moselle)

Beaucoup de villes revendiquent la paternité du macaron, mais celui de Nancy, s'il n'est pas le plus ancien, figure parmi les plus célèbres. Les macarons ont été mis au point au début du XVIIIe siècle et, s'il en existe plusieurs variantes, tous sont préparés à base de poudre d'amandes, de blancs d'œufs et de sucre. Les macarons de Nancy, ronds, légers et dorés, sont reconnaissables à leur surface bombée striée de fines craquelures. Ceux que l'on trouve à la Maison des Sœurs Macarons sont probablement les plus réputés.

Pour le plaisir

Devinette

Comment s'appellent les habitants de l'île de Groix ?

Solution : les Groisillons et les Groisillonnes.

Patrimoine

Les communes de France en question

Quelle ville est surnommée la capitale des ducs de Bourgogne ou la cité des Ducs ?

Solution : Dijon.

C'ÉTAIT HIER

Théâtres de jadis

Rouen (Seine-Maritime)

Le Théâtre des Arts de Rouen fut édifié en 1882 rue du Grand-Pont, sur les ruines d'un théâtre classique détruit par un incendie en 1876. Il était l'œuvre de l'architecte Louis Sauvageot, qui signa aussi dans la ville le musée des Beaux-Arts. Cet établissement prestigieux, inauguré en grande pompe avec l'opéra de Meyerbeer *Les Huguenots*, devint le temple de l'art lyrique. Il fut détruit par les bombardements alliés en 1944, tout comme le Théâtre-Français de Rouen, consacré à l'opérette.

Samedi 19 septembre

Sainte Emilie

Septembre humide, pas de tonneaux vides.

07 h 32
19 h 56
Vierge
3e décan

Eté

Les Seigneurs de la Haute Lande

Alain Dubos

De toutes les foires de la lande, celle de Suzan était sans nul doute la plus importante. Les peuples s'y mélangeaient, Basques, Pyrénéens, Occitans, et jusqu'aux lointains Poitevins descendus jusque-là pour vendre leurs mules aux fermiers d'Aquitaine.

Par tous les sentiers et les chemins convergeant vers cette frontière entre la Grande Lande et la Chalosse affluaient chalands et marchands ; des étals se succédaient par dizaines, jusqu'à la longue galerie à arcades de l'église. D'un bout à l'autre du village, et bien au-delà, jusqu'à Ousse, le bourg voisin, ce n'étaient qu'appels à l'achat, apostrophes, bêlements et meuglées, dans le tintement des sonnailles que l'on essayait, longuement, avant de les passer au cou des bêtes. Joyeuse ripaille, aussi, à goûter le vin de dunes ou le madiran, à s'empiffrer de saucisses, de jambons, de crêpes et de pastis devant les tavernes et les cuisines roulantes, en attendant les musiques et les danses, pour la nuit.

Il faisait chaud. Les grandes bourrasques de la mi-septembre s'étaient calmées, laissant derrière elles une fin d'été un peu humide, propice aux champignons. Gilles pensa qu'il se vendrait un peu plus tard. Assoiffé, la gorge sèche de poussière, il se laissa tomber sur une chaise, en vue de l'église et des pénitents qui s'y pressaient. Près de lui, un tonnelet de vin de dunes laissait perler son suc. Gilles se pencha, la bouche grande ouverte, ouvrit le robinet et but, à grandes goulées, la fraîche liqueur de Capbreton.

— Eh bé, cadet ! J'appelle ça de la *bébide*, urgente et calibrée. Quelle jolie cataracte, jusqu'à votre gosier !

Extrait du roman *Les Seigneurs de la Haute Lande* d'Alain Dubos
paru aux Presses de la Cité dans la collection Trésors de France

A faire aujourd'hui

Samedi

8 h
9 h
10 h
11 h
12 h
13 h
14 h
15 h
16 h
17 h
18 h
19 h
20 h

Dimanche

8 h
9 h
10 h
11 h
12 h
13 h
14 h
15 h
16 h
17 h
18 h
19 h
20 h

Notes

Saint Davy

Dimanche 20 septembre

07 h 34
19 h 54
Vierge
3e décan

Eté

07 h 35
19 h 52
Vierge
3e décan

Lundi 21 septembre

Saint Matthieu

Si Matthieu pleure au lieu
de rire, le vin en vinaigre vire.

A faire aujourd'hui

8 h

9 h

10 h

11 h

12 h

13 h

14 h

15 h

16 h

17 h

18 h

19 h

20 h

Notes

Patrimoine

Les communes de France en question

De quelle région Joachim du Bellay célébrait-il la douceur dans le poème *Heureux qui comme Ulysse* ?

Solution : l'Anjou.

En tous sens

Gâteau aux noix et aux pommes du Quercy

Pour 6 personnes. Ingrédients : 1 pâte brisée ; 150 g de sucre ; 2 jaunes d'œufs ; 6 pommes reinettes ; 170 g de cerneaux de noix ; 150 g de beurre.

- Préchauffez le four à 250 °C.
- Pelez les pommes, coupez-les en quartiers et épépinez-les. Hachez les noix.
- Beurrez un moule à manqué, étalez la pâte dessus, et disposez les pommes coupées.
- Faites cuire au four pendant 25 min.
- Faites fondre le beurre au bain-marie, versez le sucre et mélangez doucement avec une spatule.
- Incorporez au fur et à mesure les noix, puis ajoutez les jaunes d'œufs. Battez la préparation jusqu'à obtention d'une crème onctueuse.
- Sortez le gâteau du four. Une fois qu'il a refroidi, nappez les pommes avec le mélange aux noix. Enfournez de nouveau à même température, pendant 10 à 15 min, jusqu'à ce que le dessus soit bien doré.

Au quotidien

Peler des tomates

Faites une croix au couteau à la base des tomates, puis plongez-les dans une casserole d'eau bouillante pendant 30 secondes. Egouttez-les et mettez-les dans un saladier d'eau glacée pour stopper la cuisson. Egouttez-les de nouveau puis pelez-les à l'aide d'un couteau bien aiguisé.

C'ÉTAIT HIER

Sur les quais

Bordeaux (Gironde)

Longeant la Garonne sur plus de 4 kilomètres, les quais sont un lieu de vie économique et social incontournable dans l'histoire de Bordeaux. C'est ici qu'arrivaient les bateaux, pour les chargements de marchandises et autres cargaisons de vin. C'est également en ces lieux qu'au XVIIe siècle se faisaient les échanges du « commerce triangulaire » autour de l'esclavage. Depuis, ces quais de la rive gauche, bordés de belles façades classées, ont été savamment aménagés.

Mardi 22 septembre

Automne

Sème tes pois à la Saint-Maurice,
tu en auras à ton caprice.

07 h 36
19 h 49
Vierge
3e décan

Au quotidien

Percer du verre

- Marquez le point de perçage avec un feutre.
- Posez la plaque de verre sur une surface plane recouverte d'un tissu épais.
- Autour du point de perçage, posez du mastic de vitrier sur 3 cm de diamètre. Creusez-en l'intérieur puis remplissez d'essence de térébenthine.
- Percez lentement et sans appuyer avec une mèche à verre.
- Percez sur la moitié de l'épaisseur, puis retournez le verre et percez de l'autre côté.

Pour le plaisir

La bonne pensée du jour !

"En ce monde il se faut l'un l'autre secourir : si ton voisin vient à mourir, c'est sur toi que le fardeau tombe." Que vous inspire la morale du *Cheval et l'Ane* de Jean de La Fontaine ?

La France en vert

Les gorges du Cians (Alpes-Maritimes)

Pour rejoindre le Var, le Cians, petite rivière qui prend sa source dans le Mercantour, se fraie un chemin sur 23 kilomètres à travers des escarpements rocheux de schiste rouge vif et des gorges étroites et abruptes. On peut découvrir les galeries de sculptures naturelles que le Cians a sculptées à pied, mais les plus intrépides choisiront le canyoning pour apprécier toute la beauté des lieux.

A faire aujourd'hui

8 h ……………………
……………………
9 h ……………………
……………………
10 h ……………………
……………………
11 h ……………………
……………………
12 h ……………………
……………………
13 h ……………………
……………………
14 h ……………………
……………………
15 h ……………………
……………………
16 h ……………………
……………………
17 h ……………………
……………………
18 h ……………………
……………………
19 h ……………………
……………………
20 h ……………………
……………………
Notes ……………………
……………………
……………………

C'ÉTAIT HIER

Faïencerie d'art

Malicorne-sur-Sarthe (Sarthe)

L'histoire de Malicorne est intimement liée à la tradition faïencière qui y est née au XVIIIe siècle et qui a fait sa renommée. Les faïences décorées, inspirées de celles de Nevers ou de Quimper, connurent un vif succès à la fin du XIXe siècle. En 1924 furent fondées les Faïenceries d'art de Malicorne et c'est dans leurs ateliers que se développa la technique de l'ajourage, qui reste à ce jour leur principale spécialité.

Automne

07 h 38
19 h 47
Vierge
3e décan

Mercredi 23 septembre

Saint Constant

Mois de septembre pluvieux, an fructueux.

A faire aujourd'hui

8 h

9 h

10 h

11 h

12 h

13 h

14 h

15 h

16 h

17 h

18 h

19 h

20 h

Notes

En tous sens

Moules façon rétoise

Pour 4 personnes. Ingrédients : 2 kg de moules de bouchot ; 2 échalotes ; 20 brins de ciboulette ; 30 g de beurre demi-sel ; 2 pincées de curry ; 20 cl de vin blanc ; 15 cl de crème liquide ; sel ; poivre.

- Grattez les moules et ébarbez-les. Epluchez la ciboulette et émincez-la. Rincez la ciboulette, séchez-la et ciselez-la.
- Faites fondre le beurre dans une cocotte en fonte, puis faites-y revenir les échalotes et le curry.
- Ajoutez le vin blanc et les moules, puis couvrez. Laissez cuire jusqu'à ce que les moules soient ouvertes. Jetez celles qui ne se sont pas ouvertes.
- Filtrez le jus de cuisson, puis faites-le réduire de moitié dans une casserole. Ajoutez la crème liquide et laissez réduire de moitié.
- Ajoutez la ciboulette, puis servez.

La France en vert

Faites un geste pour les espèces menacées

Certains poissons de nos étals sont menacés d'extinction. Surveillez votre consommation le temps que leur survie soit assurée, notamment pour les espèces suivantes : cabillaud, églefin, bar sauvage, thon rouge, lotte, saumon de l'Atlantique.

Pour le plaisir

Devinette

Sans moi, s'effondreraient les cathédrales. Je suis la solution, pour m'élever depuis le sol et atteindre le paradis. Que suis-je ?

Solution : la clé.

C'ÉTAIT HIER

La veillée

Pays Marchois (Creuse)

Dans les campagnes, lorsque l'hiver venait et que les travaux des champs n'occupaient plus la famille à temps complet, les femmes se retrouvaient lors de veillées dans la maison de l'une ou de l'autre pour filer le lin ou la laine des moutons au fuseau ou effectuer des travaux de couture ou de broderie à la main. C'est aux femmes que revenait la tâche de rapiécer les habits usés et de confectionner le linge de maison et les vêtements de toute la maisonnée.

Jeudi 24 septembre

Sainte Thècle

En septembre, le raisin ou la figue pendent.

07 h 39
19 h 45
Balance
1er décan

Automne

Patrimoine

Emile Gallé à Nancy

Principal fondateur de l'école de Nancy, Emile Gallé (1846-1904) fait ses armes dans les arts décoratifs auprès de son père, qui tient une entreprise de faïencerie et de verrerie. Maître verrier, céramiste et ébéniste, il obtient à l'Exposition universelle de Paris en 1889 trois récompenses, une dans chacune de ses spécialités. Il décide par la suite de se spécialiser dans le verre et dépose deux brevets sur la marqueterie et la patine sur verre. En 1901, il crée l'Alliance provinciale des industries d'art, future école de Nancy. Parmi les membres de l'école, citons Antonin Daum, célèbre maître verrier, Emile André, architecte à l'origine d'un nombre considérable de monuments Art nouveau dans la ville, Emile Friant, Victor Prouvé et Louis Hestaux, tous trois peintres, et Louis Majorelle, ébéniste-décorateur. Condamnant la hiérarchie entre beaux-arts et arts mineurs, ils défendent un "art social" accessible à tous, que les objets décoratifs, produits en série, permettent de réaliser.

A faire aujourd'hui

8 h ....

9 h ....

10 h ....

11 h ....

12 h ....

13 h ....

14 h ....

15 h ....

16 h ....

17 h ....

18 h ....

19 h ....

20 h ....

Notes ....

Pour le plaisir

Balance (24 septembre-23 octobre)

"Patience et longueur de temps font plus que force ni que rage." Tel sera votre credo cette année, où les choses se mettront en place lentement mais sûrement. Sur le plan professionnel, vos efforts finiront par payer et une promotion sera peut-être à la clé. Côté foyer, vous verrez la sérénité s'installer.

Au quotidien

Comment éliminer les poux !

Mélangez 4 c. à soupe d'huile d'olive et 1 c. à café d'huile d'arbre à thé. Appliquez le mélange sur le cuir chevelu et massez. Laissez poser de 10 à 15 minutes, puis peignez les cheveux et lavez-les normalement.

4159. PARIS — Rue du Faubourg Montmartre
Gondry, édit. Paris

C'ÉTAIT HIER

Les petits commerces

Paris (Ile-de-France)

Dans la première moitié du XIXe siècle, les petits commerces étaient la norme et on faisait ses courses auprès des détaillants de son quartier. La notion de concurrence n'existait pas encore, pas plus que la publicité ou les prix fixes : le commerçant établissait souvent ses tarifs à la tête du client ! L'arrivée des grands magasins changea la donne et les boutiquiers durent s'adapter et miser sur des rapports de confiance pour ne pas disparaître et continuer d'animer la vie de quartier.

Automne

07 h 41
19 h 43
Balance
1er décan

Vendredi 25 septembre

Saint Hermann

Pour vendanger, il faut attendre au moins la fin septembre.

A faire aujourd'hui
8 h ....
....
9 h ....
....
10 h ....
....
11 h ....
....
12 h ....
....
13 h ....
....
14 h ....
....
15 h ....
....
16 h ....
....
17 h ....
....
18 h ....
....
19 h ....
....
20 h ....
....
Notes ....
....
....

En tous sens

Le curry

Le curry est un mélange d'épices intimement associé à la cuisine indienne. Il n'en existe pas une, mais des dizaines de variétés, allant des plus douces aux plus fortes. La plupart des currys sont toutefois composés d'une base de curcuma, de gingembre, d'ail, d'oignon, de poivre, de piment, de coriandre, de clou de girofle et de cardamome. On peut utiliser le curry pour préparer aussi bien des poissons, des crustacés ou des viandes que des légumes.

Patrimoine

La broderie à Lunéville (Meurthe-et-Moselle)

Présente dès le XIVe siècle, la broderie locale prit un véritable essor en 1810 avec la création du point de Lunéville, créé dans le but de reproduire des dentelles semblables à celles de Venise ou Bruges. D'abord pratiqué à l'aiguille, il se réalisa par la suite au crochet et connut un grand succès. Il céda en 1865 la place à la broderie perlée, qui consistait à poser des perles et des paillettes sur des étoffes. La réussite fut là aussi au rendez-vous. Le conservatoire des broderies de Lunéville a ouvert ses portes en 1998 afin de mettre à l'honneur ces deux techniques.

Au quotidien

L'heure du ramonage

N'attendez pas les premiers frimas pour faire ramoner votre cheminée ! Un bon nettoyage permettra un meilleur rendement et évitera les risques d'incendie. Le ramonage étant une obligation légale, le ramoneur vous délivrera un certificat de ramonage, que vous pourrez fournir à votre assurance en cas d'incident.

C'ÉTAIT HIER

La bataille de l'Artois

Arras (Pas-de-Calais)

Située à 10 km du front à peine, Arras subit de plein fouet les dommages de la Grande Guerre. Dès le mois de septembre 1914, une armée allemande de 3 000 hommes investit la ville. Le 1er octobre, la Xe Armée française intervint pour l'empêcher d'atteindre les côtes. C'était le début de la bataille d'Arras, ou bataille de l'Artois, qui se solda par la défaite française. L'hôtel de ville fut détruit le 7 octobre et le beffroi tomba le 21. A l'issue de la guerre, les trois quarts de la ville étaient ravagés.

Samedi 26 septembre

Saints Côme et Damien

A la Saint-Côme et Saint-Damien,
on trouve des noix plein les chemins.

07 h 42
19 h 41
Balance
1er décan

Les Coiffes rouges

Daniel Cario

L'été s'acheva, toujours aussi chaud et moite, et il fallut regarder le calendrier pour savoir quand il laissa place à l'automne. A mesure qu'avançait la campagne sardinière s'accumulait la fatigue. Les marins, passe encore, la mer était leur élément naturel, et ils ne se sentaient vraiment bien que lorsque le plancher leur bougeait sous les pieds. Mais les femmes... L'usine était un univers qu'elles exécraient, et rares étaient celles qui éprouvaient un vrai plaisir à s'y rendre. Les ouvrières n'avaient aucun moyen légal de se défendre, puisque la législation du travail accordait aux patrons des conserveries alimentaires la dérogation de faire travailler jusqu'à quarante-huit heures d'affilée. Deux jours sans dormir : on n'imposait pas labeur plus inhumain aux « forçats » de Zola. Tout au plus les ouvrières ne devaient-elles pas œuvrer plus de soixante-douze heures par semaine... Un principe souvent battu en brèche, certaines en effet effectuaient jusqu'à quatre-vingts heures hebdomadaires. Un calvaire pour un salaire de misère : entre soixante-quatre et soixante-douze francs. On croit rêver encore quand on sait que le travail de nuit était rémunéré au même tarif que celui de la journée, que le temps d'attente entre deux livraisons était décompté du salaire. Avec l'épuisement, ces infamies lancinaient les malheureuses comme les plus noirs cauchemars : elles savaient que leur seule défense serait la grève, mais c'était beaucoup de douleur prévisible sans l'assurance d'une réelle amélioration. Chez Guéret aussi, les contremaîtresses avaient de plus en plus de mal à faire valoir leur autorité, et la Murène elle-même était obligée de biaiser afin de s'imposer en évitant le conflit. On pourrait penser que la pénurie en sardines accordait un peu de répit ; il y avait moins de travail certes, mais moins de paye en contrepartie, et les bouches affamées à la maison clappaient souvent comme des becs d'oisillons oubliés au nid.

Extrait du roman *Les Coiffes rouges* de Daniel Cario
paru aux Presses de la Cité dans la collection Terres de France

A faire aujourd'hui

Samedi
8 h ....
9 h ....
10 h ....
11 h ....
12 h ....
13 h ....
14 h ....
15 h ....
16 h ....
17 h ....
18 h ....
19 h ....
20 h ....

Dimanche
8 h ....
9 h ....
10 h ....
11 h ....
12 h ....
13 h ....
14 h ....
15 h ....
16 h ....
17 h ....
18 h ....
19 h ....
20 h ....

Notes
....
....
....
....
....
....

Saint Vincent de Paul

Dimanche 27 septembre

07 h 44
19 h 39
Balance
1er décan

07 h 45
19 h 37
Balance
1er décan

Lundi 28 septembre

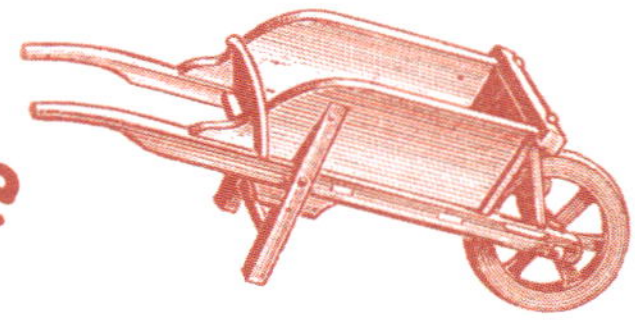

Saint Venceslas

Forte chaleur en septembre,
à pluies d'octobre faut s'attendre.

A faire aujourd'hui

8 h ....

....

9 h ....

....

10 h ....

....

11 h ....

....

12 h ....

....

13 h ....

....

14 h ....

....

15 h ....

....

16 h ....

....

17 h ....

....

18 h ....

....

19 h ....

....

20 h ....

....

Notes ....

....

....

Patrimoine

La chaussure de luxe à Romans-sur-Isère (Drôme)

L'histoire de la chaussure dans la ville remonte à 1895. Joseph Fenestrier reprit alors une petite fabrique de chaussures et lança la première marque de souliers de luxe en France : "Unic". Avec l'introduction de la technique Goodyear au début du xxe siècle, l'industrie se développa. La maison Joseph-Fenestrier ouvrit plusieurs usines et d'autres chausseurs se lancèrent dans l'aventure. La réputation des chaussures de Romans-sur-Isère permit à la ville de prospérer pendant une grande partie du xxe siècle, avant la crise et la concurrence étrangère. Beaucoup de maisons ont fermé, mais celle de Joseph Fenestrier, devenue Robert Clergerie, est toujours présente à Romans.

La France en vert

La foire de la choucroute de Krautergersheim (Bas-Rhin)

Le village qui se targue d'être la capitale de la choucroute organise depuis 42 ans une fête pour célébrer son produit phare. Des dégustations de choucroute garnies ou de pâtés en croûte sont proposées durant deux jours sous un grand chapiteau. Un défilé de chars donne à admirer des spécimens de choux parfois impressionnants tandis que musique, danse et démonstrations culinaires parachèvent l'événement, résolument tourné vers le folklore et l'authenticité.

Pour le plaisir

Devinette

Deux pères et deux fils vont à la pêche. Chacun lance sa ligne et pêche une truite. Pourtant, ils ne reviennent qu'avec trois truites. Comment est-ce possible ?

Solution : les pêcheurs ne sont en fait que trois : le grand-père, le père et le fils.

C'ÉTAIT HIER

Légendes bretonnes

Trébeurden (Côtes-d'Armor)

Entre 4500 et 2000 avant notre ère, les hommes ont construit en Bretagne une quantité impressionnante de menhirs, de dolmens, de cairns, de cromlechs ou d'allées couvertes, comme celle de Prajou-Menhir, à Trébeurden, ornée de gravures symbolisant la déesse mère. La signification de ces pierres levées restant fort mystérieuse, celles-ci ont donné lieu à d'incroyables légendes, mêlant magie et sorcellerie, rites religieux et païens, espoirs et désespoirs...

Mardi 29 septembre

Saint Michel

De Saint-Michel à la Toussaint,
laboure grand train.

07 h 47
19 h 35
Balance
1er décan

Automne

Au quotidien
Les bienfaits du bleuet

Le bleuet a de tout temps eu la réputation de soigner les yeux. Au Moyen Age, on attribuait à sa couleur le pouvoir de traiter les irritations des yeux bleus. On sait depuis que la plante possède des acides oxalique et citrique lui conférant des vertus anti-inflammatoires et purifiantes. Le bleuet soigne les conjonctivites et les orgelets, et soulage les paupières gonflées. On l'emploie généralement dilué dans l'eau, en compresse. Ses pétales peuvent aussi être posés directement sur les paupières.

Pour le plaisir
Devinette

Comment s'appellent les habitants de Bourg-la-Reine ?

Solution : Les Réginaburgiens et les Réginaburgiennes.

Patrimoine
Les communes de France en question

Quel nom de ville de Mayenne est un palindrome (un terme qui se lit à l'identique à l'endroit et à l'envers) ?

Solution : Laval.

La France en vert
A cheval dans la forêt de Brocéliande (Bretagne)

Le Val sans retour, le tombeau de Merlin, le jardin aux moines, l'hotié de Viviane, autant de lieux de légende que l'on peut découvrir dans la mythique forêt de Brocéliande. Pour les passionnés d'équitation, la boucle équestre du pays de Brocéliande est un itinéraire balisé de 230 kilomètres qui sillonne la forêt au départ de Bécherel, en Ille-et-Vilaine. L'EquiBreizh ainsi que les itinéraires du Morbihan à cheval donnent aussi à apprécier cette forêt pleine de magie et d'histoire.

A faire aujourd'hui

8 h ....
....
9 h ....
....
10 h ....
....
11 h ....
....
12 h ....
....
13 h ....
....
14 h ....
....
15 h ....
....
16 h ....
....
17 h ....
....
18 h ....
....
19 h ....
....
20 h ....
....
Notes ....
....
....

C'ÉTAIT HIER
Exposition internationale

Limoges (Haute-Vienne)

En 1903, le Champ de Juillet accueillit l'Exposition internationale des arts et de l'industrie. Pour l'occasion, l'architecte Jules Godefroy conçut le pavillon des arts libéraux, aux murs aveugles et richement ornés : ses deux ailes étaient dédiées l'une au commerce, l'autre à l'industrie. Une exposition coloniale avec un village exotique et une exposition horticole complétaient le programme. Ces manifestations connaissaient un bel engouement depuis le Second Empire.

Automne

07 h 48
19 h 32
Balance
1er décan

Mercredi 30 septembre

Saint Jérôme

Saint Jérôme venu, sors ta charrue.

A faire aujourd'hui

8 h ....
....
9 h ....
....
10 h ....
....
11 h ....
....
12 h ....
....
13 h ....
....
14 h ....
....
15 h ....
....
16 h ....
....
17 h ....
....
18 h ....
....
19 h ....
....
20 h ....
....
Notes ....
....
....

Au quotidien

Méfiez-vous des parabens cachés

L'utilisation du paraben étant très controversée (risques possibles de cancer du sein, de vieillissement cutané…), certaines marques de cosmétiques peu scrupuleuses n'hésitent pas à en glisser tout de même dans leurs produits, mais en indiquant le nom scientifique ou le code de l'élément dans la liste des composants afin de tromper le consommateur. Ainsi, le paraoxybenzoate de méthyle, ou methyl 4-hydroxybenzoate, ou E218/E219, n'est autre que le méthylparaben, de la famille du… paraben. Veillez donc à choisir des produits portant la mention “sans paraben”.

Pour le plaisir

Devinette

Comment s'appellent les habitants de Rodez ?

Solution : les Ruthénois et les Ruthénoises.

Patrimoine

Quiz – Les villes en poésie

1. Dans le poème *Barbara,* de quelle ville Jacques Prévert évoque-t-il la destruction pendant la Seconde Guerre mondiale ?
a. Le Havre
b. Brest
c. Verdun

2. “Sous le pont Mirabeau coule la Seine / Et nos amours / Faut-il qu'il m'en souvienne / La joie venait toujours après la peine.” Dans quelle ville se situe le pont Mirabeau, évoqué par Guillaume Apollinaire dans le poème du même nom ?
a. Rouen
b. Paris
c. Giverny

3. Dans le poème *Demain, dès l'aube*, de Victor Hugo, quelle est la ville normande dont le nom a été supprimé dans les vers suivants : “Je ne regarderai ni l'or du soir qui tombe, / Ni les voiles au loin descendant vers ……., / Et quand j'arriverai, je mettrai sur ta tombe / Un bouquet de houx vert et de bruyère en fleur. ”
a. Honfleur
b. Barfleur
c. Harfleur

Solution : 1 b ; 2 b ; 3 c.

C'ÉTAIT HIER

Le temps des vendanges

Epernay (Marne)

Les vendanges réclamaient une main-d'œuvre considérable. Les travailleurs venaient pour beaucoup de Lorraine et d'Argonne et logeaient dans des dortoirs. Les effectifs étaient complétés au jour le jour à la louée locale, qui ouvrait à l'aube. Après avoir reçu des propriétaires de l'eau-de-vie, du pain et du fromage, les vendangeurs se regroupaient en équipes appelées hordons et se rendaient au champ où ils coupaient, triaient et portaient le raisin jusqu'au pressoir.

Jeudi 1er octobre

Sainte Thérèse de l'Enfant Jésus

Si octobre est trop chaud,
en février la glace est au carreau.

07 h 49
19 h 30
Balance
1er décan

Automne

La France en vert

Le GR 70 (Cévennes)

Ce sentier est souvent appelé le chemin de Stevenson, car le célèbre écrivain écossais Robert Louis Stevenson a effectué ce parcours avec un âne en 1878 et l'a ensuite retranscrit dans un livre. Douze étapes séquencent les 230 kilomètres du tracé, entre Monastier-sur-Gazeille (Haute-Loire) et Saint-Jean-du-Gard (Gard), et demandent de 3 à 7 heures chacune. Au cours de la randonnée, on découvre tour à tour les plateaux volcaniques auvergnats, les landes du Gévaudan, les reliefs arides du mont Lozère et les massifs vallonnés des Cévennes.

A faire aujourd'hui

8 h ....

9 h ....

10 h ....

11 h ....

12 h ....

13 h ....

14 h ....

15 h ....

16 h ....

17 h ....

18 h ....

19 h ....

20 h ....

Notes ....

Patrimoine

La légende des béguines de la Sainte-Baume, en Provence

Le rocher des Béguines, sur la montagne de la Sainte-Baume, a été ainsi appelé à cause d'un miracle qui se serait produit en cet endroit... Deux béguines, pures, pieuses et jolies, se promenaient dans le bois quand elles croisèrent sur leur chemin deux jeunes débauchés qui voulurent les séduire. Apeurées, elles se mirent à courir, mais les garçons les poursuivirent. A un moment, elles arrivèrent au bord d'un précipice. Préférant la mort au péché, elles se jetèrent dans le vide en recommandant leur âme à sainte Madeleine. La sainte envoya alors des anges à leur rescousse, qui les soutinrent de leurs ailes et les ramenèrent, saines et sauves, au couvent...

C'ÉTAIT HIER

La grève de la thune

Gare Saint-Lazare (Paris)

Le mois d'octobre 1910 fut marqué par une grande grève de cheminots, qui toucha principalement les réseaux des chemins de fer du nord et de l'ouest de la France, et qui se traduisit par la paralysie du réseau ferroviaire. Cette « grève de la thune », du surnom de la pièce de cinq francs, avait pour principale revendication la création d'un salaire minimum. Si elle fut durement réprimée, elle porta néanmoins ses fruits, comme en témoigne l'instauration en 1911 d'un salaire journalier de cinq francs.

Automne

07 h 51
19 h 28
Balance
1er décan

Vendredi 2 octobre

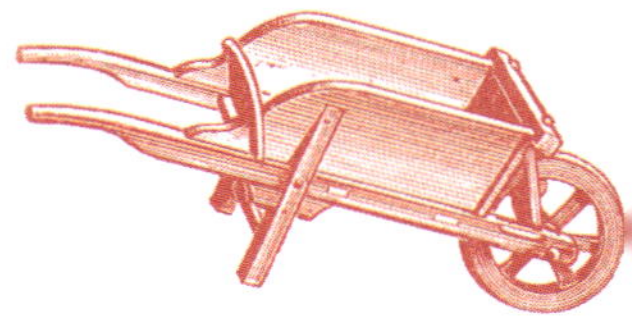

Saint Léger

Si l'on sème à la Saint-Léger, le blé sera léger.

A faire aujourd'hui

8 h ....

9 h ....

10 h ....

11 h ....

12 h ....

13 h ....

14 h ....

15 h ....

16 h ....

17 h ....

18 h ....

19 h ....

20 h ....

Notes ....

La France en vert

Le festival des coquillages et crustacés à Granville (Manche)

Premier port coquillier de France, Granville organise depuis treize ans une manifestation gastronomique autour des produits de la mer. Coquilles Saint-Jacques, bulots, palourdes, bigorneaux sont cuisinés sous toutes les formes par des chefs venus faire des démonstrations. Une vente géante est également organisée, en direct du pêcheur ou de l'éleveur.

Au quotidien

Le gingembre contre les petits maux du quotidien

Portez 20 cl d'eau à frémissement, puis faites-y infuser hors du feu 5 g de gingembre frais râpé pendant 10 minutes. Ajoutez 1 trait de jus de citron ou ½ c. à café de miel. A défaut de gingembre frais, vous pouvez utiliser 0,5 à 1 g de gingembre en poudre. Cette infusion apaisera les symptômes du rhume, les ballonnements, les migraines ou les douleurs liées à l'arthrite.

Patrimoine

Les communes de France en question

Dans quelle ville se trouve le palais des Ducs de Bretagne ?

Solution : Nantes.

Pour le plaisir

Enigme

On en dresse le plan, mais on ne selle pas son cheval. Quand on la livre, il arrive qu'on la perde ou qu'on la gagne. Qui est-elle ?

Solution : La bataille.

C'ÉTAIT HIER

Le triage du raisin

Champagne

Un triage minutieux du raisin était nécessaire pour fabriquer un bon champagne. Il se faisait en deux étapes. Pendant la cueillette, les vendangeurs séparaient les grains verts et altérés des bons grains. Les premiers servaient à faire un « vin de détour ». Des femmes au bout des rangs de vigne triaient de nouveau les grains pour n'en retenir que les plus beaux. Elles travaillaient assises devant des claies reposant sur deux « paniers mannequins », paniers d'osier pesant 60 kg une fois remplis.

Samedi 3 octobre

Saint Gérard

A la Saint-Gérard, sème ton blé.

07 h 52
19 h 26
Balance
2e décan

Automne

Le Destin d'Alice

Patrice Pelissier

Un jour Alice, incapable de lui mentir ou de lui cacher quoi que ce soit, lui avait confié son amour interdit pour Alexandre.

Alice se rembrunit après qu'Alexandre lui eut annoncé leur départ prochain. Non pas qu'elle ne voulût plus, bien au contraire, mais la perspective que sa Mana allait rester seule avec sa tante Lucienne lui était insupportable. Connaissant sa tante, elle ferait vivre un enfer à sa grand-mère, la punissant ainsi de la fuite d'Alice…

La jeune fille, en fermant la dernière valise, repensa à ce moment si dur où elle avait dû annoncer à sa grand-mère qu'elle allait partir. Un mois avant la date décisive, elle décida qu'il était temps de lui confier leur projet. Elle tenait à lui dire la vérité et ne voulait surtout pas que Mana s'inquiète en ne la voyant plus.

Les marches furent plus difficiles à monter que tous les autres jours. Leurs grincements semblaient hurler au monde qu'Alice allait abandonner sa grand-mère pour toujours.

Mana l'aida en devinant tout de suite que quelque chose n'allait pas. Alice, acculée, lui prit le livre des mains puis tendrement posa les siennes sur sa peau douce. Elle ouvrit son cœur et lui révéla ses projets.

Dehors le vent poussa un des volets et la lumière du soir entra, dévoilant Mana en larmes mais souriante.

« Vis ta vie, ma belle, répondit sa grand-mère d'une voix douce chargée d'émotion. Pars et ne sois pas triste de me laisser. Tu ne dois pas te sentir prisonnière parce que je suis là. Dans peu de temps j'aurai quitté ce monde, alors n'attends pas ce moment pour partir. Lucienne t'en empêcherait. »

Extrait du roman *Le Destin d'Alice* de Patrice Pelissier
paru aux Presses de la Cité dans la collection Terres de France

A faire aujourd'hui

Samedi

8 h ....
9 h ....
10 h ....
11 h ....
12 h ....
13 h ....
14 h ....
15 h ....
16 h ....
17 h ....
18 h ....
19 h ....
20 h ....

Dimanche

8 h ....
9 h ....
10 h ....
11 h ....
12 h ....
13 h ....
14 h ....
15 h ....
16 h ....
17 h ....
18 h ....
19 h ....
20 h ....

Notes

Saint François d'Assise

Dimanche 4 octobre

07 h 54
19 h 24
Balance
2e décan

Automne

07 h 55
19 h 22
Balance
2e décan

Lundi 5 octobre

Sainte Fleur

Octobre en bruine, hiver en ruine.

A faire aujourd'hui

8 h ....

9 h ....

10 h ....

11 h ....

12 h ....

13 h ....

14 h ....

15 h ....

16 h ....

17 h ....

18 h ....

19 h ....

20 h ....

Notes ....

La France en vert

Non aux désodorisants d'intérieur

Même si certains progrès ont été faits, tous les désodorisants d'intérieur contiennent des composés organiques volatils ainsi que des substances cancérigènes, allergènes ou tout du moins irritantes. Bannissez-les de chez vous, tout comme les bougies parfumées, qui émettent des substances chimiques, et contentez-vous d'aérer régulièrement pour assainir l'air.

Au quotidien

Stop aux verrues !

Coupez une rondelle d'ail et placez-la sur la verrue. Maintenez-la avec un morceau de sparadrap et gardez-la ainsi toute la nuit. Renouvelez l'opération 3 ou 4 nuits d'affilée, jusqu'à guérison complète.

En tous sens

Gelée de pommes au calvados

Pour 4 pots. Ingrédients : 2 kg de pommes ; 2 c. à s. de calvados ; 1,6 kg de sucre pour confiture.

- Lavez les pommes, coupez-les en huit puis mettez-les dans une bassine à confiture.
- Versez 1 litre d'eau et le calvados.
- Laissez cuire pendant 45 minutes.
- Egouttez les pommes dans une passoire recouverte d'un torchon et pressez pour récupérer tout le jus.
- Versez-le dans une casserole et ajoutez le sucre (ajustez la quantité de sucre en fonction de celle de jus : il faut 1,6 kg de sucre pour 1,3 litre de jus).
- Portez à ébullition puis faites cuire à frémissement de 5 à 7 minutes en écumant souvent.
- Versez la préparation dans des pots stérilisés et fermez hermétiquement.
- Laissez refroidir complètement.

C'ÉTAIT HIER

La forteresse

Brest (Finistère)

Ouverte sur l'océan, la Bretagne s'est de tout temps lancée à la conquête des mers et dans le commerce maritime, ce qui enrichit le pays, mais suscita également les convoitises. Tout un réseau de forteresses fut alors construit en Bretagne pour la protéger, dont celle de Brest, déjà présente du temps des Romains, agrandie au Moyen Age puis fortifiée par Vauban. Bombardée par les alliés en 1944, il n'en reste plus que les remparts et une partie du château.

Mardi 6 octobre

Saint Bruno

Quand on sème à la Saint-Bruno,
la rouille s'y mettra bientôt.

07 h 57
19 h 20
Balance
2e décan

Patrimoine

Quiz – Les parcs nationaux

1. Dans quel département se trouve le parc national de la Vanoise ?
a. la Savoie
b. la Drôme
c. l'Isère

2. En quelle année a été créé le parc national des Calanques, dans les Bouches-du-Rhône ?
a. 1975
b. 1998
c. 2012

3. Lequel de ces parcs naturels n'est pas classé au rang de parc national ?
a. le Mercantour
b. la Sologne
c. les Cévennes

Solution : 1 a, 2 c, 3 b.

A faire aujourd'hui
8 h ....
9 h ....
10 h ....
11 h ....
12 h ....
13 h ....
14 h ....
15 h ....
16 h ....
17 h ....
18 h ....
19 h ....
20 h ....
Notes ....

En tous sens

Le pain plié normand

C'est un pain de campagne ordinaire, de forme ovale. Avant d'être enfourné, il est replié sur lui-même, d'où son nom. Une fois cuit, il se présente sous la forme de deux miches formant à peu près un angle droit. Ce pliage serre la pâte et le rend donc plus dense qu'un pain de campagne ordinaire.

Pour le plaisir

La bonne pensée du jour !

Selon Winston Churchill, "un pessimiste voit la difficulté dans chaque opportunité, un optimiste voit l'opportunité dans chaque difficulté". Et vous ?

C'ÉTAIT HIER

La vogue des casinos

Le Touquet-Paris-Plage (Pas-de-Calais)

Assimilés à la débauche, les jeux d'argent étaient interdits sous l'Ancien Régime, sauf à la noblesse. Pour limiter les cercles clandestins, Napoléon Ier autorisa les établissements de jeux, mais uniquement dans les stations balnéaires, les villes thermales et à Paris. La mode des bains de mer et du thermalisme favorisa leur essor à la fin du XIXe siècle. Loin de se limiter aux salles de jeux, ces lieux mondains et animés abritaient des salons, des restaurants, des salles de spectacle.

07 h 58
19 h 18
Balance
2e décan

Mercredi 7 octobre

Saint Serge

A la Saint-Serge, la charrue en terre pour niveler les taupinières.

A faire aujourd'hui

8 h ....
....
9 h ....
....
10 h ....
....
11 h ....
....
12 h ....
....
13 h ....
....
14 h ....
....
15 h ....
....
16 h ....
....
17 h ....
....
18 h ....
....
19 h ....
....
20 h ....
....
Notes ....
....
....

La France en vert

Les travaux de la première quinzaine d'octobre

- Blanchissez les scaroles et les cardons.
- Semez de la mâche.
- Mettez en pot des bulbes de narcisses, de jacinthes pour les forcer en appartement.
- Plantez le muguet.
- Divisez les vivaces ayant fleuri en fin d'été.
- Au bassin, rentrez les plantes gélives comme les jacinthes d'eau et les laitues d'eau.
- Otez les feuilles mortes du bassin.

Au quotidien

Le Crédit municipal

On l'appelle aussi "mont-de-piété". Il s'agit d'un établissement bancaire qui assure la gestion de livrets, de bons de caisse et d'épargne et qui prête de l'argent aux employés de la fonction publique. Toute personne peut également y porter des objets, comme des tableaux, des bijoux, des habits, pour obtenir un prêt représentant la moitié ou le quart de la valeur de l'objet. Le prêt dure entre six mois et un an. A l'issue du remboursement du prêt et de ses intérêts, le bien est rendu à son propriétaire.

En tous sens

Eglise et gastronomie

Durant le Moyen Age et la Renaissance, l'Eglise imposait des règles strictes aux chrétiens et les lois concernant le jeûne ne se discutaient pas. Il était ainsi interdit de consommer de la viande le vendredi et le samedi de chaque semaine, ainsi que pendant les 46 jours du Carême, les veilles de fête et à d'autres dates encore : au total, 150 jours par an devaient être maigres ! Même le beurre était proscrit pendant cette période. Ce n'est qu'à partir du XVIe siècle que l'Eglise consentit à faire preuve de souplesse à l'égard du beurre, qui représentait une ressource alimentaire non négligeable pour le peuple durant les disettes.

C'ÉTAIT HIER

Le quartier allemand

Strasbourg (Bas-Rhin)

A la suite de l'annexion de 1871, les Allemands choisirent Strasbourg comme capitale du Reichsland d'Alsace-Lorraine. Ils y élevèrent un quartier résidentiel, vitrine de leur savoir-faire architectural. Les immeubles néogothiques et Art nouveau côtoyaient les édifices néo-Renaissance et néoclassiques. La place de la République s'entoura de monuments prestigieux, parmi lesquels le palais d'été de l'empereur.

Jeudi 8 octobre

Sainte Pélagie

En octobre tonnerre, vendanges prospères.

08 h 00
19 h 16
Balance
2e décan

Automne

Patrimoine

Joseph Opinel dans les Alpes

Né en 1872 à Saint-Jean-de-Maurienne en Savoie, Joseph Opinel apprit l'art de forger le métal aux côtés de son père, taillandier de métier. A dix-huit ans, il abandonna la fabrication des outils pour se consacrer à celle des couteaux. Il souhaitait créer un couteau de poche de prise en main facile et inventa une scie spéciale permettant de creuser dans le manche une fente capable de loger la lame tout en la protégeant de bout en bout. Le fameux Opinel vit le jour. Joseph obtint la médaille d'or en 1911 à l'Exposition universelle de Turin. Dès lors, il exporta vers l'Allemagne, l'Italie et la Suisse. Le succès fut tel que l'usine fut transférée en 1916 près de Chambéry, à Cognin. Les couteaux Opinel s'y fabriquent toujours de nos jours. Joseph Opinel est mort en 1960.

En tous sens

L'endive du Nord

Découvert en Belgique au XIXe siècle, ce légume blanc et oblong de la famille des chicorées a traversé la frontière en 1879. Il ne s'est pourtant pas imposé tout de suite et ce n'est qu'à partir des années 1950 que la production du chicon, comme on l'appelle dans la région, s'est envolée dans le Nord. Aujourd'hui, plus de la moitié des endives françaises viennent du Nord et du Pas-de-Calais. Les meilleures sont commercialisées sous la marque "Perle du Nord".

Pour le plaisir

Devinette

Je peux donner des coups à tout le monde. Je suis souvent le bienvenu et il ne se passe pas un seul instant dans le monde sans que quelqu'un me voie. Qui suis-je?

Solution : le soleil.

A faire aujourd'hui

8 h ....
9 h ....
10 h ....
11 h ....
12 h ....
13 h ....
14 h ....
15 h ....
16 h ....
17 h ....
18 h ....
19 h ....
20 h ....
Notes ....

C'ÉTAIT HIER

La vie portuaire

Les Sables-d'Olonne (Vendée)

Au XVIIe siècle, Les Sables-d'Olonne étaient le premier port morutier de France. La pêche à la morue déclina peu à peu et céda la place autour de 1850 à la pêche au thon et à la sardine, qui permit l'essor des conserveries et assura la prospérité de la ville pendant plus d'un siècle. Les femmes participaient à cette économie : elles ramendaient les filets endommagés ou travaillaient dans les usines, où elles étêtaient, cuisaient et mettaient en boîte les poissons.

08 h 01
19 h 14
Balance
2e décan

Vendredi 9 octobre

Saint Denis

S'il pleut à la Saint-Denis,
la rivière sort neuf fois de son lit.

A faire aujourd'hui
8 h ....
9 h ....
10 h ....
11 h ....
12 h ....
13 h ....
14 h ....
15 h ....
16 h ....
17 h ....
18 h ....
19 h ....
20 h ....
Notes ....

La France en vert

Le festival des champignons d'automne à Saumur (Maine-et-Loire)

Durant tout le mois d'octobre, le musée du champignon de Saumur invite petits et grands à découvrir les champignons sauvages au travers d'une grande exposition. Des professionnels enseignent aux visiteurs la différence entre espèces toxiques et comestibles. Des dégustations de châtaignes grillées, de vin nouveau ou de sirop de noisette sont proposées et l'on peut repartir avec quelques champignons frais issus des champignonnières.

Au quotidien

Pour effacer les traces des verres

Pour effacer les traces rondes des verres posés à même le bois, imbibez un chiffon avec un mélange de vinaigre et d'eau à raison de 6 c. à soupe de vinaigre pour un demi-verre d'eau. Frottez énergiquement la tache avec le chiffon et tout devrait disparaître ! Vous pouvez ensuite cirer vos bois avec un mélange de vinaigre (un verre) et d'huile (2 c. à soupe). Vous n'avez plus qu'à laisser sécher et à frotter avec un chiffon.

En tous sens

La saucisse de Morteau, spécialité de Franche-Comté

Fabriquée depuis le XVIIIe siècle, la saucisse de Morteau est produite sur les plateaux et les montagnes du Jura, à 600 m d'altitude au moins. Elle est élaborée à partir de porcs comtois engraissés aux céréales et au petit-lait. La chair, mêlant épaule et gras, est salée puis embossée dans du boyau naturel. Son fumage dure au moins 48 heures. Il se fait à la sciure de résineux dans les tuyés, de grandes cheminées traditionnelles bardées de bois. A la fois douce et parfumée, la saucisse de Morteau se reconnaît à sa bague et à la cheville de bois qui la ferme d'un côté.

C'ÉTAIT HIER

Un sanctuaire au sommet

Puy-de-Dôme

Plusieurs campagnes de fouilles entreprises au sommet du puy de Dôme à la fin du XIXe siècle révélèrent les ruines d'un grand temple gallo-romain dédié à Mercure, dieu des Commerçants et des Voyageurs. Ce sanctuaire, l'un des plus importants de l'Empire romain d'Occident, attirait nombre de pèlerins, qui y accédaient via le chemin des muletiers, un sentier en lacets passant par le col de Ceyssat et jalonné de chapelles. Après les pèlerins, ce furent les touristes qui empruntèrent ce chemin.

Samedi 10 octobre

Saint Ghislain

Temps sec à la Saint-Ghislain
annonce un hiver d'eau plein.

08 h 03
19 h 12
Balance
2e décan

Automne

Les Années de pierre

Jean-Pierre Leclerc

Manifestement, Théodore traînait les pieds ce matin. Sa mauvaise nuit, cette journée d'école à venir, surtout, qu'il envisageait sans la moindre grâce, en étaient cause. Monsieur Echart ne manquerait pas de l'appeler une fois de plus à se planter sur l'estrade et lui ordonnerait de réciter la leçon de la veille. Les deux premières strophes du *Cor*, d'Alfred de Vigny, qu'il n'avait pas apprises. Théodore s'en doutait, le vieil homme lui tomberait sur le poil, devant les autres élèves, le saisirait par les cheveux, à hauteur des tempes, l'endroit le plus sensible, et l'enverrait finir la matinée le nez contre le mur du préau.

— Je ne te sens pas trop vaillant, ce matin ! remarqua Francette, le sachant plus mort que vif à l'idée de se rendre en classe. Tu ne réponds pas ? C'est donc si dur que ça ?

— Dis maman, bientôt je ne vais plus aller à l'école ?

— Malheureusement... J'aurais tant voulu que tu te rendes en ville étudier et que tu ne mettes pas les pieds au fond de la mine... Mais, soupira-t-elle, pour ça il faut de l'argent... Me voilà avec un souci de plus sur les bras. J'en ai pourtant bien assez avec ton père et ton frère.

— Quand est-ce que j'irai moi, à la mine ?

— Demain, peut-être.

— Alors, pas la peine que j'aille à l'école aujourd'hui !

— Par exemple ! écoutez-le, celui-là !

— Mais, si c'est mon dernier jour !

Francette se ravisa. « Son dernier jour d'enfance, songea-t-elle. Mon Dieu, ce petit, il est à peine tombé de mon ventre et le voilà sur le point de travailler comme un homme, sans que j'aie pu l'empêcher de grandir. Quand je pense à ce qui l'attend... Qu'il le prenne, son jour de vacances. »

— Ma foi, si tu veux rester là aujourd'hui...

Théodore se leva et se jeta au cou de Francette. Voici que sa mère l'aimait, puisqu'elle lui faisait don de ce jour de liberté : cadeau inestimable.

— Et où iras-tu traîner ?

Extrait du roman *Les Années de pierre* de Jean-Pierre Leclerc
paru aux Presses de la Cité dans la collection Terres de France

A faire aujourd'hui

Samedi
8 h ....
9 h ....
10 h ....
11 h ....
12 h ....
13 h ....
14 h ....
15 h ....
16 h ....
17 h ....
18 h ....
19 h ....
20 h ....

Dimanche
8 h ....
9 h ....
10 h ....
11 h ....
12 h ....
13 h ....
14 h ....
15 h ....
16 h ....
17 h ....
18 h ....
19 h ....
20 h ....

Notes

Saint Firmin

Dimanche 11 octobre

08 h 04
19 h 10
Balance
2e décan

08 h 06
19 h 08
Balance
2e décan

Lundi 12 octobre

Saint Wilfried

Saint-Wilfried ensoleillée,
deux jours plus tard emmitouflé.

A faire aujourd'hui
8 h ...
9 h ...
10 h ...
11 h ...
12 h ...
13 h ...
14 h ...
15 h ...
16 h ...
17 h ...
18 h ...
19 h ...
20 h ...
Notes ...

Pour le plaisir

Profitez des derniers rayons de soleil…

… pour aller vous balader en forêt. Ramassez des champignons et des châtaignes, ou faites une virée photographique pour capter les couleurs chatoyantes de l'automne.

Patrimoine

La bibliothèque municipale de Lyon

Cet établissement est né en 1565 lorsque des jésuites, en charge de la gestion du collège de la Trinité décidèrent de constituer le fonds d'une bibliothèque, qui allait devenir la plus importante en région au fil des siècles. Riche de près de 3,8 millions de documents, elle possède parmi ses collections des manuscrits datant de l'époque carolingienne, plus d'un millier d'incunables, des partitions musicales anciennes, plus de 120 000 estampes anciennes, un immense fonds en langue chinoise ainsi que plusieurs collections photographiques.

La France en vert

La grotte d'Azé (Saône-et-Loire)

Etendue sur 1 700 mètres, la grotte d'Azé s'est développée en trois étages successifs au cours des 200 millions d'années qu'elle a mis à s'édifier. Cette particularité est due à la rivière souterraine qui la traverse et qui a creusé les galeries. Mais l'intérêt principal de cette grotte réside dans l'exceptionnel ossuaire d'ours des cavernes qu'elle renferme. Il s'agit d'ailleurs du plus grand connu en Europe.

C'ÉTAIT HIER

Exposition coloniale

Marseille (Bouches-du-Rhône)

En 1906 se tint à Marseille la première exposition coloniale organisée en France. Les visiteurs y vinrent en masse (1,8 million de personnes !) pour admirer la cinquantaine de palais et de pavillons célébrant les diverses colonies : Madagascar, Cambodge ou encore Algérie. Parmi les animations se trouvaient également une exposition océanographique, un palais de l'automobile, des spectacles de danse et de musique.

Mardi 13 octobre

Saint Géraud

Pour Saint-Géraud, les châtaignes font le chaud.

08 h 07
19 h 06
Balance
3e décan

Patrimoine

Quiz – Fromages de France

1. Dans quelle région produit-on l'époisses ?
a. en Normandie
b. en Auvergne
c. en Bourgogne

2. Lequel de ces fromages n'est pas à pâte persillée ?
a. la fourme d'Ambert
b. le bleu de Gex
c. le brillat-savarin

3. Lequel de ces fromages ne provient pas de Normandie ?
a. le neufchâtel
b. le morbier
c. le livarot

Solution : 1 c, 2 c, 3 b.

Au quotidien

Le contrôle technique

Si vous possédez une voiture, un véhicule utilitaire ou un camping-car, vous êtes tenu de faire réaliser un contrôle technique dans les six mois qui précèdent le quatrième anniversaire du véhicule, puis tous les deux ans. Pour cela, vous devez vous rendre dans un centre de contrôle agréé par l'Etat. A l'issue du contrôle, si certaines réparations sont nécessaires, vous devrez vous présenter pour une contre-visite de vérification des travaux dans les deux mois suivant le premier contrôle. Attention ! Si le contrôle technique n'est pas effectué dans les temps, vous êtes passible d'une amende.

Pour le plaisir

Devinette

Comment s'appellent les habitants de Saint-Brieuc ?

Solution : les Briochins et les Briochines.

A faire aujourd'hui

8 h ....
9 h ....
10 h ....
11 h ....
12 h ....
13 h ....
14 h ....
15 h ....
16 h ....
17 h ....
18 h ....
19 h ....
20 h ....
Notes ....

C'ÉTAIT HIER

La chasse à courre

Sud-Ouest

Sport en Angleterre et tradition en France, la chasse à courre est née avec la domestication des chevaux. Principalement pratiquée par la noblesse française, elle connaît son essor avec le roi François Ier, qui en fait un art de vivre. Des hommes à pied et à cheval, accompagnés de chiens, composent l'équipage, ayant pour but de rabattre puis d'encercler un animal traqué. Différentes fanfares se succèdent au fil de la journée, signalant par des sons codifiés l'avancement de la traque.

Automne

08 h 09
19 h 04
Balance
3e décan

Mercredi 14 octobre

Saint Juste

Octobre en brumes, mois à rhumes.

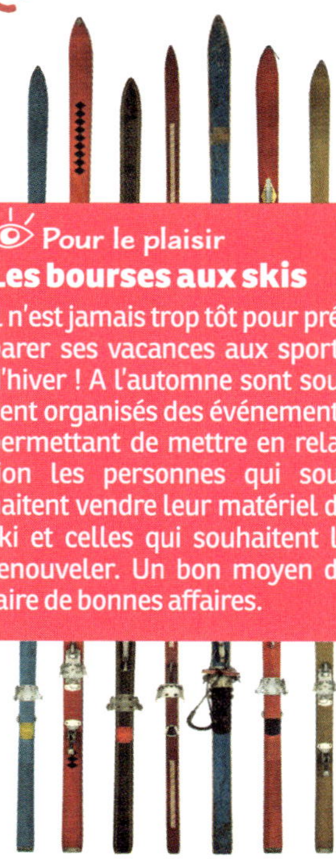

A faire aujourd'hui

8 h ...

9 h ...

10 h ...

11 h ...

12 h ...

13 h ...

14 h ...

15 h ...

16 h ...

17 h ...

18 h ...

19 h ...

20 h ...

Notes ...

La France en vert

Saint-Bertrand-de-Comminges

Situé dans la Haute-Garonne, ce village est construit sur un bloc rocheux avec en fond les montagnes toutes proches des Pyrénées. Ce n'est qu'au XIe siècle que le village prend son essor. Sous un toit unique, le vaisseau cathédral abrite trois églises d'époques et de styles différents : l'église romane du XIIe siècle, l'église gothique du XIVe siècle et l'église Renaissance. Le cloître s'ouvre au sud, trois galeries sur quatre sont romanes, celle du nord est gothique. Dans la ville haute, les maisons s'organisent tout autour du centre religieux. Les nobles demeures à colombages côtoient les humbles maisonnettes médiévales blotties derrière les remparts.

Pour le plaisir

Les bourses aux skis

Il n'est jamais trop tôt pour préparer ses vacances aux sports d'hiver ! A l'automne sont souvent organisés des événements permettant de mettre en relation les personnes qui souhaitent vendre leur matériel de ski et celles qui souhaitent le renouveler. Un bon moyen de faire de bonnes affaires.

En tous sens

Pierre Poivre et les épices

Contrairement à ce que l'on pourrait croire, cet aventurier français n'a pas donné son nom au célèbre condiment. Mais les épices ont pourtant tenu une grande place dans sa vie, puisque c'est lui qui importa (clandestinement) des plants de muscadier et de giroflier sur l'Isle de France (actuelle Île Maurice) pour le compte de la Compagnie des Indes. Son but ? Mettre fin au monopole instauré par les Hollandais sur le commerce des épices et développer la production française.

Au quotidien

Loin de moi cette odeur !

Pour supprimer les odeurs de poisson après la préparation d'un plat, coupez un citron en deux et frottez-en vos mains ainsi que le couteau et la planche à découper.

C'ÉTAIT HIER

Aux Batignolles

Paris (Ile-de-France)

Le hameau des Batignolles fut rattaché officiellement à Paris en 1860. Il s'agissait alors d'un quartier populaire mais qui connut une intense activité culturelle à la fin du siècle. Habitant du quartier, Manet y fonda le groupe des Batignolles : Sisley, Monet ou Renoir se retrouvaient ainsi autour du peintre dans les cafés. Mallarmé avait aussi pour habitude de recevoir chez lui, rue de Rome, des intellectuels. Zola ou encore Verlaine vécurent également aux Batignolles.

Jeudi 15 octobre

Sainte Thérèse d'Avila

La gelée de Sainte-Thérèse
met les vignerons mal à l'aise.

08 h 10
19 h 02
Balance
3e décan

Automne

La France en vert

Optez pour le lombricompostage

Si vous habitez en appartement, vous pouvez tout de même fabriquer votre propre compost grâce à un lombricomposteur, à placer sur votre balcon ou votre terrasse. De petits vers de terre s'y chargeront de transformer vos épluchures de légumes et de fruits, le marc de café, les coquilles d'œufs, etc., en fertilisant naturel pour vos plantes. Petit bonus, le lombricomposteur ne dégage aucune odeur !

Au quotidien

Un produit vaisselle écolo

Dans un flacon, mélangez 50 cl d'eau tiède avec 10 cl de vinaigre blanc, 1 c. à soupe de bicarbonate de soude, 10 cl de savon noir liquide et quelques gouttes d'huile essentielle de tea tree (pour ses qualités antibactériennes). Remuez énergiquement et fermez hermétiquement.

Patrimoine

Le passage Pommeraye à Nantes

En plein cœur de la ville de Nantes, ce passage est classé monument historique depuis 1976. Cette longue galerie commerciale, inaugurée en 1843, s'inscrit dans la lignée des grands passages commerciaux parisiens de la monarchie de Juillet. Resté quasiment intact au fil des ans, le passage a conservé tout son charme de la fin du XIXe siècle. Si aucune boutique d'origine n'a subsisté, les devantures ont été soigneusement conservées et le passage Pommeraye est toujours une galerie marchande très appréciée des Nantais et des touristes.

A faire aujourd'hui

8 h ....
....
9 h ....
....
10 h ....
....
11 h ....
....
12 h ....
....
13 h ....
....
14 h ....
....
15 h ....
....
16 h ....
....
17 h ....
....
18 h ....
....
19 h ....
....
20 h ....
....
Notes ....
....
....

C'ÉTAIT HIER

Tous sous le même toit

Limousin

Jusqu'à encore assez récemment, la vie à la ferme était bien souvent communautaire et trois ou quatre générations vivaient sur la même exploitation. Lors du mariage du fils aîné, la mariée venait habiter chez ses beaux-parents et se plaçait sous l'autorité de sa belle-mère. Dans les plus grandes fermes se retrouvaient également les vieilles filles et vieux garçons, les veufs ou les orphelins. A ceux-là venaient parfois s'ajouter les ouvriers agricoles.

Automne

08 h 12
19 h 00
Balance
3e décan

Vendredi 16 octobre

Sainte Edwige

Pluie de mi-octobre, semée fructueuse.

A faire aujourd'hui
8 h ....
....
9 h ....
....
10 h ....
....
11 h ....
....
12 h ....
....
13 h ....
....
14 h ....
....
15 h ....
....
16 h ....
....
17 h ....
....
18 h ....
....
19 h ....
....
20 h ....
....
Notes ....
....
....

La France en vert

Les travaux de la seconde quinzaine d'octobre

- Plantez les arbres fruitiers.
- Rabattez les tiges des framboisiers ayant fructifié.
- Arrachez les annuelles ayant fleuri.
- Déterrez les bulbes de dahlia et rentrez-les dans un local sombre, frais et sec.
- Rentrez les pélargoniums et les bégonias.
- Plantez les rosiers à racines nues et les conifères.

Pour le plaisir

Devinette

Comment s'appellent les habitants de Patay, dans le Loiret ?

Solution : les Patichons et les Patichonnes.

La France en vert

La foire de la châtaigne à Mourjou (Cantal)

Durant un week-end festif, le petit village de 350 âmes accueille une marée humaine de 20 000 personnes venues se délecter de châtaignes grillées – deux tonnes sont nécessaires pour l'événement ! – tout en sirotant du cidre doux dans une ambiance conviviale. Des dizaines d'exposants de divers pays du monde se rassemblent pour présenter leurs produits.

C'ÉTAIT HIER

Dans les jardins de Monet

Giverny (Eure)

Installé à Giverny à partir de 1883, Claude Monet y vécut plus de quarante ans dans une maison dotée d'un vaste jardin, que sa femme et lui se mirent en devoir d'aménager en y plantant une multitude de fleurs et en cultivant un potager. Par la suite, ils acquirent une autre parcelle sur laquelle ils réalisèrent un jardin d'eau, avec un pont japonais et un étang bientôt recouvert de nymphéas. Cet espace inspira grandement le peintre et fut à l'origine de la célèbre série des *Nymphéas*.

Samedi 17 octobre

Saint Baudouin

Octobre n'a jamais passé sans qu'il y ait cidre brassé.

08 h 13
18 h 58
Balance
3e décan

Automne

Le Chant des canuts
Louis Muron

Il était cinq heures du matin. Julien se leva difficilement. Il se couvrit d'une veste de laine, regarda par la fenêtre. La place de la Croix-Rousse était enveloppée d'une brume automnale un peu plus épaisse que d'ordinaire. Il discernait quelques passants. Il lui sembla distinguer des hommes en uniforme. « Tiens, ils craignent quoi, puisque tout est en ordre et signé ? » Tout en chargeant le poêle, il se mit à fredonner : « Lisette, ma douce, chante avec moi : vive la liberté… Il a fallu presque un siècle pour arriver à ce tarif. Dormez en paix, nos aïeux, vos fils sont debout. »

Tout à ses pensées, il lui fallut un instant pour constater la présence de Simon, qui venait d'entrer discrètement.

— Viens donc te réchauffer avec ce bol de bouillon que je nous prépare.

— Ça va me décaper la boyasse !

— Hier, je t'ai vu heureux, Simon.

— Mon petit Julien, ce qui s'est passé, je n'y croyais pas, depuis le temps !

— Dis voir, Simon, il m'a semblé apercevoir des uniformes sur la place. Ai-je la berlue ?

— Non, j'ai parlé avec l'un d'eux avant de monter. Il m'a répondu qu'ils avaient reçu l'ordre de patrouiller toute la journée dans le quartier.

— Que craignent-ils ? Maintenant, tout va rentrer dans l'ordre !

— Sur le tard, hier au soir, il y a eu une rumeur qui est remontée jusque sur le plateau. A ce qu'il paraît, les négociants refuseraient l'application du tarif et adresseraient une pétition au gouvernement demandant la destitution du préfet Bouvier-Dumolart.

— Eh bien, je comprends pourquoi il y a des forces de police dans nos rues. Simon, il va falloir faire attention car il peut y avoir des provocations. Soyons sur nos gardes. En attendant, au travail !

Extrait du roman *Le Chant des canuts* de Louis Muron
paru aux Presses de la Cité dans la collection Trésors de France

A faire aujourd'hui

Samedi
8 h ....
9 h ....
10 h ....
11 h ....
12 h ....
13 h ....
14 h ....
15 h ....
16 h ....
17 h ....
18 h ....
19 h ....
20 h ....

Dimanche
8 h ....
9 h ....
10 h ....
11 h ....
12 h ....
13 h ....
14 h ....
15 h ....
16 h ....
17 h ....
18 h ....
19 h ....
20 h ....

Notes

Saint Luc

Dimanche 18 octobre

08 h 15
18 h 56
Balance
3e décan

08 h 16
18 h 54
Balance
3e décan

Lundi 19 octobre

Saint René

A la Saint-René, couvre ton nez.

A faire aujourd'hui

8 h ....

....

9 h ....

....

10 h ....

....

11 h ....

....

12 h ....

....

13 h ....

....

14 h ....

....

15 h ....

....

16 h ....

....

17 h ....

....

18 h ....

....

19 h ....

....

20 h ....

....

Notes ....

....

....

En tous sens

Pourquoi les enfants préfèrent-ils les aliments sucrés ?

Les petits sont particulièrement sensibles aux saveurs fortes et apprécient rarement les aliments acides ou amers, qui provoquent chez eux des grimaces significatives. La raison en serait un réflexe atavique, qui a permis aux humains depuis la nuit des temps de ne pas consommer de poisons quand ils se nourrissaient des plantes trouvées dans la nature.

La France en vert

Belcastel (Aveyron)

Ce petit village autrefois situé sur les routes du Sel et de Saint-Jacques-de-Compostelle se dresse au cœur d'une nature préservée. Il étage ses maisons à galeries de bois aux murs de schiste et aux toits de lauzes et ses vieilles rues pavées au pied d'un château fort construit au XIe siècle et superbement rénové en 1970 par l'architecte Fernand Pouillon. Sa fontaine, son ancien four à pain et son pont médiéval font partie des jolis éléments que l'on découvre au gré de la promenade.

Au quotidien

Favoriser le sommeil

Avant toute chose, choisissez un matelas de bonne qualité, ni trop dur, ni trop mou, et bannissez téléviseur, ordinateur et smartphone de votre chambre. Dînez léger, au moins deux heures avant d'aller au lit, et essayez de vous coucher tous les soirs à la même heure. Avant d'éteindre la lumière, écoutez une musique douce ou lisez un livre, de façon à vous laisser gagner par un rythme calme propice à l'endormissement.

C'ÉTAIT HIER

Vie insulaire

Ile aux Moines (Morbihan)

Si l'île aux Moines a des airs de paradis avec ses petites maisons de pêcheurs, son bois de pins baptisé bois d'Amour et ses sentiers côtiers, cela ne doit pas faire oublier que la vie sur place n'y était pas toujours facile. Lorsque la tempête faisait rage, l'île se retrouvait coupée de tout ravitaillement, les bateaux ne pouvant plus accoster. Il fallait donc compter sur la solidarité et l'entraide pour subsister en attendant le retour de conditions plus favorables.

Mardi 20 octobre

Sainte Adeline

En octobre, il faut que l'homme vite s'habille quand le mûrier se déshabille.

08 h 18
18 h 52
Balance
3e décan

En tous sens

Le biscuit rose de Reims

Si les origines exactes de cette pâtisserie délicate prêtent à débat, une chose est sûre, c'est une descendante directe du biscuit à la cuillère, imaginé par les pâtissiers de Catherine de Médicis, et du boudoir. A l'instar de ce dernier, le reims rose, comme on l'appelle couramment, est réalisé sans matières grasses. Seuls des œufs, du sucre et de la farine en proportions égales entrent dans sa composition, avec une pointe de vanille. La couleur rose est quant à elle obtenue avec un colorant naturel, le carmin.

Pour le plaisir

Enigme

Jacques met Paul au défi de toucher son pied droit avec la main droite, en ne se penchant que du côté droit, tout en gardant les pieds écartés à la largeur des épaules sans les décoller du sol. Paul y parvient sans problème. Comment a-t-il fait ?

Solution : Paul a simplement plié les jambes.

Au quotidien

Shampooing doux maison

Ce shampooing peut s'appliquer à tous les types de cheveux. Il donne des cheveux doux, brillants et vigoureux.

- Dans un bol, versez 1 c. à soupe d'huile d'olive, 1 jaune d'œuf, le jus d'un citron, 2 c. à soupe de savon râpé, 1 c. à soupe d'huile d'amande douce.
- Mélangez tous ces ingrédients. Appliquez le shampooing, massez bien, et laissez reposer 5 minutes. Rincez. Notez qu'à cause de la présence de l'œuf, ce shampooing ne se conserve pas. Vous pouvez toutefois mélanger tous les autres ingrédients et ajouter l'œuf au dernier moment.

A faire aujourd'hui

8 h ....

9 h ....

10 h ....

11 h ....

12 h ....

13 h ....

14 h ....

15 h ....

16 h ....

17 h ....

18 h ....

19 h ....

20 h ....

Notes ....

C'ÉTAIT HIER

Les pannasseurs

Auvergne

Les pannasseurs fabriquaient autrefois les paniers en osier. Nombreux en Auvergne, ces artisans confectionnaient en famille les objets tressés, au sein même de leur habitation. L'osier était récolté, séché puis assemblé par les différents membres de la maison qui vendaient ensuite les paniers au marché ou sur les routes. Les branches de châtaignier ou de jonc pouvaient venir remplacer l'osier selon les saisons ou la région. Cette pratique et ce métier ont aujourd'hui presque disparu.

Automne

08 h 20
18 h 50
Balance
3e décan

Mercredi 21 octobre

Sainte Céline

S'il neige en octobre, l'hiver sera sobre.

A faire aujourd'hui

8 h ....
....
9 h ....
....
10 h ....
....
11 h ....
....
12 h ....
....
13 h ....
....
14 h ....
....
15 h ....
....
16 h ....
....
17 h ....
....
18 h ....
....
19 h ....
....
20 h ....
....
Notes ....
....
....

Patrimoine

La faïence à Gien (Loiret)

Fondée en 1821 à l'initiative d'un industriel anglais du nom de Thomas Hall, la faïencerie de Gien se fit un nom grâce à sa spécialisation dans les services de table aux armes des grandes familles aristocratiques d'Europe ainsi que les lampes à pétrole et à huile. Parmi les motifs les plus réputés, les décors italianisants, les pièces réalisées en camaïeu de bleu et blanc ou les barbotines sont particulièrement recherchés et appréciés.

Au quotidien

Un gommage anti points noirs

Mélangez 50 g de yaourt brassé nature avec 2 c. à soupe de sucre en poudre, 1 c. à café de miel liquide et 1 c. à café de jus de citron. Mélangez, puis appliquez la préparation sur le visage et le cou en effectuant des mouvements circulaires. Continuez de masser jusqu'à ce que le sucre se dissolve, puis rincez abondamment à l'eau tiède.

Pour le plaisir

Devinette

Léo a 12 ans et sa sœur Léa a la moitié de son âge. Lorsque Léo sera 5 fois plus âgé, quel âge aura Léa ?

Solution : 54 ans, car Léa a 6 ans de moins que Léo (la moitié de 12 est 6).

C'ÉTAIT HIER

Le Pont Saint-Bénézet

Avignon (Vaucluse)

Construit au XIIe siècle, ce pont, qui établissait la frontière entre l'Etat pontifical et la France, fut longtemps le seul pont sur le Rhône entre Lyon et la Méditerranée. Plus connu sous le nom de « pont d'Avignon », il tient surtout sa notoriété de la chanson du XVe siècle qui le célèbre. Il rejoignait l'île de la Barthelasse, réputée pour ses guinguettes où l'on dansait « sous » le pont... transformé en « sur le pont » ! Vingt-deux arches le composaient à l'origine, mais celles-ci ont disparu entre 1479 et 1669.

Jeudi 22 octobre

Sainte Elodie

Gelée d'octobre rend le vigneron sobre.

08 h 21
18 h 48
Balance
3e décan

La France en vert

La fête du piment à Espelette

Jouissant d'une grande popularité au Pays basque, la fête du piment réunit chaque année des milliers de personnes venues assister au défilé des confréries, aux concerts des bandas, aux démonstrations de jeux de force ou de pelote, ou encore à la messe en langue basque avec bénédiction des piments. Les producteurs sont aussi de la fête et viennent faire découvrir leurs piments, frais, séchés, en grappe ou en poudre, et les produits à base de l'ingrédient star de la ville.

Patrimoine

La lunetterie à Morez (Jura)

Depuis le XVIe siècle, Morez était spécialisé dans le travail du fer. La lunetterie n'y prit ses quartiers qu'en 1796, sous l'impulsion d'un cloutier, qui réalisa une monture en fil… de fer. A sa suite, d'autres industriels se lancèrent dans l'aventure et connurent au cours du XIXe siècle un grand succès, notamment avec des montures très légères, surnommées lunettes-fils ou lunettes-cheveux. De 3 000 pièces dans les années 1820, la production morézienne passa à 11 millions en 1882 et offrit du travail à toute la région. Aujourd'hui encore, la moitié des montures métalliques fabriquées en France vient de ce petit coin du Jura.

Au quotidien

Enlever la rouille des outils

Pulvérisez du vinaigre blanc sur la partie rouillée de l'outil et frottez avec du papier journal jusqu'à ce que les traces disparaissent. Une fois l'outil parfaitement nettoyé, imbibez une serviette d'huile de tournesol et frottez l'outil avec : cela créera une couche protectrice qui empêchera la rouille de se former de nouveau.

A faire aujourd'hui

8 h ……
……
9 h ……
……
10 h ……
……
11 h ……
……
12 h ……
……
13 h ……
……
14 h ……
……
15 h ……
……
16 h ……
……
17 h ……
……
18 h ……
……
19 h ……
……
20 h ……
……
Notes ……
……
……

C'ÉTAIT HIER

La pinède Gould

Juan-les-Pins (Alpes-Maritimes)

La station balnéaire de Juan-les-Pins fut créée à la fin du XIXe siècle sur le site d'une vaste pinède. Son essor se fit lentement, si bien que vers 1910 les lotissements empiétaient à peine sur la forêt. Tout changea avec le richissime Américain Frank Jay Gould, qui lança la station autour de 1920 en faisant élever un casino et un somptueux palace. La pinède fut aménagée en jardins et baptisée du nom de Gould. Dans l'entre-deux-guerres, les touristes américains firent de Juan-les-Pins le temple du jazz.

Automne

08 h 23
18 h 47
Balance
3e décan

Vendredi 23 octobre

Saint Jean de Capistran

A la Saint-Jean d'automne,
repiquez avant soleil levé.

A faire aujourd'hui

8 h ....

9 h ....

10 h ....

11 h ....

12 h ....

13 h ....

14 h ....

15 h ....

16 h ....

17 h ....

18 h ....

19 h ....

20 h ....

Notes ....

Pour le plaisir

Scorpion (24 octobre-22 novembre)

Quelques inquiétudes viendront assombrir votre ciel en début d'année, et vous serez amené à faire certains choix difficiles. Mais vous saurez prendre les choses en main pour aller de l'avant et faire de cette passe délicate un atout pour votre avenir. Votre vie professionnelle connaîtra un nouvel élan et vos relations avec les autres en seront renforcées.

En tous sens

Le chocolat à la cour

Introduit en Europe par les *conquistadores* espagnols au début du XVIe siècle, le cacao fit son entrée en France avec le mariage de Louis XIII et Anne d'Autriche, fille du roi Philippe III d'Espagne. Le Roi-Soleil en fit un mets courant à Versailles, mais Louis XV en raffolait encore plus, au point qu'il lui arrivait de se préparer sa boisson au chocolat dans ses appartements. Au XVIIIe siècle, Marie-Antoinette possédait son propre chocolatier, qui associa le cacao à l'amande, à la fleur d'oranger ou à la fève, pour le plaisir de la souveraine, qui vantait, paraît-il, les vertus aphrodisiaques du chocolat.

Patrimoine

Remèdes miraculeux en Lorraine

Les Lorrains ont longtemps cru aux sources miraculeuses. Lorsqu'un enfant souffrait, sa mère allait jeter sa chemise dans une source magique : si le vêtement flottait, l'enfant était condamné, mais, si le tissu coulait, il guérirait vite. L'eau de ces sources était également réputée soigner la fièvre, les otites et les maux de tête. A Pâques, on mangeait dans certaines localités des œufs pondus le vendredi saint pour se prémunir, un an durant, contre la fièvre. Pour faire disparaître les verrues, dans la région de Verdun, on jetait des pois dans un puits. Dans le nord de la Meuse, les habitants envoyaient chez leur ennemi les rats qui les gênaient chez eux en récitant simplement le jour de la Saint-Nicaise une oraison spéciale...

C'ÉTAIT HIER

L'habitat berrichon

Berry

Pays au patrimoine architectural et à l'identité forts, le Berry présente trois types d'édifices bâtis d'après des techniques similaires. Modeste, la maison du journalier, faite de torchis, est constituée d'une pièce unique à la cheminée centrale. La locature, une fermette plus élaborée, se compose de différents espaces et est réalisée en terre crue, ou pisé. Quant à la plus bourgeoise, le domaine, cette habitation plus imposante utilise pour sa construction la bauje, un mortier de terre grasse et de paille.

Samedi 24 octobre

Saint Florentin

Souvent à la Saint-Florentin, la mouche voit sa fin.

08 h 24
18 h 45
Scorpion
1er décan

Eux autres, de Goarem-Treuz

Hervé Jaouen

Je m'assois sur un banc face à un massif d'érigéron et je me rappelle celui qui poussait sur le mur près des serres et mon cœur se met à battre plus fort et j'attends le moment, qui ne manque jamais d'arriver, où un long frisson parcourt mon corps comme un courant électrique. Prise de vertige au bord du gouffre du temps, je me laisse tomber dans le tourbillon du passé.

Je revois et j'entends tous ceux qui sont partis et quand je retrouve mes esprits Gwaz-Ru est assis à côté de moi comme il était assis sur son banc à Goarem-Treuz, le menton sur ses deux mains tenant le bâton de spern-du qui lui servait de canne, et je lui dis comme je lui disais à Goarem-Treuz, tu as passé ta journée à regarder la lumière du jour voyager de gauche à droite sur le potager, il faut bouger maintenant, Tad, et il me répond comme il me répondait en ce temps-là oh celui-là est sûr de se relever demain matin, tout le monde ne peut pas en dire autant.

Il parlait du soleil couchant, il parle du soleil qui se couche sur la ville, si bien qu'il me faut lui dire comme je lui disais à Goarem-Treuz, Tad, c'est l'heure du dîner, alors il se lève en soupirant et bras dessus bras dessous, clopin-clopant, on rentre à la maison tandis qu'une ombre derrière nous referme pour la nuit le portail en bois noir du jardin de mes souvenirs.

Extrait du roman *Eux autres, de Goarem-Treuz* d'Hervé Jaouen paru aux Presses de la Cité dans la collection Terres de France

A faire aujourd'hui

Samedi

8 h ....
9 h ....
10 h ....
11 h ....
12 h ....
13 h ....
14 h ....
15 h ....
16 h ....
17 h ....
18 h ....
19 h ....
20 h ....

Dimanche

8 h ....
9 h ....
10 h ....
11 h ....
12 h ....
13 h ....
14 h ....
15 h ....
16 h ....
17 h ....
18 h ....
19 h ....
20 h ....

Notes

Saint Crépin

Dimanche 25 octobre

07 h 26
17 h 43
Scorpion
1er décan
Heure d'hiver

Automne

☀ 07 h 27
17 h 41
Scorpion
1er décan

Lundi 26 octobre

Saint Dimitri

Quand les oignons ont trois pelures, attention à la froidure.

A faire aujourd'hui

8 h ……………………………………

9 h ……………………………………

10 h ……………………………………

11 h ……………………………………

12 h ……………………………………

13 h ……………………………………

14 h ……………………………………

15 h ……………………………………

16 h ……………………………………

17 h ……………………………………

18 h ……………………………………

19 h ……………………………………

20 h ……………………………………

Notes ……………………………………

En tous sens

La tarte Tatin

Elle est née à Lamotte-Beuvron, en Sologne, à la fin du XIXe siècle. Jean Tatin possédait alors un hôtel dans la ville. Ses deux filles reprirent l'affaire à sa mort en 1888. La cadette, Caroline, recevait la clientèle avec une amabilité telle que les pensionnaires l'avaient baptisée "la petite princesse de Sologne". L'aînée, Stéphanie, s'activait derrière les fourneaux. C'était un fin cordon-bleu, mais elle commettait souvent des étourderies. Un midi, elle enfourna sa tarte aux pommes à l'envers, les pommes sous la pâte... Elle la servit quand même aux clients, qui se régalèrent !

Pour le plaisir

Faire don de ses RTT

L'initiative est partie d'une entreprise, où les salariés ont décidé d'offrir leurs RTT à un collègue dont le fils était gravement malade afin qu'il puisse passer du temps avec lui. L'entreprise avait validé la procédure et d'autres groupes avaient par la suite repris l'idée sans qu'une quelconque loi encadre cette pratique. Depuis, une législation a été mise en place en ce sens.

La France en vert

Le cirque de Saint-Même (Savoie et Isère)

Au cœur du massif de la Chartreuse, un amphithéâtre de hautes falaises calcaires se dresse au-dessus d'un écrin de verdure fait de sous-bois et de zones herbeuses. De petits sentiers s'enfoncent dans le cirque et donnent accès aux immenses parois rocheuses d'ou se jettent de somptueuses cascades.

C'ÉTAIT HIER

La haute ville

Bonifacio (Corse-du-Sud)

A flanc de falaise, surplombant la Méditerranée et ceinturée de fortifications, cette ville-citadelle est un site remarquable. Elle tient son nom de Boniface II, marquis de Toscane, qui la fonda au IXe siècle. Son accès se fait depuis le port par le pont-levis de la porte de Gênes datant de 1588. Le centre a conservé de nombreuses traces de son histoire, avec d'anciens aqueducs, des ruelles étroites, de belles églises et des rangées de hautes maisons blanches.

Mardi 27 octobre

Sainte Emeline

— A la Sainte-Emeline, journée de bruine. —

07 h 29
17 h 39
Scorpion
1er décan

Patrimoine

Quiz – L'Alsace

1. En quelle année l'Alsace fut-elle rattachée à l'Allemagne et ce jusqu'en 1919 ?
a. 1865
b. 1871
c. 1886

2. Lequel de ces châteaux ne se trouve pas en Alsace ?
a. le château du Haut-Koenigsbourg
b. le château du Hohlandsbourg
c. le château de Haroué

3. Quel nom donne-t-on à la partie la plus ancienne du centre historique de Strasbourg ?
a. le Cœur d'Alsace
b. la Petite France
c. la cité des Rohan

Solution : 1 b, 2 c, 3 b.

Pour le plaisir

Enigme

Quelle lettre vient logiquement à la suite de celles-ci : L – M – M – J – V – S ?

Solution : D, car chaque lettre correspond à un jour de la semaine (L = lundi ; M = Mardi ; M = mercredi, etc.).

Au quotidien

Un parquet au top

Si vous posez un parquet flottant, c'est-à-dire posé à même le sol et non sur des lambourdes, il n'est pas impossible qu'il commence à gondoler au bout de quelques mois. Cette déformation est causée par la présence d'humidité qui dilate le bois et parvient à le déformer. Pour réduire considérablement les risques, pensez à placer un film de Polyane sur le sol avant de poser votre parquet. Vous garantirez ainsi le maintien de votre plancher flottant tout en l'isolant des remontées d'humidité.

A faire aujourd'hui

8 h ....
9 h ....
10 h ....
11 h ....
12 h ....
13 h ....
14 h ....
15 h ....
16 h ....
17 h ....
18 h ....
19 h ....
20 h ....
Notes ....

C'ÉTAIT HIER

Les chantiers et les ateliers de l'Atlantique

Saint-Nazaire (Loire-Atlantique)

Situé sur l'estuaire de la Loire, le chantier naval de Saint-Nazaire naît au milieu du XIXe siècle grâce au développement de l'industrialisation et à la création du premier bassin à flot. Inspirée du savoir-faire britannique, la fabrication se développe et les commandes se multiplient, comme avec le *Normandie* en 1932. Rebaptisés « Chantiers de l'Atlantique » en 1955, ils deviennent le fleuron de la construction navale en France.

Automne

07 h 30
17 h 38
Scorpion
1er décan

Mercredi 28 octobre

Saints Simon et Jude

Quand Simon et Jude sont arrivés,
souvent ils portent la neige à leurs souliers.

A faire aujourd'hui

8 h ....

9 h ....

10 h ....

11 h ....

12 h ....

13 h ....

14 h ....

15 h ....

16 h ....

17 h ....

18 h ....

19 h ....

20 h ....

Notes ....

Patrimoine

Le Conservatoire national des arts et métiers (Paris)

Fondé en 1794 par l'abbé Henri Grégoire, le CNAM avait à l'origine pour vocation de développer de nouvelles techniques pour l'industrie. En 1819, il fut également chargé par l'Etat de dispenser une formation en sciences de l'ingénieur. Celle-ci était volontairement pluridisciplinaire, dans la lignée du siècle des Lumières. Aujourd'hui, le CNAM est plus spécifiquement axé sur la formation tout au long de la vie, la recherche et la diffusion de la culture scientifique et technique. Il dispose de 29 centres régionaux et de 150 centres d'enseignement en France pour répondre à cette mission.

Au quotidien

Pâte décapante

Pour décaper un meuble ancien avec un produit moins agressif que ceux vendus dans le commerce, quelques ingrédients de base suffisent. Réalisez une colle en faisant bouillir 200 grammes de farine dans 1 litre d'eau. Délayez ensuite 200 grammes de poudre à récurer, toujours dans 1 litre d'eau. Mélangez les deux pâtes, vous obtenez alors un gel. Appliquez ce gel sur l'ensemble du meuble, et laissez agir quelques heures : la peinture viendra avec lorsque vous le retirerez.

En tous sens

Un cocktail détonant pour Halloween

Versez 12 cl de jus de carotte, 5 cl de jus d'orange et 2 g de gingembre frais râpé dans un shaker avec 3 glaçons et frappez. Versez dans un verre, décorez d'un grain de raisin ou d'une cerise au sirop et servez aussitôt.

C'ÉTAIT HIER

Au fil de l'eau

Vichy (Allier)

A la fin du XIXe et au début du XXe siècle, les bourgeois des villes avaient pour habitude d'aller passer le dimanche à la campagne ; en région parisienne, on se rendait dans les guinguettes des bords de Marne et à Vichy, sur les rives de l'Allier. Des canotiers proposaient leurs services pour emmener les visiteurs faire une balade sur de longues barques mues à la rame, avant de les déposer devant les bars installés sur les berges pour assurer le bon plaisir de cette clientèle aisée.

65 VICHY. — *La flotte de l'Allier devant Port-Arthur.* — LL.

Jeudi 29 octobre

Saint Narcisse

Neige le jour de Saint-Narcisse
pour le blé est un bénéfice.

07 h 32
17 h 36
Scorpion
1er décan

Automne

En tous sens

Un accueil glacial pour la baguette

Lorsqu'elle fut lancée, la baguette fut fraîchement reçue par certains, qui ne voyaient en elle qu'un "pain de fantaisie". Pour Jean Giono, il s'agissait d'une "infâme colle de pâte qui ne tient pas à l'estomac". Le critique gastronomique Grimod de La Reynière n'était guère plus tendre et la qualifiait de "friandise pour midinette". Tous ces détracteurs n'ont pas empêché le pain emblématique de la France de connaître le succès que l'on sait !

Pour le plaisir

Devinette

Je connais quelqu'un qui toujours m'est proche, et qui pourtant dans le noir disparaît. Une force invisible la contraint à me suivre mais, bien qu'elle me touche, je ne peux la sentir. Qui est-elle ?

Solution : mon ombre.

Patrimoine

Quiz – Grandes dates de l'histoire de France

1. En quelle année a commencé la guerre de Cent Ans ?
a. 1264
b. 1337
c. 1422

2. Quel texte a été signé le 13 avril 1598 ?
a. l'ordonnance de Villers-Cotterêts
b. l'édit de Fontainebleau
c. l'édit de Nantes

3. Quel événement a marqué le 2 décembre 1804 ?
a. le coup d'Etat de Napoléon Bonaparte
b. le sacre de Napoléon Ier
c. la bataille de Trafalgar

Solution : 1 b, 2 c, 3 b.

A faire aujourd'hui

8 h ....
9 h ....
10 h ....
11 h ....
12 h ....
13 h ....
14 h ....
15 h ....
16 h ....
17 h ....
18 h ....
19 h ....
20 h ....
Notes ....

La France en vert

Débouchez votre lavabo comme il faut !

Evitez d'y verser des produits chimiques : utilisez une ventouse, versez du vinaigre bouillant ou dévissez le siphon pour nettoyer les impuretés. Les produits de débouchage sont à la fois toxiques et agressifs. Ils altèrent les canalisations et les stations d'épuration.

C'ÉTAIT HIER

Ça va faire du bruit dans Landerneau !

Landerneau (Finistère)

Cette expression, se rapportant à une nouvelle susceptible de susciter de nombreux commentaires, proviendrait de la comédie d'Alexandre Duval *Les Héritiers*, créée en 1796. Un homme donné pour mort revient à Landerneau, alors que sa famille se dispute déjà l'héritage. Un valet apprenant son retour s'écrie : « Cela fera du bruit dans Landerneau ! »

Automne

07 h 34
17 h 34
Scorpion
1er décan

Vendredi 30 octobre

Saint Bienvenue

Quand octobre prend sa fin, dans la cuve est le raisin.

A faire aujourd'hui

8 h ……………………………………
9 h ……………………………………
10 h ……………………………………
11 h ……………………………………
12 h ……………………………………
13 h ……………………………………
14 h ……………………………………
15 h ……………………………………
16 h ……………………………………
17 h ……………………………………
18 h ……………………………………
19 h ……………………………………
20 h ……………………………………
Notes ……………………………………

La France en vert

Gourdon (Alpes-Maritimes)

Dominant les gorges du Loup et la Méditerranée, Gourdon se dresse au sommet d'une gigantesque falaise. Les maisons anciennes joliment rénovées se blottissent derrière une imposante citadelle dont les jardins furent dessinés par Le Nôtre. Le village est particulièrement animé grâce à la présence de nombreux artisans, qui proposent objets de bois sculpté, savons parfumés ou verrerie.

Pour le plaisir

Devinette

Comment s'appellent les habitants de Saint-Quay-Perros en Bretagne ?

Solution : les Kénanais.

Au quotidien

Un gâteau qui ne colle pas au plat

Avant de verser votre préparation dans le moule, frottez-en le fond et les bords avec du beurre et saupoudrez de farine. Secouez légèrement de façon que les parois soient recouvertes uniformément de farine. Une fois cuit, le gâteau se démoulera sans problème.

Patrimoine

François Mauriac et le Bordelais

Né à Bordeaux en 1885 dans une grande famille bourgeoise, François Mauriac quitta la ville pour faire ses études à Paris mais n'en resta pas moins attaché à la région de son enfance. Il retournait d'ailleurs chaque année dans la résidence familiale de Malagar au sud de Bordeaux. C'est de ce lieu qu'il s'inspira pour planter le décor de l'une de ses œuvres phares : *Le Nœud de vipères*.

C'ÉTAIT HIER

Le rémouleur

Paris (Ile-de-France)

Le rémouleur était un artisan qui aiguisait et affûtait les ustensiles tranchants à l'aide d'une meule actionnée au pied. Il se déplaçait avec une charrette de quartier en quartier ou d'un village à l'autre, s'arrêtant à chaque coin de rue et annonçant sa présence. Aujourd'hui pratiquement disparu, ce métier était encore très courant au milieu du XXe siècle. L'invention de la lame en inox, robuste et demandant moins d'entretien, marqua en partie la fin de ce métier.

Samedi 31 octobre

Saint Quentin

A la Saint-Quentin, la chaleur a sa fin.

07 h 35
17 h 32
Scorpion
1er décan

Automne

La Vierge-Folle

Frédérique Volot

– J'en vois qu'une comme tu dis, mon minet. La Vierge-Folle ! Une piquée de la tourte, ficelée comme une sainte !

— La quoi ? s'écria Achille.

— La Vierge-Folle ! répéta la chanteuse, excitée. Ça peut être qu'elle ! Une rousse flamboyante avec des yeux comme des pierres précieuses, des vertes… comment qu'ça s'appelle donc ?

— Des émeraudes… précisa Achille.

— C'est bien vrai ! reprit Baise-la-Mort. Une belle rousse avec des yeux comme des émeraudes, ça s'oublie pas !

— Mais dis donc, si c'est bien celle-là, ça remonte pas à hier !

— P't'être bien. T'sais, moi, y a une paille que j'mets p'us l'tasseau sur un calendrier !

— J'te crois, mon minet. Tout ce que je peux te dire, c'est que la Vierge-Folle, on l'a pas vue depuis longtemps dans le coin.

— Pourquoi un nom pareil ? questionna Achille.

— A cause de sa robe blanche. La première fois qu'elle est venue ici, elle a fait une drôle d'impression à tout le monde. Elle portait une robe de mariée. Oh, attention, pas neuve la robe ! Usée jusqu'à la trame, trouée et qui pendouillait de tous les côtés. Mais bon, tu vois pas ça tous les jours. Et p'is, elle avait sa grande tignasse rousse qui lui encadrait le visage, un visage blanc comme le lait. On aurait dit une apparition. La Vierge, quoi ! Elle a dû être belle avant d'être abîmée.

— Comment ça, abîmée ? s'inquiéta Achille.

— Ben oui, on voyait bien qu'elle buvait pas que de l'eau ! Et vu comme elle était maigre, elle devait pas chier de grosses crottes, moi j'vous le dis ! Elle toussait méchant aussi.

— Et pourquoi folle ?

— Parce qu'elle avait l'air d'une chatte apeurée, toujours sur le qui-vive. Y avait quelque chose d'irréel chez cette fille. Comme si elle venait d'un autre monde. On comprenait rien à ce qu'elle disait. Elle parlait aux ombres !

Extrait du roman *La Vierge-Folle* de Frédérique Volot
paru aux Presses de la Cité dans la collection Terres de France

A faire aujourd'hui

Samedi

8 h ....
9 h ....
10 h ....
11 h ....
12 h ....
13 h ....
14 h ....
15 h ....
16 h ....
17 h ....
18 h ....
19 h ....
20 h ....

Dimanche

8 h ....
9 h ....
10 h ....
11 h ....
12 h ....
13 h ....
14 h ....
15 h ....
16 h ....
17 h ....
18 h ....
19 h ....
20 h ....

Notes

Toussaint

Dimanche 1er novembre

07 h 37
17 h 31
Scorpion
1er décan

Automne

07 h 38
17 h 29
Scorpion
1er décan

Lundi 2 novembre

Défunts

**La neige le jour des trépassés
annonce un printemps ensoleillé.**

A faire aujourd'hui

8 h

9 h

10 h

11 h

12 h

13 h

14 h

15 h

16 h

17 h

18 h

19 h

20 h

Notes

La France en vert

Lumio (Haute-Corse)

Planté au sommet d'un promontoire rocheux, Lumio offre un belvédère spectaculaire sur le golfe de Calvi en contrebas. Cerné de forêts d'oliviers, le village se laisse découvrir au gré de rues sinueuses et pentues, flanquées d'habitations de granit rose d'une grande simplicité, qui font ressortir tout le faste baroque de son église agrémentée d'un campanile à l'italienne. A la sortie du village, on peut pousser la balade jusqu'au village en ruine d'Occi, qui offre également un superbe point de vue sur la baie de Calvi et la pointe de Spano.

Patrimoine

Quiz – Les saints patrons

1. Qui est la sainte patronne de l'Alsace ?
a. sainte Cécile
b. sainte Anne
c. sainte Odile

2. Lequel de ces saints n'est pas considéré comme l'un des Sept-Saints fondateurs de la Bretagne ?
a. saint Corentin
b. saint Yves
c. saint Pol Aurélien

3. Qui est le saint patron de Toulouse ?
a. saint Saturnin
b. saint Julien
c. saint Sébastien

Solution : 1 c, 2 b, 3 a (connu aussi sous le nom de saint Sernin).

Pour le plaisir

Devinette

Quel personnage célèbre a pour anagramme "Rien n'est établi" ?

Solution : Albert Einstein.

C'ÉTAIT HIER

Sur le cours Masséna

Antibes (Alpes-Maritimes)

Le cours doit son nom au maréchal de Napoléon Ier Masséna, qui épousa une Antiboise et vécut au 21 de ce qu'on appelait à l'époque la place Vieille. Le cours fut longtemps bordé de micocouliers, plantés pour donner de l'ombre aux paysans qui venaient y vendre leurs produits. Ils furent par la suite arrachés et on édifia une vaste halle au toit métallique pour accueillir le marché, qui demeure aujourd'hui l'un des plus courus de la région pour ses spécialités locales.

Mardi 3 novembre

Saint Hubert

A la Saint-Hubert, les oies sauvages fuient la terre.

07 h 40
17 h 28
Scorpion
2e décan

Patrimoine
Le Graoully

La crypte de la cathédrale de Metz abrite un hôte inattendu : un animal rivé à la pierre, sorte de saurien, mi-dragon, mi-serpent, doté d'une longue langue écarlate et de dents acérées. La présence d'une telle créature dans un lieu saint a de quoi surprendre. Pourtant, la légende qui entoure ce monstre est liée à la christianisation de Metz. Au IIIe siècle, de terribles serpents élurent domicile dans l'amphithéâtre en ruine de la ville. Le plus vorace d'entre eux était le Graoully (de l'allemand *graulich*, “effrayant”). Quand saint Clément voulut évangéliser les Messins, il attacha le monstre avec son étole d'évêque et le noya avec ses congénères dans la Seille. A partir du XIIe siècle, le Graoully figura dans les rogations, processions qui marquaient les trois jours précédant l'Ascension.

En tous sens
Croustillants de rocamadours

Pour 4 personnes. Ingrédients : 1 œuf ; 3 c. à soupe de farine ; 3 c. à soupe de chapelure ; 4 fromages de Rocamadour ; 20 g de beurre ; 1 c. à café de paprika doux.

- Mettez l'œuf dans un ramequin et battez-le à la fourchette. Versez la farine et la chapelure dans 2 autres ramequins. Ajoutez le paprika à la chapelure.
- Passez un fromage dans la farine, secouez-le pour en ôter l'excédent, puis passez-le dans l'œuf et, enfin, dans la chapelure. Renouvelez l'opération avec les autres fromages.
- Faites chauffer le beurre dans une poêle et faites-y dorer les fromages panés de 2 à 3 minutes, à feu moyen, en les retournant à mi-cuisson à l'aide d'une spatule.
- Servez aussitôt avec une salade.

A faire aujourd'hui

8 h ....
....
9 h ....
....
10 h ....
....
11 h ....
....
12 h ....
....
13 h ....
....
14 h ....
....
15 h ....
....
16 h ....
....
17 h ....
....
18 h ....
....
19 h ....
....
20 h ....
....
Notes ....
....
....

C'ÉTAIT HIER

Entre tradition et modernité

Perpignan (Pyrénées-Orientales)

Si les costumes traditionnels furent largement portés dans toutes les régions de France jusqu'à la Première Guerre mondiale, les Catalans y renoncèrent dès le début du XIXe siècle pour les hommes, à la fin du siècle pour les femmes. Celles-ci délaissèrent ainsi les tabliers et caputxas (grandes pièces de tissu portées sur les épaules) pour porter des robes à corset achetées dans les grands magasins de Perpignan. Elles conservèrent en revanche la coiffe traditionnelle.

07 h 42
17 h 26
Scorpion
2e décan

Mercredi 4 novembre

Saint Charles

A la Saint-Charles, la gelée parle.

A faire aujourd'hui

8 h ....
9 h ....
10 h ....
11 h ....
12 h ....
13 h ....
14 h ....
15 h ....
16 h ....
17 h ....
18 h ....
19 h ....
20 h ....
Notes ....

En tous sens

Le champagne

Quatre terroirs champenois se partagent les meilleurs crus de champagne. La Montagne de Reims, dont le cépage dominant est le pinot noir, produit des vins puissants et charpentés. La vallée de la Marne, où prédomine le pinot meunier, offre des champagnes plus fruités et plus souples. Un cépage unique règne en maître sur la Côte des Blancs : c'est le chardonnay, qui, lorsqu'il n'est pas mélangé aux cépages pinot, fournit les célèbres "Blancs de Blancs". Délicats, élégants et légers, ces champagnes sont les plus prisés des connaisseurs. Enfin, la Côte des Bar, où sont plantés en majorité des cépages pinot noir, offre des vins de caractère.

La France en vert

Les travaux de la première quinzaine de novembre

- Paillez avec des feuilles mortes les pieds des plantes vivaces nouvellement plantées et celles peu rustiques comme les Gunnera.
- Sortez les semis de plantes vivaces ayant besoin d'une vernalisation (action du froid) pour fleurir, comme les aconits et certaines primevères.
- Déterrez les cannas.
- Plantez les muscaris, les tulipes et les narcisses.
- Taillez les rosiers.

Au quotidien

Contre la mauvaise haleine

Pour lutter contre l'halitose, brossez-vous les dents après chaque repas et frottez également la langue, le palais et l'intérieur des joues afin d'en éliminer les bactéries, responsables de la mauvaise haleine. Buvez aussi beaucoup d'eau tout au long de la journée, car la sécheresse buccale amplifie le problème.

C'ÉTAIT HIER

Naissance du métro

Paris (Ile-de-France)

A la fin du XIXe siècle, l'approche imminente de l'Exposition universelle et la circulation chaotique dans la capitale incitèrent les autorités à créer un chemin de fer métropolitain. En 1896, elles confièrent le projet à Fulgence Bienvenüe, ingénieur des Ponts et Chaussées. Pari tenu, la toute première ligne de métro, la 1, fut inaugurée en 1900. En 1910, cinq autres lignes étaient en circulation, dont la ligne 6, en partie aérienne, comme ici au niveau du boulevard Pasteur.

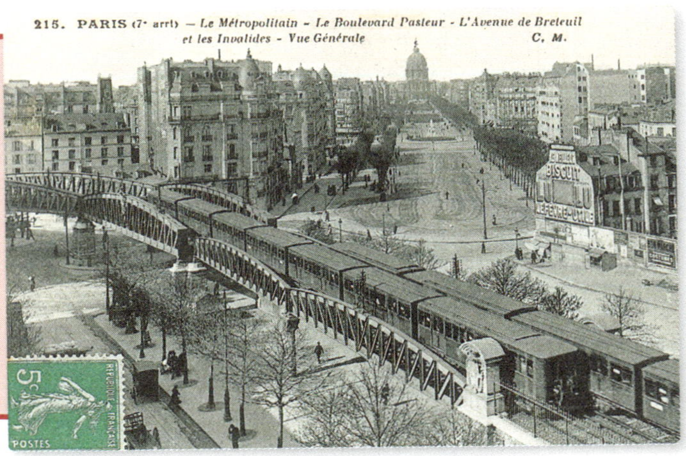

Jeudi 5 novembre

Sainte Sylvie

S'il neige à la Sainte-Sylvie, le laboureur rit.

07 h 43
17 h 24
Scorpion
2e décan

La France en vert

Oingt (Rhône)

Dressé sur un rocher cerné de vignes du Beaujolais, Oingt est situé au cœur du "pays des terres dorées". Au hasard des rues, on admire les maisons bâties sur voûtes, dont les pièces d'habitation, situées au-dessus de caves, sont accessibles par un escalier extérieur. On se laisse également charmer par les vestiges médiévaux du village : l'ancienne chapelle du château, la porte fortifiée de Nizy et une tour donjon, qui offre un beau panorama sur la campagne environnante. La Maison commune, du XVe siècle, vaut elle aussi le détour.

A faire aujourd'hui

8 h ...

9 h ...

10 h ...

11 h ...

12 h ...

13 h ...

14 h ...

15 h ...

16 h ...

17 h ...

18 h ...

19 h ...

20 h ...

Notes ...

Au quotidien

Le vinaigre anticalcaire

Utilisez du vinaigre blanc pour nettoyer vos éviers, vos lavabos, vos toilettes, le carrelage de votre salle de bains. Il élimine le calcaire de façon radicale. Vous pouvez aussi l'employer pour détartrer votre bouilloire, votre cafetière ou la pomme de votre douche. N'oubliez pas de bien rincer !

En tous sens

Le régence

Le pain régence est un pain de Picardie. Composé de plusieurs petites boules de pâte, il a l'aspect d'un chapelet. Comme on le laisse peu de temps au four, la croûte est croustillante et la mie, assez molle.

C'ÉTAIT HIER

L'île aux plantes

Ile de Batz (Finistère)

L'île de Batz se trouve sur la ceinture dorée de la Bretagne, une zone au climat favorable offrant des hivers doux et une reprise précoce de la période végétative au printemps. C'est pour cette raison que s'y sont développées pendant la seconde moitié du XIXe siècle des cultures maraîchères variées. On y a vu aussi la prolifération de plantes méditerranéennes (mimosas, eucalyptus, etc.) et d'autres espèces rapportées par les marins depuis les quatre coins du monde.

Automne

07 h 45
17 h 23
Scorpion
2e décan

Vendredi 6 novembre

Saint Léonard

A la Saint-Léonard, toute vermine part.

A faire aujourd'hui

8 h ....

9 h ....

10 h ....

11 h ....

12 h ....

13 h ....

14 h ....

15 h ....

16 h ....

17 h ....

18 h ....

19 h ....

20 h ....

Notes ....

En tous sens

Les vertus des épices

Du temps des Romains, déjà, on connaissait les vertus thérapeutiques des épices et on les intégrait savamment dans les plats pour obtenir divers effets. Ainsi, la vanille, la noix muscade ou le cumin étaient connus pour faciliter la digestion et stimuler l'organisme. Le curcuma était réputé avoir un effet bénéfique contre les troubles hépatiques et les problèmes de peau. Le clou de girofle était utilisé pour son pouvoir désinfectant et le gingembre, pour ses vertus digestives, certes, mais surtout pour l'effet aphrodisiaque qu'on lui prêtait.

Pour le plaisir

Enigme

Il faut 56 biscuits pour nourrir 10 animaux. Il n'y a que des chats et des chiens. Les chiens mangent 6 biscuits tandis que les chats n'en mangent que 5. Combien y a-t-il de chiens et de chats ?

Solution : s'il n'y avait que des chiens, ils mangeraient 60 biscuits. Or il y a 4 biscuits de moins, un par chat, donc il y a 4 chats et 6 chiens.

C'ÉTAIT HIER

Le géant des viaducs

Vallée de la Sioule (Puy-de-Dôme)

Le viaduc ferroviaire des Fades surplombe la Sioule entre Sauret-Besserve et Ancizes-Comps. Lors de son inauguration en 1909, c'était le plus haut pont du monde. Soutenu par deux piles de 92 mètres de haut, il s'élève à 132 mètres au-dessus de la rivière. La cathédrale de Clermont-Ferrand, dont les flèches culminent à 102 mètres, pourrait donc se tenir au-dessous. Ce superbe ouvrage d'art faisait partie de la ligne reliant Montluçon à Clermont-Ferrand via Volvic.

Samedi 7 novembre

Sainte Carine

Brouillard en novembre, l'hiver sera tendre.

07 h 46
17 h 21
Scorpion
2e décan

Et toujours ces ombres sur le fleuve

Nathalie de Broc

– Au moins tu te verras.

Pour se voir, Lucile se voit. Comme si elle s'apprenait. Ce qu'elle aperçoit – de façon fractionnée, le miroir n'est pas grand – l'étonne. Elle ne saurait dire si elle se plaît, quelles références aurait-elle ? Sa mère uniquement. Elle a refermé cette porte-là depuis si longtemps qu'elle ne juge pas bon de l'entrouvrir. Les souvenirs se sont estompés ; les contours du visage aimé ont disparu ainsi que les modulations de la voix. Reste la belle Albane dont elle a usurpé le nom. Mais la vision entrevue demeure de l'ordre du rêve. Inaccessible. Entre les deux, où se situerait-elle ? Ce qui l'aide à tenir, à s'éveiller chaque matin ne relève aucunement de ces découvertes devant le miroir. Elle en hausse les épaules d'indifférence. Non, ce qui l'anime c'est la haine. Pour ne pas l'oublier certains jours et ne surtout pas se laisser aller à la mollesse, elle l'attise. Elle revit des instants, et tant qu'à faire dans l'efficacité : les pires. Afin de garder sa hargne intacte. Parfois elle doit se faire violence, car la douceur de vivre rôde. Madame Flavie n'est pas une si mauvaise personne, Lucile s'en veut de sa froideur. Puis elle se redresse, lui reviennent à l'esprit sa situation de captive, les airs de matou de sa logeuse, aussitôt les scrupules s'envolent. Tant bien que mal. Elle s'est enfermée dans un monde où seul règne un nom : Chevalier de Préville. Hors celui-ci point de salut. Elle aime ce coup de fouet le long de sa peau quand elle l'évoque. Il la ragaillardit.

La lutte. Toujours.

Le reste n'existe pas.

Extrait du roman *Et toujours ces ombres sur le fleuve* de Nathalie de Broc paru aux Presses de la Cité dans la collection Terres de France

A faire aujourd'hui

Samedi

8 h ....
9 h ....
10 h ....
11 h ....
12 h ....
13 h ....
14 h ....
15 h ....
16 h ....
17 h ....
18 h ....
19 h ....
20 h ....

Dimanche

8 h ....
9 h ....
10 h ....
11 h ....
12 h ....
13 h ....
14 h ....
15 h ....
16 h ....
17 h ....
18 h ....
19 h ....
20 h ....

Notes

Saint Geoffroy

Dimanche 8 novembre

07 h 48
17 h 20
Scorpion
2e décan

Automne

07 h 50
17 h 19
Scorpion
2e décan

Lundi 9 novembre

Saint Théodore

Orage de la Saint-Théodore
annonce une année en or.

A faire aujourd'hui

8 h ....

9 h ....

10 h ....

11 h ....

12 h ....

13 h ....

14 h ....

15 h ....

16 h ....

17 h ....

18 h ....

19 h ....

20 h ....

Notes ....

Pour le plaisir

Enigme

Quand elle est amoureuse, elle est parfois violente, mais quand elle est un fruit, elle est délicieuse. Qui est-elle ?

Solution : la passion.

La France en vert

Dites oui à tous les légumes !

Chaque année, ce sont près de 72 tonnes de fruits et légumes qui partent à la poubelle sans même atteindre les étals des primeurs ou des supermarchés. Parmi eux se trouvent les légumes non calibrés, qui ne rentrent pas dans la norme esthétique ou mathématique de la distribution. Certaines enseignes les proposent désormais à la vente, à un tarif défiant toute concurrence. De quoi allier refus du gaspillage et économies pour le porte-monnaie !

Patrimoine

Quiz - Les routes de France

1. Quelle route relie les villes de Nice et Turin, en Italie ?
a. la route Royale
b. la route du Roi
c. la route de la Reine

2. Combien existe-t-il de chemins de Compostelle en France ?
a. 4
b. 5
c. 6

3. Quelle route, datant du Moyen Age, relie Le Puy-en-Velay à Saint-Gilles ?
a. la voie du Puy-du-Fou
b. la voie Régordane
c. la voie Ridouane

Solution : 1 a, 2 a, 3 b.

C'ÉTAIT HIER

Le temps des vendanges

Riquewihr (Haut-Rhin)

Dans les vignobles d'Alsace comme ailleurs, quand le raisin arrivait à maturité, on faisait appel à toute la famille, voire à des saisonniers, pour les vendanges. Chaque jour, on commençait dès l'aube à couper les grappes pour les mettre dans des hottes, que l'on vidait dans d'énormes paniers tirés par une charrette. Il fallait ensuite fouler les grappes au pied. Heureusement, la fête du vin qui marquait la fin des vendanges venait récompenser les travailleurs !

Mardi 10 novembre

Saint Léon

A la Saint-Léon, mets tes artichauts en monts.

07 h 51
17 h 17
Scorpion
2e décan

Au quotidien

Miroir, mon beau miroir

Pour nettoyer parfaitement votre miroir, arrosez-le de jus de citron à l'aide d'un vaporisateur, puis rincez-le avec un chiffon légèrement humide. Une autre solution consiste à nettoyer votre miroir avec du thé froid, que vous essuierez ensuite à l'aide d'un chiffon. Il sera étincelant !

En tous sens

Flognarde aux pommes, une recette du Limousin

Pour 6 personnes. Ingrédients : 4 pommes ; 60 g de beurre + un peu pour le moule ; 75 g de farine ; 2 c. à soupe de Maïzena® ; 30 g de sucre en poudre + un peu pour décorer ; 1 sachet de sucre vanillé ; 1 pincée de cannelle ; 3 œufs ; 15 cl de lait ; 3 cl de rhum ; sel.

- Pelez les pommes, épépinez-les et coupez-les en tranches fines.
- Faites chauffer 20 g de beurre dans une poêle et faites-y revenir les pommes de 2 à 3 minutes sur chaque face.
- Dans un saladier, mettez la farine, la Maïzena, les sucres, la cannelle et 1 pincée de sel. Mélangez, puis faites un puits au centre.
- Faites fondre 20 g de beurre, puis incorporez-le aux ingrédients secs avec les œufs puis le lait. Battez au fouet jusqu'à ce que la pâte soit homogène.
- Incorporez les pommes et remuez doucement.
- Beurrez un moule à manqué et versez-y la préparation. Répartissez le beurre restant par-dessus, en parcelles.
- Faites cuire au four pendant 30 minutes.
- Saupoudrez de sucre dès la sortie du four et laissez refroidir.

A faire aujourd'hui

8 h ....

9 h ....

10 h ....

11 h ....

12 h ....

13 h ....

14 h ....

15 h ....

16 h ....

17 h ....

18 h ....

19 h ....

20 h ....

Notes ....

C'ÉTAIT HIER

La tarte des chasseurs alpins

Alpes

Le corps des chasseurs alpins, chasseurs à pied spécialisés dans les combats en montagne, fut créé en 1888 pour défendre la frontière alpine de la France en cas d'invasion italienne. Les soldats avaient pour emblème la tarte, ou crêpe, un grand béret de feutre qu'ils utilisaient parfois pour protéger leurs pieds pendant leurs longues heures de garde. Durant la Grande Guerre, ils refusèrent de porter le casque, pourtant obligatoire, et conservèrent leur béret sur la tête.

Automne

07 h 53
17 h 16
Scorpion
2e décan

Mercredi 11 novembre

Armistice 1918

**Si le brouillard entoure Saint-Martin,
l'hiver passe tout bénin.**

A faire aujourd'hui

8 h ....

9 h ....

10 h ....

11 h ....

12 h ....

13 h ....

14 h ....

15 h ....

16 h ....

17 h ....

18 h ....

19 h ....

20 h ....

Notes ....

La France en vert

La foire aux harengs à Lieurey (Eure)

Du temps de la guerre de Cent Ans, des transporteurs de harengs s'étaient trouvés bloqués à Lieurey à cause de la neige. Ils organisèrent alors une grande vente dans le bourg pour éviter que la marchandise ne soit perdue. Chaque 11 novembre, Lieurey ravive cette histoire lors de sa foire aux harengs : un convoi d'une quarantaine d'attelages quitte la Manche pour rejoindre le village en trois jours et y apporter des kilos de poissons. Lors de la journée, près de 10 000 visiteurs viennent assister au concours du plus gros mangeur de harengs, découvrir les stands et animations autour du poisson et s'en régaler.

Patrimoine

La céramique à Auneuil (Oise)

L'histoire de cet artisanat dans la ville est indissociable de la manufacture Boulenger, ouverte en 1848 par les frères Aimé et Achille Boulenger. Ensemble, ils se lancèrent dans la fabrication de mosaïques de carreaux incrustés, dont ils déposèrent le brevet en 1858. S'ils se séparèrent en 1860, l'aventure de la manufacture se poursuivit et les mosaïques aux couleurs caractéristiques ocre, rouge sang de bœuf et noir, vinrent orner des dizaines de sites, dont la façade orientale du bâtiment d'exploitation. Celui-ci s'est transformé en musée de la céramique architecturale.

Au quotidien

Un bain drainant

Pour éliminer les toxines, faites couler un bain à 37 °C et plongez-y 50 g d'algues séchées (dans une boutique bio) et 1 kg de sel marin. Prenez un bain pendant 20 minutes, puis rincez-vous abondamment. Séchez-vous soigneusement et appliquez un lait hydratant sur tout le corps, pour contrer les effets parfois asséchants du sel.

C'ÉTAIT HIER

Les fêtes patriotiques

Belfort (Territoire de Belfort)

Après la signature de l'armistice le 11 novembre 1918, bien des poilus restèrent sous les drapeaux. Le retour des régiments dans leur ville donnait lieu à des festivités qui s'étalaient sur plusieurs jours. En août 1919, de grandes fêtes patriotiques furent ainsi organisées à Belfort, avec des défilés de chars dans les rues, des fanfares, etc. Un arc de triomphe fut dressé rue de la Porte-de-France. Sur des banderoles, on pouvait lire « Honneur aux poilus qui ont immortalisé la France ».

Jeudi 12 novembre

Saint Christian

07 h 54
17 h 15
Scorpion
3e décan

En novembre, si tu entends la grive chanter, rentre à la maison pour t'abriter.

En tous sens

Le goût des sauces

A la Renaissance, les sauces au goût relevé ou acide ont un grand succès. Ainsi, les préparations à base de poivre, de moutarde, de câpres, de raifort, de vin, de verjus ou de jus de citron sont très appréciées. Au XVIe siècle, sous l'influence de l'Orient, on commence à allier saveurs salées et sucrées dans une même sauce, et il n'est pas rare qu'on utilise du miel ou même des pétales de rose dans les recettes.

Pour le plaisir

La bonne pensée du jour !

D'après le philosophe américain Ralph Waldo Emerson, "pour chaque minute où vous êtes en colère, vous perdez soixante secondes de bonheur". Pensez-y la prochaine fois que la moutarde vous monte au nez.

A faire aujourd'hui

8 h ...
9 h ...
10 h ...
11 h ...
12 h ...
13 h ...
14 h ...
15 h ...
16 h ...
17 h ...
18 h ...
19 h ...
20 h ...
Notes ...

Patrimoine

Les communes de France en question

Quelle ville des Pyrénées-Orientales célèbre pour ses anchois a accueilli des peintres comme Henri Matisse et André Derain, qui y ont créé le mouvement du fauvisme ?

Solution : Collioure.

C'ÉTAIT HIER

La cueillette des fraises

Plougastel-Daoulas (Finistère)

Sur la presqu'île de Plougastel, qui bénéficie d'un climat très doux, on cultivait des fruits et légumes introuvables dans le reste de la Bretagne. Les fraises étaient le produit phare : dans les années 1910, leur culture occupait un quart du territoire et la production annuelle s'élevait à 6 000 tonnes, ce qui représentait 25 % de la production nationale. La cueillette des fraises était un travail pénible, qui exigeait de rester à genoux des heures durant.

Automne

07 h 56
17 h 13
Scorpion
3e décan

Vendredi 13 novembre

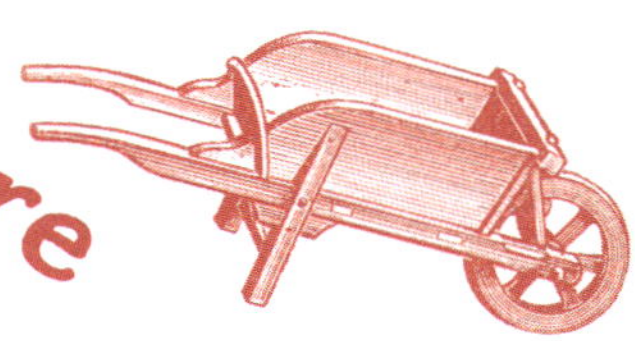

Saint Brice

Tel jour Saint-Brice, tel jour Noël, tel premier janvier.

A faire aujourd'hui

8 h

9 h

10 h

11 h

12 h

13 h

14 h

15 h

16 h

17 h

18 h

19 h

20 h

Notes

En tous sens

La mâche nantaise

Si elle est connue depuis des siècles, la mâche n'attira guère l'intérêt des cultivateurs avant le XVIIe siècle, où elle restait cantonnée à quelques potagers sans être commercialisée. Ce n'est finalement qu'au début du XXe siècle que des agriculteurs se lancèrent vraiment dans sa production, car la mâche offre l'immense intérêt de pousser en hiver, contrairement aux autres salades. Les terres autour de Nantes, riches en argile et en sable apportés par la Loire, se prêtaient particulièrement bien à la culture de la mâche et la production s'envola. Aujourd'hui, la quasi-totalité de la mâche vendue en France provient du Val de Loire.

Patrimoine

La consoude

Le nom de la consoude vient du verbe "souder", car la plante, dès l'Antiquité, était réputée refermer les plaies et consolider les fractures. Une légende du Moyen Age raconte même qu'une servante, la veille de son mariage, s'était préparé un bain de consoude pour retrouver sa virginité ; or, ayant omis d'avertir sa maîtresse, celle-ci se plongea dans le même bain ; elle obtint un tel résultat que son mari fut étonnamment surpris de cette virginité nouvelle !

La France en vert

La fête de la pomme du Havre (Seine-Maritime)

Chaque année à la même époque se réunissent sur la place du Vieux Marché du Havre une cinquantaine de producteurs locaux venus proposer des dizaines de variétés de pommes différentes. Charcutiers, boulangers et fromagers sont aussi de la fête et font apprécier les spécialités de la région.

C'ÉTAIT HIER

La gare maritime

Dieppe (Seine-Maritime)

Cette gare maritime fut un haut lieu de la ville avec ses voies donnant directement sur le quai du port, facilitant le transport de passagers et de marchandises entre la France et l'Angleterre. Moderne et rapide, cette liaison terrestre et maritime débuta dès 1844 et reliait Paris à Newhaven, avec les bateaux à vapeur et la ligne de diligences Dieppe-Rouen. Détruite en 1942 par les bombardements, la gare renaît en 1953 avant de fermer et d'être détruite en 1994.

Samedi 14 novembre

Saint Sidoine

Novembre mois mort, vêtis-toi plus fort.

07 h 57
17 h 12
Scorpion
3e décan

J'ai cherché celui que mon cœur aime
Dominique Marny

Dès qu'il eut éteint la lampe de chevet, François s'endormit. En revanche, Anne n'avait pas sommeil. La lueur des réverbères s'immisçait par la fente des volets, créant des ombres mouvantes sur les murs de la chambre. Allongée sur le dos, elle revivait sa rencontre avec Alexis. Il avait fallu dix-huit ans pour que s'exauçât son vœu le plus fervent. Dix-huit ans au cours desquels il n'avait jamais pensé à elle. Anne oscillait entre le désarroi et la mortification. Tristesse d'avoir vécu pour une illusion. Vexation d'avoir été si aisément oubliée. Parallèlement, elle ne pouvait lui en vouloir d'avoir tourné le dos au passé : plusieurs déracinements, la mort de son père, le veuvage de sa mère avaient pris le pas sur le reste ! La bouche sèche, elle ressassait leur conversation et maudissait sa stupidité. Comment n'avait-elle pas profité de leur face-à-face pour noter les coordonnées d'Alexis sous le prétexte de les transmettre à Bernard ? Quelle idiote ! Mais n'était-ce pas mieux ainsi ? Anne croyait aux signes. Cette rencontre s'était produite alors qu'elle se préparait à enfanter. Ne signifiait-elle pas qu'Alexis devait disparaître de son existence ? Elle tenta de s'en persuader, mais l'avoir revu malmenait ses bonnes résolutions. Un homme avait remplacé le jeune adolescent : un quasi-inconnu avec son vécu, ses secrets, ses qualités et ses failles. Quels étaient ses motivations, ses espoirs, ses goûts ? Elle l'ignorait. En revanche, elle savait qu'il l'avait oubliée dès qu'il s'était éloigné de Montmartre. « Je veillerai sur toi. » Aussitôt prononcées, les belles paroles s'étaient envolées ! Oui, elle aurait voulu se sentir libérée d'un attachement déraisonnable et s'en féliciter. Néanmoins, la souffrance continuait de la ronger. Dehors, des piétons avinés n'en finissaient pas de brailler et de rire. Dérangé par leurs clameurs, François maugréa des mots inintelligibles avant de replonger dans le sommeil. Anne se leva pour gagner le balcon et repousser les persiennes. Accoudée à la rambarde, elle tenta de se projeter dans un proche avenir en espérant qu'il lui rendrait un équilibre qui venait de voler en éclats.

Extrait du roman *J'ai cherché celui que mon cœur aime* de Dominique Marny paru aux Presses de la Cité dans la collection Terres de France

A faire aujourd'hui

Samedi
8 h ...
9 h ...
10 h ...
11 h ...
12 h ...
13 h ...
14 h ...
15 h ...
16 h ...
17 h ...
18 h ...
19 h ...
20 h ...

Dimanche
8 h ...
9 h ...
10 h ...
11 h ...
12 h ...
13 h ...
14 h ...
15 h ...
16 h ...
17 h ...
18 h ...
19 h ...
20 h ...

Notes

Saint Albert

Dimanche 15 novembre

07 h 59
17 h 11
Scorpion
3e décan

08 h 01
17 h 10
Scorpion
3e décan

Lundi 16 novembre

Sainte Marguerite

Novembre par tous les temps,
le bois dans la cheminée est flambant.

A faire aujourd'hui

8 h ....

....

9 h ....

....

10 h ....

....

11 h ....

....

12 h ....

....

13 h ....

....

14 h ....

....

15 h ....

....

16 h ....

....

17 h ....

....

18 h ....

....

19 h ....

....

20 h ....

....

Notes ....

....

....

La France en vert

Balade fluviale au pays des impressionnistes

Vous aimez Van Gogh, Cézanne et Pissarro ? Embarquez sur un bateau et voguez au fil de l'Oise à la découverte des paysages qui ont tant inspiré les impressionnistes. Des escales sont prévues à L'Isle-Adam, Pontoise et Auvers-sur-Oise pour découvrir l'auberge Ravoux, la maison Van Gogh ou le pavillon chinois du parc de Cassan.

Au quotidien

Pour retarder l'apparition des rides

Faites bouillir un litre d'eau et faites infuser deux poignées de cerfeuil haché pendant trente minutes. Laissez refroidir. Appliquez cette lotion chaque matin. Elle permet également de traiter l'acné et les peaux grasses. Vous pouvez la conserver trois ou quatre jours au réfrigérateur.

En tous sens

La cervelle de canut

Spécialité lyonnaise, la cervelle de canut est un fromage blanc assez ferme, battu, agrémenté de sel, de poivre, d'ail, d'échalote, de queues d'oignon, de ciboulette, d'huile et de vinaigre. Certains y ajoutent du vin blanc. Les canuts, ouvriers spécialisés dans le tissage de la soie à Lyon, avaient l'habitude de manger leur fromage blanc avec des fines herbes, d'où le nom un peu curieux de ce plat régional.

C'ÉTAIT HIER

La récolte des olives

Provence

Omniprésentes en Provence, les olives étaient récoltées entre novembre et mars en fonction des variétés et de l'altitude. Quand les arbres étaient peu élevés, la récolte se faisait à la main, au moyen d'échelles : pour les plus grands, on utilisait des gaules. Le travail avait toujours lieu par temps sec pour éviter que les échelles ne glissent. Une fois les olives débarrassées des feuilles et autres corps étrangers, on se dépêchait de les porter au pressoir car plus l'on attendait, plus l'huile perdait en qualité.

13 EN PROVENCE. — La Cueillette des Olives. — LL.

Mardi 17 novembre

Sainte Elisabeth

A Sainte-Elisabeth, tout ce qui porte fourrure n'est point bête.

08 h 02
17 h 08
Scorpion
3e décan

Automne

En tous sens

La construction du goût

Très tôt, le fœtus développe ses papilles gustatives in utero et il découvre les saveurs que sa mère ingère ; à la naissance, il acceptera ainsi plus volontiers les goûts déjà connus. Au moment de la diversification, il est important de proposer une grande variété de légumes et de fruits notamment et de ne pas hésiter à proposer plusieurs fois un même aliment. On dit qu'il faut goûter en moyenne 7 à 10 fois un aliment pour apprendre à l'apprécier.

La France en vert

Pensez à dégivrer !

Dégivrer son réfrigérateur avant que la couche de givre n'atteigne 3 mm d'épaisseur permet d'économiser jusqu'à 30 % de sa consommation d'électricité. Pour ce faire, nettoyez les parois et les étagères avec de l'eau tiède additionnée de vinaigre blanc.

Au quotidien

Qui doit déneiger ?

Contrairement à ce que l'on pourrait croire, les services de voirie ne sont pas seuls responsables du déneigement. En effet, les riverains doivent prendre des précautions en cas de verglas ou de neige devant leur porte et sont tenus responsables si un accident s'y produit. Ils doivent entre autres jeter du sable ou du sel pour empêcher la formation de verglas et mettre la neige en tas afin de faciliter son enlèvement par la municipalité. En montagne, les toits doivent être munis de crochets pour éviter les chutes de neige sur les passants et les voitures. Certaines communes précisant par arrêté l'étendue des obligations des habitants en ces circonstances, renseignez-vous auprès de votre mairie.

A faire aujourd'hui

8 h ....
....
9 h ....
....
10 h ....
....
11 h ....
....
12 h ....
....
13 h ....
....
14 h ....
....
15 h ....
....
16 h ....
....
17 h ....
....
18 h ....
....
19 h ....
....
20 h ....
....
Notes ....
....
....

C'ÉTAIT HIER

Le pont National

Brest (Finistère)

Le pont National fut mis en service en 1861 sous le nom de pont Impérial, pour relier Brest et Recouvrance, et faciliter les échanges entre les deux villes. Long de 104 mètres, il était constitué de deux parties tournant lors du passage des navires à hauts mâts. La manœuvre était effectuée par deux groupes de quatre hommes placés à chaque extrémité du pont. Détruit par des bombardements alliés en 1944, l'ouvrage fut remplacé en 1954 par un pont levant appelé pont de Recouvrance.

08 h 04
17 h 07
Scorpion
3e décan

Mercredi 18 novembre

Sainte Aude

Journée de Sainte-Aude,
ordinairement n'est pas chaude.

A faire aujourd'hui

8 h ....

9 h ....

10 h ....

11 h ....

12 h ....

13 h ....

14 h ....

15 h ....

16 h ....

17 h ....

18 h ....

19 h ....

20 h ....

Notes ....

En tous sens

Petite histoire du sandwich

Selon la légende, l'aristocrate qui a donné son nom au sandwich était un joueur invétéré qui, refusant de quitter une partie de cartes, se fit servir un en-cas. Son cuisinier lui proposa alors des tranches de pain garnies de viande froide, de concombre et de fromage. C'était en 1765. Pourtant, il semblerait bien que le sandwich soit autrement plus ancien : les Grecs l'auraient en effet inventé du temps de Périclès (ve siècle avant J.-C.).

La France en vert

Les travaux de la seconde quinzaine de novembre

- Plantez les arbustes à feuillage caduc.
- Plantez les rosiers livrés racines nues.
- Semez des fèves et des petits pois à grains ronds.
- Plantez les arbres fruitiers et les arbustes à petits fruits.
- Buttez les artichauts et les cardons pour les protéger du froid.

Patrimoine

Le peigne à Ezy-sur-Eure (Eure)

La fabrication de peignes dans ce petit coin de Normandie remonte aux années 1600. A l'époque, les paysans réalisaient des peignes à partir de l'alisier et du buis des forêts environnantes, ainsi que du sabot des chevaux et des cornes des vaches, afin de s'assurer un complément de revenus. L'activité ne se mua en artisanat puis en industrie qu'aux alentours de 1820, lorsque le phylloxera et la mécanisation agricole poussèrent les paysans à se réorienter. Au fil du temps, nombre d'ateliers et de manufactures ouvrirent ; la production se modernisa et le peigne normand connut un véritable âge d'or au XIXe siècle et dans la première moitié du XXe siècle.

C'ÉTAIT HIER

Naissance d'une paroisse

Berck-Plage (Pas-de-Calais)

Vers 1880, non loin de la plage de Berck, il existait une agglomération d'environ 2 000 habitants qui n'avait ni église ni marché. Pour éviter les longs déplacements vers la ville de Berck, on décida d'édifier un lieu de culte au centre de la localité. L'église Notre-Dame-des-Sables sortit de terre en 1886. Etonnante avec sa façade en rouge barre, elle attira à elle toute la vie du village : le marché se déroulait sur le parvis, et des commerces ouvrirent tout autour.

Jeudi 19 novembre

Saint Tanguy

A Saint-Tanguy, temps toujours gris.

08 h 05
17 h 06
Scorpion
3e décan

Automne

La France en vert

Le GR 49 (Provence)

Long de 110 kilomètres, ce sentier de grande randonnée emmène le marcheur des rives de la Méditerranée jusqu'aux gorges du Verdon. Au départ de Saint-Raphaël, le chemin serpente dans les collines de l'Esterel, avant de rejoindre le lac de Saint-Cassien, les petits villages pittoresques du Var, la montage de Lachens, puis le parc naturel régional du Verdon.

Pour le plaisir

Devinette

Je n'ai qu'une couleur, mais mille formes. Collée au sol, je m'envole. Je suis le soleil mais m'évade la nuit. Jamais je ne souffre d'être piétinée. Qui suis-je ?

Solution : L'ombre.

Au quotidien

Ne vous brûlez pas !

Lorsque vous faites chauffer de l'huile dans une poêle pour y faire cuire de la viande ou du poisson, saupoudrez-la de farine avant d'ajouter les aliments : cela évitera que l'huile ne projette des éclaboussures.

A faire aujourd'hui

8 h ....

9 h ....

10 h ....

11 h ....

12 h ....

13 h ....

14 h ....

15 h ....

16 h ....

17 h ....

18 h ....

19 h ....

20 h ....

Notes ....

C'ÉTAIT HIER

La Bourbonnaise

Vichy (Allier)

Dans le Bourbonnais, les femmes disposaient autrefois d'une tenue pour l'hiver, en tissu écossais épais, et d'une autre pour l'été, en coton coloré. Elles portaient une jupe froncée à la taille, un jupon bordé de dentelle, un chemisier ajusté et des sabots décorés. Le dimanche, elles arboraient une jupe rouge ornée de trois rangs de velours noir avec un tablier noir en dentelle. Un chemisier blanc, un fichu et un chapeau "à deux bonjours" venaient compléter le costume.

Automne

08 h 07
17 h 05
Scorpion
3e décan

Vendredi 20 novembre

Saint Edmond

A la Saint-Edmond, le temps n'est pas bon.

A faire aujourd'hui

8 h ...
9 h ...
10 h ...
11 h ...
12 h ...
13 h ...
14 h ...
15 h ...
16 h ...
17 h ...
18 h ...
19 h ...
20 h ...
Notes ...

Patrimoine

Quiz – La France en peinture

1. Quel peintre impressionniste a peint de nombreuses toiles dans les Yvelines, comme *La Neige à Louveciennes* ou *L'Inondation à Port-Marly ?*
a. Camille Pissarro
b. Alfred Sisley
c. Claude Monet

2. Quel paysage des environs d'Aix-en-Provence était le sujet de prédilection de Paul Cézanne ?
a. le mont Ventoux
b. la montagne Sainte-Victoire
c. la Sainte-Baume

3. Quelle région a vu grandir Georges Braque et lui a inspiré de nombreuses toiles ainsi que la réalisation des vitraux d'une église ?
a. la Bourgogne
b. l'Alsace
c. la Normandie

Solution : 1 b, 2 b, 3 c.

La France en vert

Soignez votre VMC

Afin de conserver une bonne qualité de l'air dans votre intérieur, veillez à ne pas boucher les grilles d'aération de votre VMC (ventilation mécanique contrôlée) et nettoyez régulièrement les filtres, les entrées d'air et les bouches d'extraction. Un entretien par un spécialiste est également conseillé tous les 3 ans.

Au quotidien

Contre les ballonnements

Evitez de manger en trop grandes quantités, et privilégiez les aliments riches en fibres. Buvez beaucoup d'eau et limitez au maximum la consommation de boissons gazeuses. Faites de l'exercice et laissez un laps de temps significatif (2 heures) entre le repas et l'heure du coucher.

C'ÉTAIT HIER

Le marché aux bestiaux de la Villette

Paris (Ile-de-France)

Inauguré en 1867, ce marché aux bestiaux était le plus grand de Paris. Les bêtes, provenant de toutes les régions de France et des pays voisins, débarquaient par milliers la nuit dans la gare de Paris-Bestiaux, située au cœur du site. Le marché abritait une halle aux bœufs, une halle aux moutons, et une halle aux porcs et aux veaux. A l'issue des transactions, la majorité des animaux prenaient le chemin des abattoirs.

Abattoirs de la Villette. - Meneurs de Viande

Samedi 21 novembre

Présentation de la Vierge

Mauvais automne n'enrichit personne.

08 h 08
17 h 04
Scorpion
3e décan

Automne

La Miaulemort

Daniel Cario

Alexandrine Brisaille avait feint de ne pas avoir entendu la question de son fils, mais celui-ci revint à la charge.

— Personne… lui répondit-elle enfin. Et puis ton père t'avait interdit de retourner là-bas, si je me souviens.

— Et pourtant j'ai vu une maison, pas très loin de l'étang. Dedans, il y a un homme, même qu'il a une vielle.

— Ah…

La mère lâcha la jambe du pantalon dont elle reprisait le genou. Cette fois, le gamin était trop grand, et il en avait trop découvert pour continuer à lui mentir.

— Oui… tu as raison, quelqu'un loge dans la chaumière au bord de l'étang.

Elle soupira avec une lassitude infinie, mais, au dernier moment, ne put se résoudre à dévoiler l'entière vérité.

— C'était celle de tes arrière-grands-parents, avant qu'ils construisent la ferme où on est. Des paysans aisés, si tu veux le savoir : un étang bien entretenu, ça rapporte des sous ; et puis, ils étaient courageux à la terre. Quand ils sont venus habiter ici, la chaumière est restée abandonnée. Un jour, un vagabond y a élu domicile ; ton père et moi, on a eu pitié de lui, et on n'a pas eu le cœur de l'en chasser.

— Mais de quoi il vit, là-bas, tout seul ?

Alexandrine Brisaille hésita encore ; ce secret lui était une charge si douloureuse…

— Pourquoi toutes ces questions ? Ton père ne veut pas qu'on parle de lui. Puisque tu veux tout savoir, il regrette d'avoir eu pitié de lui, car il ne sait plus comment s'en débarrasser.

Soudain, elle posa son ouvrage et sortit vivement. Au passage, Silvain eut le temps de voir ses yeux emplis de larmes.

La dérobade maternelle ne fit qu'attiser la curiosité du jeune garçon : cette histoire de vagabond ne tenait pas debout. Et puis ces larmes… la mère lui cachait quelque chose de grave.

Extrait du roman *La Miaulemort* de Daniel Cario
paru aux Presses de la Cité dans la collection Terres de France

A faire aujourd'hui

Samedi
8 h ....
9 h ....
10 h ....
11 h ....
12 h ....
13 h ....
14 h ....
15 h ....
16 h ....
17 h ....
18 h ....
19 h ....
20 h ....

Dimanche
8 h ....
9 h ....
10 h ....
11 h ....
12 h ....
13 h ....
14 h ....
15 h ....
16 h ....
17 h ....
18 h ....
19 h ....
20 h ....

Notes

Sainte Cécile

Dimanche 22 novembre

08 h 10
17 h 03
Sagittaire
1er décan

08 h 11
17 h 02
Sagittaire
1er décan

Lundi 23 novembre

Saint Clément

Quand l'hiver vient doucement,
il est là à la Saint-Clément.

A faire aujourd'hui

8 h ...

9 h ...

10 h ...

11 h ...

12 h ...

13 h ...

14 h ...

15 h ...

16 h ...

17 h ...

18 h ...

19 h ...

20 h ...

Notes ...

En tous sens

Le foie gras de canard du Sud-Ouest

Si le foie gras existait déjà du temps des Grecs et des Egyptiens, puis chez les Romains, c'est dans le sud-ouest de la France, région portant haut la tradition de la gastronomie, qu'il a acquis la qualité et la renommée qu'on lui connaît. C'est sur les terres d'Aquitaine et de Midi-Pyrénées (ainsi que dans une partie du département de l'Aude) que les canards et les oies doivent être élevés, gavés, abattus et transformés pour que les foies gras puissent porter la mention IGP. Le foie gras de canard est réputé pour être ferme et goûteux, tandis que le foie gras d'oie, plus rare et plus cher, a une texture plus fragile et un goût plus léger. Cela explique le succès du premier, parfois au détriment du second, qui reste tout de même fort apprécié des amateurs.

La France en vert

Roc-la-Tour (Ardennes)

Situé à quelques pas de la Meuse, Roc-la-Tour se dresse tel un vertigineux promontoire qui culmine à 408 mètres au-dessus de la vallée de la Semoy. Le site, également connu sous le nom de Château du Diable, est connu des hommes depuis fort longtemps : on y a retrouvé des traces de présence humaine datant de près de 15 000 ans.

Pour le plaisir

Sagittaire (23 novembre-22 décembre)

L'harmonie et le bien-être seront vos maîtres mots cette année. Vous saurez arrondir les angles pour rendre votre vie et celle de vos proches plus agréables et vous prendrez le temps d'apprécier chaque instant. Au niveau professionnel, votre sérénité vous permettra de communiquer et d'échanger de manière posée et conciliante, ce qui sera particulièrement apprécié.

C'ÉTAIT HIER

La citadelle

Corte (Haute-Corse)

Située en plein cœur de l'île de Beauté et adossée à un piton rocheux, la ville de Corte fut désignée « capitale de la Corse indépendante » de 1755 à 1769 par l'homme politique Pascal Paoli. A son sommet, une ancienne citadelle du XVIIIe siècle construite autour d'un château du XVe siècle, le nid d'aigle, reste la seule à l'intérieur des terres de l'île. Depuis son belvédère se dévoile un impressionnant panorama sur les vallées de la Restonica et Tavignano.

Mardi 24 novembre

Sainte Flora

A Sainte-Flora, plus rien ne fleurira.

08 h 13
17 h 01
Sagittaire
1er décan

La France en vert

Les feuilles mortes se ramassent...

... à la pelle ! Ne les laissez pas envahir votre gazon, car elles risqueraient d'asphyxier l'herbe pendant la période hivernale. De plus, des insectes nuisibles et des maladies végétales ont la fâcheuse manie de s'y développer. Vous pouvez toutefois en laisser quelques-unes au pied des plantes et arbustes : elles constitueront une protection contre le gel et enrichiront le sol en se muant en humus.

Patrimoine

La légende du gouffre de Padirac

Le célèbre site du Lot possède sa légende : saint Martin, au cours d'une tournée sur le causse, rencontre le diable qui s'en retourne aux enfers, la besace pleine d'âmes damnées. La conversation s'engage, et le diable, se moquant des piètres résultats de Martin, lui propose de franchir l'obstacle qu'il lui indiquera. S'il y parvient, il récupérera le sac du diable et sauvera les âmes enfermées. Martin tient le pari ; le diable frappe le sol et, sous ses pieds, s'ouvre le fameux gouffre. "Saute de l'autre côté si tu le peux !" lui ordonne-t-il. Le saint enfourche sa mule, qu'il talonne violemment tout en invoquant le Tout-Puissant. L'animal fait alors un tel bond qu'il retombe de l'autre côté de l'abîme, imprimant la marque de ses sabots sur une dalle de roche – où elle est encore visible. Laissant là sa besace, le diable, furieux, regagne les enfers.

A faire aujourd'hui

8 h ....
9 h ....
10 h ....
11 h ....
12 h ....
13 h ....
14 h ....
15 h ....
16 h ....
17 h ....
18 h ....
19 h ....
20 h ....
Notes ....

Au quotidien

Un masque au chocolat pour une mine éclatante

Faites fondre 100 g de chocolat noir avec un peu d'eau sucrée, puis laissez refroidir légèrement. Appliquez sur le visage au pinceau, en évitant le contour des yeux et la bouche. Laissez poser pendant 20 minutes, puis rincez à l'eau tiède.

C'ÉTAIT HIER

Les montreurs d'ours

Paris (Ile-de-France)

A la fin du XVIIIe siècle, des habitants des Pyrénées, et plus particulièrement de l'Ariège, ont fait renaître un vieux métier médiéval qui n'était plus pratiqué que par les Tsiganes : celui de montreur d'ours. Ils se mirent à capturer de jeunes oursons dans les montagnes, puis les dressèrent afin de les emmener de ville en ville en donnant des spectacles. Cette pratique, très courante au XIXe siècle, disparut peu à peu pour s'éteindre dans la première partie du XXe siècle.

Automne

08 h 14
17 h 01
Sagittaire
1er décan

Mercredi 25 novembre

Sainte Catherine

A la Sainte-Catherine, tout bois prend racine.

A faire aujourd'hui

8 h ....

9 h ....

10 h ....

11 h ....

12 h ....

13 h ....

14 h ....

15 h ....

16 h ....

17 h ....

18 h ....

19 h ....

20 h ....

Notes ....

La France en vert

La foire aux oignons de Mantes-la-Jolie (Yvelines)

Vieille de plus de cinq siècles, cette grande fête rassemble des milliers de visiteurs venus apprécier les rituels traditionnels qui la jalonnent : l'intronisation des chevaliers du Taste-Oignon et la distribution de soupe à l'oignon qui la suit font partie des temps forts de l'événement. Un village d'artisans, un autre d'inspiration médiévale, des initiations au tir à l'arc et à l'arbalète, des promenades sur les remparts de la ville et, bien sûr, un grand marché aux oignons sont autant d'éléments qui participent à l'ambiance joyeuse de la foire.

En tous sens

Crêpes parmentières, une recette de l'Ain

Pour 4 personnes. Ingrédients : 500 g de pommes de terre ; 3 c. à soupe de farine ; 3 œufs entiers ; 4 blancs d'œufs ; 5 cl de lait ; 3 c. à soupe de crème fraîche épaisse ; beurre pour la cuisson ; sel ; poivre.

- Pelez les pommes de terre, puis faites-les cuire pendant 20 minutes dans de l'eau bouillante salée.
- Egouttez-les et écrasez-les à l'aide d'un presse-purée, en incorporant le lait. Mettez-les dans un saladier et laissez refroidir.
- Ajoutez la farine et les œufs entiers, l'un après l'autre, en mélangeant bien entre chaque ajout. Salez et poivrez.
- Montez les blancs d'œufs en neige, puis incorporez-les au mélange précédent avec la crème fraîche.
- Faites fondre un peu de beurre dans une poêle, puis déposez-y des cuillerées de pâte en les espaçant légèrement. Faites cuire jusqu'à ce que le dessous des crêpes soit doré, puis retournez-les.
- Egouttez-les sur du papier absorbant et maintenez-les au chaud.
- Servez en accompagnement d'une viande et de légumes.

C'ÉTAIT HIER

La chapelle du mont des Alouettes

Les Herbiers (Vendée)

En 1823, la duchesse d'Angoulême, fille aînée de Louis XVI, finance la construction de cette chapelle qui sera abandonnée dès 1830. Dressée sur une colline offrant un panorama sur la région, elle fut longtemps le cadre de promenades dominicales. Elle fait face à deux moulins du XVIe siècle. Utilisés par l'armée royale pendant la guerre de Vendée, ils signalaient les mouvements de l'ennemi selon l'orientation de leurs ailes.

Jeudi 26 novembre

Sainte Delphine

A la Sainte-Delphine, mets ton manteau à pèlerine.

08 h 15
17 h 00
Sagittaire
1er décan

La France en vert

Les journées Loupiac et Foie gras (Gironde)

Lors du dernier week-end de novembre, viticulteurs et producteurs de foie gras des Landes s'associent lors d'un marché à chais ouverts pour proposer des balades gourmandes et permettre aux visiteurs de découvrir les meilleurs millésimes du vin liquoreux de Loupiac tout en dégustant de délicieuses spécialités à base de foie gras. Des déjeuners et une soirée gourmande, des dégustations à l'aveugle, des visites de vignobles de coteaux, des ateliers culinaires autour du canard et une journée portes ouvertes pour faire provision de doux délices en prévision des fêtes de fin d'année sont au programme.

A faire aujourd'hui

8 h ....

9 h ....

10 h ....

11 h ....

12 h ....

13 h ....

14 h ....

15 h ....

16 h ....

17 h ....

18 h ....

19 h ....

20 h ....

Notes ....

Au quotidien

Une chambre saine

Pour préserver la salubrité de l'atmosphère d'une chambre, faites régulièrement la poussière sans oublier de passer le chiffon sur vos ampoules électriques : le flux lumineux sera augmenté de 40%. Changez vos draps tous les quinze jours, passez l'aspirateur une fois par semaine et aérez quotidiennement.

Pour le plaisir

Devinette

Comment s'appellent les habitants d'Epernay dans la Marne ?

Solution : les Sparnaciens et les Sparnaciennes.

C'ÉTAIT HIER

Sur la route des crêtes

Grand Ballon (Haut-Rhin)

Dans les hautes Vosges serpente un chemin au sommet d'un massif : la route des crêtes, construite par l'armée française au temps de la Grande Guerre pour acheminer plus aisément les troupes du nord vers le sud de l'Alsace. Enneigée une partie de l'année, elle exigeait bien souvent qu'on s'équipe de raquettes pour effectuer le parcours. Aujourd'hui, la route attire les randonneurs, charmés par son tracé au cœur des ballons, des forêts de sapins et des pentes verdoyantes en été.

Automne

08 h 17
16 h 59
Sagittaire
1er décan

Vendredi 27 novembre

Saint Séverin

A la Saint-Séverin, la neige est en chemin.

A faire aujourd'hui

8 h ...

9 h ...

10 h ...

11 h ...

12 h ...

13 h ...

14 h ...

15 h ...

16 h ...

17 h ...

18 h ...

19 h ...

20 h ...

Notes ...

Patrimoine

Les communes de France en question

De quelle ville de Vendée s'élance chaque année la course nautique le Vendée Globe ?

Solution : les Sables-d'Olonne.

Pour le plaisir

Devinette

Un chauffeur de taxi s'engage, un peu pressé, dans une ruelle en sens interdit. Il regarde sans broncher le panneau rouge et continue. Là, il est arrêté par un policier. Tous les deux discutent un petit peu et le chauffeur de taxi repart. Comment est-ce possible ?

Solution : il est à pied !

Au quotidien

Le shiatsu

Il s'agit d'une technique d'origine japonaise visant à rétablir l'équilibre physique, psychique et mental d'une personne par le biais du massage. Le praticien exerce des pressions avec les doigts, les paumes, les poings, et même les coudes, les genoux ou les pieds sur des points précis afin de rétablir la circulation du Qi (énergie vitale) et de rééquilibrer le Yin et le Yang. Résultat : le patient retrouve sérénité et bien-être.

La France en vert

Le petit geste écolo

Faites la chasse aux emballages ! Achetez des produits en vrac ou en grandes quantités (en plus, c'est moins cher !), quitte à les reconditionner dans des boîtes plus petites. Ceci est valable pour la lessive, les pâtes, les fournitures scolaires, etc. Cela fera autant de déchets en moins.

C'ÉTAIT HIER

Le ramassage des huîtres

Cancale (Ille-et-Vilaine)

Au XIe siècle, le ramassage des huîtres était déjà une activité courante à Cancale, quoique marginale. A partir du XVIIIe siècle, en revanche, il prit une telle ampleur que Louis XVI dut réglementer le dragage. Lorsqu'elles en avaient l'autorisation, les bisquines (bateaux de pêche normands) partaient ramasser les mollusques, puis les déchargeaient dans le port à marée haute. La pêche était ensuite triée à marée basse. Aujourd'hui encore, les huîtres de Cancale sont très réputées.

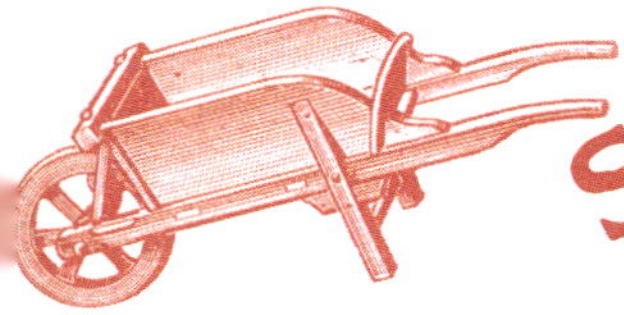

Samedi 28 novembre

Saint Jacques de la Marche

En novembre, si la première neige
ne prend pas, de l'hiver elle ne prendra.

08 h 18
16 h 58
Sagittaire
1er décan

Automne

La Rose et le Lilas

Jean Anglade

Son ménage lui fournit une consolation : ce jour-là était dimanche, deux trains d'après-midi ne passaient pas, elle pouvait s'adonner au nettoyage général. Elle lava à grande eau le sol, les murs, les vitres ; épousseta les meubles et les plafonds ; astiqua les boutons des portes. Pour s'encourager dans ces tâches fastidieuses, elle fredonnait un air appris à l'école ou au catéchisme : *Quand j'étais chez mon père,* ou bien : *Venite et adoremus Dominum.* Ces musiques la gonflaient d'une bouffée d'enfance.

Elle usait ainsi de divers procédés pour alléger ses peines. La plus assidue était l'insomnie dont elle souffrait la nuit en toutes saisons. Sa fille, son fils, ses parents la remplissaient de soucis. Pour s'en défaire, elle partait en voyage. Des courses qu'elle n'avait jamais faites, qu'elle ne ferait jamais. Elle s'imaginait prendre un de ces trains qui lui passaient sous le nez. Filant vers le Puy-Sainte-Marie, une ville qui s'est mise sous la protection de la mère de Dieu. De là, vers Nîmes, célèbre pour sa Maison carrée et ses arènes rondes. Ou bien, dans l'autre sens, vers Clermont où son mari Etienne avait fait son service militaire. Plus loin, vers Paris, « reine du monde » comme la chantait Mistinguett.

Mais ce qu'elle aurait par-dessus tout voulu voir et admirer : la mer. N'importe quelle mer, puisque quatre baignent les côtes françaises. Avec une préférence cependant pour l'océan mangeur de marins et de capitaines, l'aveugle océan, ses flots profonds redoutés des mères à genoux. Mais aussi la plaine bleue où se plaît le poisson aux nageoires d'argent. La mer où les personnes fortunées vont se baigner. Elle se consolait en se disant que les Bretons, les Normands, les Vendéens qui voient l'océan tous les jours et vivent de lui ne connaissent pas non plus, pour la plupart, l'Auvergne aux belles montagnes. Chaque terre de France a ses beautés. Elle se contentait des monts du Velay qui ornaient son horizon.

Extrait du roman *La Rose et le Lilas* de Jean Anglade,
paru aux Presses de la Cité dans la collection Trésors de France

A faire aujourd'hui

Samedi

8 h ....
9 h ....
10 h ....
11 h ....
12 h ....
13 h ....
14 h ....
15 h ....
16 h ....
17 h ....
18 h ....
19 h ....
20 h ....

Dimanche

8 h ....
9 h ....
10 h ....
11 h ....
12 h ....
13 h ....
14 h ....
15 h ....
16 h ....
17 h ....
18 h ....
19 h ....
20 h ....

Notes

Avent

Dimanche 29 novembre

08 h 19
16 h 58
Sagittaire
1er décan

Automne

08 h 21
16 h 57
Sagittaire
1er décan

Lundi 30 novembre

Saint André

Bel automne vient plus souvent que beau printemps.

A faire aujourd'hui

8 h

9 h

10 h

11 h

12 h

13 h

14 h

15 h

16 h

17 h

18 h

19 h

20 h

Notes

En tous sens

Omelette aux truffes du Périgord

Pour 4 personnes. Ingrédients : 8 œufs ; 1 truffe ; 1 c. à soupe de crème fraîche ; 2 c. à soupe de graisse d'oie ; 1 c. à soupe de persil haché ; 10 cl de madère ; sel ; poivre.

- Essuyez la truffe et émincez-la. Réservez 8 lamelles.
- Cassez les œufs et mettez 2 blancs de côté. Dans un bol, versez les 8 jaunes, 6 blancs et la truffe émincée puis battez le tout. Laissez reposer à couvert pendant 1 h.
- Battez les 2 blancs restants en neige, incorporez-les dans le bol avec la crème, le persil et le madère. Battez le mélange en omelette, salez et poivrez.
- Dans une poêle, faites chauffer la graisse d'oie puis versez la préparation. Faites cuire l'omelette à feu assez vif et retirez-la dès qu'elle est baveuse.
- Posez les 8 lamelles de truffe réservées sur l'omelette et servez aussitôt.

La France en vert

Marchez écolo

Pour chausser vos pieds, optez pour les baskets vertes, réalisées en majeure partie avec des produits recyclés : le tissu est fabriqué à partir de bouteilles en plastique, les semelles avec des pneus, les lacets et les semelles intérieures avec du chanvre, etc.

Au quotidien

En cas de tapage nocturne

Si vos voisins chantent à tue-tête ou qu'ils utilisent une perceuse électrique entre 22 h et 7 h, on parle de tapage nocturne. Si les démarches à l'amiable (discussion avec le voisin, courrier, recours à un conciliateur, voire à un huissier) ne suffisent pas à faire cesser les nuisances, vous pouvez contacter la police. Votre voisin sera passible d'une amende.

C'ÉTAIT HIER

Les grottes auvergnates

Royat (Puy-de-Dôme)

La grotte des Laveuses abritait autrefois un petit lavoir rustique, naturellement alimenté par plusieurs sources. Les ménagères s'y rendaient à la belle saison, pour profiter de sa fraîcheur. Non loin, la grotte des Chiens tient son nom d'une coutume révolue : pour prouver aux visiteurs qu'elle avait une forte teneur en dioxyde de carbone, les guides y descendaient un chien ; une fois remonté, l'animal titubait car il était à moitié asphyxié...

Mardi 1er décembre

Sainte-Florence

Décembre prend, il ne rend.

08 h 22
16 h 57
Sagittaire
1er décan

Automne

Patrimoine

Quiz – Iles et presqu'îles

1. Combien d'habitants compte le Mont-Saint-Michel ?
a. 25
b. 38
c. 46

2. Le célèbre fort Boyard a été construit entre l'île d'Aix et l'île d'Oléron au XIXe siècle. Dans quel but ?
a. pour protéger Rochefort des Anglais
b. pour bâtir une prison d'où personne ne s'échapperait
c. pour constituer un arsenal inaccessible

3. Quelle est l'île de Charente-Maritime que Pierre Loti surnommait « la lumineuse » ?
a. l'île d'Aix
b. l'île d'Oléron
c. l'île de Ré

Solution : 1 c, 2 a, 3 b.

La France en vert

Les bains de Dorres (Pyrénées-Orientales)

Un bain chaud en plein air au cœur de la montagne, cela vous tente ? Situés à 1 450 mètres d'altitude, ces thermes proposent toute l'année une eau naturellement chauffée à 38 °C. On peut ainsi apprécier les bienfaits adoucissants, apaisants et régénérateurs de l'eau sulfureuse, tout en contemplant le superbe panorama de montagnes et de forêts qui s'ouvre entre le Canigou et la Sierra del Cadi et ce, même s'il neige ou que la température extérieure dépasse à peine 0 °C !

Au quotidien

Un accélérateur de sèche-linge

Economisez temps et énergie lorsque vous utilisez votre sèche-linge en glissant, au milieu de la lessive mouillée, une serviette-éponge sèche. Celle-ci absorbera au fur et à mesure les gouttelettes dégagées par le reste du linge.

A faire aujourd'hui

8 h ....
9 h ....
10 h ....
11 h ....
12 h ....
13 h ....
14 h ....
15 h ....
16 h ....
17 h ....
18 h ....
19 h ....
20 h ....
Notes ....

C'ÉTAIT HIER

La vogue du patin à glace

Vincennes (Val-de-Marne)

Si Marie-Antoinette aimait glisser sur les plans d'eau gelés du château de Versailles, c'est dans les années 1860, sous l'impulsion de Napoléon III et de l'impératrice Eugénie, que le patin à glace devint véritablement une mode. Aux beaux jours d'hiver, l'élite bourgeoise allait s'entraîner sur les lacs du bois de Boulogne, tandis que le bois de Vincennes accueillait une foule plus bigarrée. On ne patinait pas vite alors : on préférait évoluer en faisant de gracieux mouvements dansants.

Automne

08 h 23
16 h 56
Sagittaire
1er décan

Mercredi 2 décembre

Sainte Viviane

En décembre, fais du bois et endors-toi.

A faire aujourd'hui

8 h ....
....
9 h ....
....
10 h ....
....
11 h ....
....
12 h ....
....
13 h ....
....
14 h ....
....
15 h ....
....
16 h ....
....
17 h ....
....
18 h ....
....
19 h ....
....
20 h ....
....
Notes ....
....
....

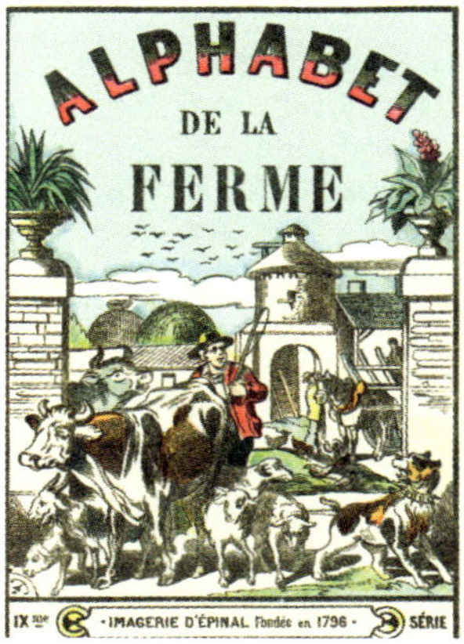

Patrimoine

L'imagerie à Epinal (Vosges)

L'imagerie est née à Epinal en 1796 sous l'impulsion de Jean-Charles Pellerin, qui fabriquait jusque-là des cartes à jouer et des estampes religieuses. Après la Révolution française, les thématiques religieuses étant proscrites, il se tourna vers la création d'images à la gloire de Napoléon. Le succès aidant, la petite entreprise prospéra et entraîna l'ouverture d'autres fabriques concurrentes dans la ville. Rivalisant d'ingéniosité, elles trouvèrent de nouveaux débouchés en diffusant des vignettes représentant la littérature traditionnelle et des images à visée morale à destination des enfants. Des jeux, des théâtres en papier, des images à découper et à construire vinrent compléter le tableau durant cet âge d'or de l'imagerie d'Epinal.

La France en vert

Les travaux de la première quinzaine de décembre

- Eliminez les fruits abîmés restant sur les arbres fruitiers ou tombés au sol.
- Effectuez un traitement d'hiver sur les arbres fruitiers.
- Supprimez toute la végétation fanée des plantes vivaces.
- Arrachez les annuelles défleuries.
- Finissez l'installation des bulbes à floraison printanière.

En tous sens

Le sucre

Apprécié durant l'Antiquité, le sucre était plus ou moins tombé dans l'oubli au Moyen Age, où le miel venait adoucir la plupart des desserts. On le redécouvrit au XVIe siècle : les fruits confits dans un sirop de sucre, les confitures, les gelées, les pâtes de coing ainsi que les confiseries italiennes firent leur apparition et remportèrent un franc succès.

C'ÉTAIT HIER

Les santons

Provence

La première crèche vit le jour dans une église de Marseille en 1775, mais la Révolution mit fin à cette représentation de la naissance de Jésus. Le santoun, ou « petit saint », apparaît alors pour pallier cette interdiction, afin de transposer la crèche de l'église au sein des foyers. Réalisés en argile rouge, peints et colorés, les santons de la Nativité se mêlent aux animaux, aux bergers, au curé ou encore aux artisans régionaux dans des scènes typiques de Provence.

Jeudi 3 décembre

Saint François-Xavier

Décembre aux pieds blancs s'en vient, an de neige et an de bien.

08 h 25
16 h 56
Sagittaire
2e décan

Automne

Au quotidien
Au top pour les fêtes

Dans les semaines qui précèdent Noël, veillez à ne pas sauter de repas et à manger équilibré. Limitez l'alcool et privilégiez avant tout fruits, légumes et aliments riches en fibres, afin de purifier votre organisme. Buvez du thé vert, source d'antioxydants, qui favorise la digestion. Enfin, reposez-vous : votre corps, en forme, réagira mieux au moment des ripailles.

Pour le plaisir
Devinette

Je connais quelqu'un qui toujours m'est proche, et qui pourtant dans le noir disparaît. Une force invisible la contraint à me suivre mais, bien qu'elle me touche, je ne peux la sentir. Qui est-elle ?

Solution : Mon ombre.

A faire aujourd'hui

8 h ....

9 h ....

10 h ....

11 h ....

12 h ....

13 h ....

14 h ....

15 h ....

16 h ....

17 h ....

18 h ....

19 h ....

20 h ....

Notes ....

Patrimoine
La légende de saint Nicolas

Saint Nicolas naquit vers 270 en Turquie et mourut en 343 alors qu'il était évêque. Son culte se répandit tout d'abord en Orient. Des guérisons et autres phénomènes miraculeux lui furent attribués, attirant les foules. La légende conte l'histoire de trois enfants égarés qui demandèrent l'hospitalité à un boucher, lequel les tua, les découpa en morceaux et les plaça dans un saloir. Sept ans plus tard, saint Nicolas vint demander à goûter le petit salé. Démasqué, le boucher s'enfuit. Usant alors de ses pouvoirs, saint Nicolas rendit la vie aux enfants, qui déclarèrent avoir bien dormi et s'être sentis aussi bien qu'au paradis. Il est depuis lors le bienfaiteur des enfants et on le célèbre dans de nombreux pays d'Europe. Saint Nicolas est également le patron de la Lorraine, où il est célébré, ainsi qu'en Alsace.

C'ÉTAIT HIER
Vacances à la Belle Epoque

Mont-Dore (Puy-de-Dôme)

Grâce au chemin de fer, Mont-Dore devint une station très fréquentée à la Belle Epoque. Dotée de thermes néogothiques et d'un palace, elle attirait tout le gotha européen. Les chanteurs lyriques comptaient sur ses eaux siliceuses pour soigner leurs voies respiratoires ; les écrivains trouvaient dans son environnement une source d'inspiration ; la belle société, entre deux excursions, allait se divertir au casino. Le tourisme hivernal s'y développa après 1936, avec les premières pistes de ski.

08 h 26
16 h 55
Sagittaire
2e décan

Vendredi 4 décembre

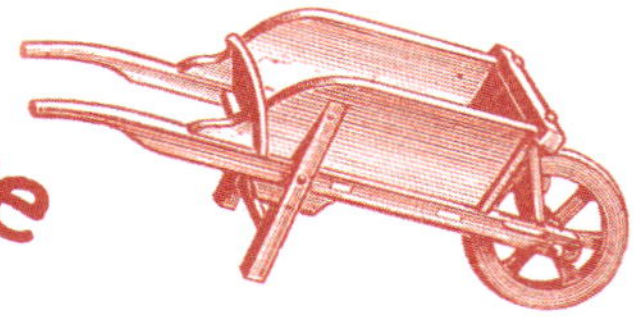

Sainte Barbara

Ail mince de peau, hiver court et beau.

A faire aujourd'hui

8 h ....

9 h ....

10 h ....

11 h ....

12 h ....

13 h ....

14 h ....

15 h ....

16 h ....

17 h ....

18 h ....

19 h ....

20 h ....

Notes ....

Patrimoine

Les communes de France en question

Quelle ville de Haute-Savoie a accueilli les jeux Olympiques en 1924 ?

Solution : Chamonix.

En tous sens

Le berlingot de Carpentras (Vaucluse)

"Un tétraèdre qui enferme dans ses douces limites toutes les voluptés du goût et de l'odorat, toutes les irisations de notre lumière provençale" : voici comment le poète André de Richaud décrivait le célèbre bonbon. Bien des villes se réclament de sa paternité et prétendent l'avoir mis au point à diverses époques, mais celui que nous connaissons aujourd'hui est né en 1844 dans l'atelier d'un confiseur carpentrassien, François Long. Sa recette fut reprise par un autre confiseur, qui eut l'idée lumineuse de les parfumer et de les colorer.

La France en vert

Cabanes en fête à Andernos-les-Bains (Gironde)

Créée il y a à peine sept ans, cette manifestation s'est construite autour d'un concept : associer un ostréiculteur, un viticulteur, un restaurateur et un artiste. Les visiteurs peuvent ainsi déambuler de cabane en cabane et déguster des huîtres et des tapas, tout en sirotant un verre d'entre-deux-mers et en jetant un œil aux œuvres des artistes locaux. Au cours de la journée, on peut aussi assister à un défilé de vieux gréements, à une course de pinasses et à des démonstrations autour de l'huître orchestrées par de grands chefs cuisiniers.

C'ÉTAIT HIER

Tanneries des faubourgs

Rennes (Ille-et-Vilaine)

Les tanneries se multiplièrent à Rennes au XIXe siècle, en particulier dans le quartier Saint-Martin, qui faisait alors partie des faubourgs de la ville. Elles étaient implantées sur les rives de l'Ille et du canal Saint-Martin. L'avant-dernière étape du tannage se déroulait dans les séchoirs : ces constructions sont reconnaissables à leurs galeries de bois, où l'on mettait à sécher les peaux tannées et lustrées, en attendant de les assouplir.

Samedi 5 décembre

Saint Gérald

Rossignol de décembre muet en sa prison
présage tardive et froide saison.

08 h 27
16 h 55
Sagittaire
2e décan

Automne

Gwaz-Ru

Hervé Jaouen

En Bretagne, beaucoup de patronymes découlent de sobriquets ayant stigmatisé une particularité physique, réelle ou inventée, de lointains aïeux : un gros nez, un dos large, des jambes courtes, et ainsi de suite pour un inventaire des organes remarquables donnant aux registres d'état civil un faux air de manuel d'anatomie. En ce qui concerne Nicolas Scouarnec, un nouveau critère s'était substitué à celui dont il était censé avoir hérité. Non plus physique mais doctrinal, le trait caractéristique ne se perdait pas dans la nuit des générations mais coïncidait avec l'entrée dans l'âge adulte de l'impétrant. C'est au début des années 1920, retour du service militaire, que le journalier fut rebaptisé, probablement par un patron de ferme horrifié par ses revendications égalitaristes, d'un qualificatif qui allait lui rester et serait utilisé par tous, y compris femme et enfants, jusqu'à la fin de ses jours : Gwaz-Ru, l'homme rouge, le Rouge, un père fouettard de bourgeois et bouffeur de curés, un personnage effrayant qu'on menace d'appeler pour attendrir la couenne des enfants indociles.

Jusque-là, ce natif de Briec-de-l'Odet n'avait mérité que les épithètes courantes de penn-kalet, penn-fall et beg-vras, têtu, mauvais esprit et grande gueule, défauts mineurs qu'on pardonne volontiers à un journalier, d'autant qu'ils tournent parfois en qualités quand le cabochard, cousin germain de l'idiot du village, s'entête dans un travail devant lequel se déroberait un étalon intelligent, pour la gloriole et au bénéfice de son patron, qui s'en frotte les mains. Nicolas Scouarnec n'était pas de ceux-là. Si la corvée dépassait la mesure acceptable, déjà, adolescent, il balançait son outil dans les pattes du fermier et abandonnait l'ouvrage. Broutilles, enfantillages, en comparaison des idées qu'il prêchait à présent.

Extrait du roman *Gwaz-Ru* d'Hervé Jaouen
paru aux Presses de la Cité dans la collection Terres de France

A faire aujourd'hui

Samedi

8 h ....
9 h ....
10 h ....
11 h ....
12 h ....
13 h ....
14 h ....
15 h ....
16 h ....
17 h ....
18 h ....
19 h ....
20 h ....

Dimanche

8 h ....
9 h ....
10 h ....
11 h ....
12 h ....
13 h ....
14 h ....
15 h ....
16 h ....
17 h ....
18 h ....
19 h ....
20 h ....

Notes

Saint Nicolas

Dimanche 6 décembre

08 h 28
16 h 55
Sagittaire
2e décan

Automne

08 h 29
16 h 54
Sagittaire
2e décan

Lundi 7 décembre

Saint Ambroise

Si Saint-Ambroise voit neiger, de huit jours de froid nous sommes en danger.

A faire aujourd'hui

8 h ……………………………
……………………………
9 h ……………………………
……………………………
10 h ……………………………
……………………………
11 h ……………………………
……………………………
12 h ……………………………
……………………………
13 h ……………………………
……………………………
14 h ……………………………
……………………………
15 h ……………………………
……………………………
16 h ……………………………
……………………………
17 h ……………………………
……………………………
18 h ……………………………
……………………………
19 h ……………………………
……………………………
20 h ……………………………
……………………………
Notes ……………………………
……………………………
……………………………

La France en vert

Le lac Vert (Hautes-Alpes)

Caché au cœur de la vallée Etroite, à deux pas de la frontière italienne, ce lac offre un paysage de lagon aux eaux émeraude incroyablement limpides et chatoyantes. Des troncs d'arbres morts, abattus par les vents ou les mouvements de terrain, tapissent son fond en un enchevêtrement délicat. Le lac doit sa couleur surprenante à sa faible profondeur et à une algue d'eau douce. Sur le chemin qui y mène, ne manquez pas d'admirer les nombreux cadrans solaires que recèlent les routes briançonnaises.

Au quotidien

Une argenterie parfaite

Tapissez un grand plat de papier d'aluminium et remplissez-le d'eau très chaude. Ajoutez 2 ou 3 c. à soupe de gros sel. Trempez vos couverts en argent dans le mélange et retirez-les dès que les taches d'oxydation disparaissent. Essuyez-les rapidement, puis rincez-les à l'eau claire et essuyez-les de nouveau.

En tous sens

Le pain bouilli

Le pain bouilli, ou "po buli", est un pain familial fabriqué dans les Alpes. Il est exclusivement composé de farine de seigle et se cuit sans levain et sans sel, la farine étant simplement mêlée à de l'eau bouillante. La pâte qui en résulte est cuite au four pendant sept heures. On dit que ce pain peut se conserver plusieurs mois.

C'ÉTAIT HIER

Marchandes d'ail des Halles

Paris (Ile-de-France)

Au XIXe siècle, les marchandes d'ail étaient légion sur les marchés. Aujourd'hui, avec une production annuelle d'environ 18 000 tonnes contre 12 millions en Chine, premier producteur mondial, la France apprécie toujours ce bulbe aux vertus antioxydantes et antiseptiques. Les aulx français viennent du Sud-Est avec l'ail blanc de Provence, de Drôme et du Var, du Sud-Ouest avec l'ail rose de Lautrec, le violet de Cadours et le blanc de Lomagne, d'Auvergne ou encore du Nord avec celui fumé d'Arleux.

Mardi 8 décembre

Immaculée Conception

Belle nuit en hiver, jour qui suit souvent couvert.

08 h 30
16 h 54
Sagittaire
2e décan

En tous sens

Pains d'anis, biscuits de Noël alsaciens

Pour 40 biscuits environ. Ingrédients : 6 œufs à température ambiante ; 500 g de sucre en poudre ; 3 c. à soupe de grains d'anis ; 550 g de farine.

- Mettez les œufs dans un saladier et ajoutez le sucre. Battez au fouet pendant au moins 30 minutes, jusqu'à l'obtention d'un ruban.
- Incorporez les grains d'anis et battez de nouveau.
- Versez la farine petit à petit, sans cesser de battre.
- A l'aide d'une poche à douille, déposez de petits tas de pâte sur 2 plaques à pâtisserie recouvertes de papier sulfurisé.
- Laissez reposer dans un endroit chaud, à l'abri des courants d'air, pendant toute une nuit.
- Préchauffez le four à 160 °C.
- Faites cuire pendant 10 minutes : un petit socle doit se former, mais le dessus doit rester blanc. Laissez refroidir sur une grille.

Pour le plaisir

Financez un projet solidaire

Si vous avez envie de faire une bonne action pour Noël, pourquoi ne pas soutenir un entrepreneur, à proximité ou à l'étranger, en lui donnant accès au microcrédit ? Il existe diverses plateformes sur Internet visant à financer toutes sortes de projets.

Au quotidien

Shampooing à la saponaire

La racine de la saponaire a la particularité de faire mousser l'eau dans laquelle elle est trempée. On peut préparer soi-même son shampooing en faisant bouillir cette racine puis en la laissant macérer avec des fleurs de tilleul (pour cheveux blonds), avec des fleurs de souci (pour cheveux roux) ou des fleurs de romarin (pour cheveux noirs et châtains). On peut ajouter des fleurs de lavande si on a les cheveux gras.

A faire aujourd'hui

8 h ....

9 h ....

10 h ....

11 h ....

12 h ....

13 h ....

14 h ....

15 h ....

16 h ....

17 h ....

18 h ....

19 h ....

20 h ....

Notes ....

C'ÉTAIT HIER

Bataille de fleurs

Nice (Alpes-Maritimes)

C'est en 1876 que la première bataille de fleurs vint s'intégrer aux festivités du carnaval de Nice. Il s'agissait à l'origine d'un simple échange de fleurs, mais le concept évolua et bientôt la bataille de fleurs se mua en une parade de chars savamment fleuris, depuis lesquels des jeunes femmes costumées lançaient des fleurs aux spectateurs. Chaque année, ce sont ainsi près de 100 000 fleurs, pour la plupart originaires de la région, qui sont lancées au public.

Automne

08 h 32
16 h 54
Sagittaire
2e décan

Mercredi 9 décembre

Saint Pierre Fourier

Belle nuit en hiver,
jour qui suit souvent couvert.

A faire aujourd'hui

8 h ....

9 h ....

10 h ....

11 h ....

12 h ....

13 h ....

14 h ....

15 h ....

16 h ....

17 h ....

18 h ....

19 h ....

20 h ....

Notes ....

En tous sens

Le vin chaud, délice aux épices

Mettez dans une casserole 1,5 litre de vin rouge, 250 g de sucre en poudre, 2 zestes d'agrumes, 2 bâtons de cannelle, 2 étoiles de badiane, 2 clous de girofle, 1 morceau de gingembre de 1 cm râpé et 1 pointe de noix muscade râpée. Faites chauffer à feu doux et laissez frémir pendant 5 minutes. Filtrez, puis servez.

Au quotidien

Travaux votés par la copropriété : qui doit payer ?

Si vous achetez un appartement en copropriété et que des travaux pour un ravalement, par exemple, ont été votés à l'assemblée générale précédente, sachez que ce n'est pas la date de ladite assemblée qui compte pour déterminer qui doit payer, mais la date d'appel de fonds. Si celui-ci est postérieur à l'achat, ce sera à vous de régler les frais. Ce genre de point peut toutefois être discuté au préalable entre vendeur et acheteur, et notifié devant notaire afin d'éviter tout litige.

La France en vert

Le compost naturel

N'hésitez pas à conserver vos déchets de cuisine et de jardin ! Leur stockage dans un conteneur ou leur mise en tas entraînera une fermentation qui donnera un excellent engrais. Vous pouvez mélanger vos restes de repas, les os de viande, le marc de café, les journaux, les papiers d'emballage, les plantes mortes, les mauvaises herbes, la sciure de bois, etc. Plus vous mélangerez les produits, plus vous garantirez à votre compost un bon équilibre carbone/azote. Une fois les déchets entassés, il vous suffira de les retourner de temps à autre. La décomposition sera réalisée en 4 ou 5 mois en conteneur et en 8 mois si les déchets sont laissés en tas.

C'ÉTAIT HIER

La Côte d'Amour

La Baule-Escoublac (Loire-Atlantique)

La Côte d'Amour est le nom du littoral allant de Mesquer jusqu'à l'embouchure de la Loire. Ce nom a été attribué en 1911 à la suite d'un concours lancé par le journal *La Mouette* devant l'engouement touristique pour cette région. L'un des sites majeurs de la Côte d'Amour est la baie du Pouliguen, avec la superbe et longue plage de La Baule, et, en retrait du front de mer, la forêt d'Escoublac. Plusieurs importantes stations balnéaires comme Le Croisic ou Batz-sur-Mer en font également partie.

Jeudi 10 décembre

Saint Romaric

Tonnerre en décembre annonce pour l'an qui vient abondance de biens.

08 h 33
16 h 54
Sagittaire
2e décan

Pour le plaisir

Qui a peur du grand méchant loup ?

D'après un sondage, 80 % des Français sont favorables à sa présence dans la nature française. De même, d'autres espèces protégées qui font pourtant l'objet de plans d'abattage, comme le vautour ou le bouquetin, remportent le soutien de la population. Des associations comme l'ASPAS (Association pour la protection des animaux sauvages) lancent des actions pour mettre fin aux préjugés sur ces animaux. Soutenez-les !

Au quotidien

Ouille, la rouille !

Pour éviter que vos vis ou boulons ne rouillent une fois posés, pensez à les enduire généreusement de vaseline avant de les mettre en place. Celle-ci formera une excellente protection.

A faire aujourd'hui

8 h ....

9 h ....

10 h ....

11 h ....

12 h ....

13 h ....

14 h ....

15 h ....

16 h ....

17 h ....

18 h ....

19 h ....

20 h ....

Notes ....

C'ÉTAIT HIER

Costumes de pays

Les Pyrénées

Chaque région, voire département, possède ses propres costumes traditionnels. Dans les Pyrénées, selon les villes et les vallées, les femmes portaient des étoffes différentes. Généralement composé d'une robe, portée croisée, d'un jupon, d'un tablier, d'un châle brodé et d'une coiffe en tissu, l'ensemble variait en coloris selon la provenance. Ces costumes ont aujourd'hui disparu de notre quotidien, mais restent à l'honneur à l'occasion de fêtes traditionnelles.

Automne

☀ 08 h 34
16 h 54
Sagittaire
2e décan

Vendredi 11 décembre

Saint Daniel

Tel temps à la Saint-Daniel, même temps à Noël.

A faire aujourd'hui

8 h ....
....
9 h ....
....
10 h ....
....
11 h ....
....
12 h ....
....
13 h ....
....
14 h ....
....
15 h ....
....
16 h ....
....
17 h ....
....
18 h ....
....
19 h ....
....
20 h ....
....
Notes ....
....
....

Patrimoine

Les communes de France en question

Quelle ville des Deux-Sèvres est particulièrement célèbre pour les angéliques confites qu'elle produit ?

Solution : Niort.

La France en vert

La fête de la dinde à Licques (Pas-de-Calais)

Au Moyen Age, déjà, la dinde était reine à Licques ! Les éleveurs de la région continuent de faire honneur à la tradition et élèvent en plein air des dindes, dont la réputation n'est plus à faire. Chaque année, ces gallinacés sont au cœur d'une fête où on les voit défiler fièrement… avant de s'en délecter dans un grand repas animé à l'accordéon ou d'en faire provision au marché du terroir. En point d'orgue de la journée, un défilé loufoque de dindes mécaniques !

Pour le plaisir

La bonne pensée du jour !

"En te levant le matin, rappelle-toi combien précieux est le privilège de vivre, de respirer, d'être heureux." Ou comment reconnaître les cadeaux de la vie selon Marc Aurèle.

Au quotidien

Un lave-vaisselle qui sent bon

Lorsque vous pressez un citron, conservez-en une moitié et déposez-la dans le panier à couverts du lave-vaisselle avant de le mettre en marche. Il assainira la machine et laissera un parfum frais.

C'ÉTAIT HIER

Au cœur de la vie mancelle

Le Mans (Sarthe)

Anciennement place des Halles, la place de la République abrita le marché central jusqu'à la fin du XIXe siècle et constituait le pôle marchand de la cité. La Bourse du Mans y fut édifiée en 1886, suivie de l'hôtel des Postes ; le couvent de la Visitation, avec sa grande façade blanche surmontée d'un campanile, faisait office de palais de justice et de prison après la Révolution. C'est là que se déroula, les 12 et 13 décembre 1793, la sanglante bataille du Mans, qui s'acheva sur la déroute de l'armée vendéenne.

Samedi 12 décembre

Sainte Jeanne-Françoise de Chantal

Neige au blé est bénéfique
comme au vieillard la pelisse.

08 h 34
16 h 54
Sagittaire
2e décan

Automne

La Recluse du Destel
Martine Alix Coppier

Ce matin-là, en ouvrant les yeux, Marie a senti quelque chose d'inhabituel, un silence ouaté, des bruits étouffés. La blancheur du sol et des arbres lui a appris que la neige est tombée dans la nuit. Elle a cueilli dans sa main en étoile une poignée de légers flocons, comme elle aimait le faire enfant, quand la neige si rare tombait sur La Ciotat, mais en ce jour, son cœur s'est fendu. Pour elle, c'est une difficulté de plus pour se rendre au village. Elle a l'âme bien triste, Marie, aussi sombre que le ciel.

Evenos lui apparaît au détour du chemin, squelettes givrés des arbres, pierres écroulées des anciens murs, maisons aux toits gaufrés de blanc d'où se déroulent des volutes de fumée bleutée. Elle est montée au village, les doigts gelés, comme une ombre furtive se glissant dans les ruelles à peine éclairées par la lueur du petit jour glacial. Elle espère glaner quelques croûtons de pain ou épluchures dans les cours, dérobées aux poules et aux lapins. La faim la tenaille presque autant que le remords.

Dans les cuisines où ronfle un bon feu de cheminée, les femmes préparent le repas de fête. Les pompes à huile sont déjà prêtes, attendant d'être dégustées au repas de Noël. Marie les imagine briochées, gonflées, légères, avec l'ineffable parfum si fruité de l'huile d'olive et de la fleur d'oranger... Affamée comme elle est, la recluse pourrait se damner rien que pour en respirer l'odeur.

Extrait du roman *La Recluse du Destel* de Martine Alix Coppier
paru aux Presses de la Cité dans la collection Terres de France

A faire aujourd'hui

Samedi
8 h ....
9 h ....
10 h ....
11 h ....
12 h ....
13 h ....
14 h ....
15 h ....
16 h ....
17 h ....
18 h ....
19 h ....
20 h ....

Dimanche
8 h ....
9 h ....
10 h ....
11 h ....
12 h ....
13 h ....
14 h ....
15 h ....
16 h ....
17 h ....
18 h ....
19 h ....
20 h ....

Notes

Dimanche 13 décembre

Sainte Lucie

08 h 35
16 h 54
Sagittaire
3e décan

08 h 36
16 h 54
Sagittaire
3e décan

Lundi 14 décembre

Sainte Odile

Quand à la Sainte-Odile tombe la neige,
le gel est souvent du cortège.

A faire aujourd'hui

8 h ....

9 h ....

10 h ....

11 h ....

12 h ....

13 h ....

14 h ....

15 h ....

16 h ....

17 h ....

18 h ....

19 h ....

20 h ....

Notes ....

En tous sens

Les treize desserts de Noël en Provence

Sur la table provençale, treize desserts, représentant les treize convives de la Cène, sont servis en même temps :

- raisins secs ;
- figues sèches ;
- amandes et noix ;
- prunes de Brignoles ;
- pommes et poires d'hiver ;
- cédrats confits ;
- confiture de coing et confiture de fruits au moût de raisin ;
- nougat blanc (noisettes, pignons et pistaches) et nougat noir (miel) ;
- cachat piquant (fromage blanc) ;
- fougasses ;
- bugnes frites ;
- galettes au lait parfumées au fenouil et au cumin ;
- pompe à l'huile (ou fougasse d'Arles).

Au quotidien

Bien au chaud

Pour soulager les douleurs abdominales ou les contractures musculaires, apaiser un torticolis ou les douleurs liées à l'arthrite, rien de tel qu'une bouillotte ! Remplissez-la aux deux tiers d'eau chaude et chassez-en la vapeur avant de l'appliquer sur la zone endolorie.

La France en vert

Prenez soin des pots en terre cuite

Avec le gel, les pots en terre de votre jardin, notamment ceux qui sont vernissés, risquent de se fendre, surtout s'ils sont mouillés. Il est préférable de rentrer toutes les poteries en ayant soin de bien les nettoyer et de les sécher. Celles contenant des plantes laissées à l'extérieur devront être recouvertes de film plastique à bulles ou entourées de paille.

C'ÉTAIT HIER

Les sabotiers

Luynes (Indre-et-Loire)

Avant la Seconde Guerre mondiale, les sabots étaient d'usage courant dans toute la France. Leur forme variait selon les régions : ils étaient ouverts en Provence, massifs en Auvergne, pointus dans les Pyrénées, légers dans les Alpes. Les essences utilisées étaient le peuplier, l'aulne, le hêtre, le bouleau et le saule, faciles à creuser. Une fois façonné et paré, le sabot était verni et éventuellement orné d'une bride en cuir. Les artisans confirmés fabriquaient en moyenne quatre paires de sabots par jour.

Mardi 15 décembre

Sainte Ninon

Neige de décembre est engrais pour la terre.

08 h 37
16 h 54
Sagittaire
3e décan

Automne

En tous sens

Une histoire de dinde

En débarquant en Amérique, Christophe Colomb, pensant arriver en Inde, avisa un gallinacé, qu'il surnomma poule d'Inde. Le terme nous est parvenu sous sa forme contractée : dinde. Elle fit son apparition sur les tables au temps de Louis XIV. On prit l'habitude de la servir avec des marrons car les châtaignes se récoltaient aisément dans la nature et étaient signe de providence dans les campagnes.

Au quotidien

Du nerf pour le goût !

Lorsque nous mangeons, le nerf lingual, qui innerve la cavité buccale et une partie de la langue, est stimulé par les aliments et transmet des informations de température, de texture et de douleur au cerveau. Ainsi, si nous consommons du menthol, celui-ci stimule les récepteurs de la langue activés par le froid, et le nerf lingual transmet une sensation de fraîcheur. Le piment, lui, activera les capteurs sensibles à la douleur et provoquera une impression de brûlure.

A faire aujourd'hui

8 h ....

9 h ....

10 h ....

11 h ....

12 h ....

13 h ....

14 h ....

15 h ....

16 h ....

17 h ....

18 h ....

19 h ....

20 h ....

Notes ....

C'ÉTAIT HIER

Vie portuaire

Trouville (Calvados)

Dès le début du XIXe siècle, Trouville attira peintres et romanciers, séduits par son cadre idyllique et isolé. A partir de 1830, ce sont les vacanciers aisés qui vinrent y prendre des bains de mer, devenus à la mode. C'est ainsi que Trouville devint l'une des premières stations balnéaires huppées de Normandie. Le port de pêche ne disparut pas pour autant, et les pêcheurs continuèrent de partir en mer en quête de maquereaux notamment, abondants dans la baie.

Automne

08 h 38
16 h 54
Sagittaire
3e décan

Mercredi 16 décembre

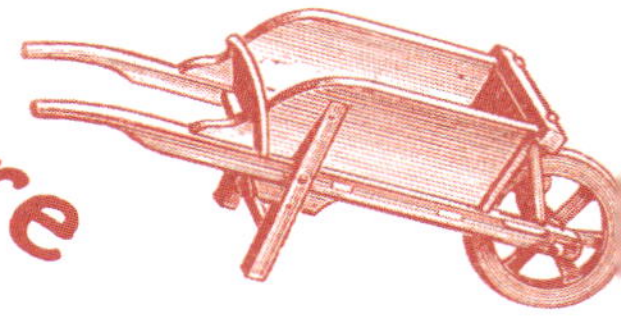

Sainte Alice

A la Sainte-Alice, si tu as trop froid,
va te réchauffer à Nice.

A faire aujourd'hui

8 h ....

9 h ....

10 h ....

11 h ....

12 h ....

13 h ....

14 h ....

15 h ....

16 h ....

17 h ....

18 h ....

19 h ....

20 h ....

Notes ....

Patrimoine

Quiz – Les jolis villages de France

1. Quel joli village de France séduit notamment par la superbe vue qu'il offre sur le lac Léman ?
a. Gex
b. Viry
c. Yvoire

2. Quelle commune, baptisée « la perle du Léman », offre une eau dont les vertus sont découvertes en 1790 par un Auvergnat, qui remarque que ses maux de foie et de reins diminuent lorsqu'il boit à la fontaine Sainte-Catherine ?
a. Thonon
b. Evian-les-Bains
c. Vittel

3. Quelle commune d'Ille-et-Vilaine est surnommée « berceau du romantisme » car François-René de Chateaubriand a vécu une partie de sa jeunesse dans le château de la ville ?
a. Combourg
b. Argentré-du-Plessis
c. Bréal-sous-Montfort

Solution : 1 c, 2 b, 3 a.

Pour le plaisir

Devinette

Comment s'appellent les habitants de Bayeux ?

Solution : les Bajocasses ou Bayeusains et Bayeusaines.

La France en vert

Les travaux de la seconde quinzaine de décembre

- Rangez les outils et protégez les poteries en les recouvrant de film plastique à bulles.
- Retirez les pompes du bassin.
- Rangez les tuyaux d'arrosage en veillant à ce qu'ils ne contiennent plus d'eau.
- En période de non-gel, vous pouvez toujours continuer à planter les rosiers à racines nues, les arbustes à feuillage caduc livrés en mottes et en containers, et les conifères livrés en mottes et en containers.
- Evitez de marcher sur la pelouse lorsqu'elle est gelée.

C'ÉTAIT HIER

Coiffes d'autrefois

Pays bressan

Du grand nœud noir alsacien à la coiffe en pain de sucre du pays bigouden, la coiffe de cérémonie était dans certaines régions l'élément le plus saisissant du costume. En Bresse, elle était composée d'un plateau de feutre noir surmonté d'une sorte de cheminée, plus ou moins conique et évasée selon les villages, et recouverte de pans de dentelle noire retombant sur les épaules. Apparue semble-t-il au XVIe siècle, elle aurait été inspirée des coiffes piémontaises.

Jeudi 17 décembre

Saint Gaël

A la Saint-Gaël, petit moulin tourne tes ailes.

08 h 39
16 h 54
Sagittaire
3e décan

La France en vert

Château-Chalon (Jura)

Planté en haut d'une falaise de calcaire, ce village a beau être tout petit, il n'en jouit pas moins d'une grande réputation en raison du vin jaune qu'il produit. A l'origine, ce sont des bénédictines, vivant dans l'abbaye accolée au château du village, qui plantèrent les vignes sur les coteaux en contrebas. L'abbaye fut détruite durant la Révolution et le château fort ne dresse plus que son donjon au-dessus de la vallée, mais les vignerons habitent toujours les lieux, comme en témoignent les maisons massives qui surmontent de larges caves voûtées.

A faire aujourd'hui

8 h ....
9 h ....
10 h ....
11 h ....
12 h ....
13 h ....
14 h ....
15 h ....
16 h ....
17 h ....
18 h ....
19 h ....
20 h ....
Notes ....

Au quotidien

Les droits et obligations des grands-parents

Les grands-parents ont un droit de visite et d'hébergement de leurs petits-enfants, mais aussi celui d'échanger une correspondance avec eux et de participer à leur éducation dans la mesure où ils ne se substituent pas aux parents. Ces droits restent valables en cas de divorce des parents, dans le cas d'un enfant naturel et lorsque le petit-enfant est adopté. Ces droits ne peuvent être retirés par le juge que pour des motifs graves.

En tous sens

Du pain dans la soupe

Au Moyen Age, le terme soupe désignait la tranche de pain que l'on trempait dans du bouillon ou du lait et qui servait de base à chaque repas. C'est de cette époque que date la tradition de mettre du pain dans les recettes de la garbure ou de la soupe aux choux.

C'ÉTAIT HIER

Sur les terres de Chateaubriand

Combourg (Ille-et-Vilaine)

Située entre Rennes et Saint-Malo, la paisible bourgade de Combourg n'aurait peut-être pas suscité d'intérêt particulier si elle n'avait porté sur ses terres un imposant château, qui accueillit au XIXe siècle un hôte fort célèbre : François-René de Chateaubriand. L'écrivain y passa son enfance et resta profondément marqué par les lieux. « C'est dans les bois de Combourg que je suis devenu ce que je suis », affirmait-il dans ses *Mémoires d'outre-tombe.*

Automne

08 h 39
16 h 55
Sagittaire
3e décan

Vendredi 18 décembre

Saint Gatien

A la Saint-Gatien, le temps ne vaut rien.

A faire aujourd'hui

8 h ....
....
9 h ....
....
10 h ....
....
11 h ....
....
12 h ....
....
13 h ....
....
14 h ....
....
15 h ....
....
16 h ....
....
17 h ....
....
18 h ....
....
19 h ....
....
20 h ....
....
Notes ....
....
....

La France en vert

Les marchés de Noël

Si celui de Strasbourg est le plus ancien des marchés de Noël (il date de 1570), d'autres ont su se faire leur place. Celui de Montbéliard est prisé pour ses illuminations : les bâtiments les plus emblématiques de la ville viennent se parer de motifs lumineux tandis qu'arches, pyramides et festons ornent les rues. Celui d'Amiens, qui répond au doux nom de Parfum d'hiver, tire son originalité de sa thématique annuelle. A Nantes, c'est à l'"Autre Marché" qu'on se rend, pour consommer différemment, de façon bio, équitable et solidaire.

Patrimoine

La toile de Jouy à Jouy-en-Josas (Yvelines)

La toile de Jouy est née au XVIIIe siècle pour répondre à l'attrait du public pour les toiles qu'on nommait indiennes, des étoffes de coton peintes aux couleurs chatoyantes venues d'Asie. La manufacture de Christophe-Phillipe Oberkampf ouvrit ses portes en 1760 et, rapidement, ses décors, personnages et paysages imprimés connurent une grande renommée, jusqu'à l'apogée de la manufacture en 1806. Aujourd'hui, elle n'existe plus, mais les motifs créés à l'époque sont régulièrement reproduits.

Au quotidien

Carte de vœux flocon de neige

Tracez un motif de flocon de neige stylisé sur un carré de papier calque de 10 x 10 cm, puis découpez-le et collez-le sur un carré de papier cartonné coloré de même format à l'aide de colle en spray. Ecrivez vos vœux au verso de la carte, puis glissez-la dans une enveloppe transparente.

C'ÉTAIT HIER

Le pont transbordeur

Nantes (Loire-Atlantique)

Construit en 1903, ce pont avait pour vocation de transporter les passagers, principalement les ouvriers, d'une rive à l'autre de la Loire, tout en laissant entrer les bateaux dans le port et au chantier naval. Avec sa longueur de 142 mètres, deux minutes étaient nécessaires pour le traverser, en nacelle suspendue par des câbles. Symbole industriel et de modernité dans les années 1920, fierté de la ville, il cesse son activité en 1955 et est démonté trois ans plus tard.

Samedi 19 décembre

Saint Urbain

Décembre de froid trop chiche
ne fait pas le paysan riche.

08 h 40
16 h 55
Sagittaire
3e décan

Automne

La Sorcière de Locronan

Nathalie de Broc

Je m'accommodai de vivre dans la forêt de Quénécan, m'étais creusé un semblant de couche accolée à celle de ma mère, pour y dormir le jour dans les bruits rassurants, ne reprenant mes esprits qu'à la nuit tombée. Mon temps se partageait alors équitablement entre la recherche de nourriture et de longues séances avec mon violon. Quand je ne parlais pas tout haut avec Célie. Je lui parlais ainsi que je l'avais fait autrefois, niant ce qui était advenu lors de la terrible nuit. Allant même jusqu'à oublier l'odeur de décomposition mêlée à celle du terreau qui nous enveloppait. Un voile avait opportunément obscurci mon entendement. Je m'étais construit un monde où les quelques souches qui nous entouraient étaient mes seuls interlocuteurs. Elles avaient remplacé les vivants. Je m'entretenais avec elles ainsi que je le faisais avec Célie, elles me répondaient de même.

Vivre à rebours du monde m'avait rendue étrange. Plus proche de l'animal que de l'enfant. Par la force des choses, j'avais appris à apprivoiser la nuit, bien qu'elle continuât à me faire peur. Tant de bruits m'assaillaient. Mille fois plus que je n'en repérais de jour. Hululement de la hulotte, frémissement de l'aile d'un pouillot dans un buisson, glissements insolites d'une salamandre ou, pire, d'un orvet, piétinements inconnus. Lorsque j'étais allongée, l'oreille contre la terre grouillante des sous-bois, il me semblait que les sons décuplaient. Une branche craquait près de moi et l'on eût dit qu'un arbre entier se fendait. La cavalcade d'un campagnol passait pour troupeau. Voilà pourquoi je me gardais bien de dormir dès que le crépuscule venait.

J'aimais entendre les notes de mon violon traverser l'épaisseur de l'obscurité. Cela leur conférait une pureté que ne leur offrait pas le grand jour. Elles coulaient entre les arbres, à la manière d'un ruban, j'imaginais aussi qu'elles m'épargnaient la venue d'animaux rôdeurs. Je croyais tant de choses…

Extrait du roman *La Sorcière de Locronan* de Nathalie de Broc
paru aux Presses de la Cité dans la collection Terres de France

A faire aujourd'hui

Samedi
8 h ……………………
9 h ……………………
10 h ……………………
11 h ……………………
12 h ……………………
13 h ……………………
14 h ……………………
15 h ……………………
16 h ……………………
17 h ……………………
18 h ……………………
19 h ……………………
20 h ……………………

Dimanche
8 h ……………………
9 h ……………………
10 h ……………………
11 h ……………………
12 h ……………………
13 h ……………………
14 h ……………………
15 h ……………………
16 h ……………………
17 h ……………………
18 h ……………………
19 h ……………………
20 h ……………………

Notes

Saint Théophile

Dimanche 20 décembre

08 h 41
16 h 56
Sagittaire
3e décan

08 h 41
16 h 56
Sagittaire
3e décan

Lundi 21 décembre

Hiver

Décembre trop beau, été dans l'eau.

A faire aujourd'hui

8 h ...

9 h ...

10 h ...

11 h ...

12 h ...

13 h ...

14 h ...

15 h ...

16 h ...

17 h ...

18 h ...

19 h ...

20 h ...

Notes ...

En tous sens

Dinde rôtie aux marrons du Vivarais

Pour 10 à 12 personnes. Ingrédients : 1 dinde de 4 kg ; 300 g de foie gras ; 4 croissants ; 1 bouquet de persil ; 30 cl de crème fraîche ; 1 kg de châtaignes épluchées ; 150 g de beurre ; 1 boîte de brisures de truffe ; 10 cl de porto ; sel ; poivre.

- Demandez à votre boucher de flamber et vider la dinde, de dénerver les cuisses et de vous réserver le foie et le gésier.
- Hachez le foie et le gésier et mixez-les avec le foie gras. Hachez le persil. Mêlez les croissants émiettés à la crème fraîche. Mettez le tout dans une terrine avec les marrons, 50 g de beurre, les truffes et le porto. Salez, poivrez et mélangez.
- Préchauffez le four à 120 °C.
- Farcissez la dinde de la préparation. Bridez-la. Enduisez-la du beurre restant et frottez de sel.
- Dans un plat à rôtir, versez un verre d'eau et posez la dinde sur un côté. Enfournez et faites cuire 30 min.
- Montez le four à 220 °C, tournez la dinde, laissez cuire encore 40 min. Placez-la sur le dos et faites cuire 40 min. Arrosez souvent avec le jus de cuisson.
- Servez la dinde découpée et disposez la farce autour.

Pour le plaisir

Des cadeaux solidaires

Et si cette année vous offriez à vos proches des vêtements éthiques, fabriqués à partir de matériaux recyclés ou en coton biologique ? Vous pouvez également jeter votre dévolu sur l'artisanat équitable ou sur des jouets en bois respectueux de l'environnement. Pensez aussi à faire vos emplettes, sur place ou sur Internet, dans les boutiques des ONG !

C'ÉTAIT HIER

Vaillantes travailleuses

Creuse

A la campagne, tout le monde mettait la main à la pâte et, si le rôle de chacun était bien déterminé, les femmes ne déméritaient pas. Les hommes s'occupaient de l'étable et des travaux des champs, tandis qu'elles se chargeaient de la basse-cour et du jardin potager, ainsi que de la cuisine, de la lessive, du ménage et de l'éducation des enfants. Pourtant, si certaines fermières étaient de fortes femmes, il ne leur serait pas venu à l'esprit de mettre en cause la place du chef de famille.

Mardi 22 décembre

Sainte Françoise-Xavière

En décembre, journée courte, longue nuit ;
l'abeille se tait, le jonc gémit.

08 h 42
16 h 56
Sagittaire
3e décan

Hiver

La France en vert

Lauzerte (Tarn-et-Garonne)

Perchée au cœur des collines entre les vallées du Lendou et de la Barguelonne, celle qu'on appelle "la Tolède quercynoise" est une bastide créée en 1176 par le comte de Toulouse. Située sur l'un des chemins de Saint-Jacques-de-Compostelle, prise pour cible durant les guerres de Religion, Lauzerte a conservé les traces de son passé chargé d'histoire et de religion. Elle les arbore joliment au travers de sa place centrale pavée, de ses couverts et de ses maisons en pierre ou à colombages posées de guingois.

Au quotidien

Décorer une guirlande électrique

Munissez-vous de papier de soie et de plumes de couleurs, de raphia de couleur et de pochettes en organdi. Découpez le papier de soie en bandes de 12 x 5 cm. Enroulez une bande autour du socle d'une ampoule de la guirlande. Ouvrez la bande de manière qu'elle forme une fleur. Posez ensuite une plume contre ce même socle et maintenez la plume et le papier de soie en enroulant du raphia autour du socle de l'ampoule. Attachez le raphia. Alternez ce décor avec des ampoules entourées d'une pochette en organdi.

A faire aujourd'hui

8 h ....

9 h ....

10 h ....

11 h ....

12 h ....

13 h ....

14 h ....

15 h ....

16 h ....

17 h ....

18 h ....

19 h ....

20 h ....

Notes ....

C'ÉTAIT HIER

Vive les mariés !

Plougastel-Daoulas (Finistère)

La coutume bretonne des mariages collectifs prenait une tournure particulière à Plougastel. Ici, tous les mariages de l'année étaient célébrés le même jour, un mardi du mois de février. A 9 heures du matin, les cortèges nuptiaux précédés des binious se rassemblaient devant l'église. Après la cérémonie religieuse, les mariés défilaient dans la ville puis tout le monde se dispersait dans les auberges – qui avaient chacune leur noce – pour le banquet et le bal.

Hiver

08 h 42
16 h 57
Capricorne
1er décan

Mercredi 23 décembre

Saint Armand

Soleil d'hiver tard levé, bientôt couché et caché.

A faire aujourd'hui

8 h ...

9 h ...

10 h ...

11 h ...

12 h ...

13 h ...

14 h ...

15 h ...

16 h ...

17 h ...

18 h ...

19 h ...

20 h ...

Notes ...

Patrimoine

Quiz – Histoire de nos régions

1. Où la tradition de l'arbre de Noël a-t-elle débuté en France ?
a. Dans le Nord
b. En Alsace et en Lorraine
c. En Savoie

2. Quelle commune d'Ile-de-France abrite une magnifique forêt ainsi qu'un château royal, où Louis XIV révoqua l'édit de Nantes en 1685 ?
a. Versailles
b. Chantilly
c. Fontainebleau

3. Quelle cité médiévale du sud de la France fut le point de départ des croisades menées par Saint Louis, au XIIIe siècle ?
a. Aigues-Mortes
b. Les Saintes-Maries-de-la-Mer
c. Frontignan

Solution : 1 b, 2 c, 3 a.

Pour le plaisir

Capricorne (23 décembre-20 janvier)

Cette année, vous déborderez d'énergie et multiplierez les projets. Au niveau professionnel, votre ardeur vous permettra d'évoluer plus rapidement que prévu. Côté cœur, vous serez entreprenant et enthousiaste. Attention toutefois à ralentir le rythme niveau finances, au risque de flamber vos économies dans un moment d'allégresse incontrôlé.

La France en vert

Le petit geste écolo

Privilégiez autant que possible les piles rechargeables aux piles jetables. Economiques à long terme, elles sont surtout écologiques. En effet, les piles rechargeables ont jusqu'à 30 fois moins d'impact sur l'environnement que les piles jetables.

C'ÉTAIT HIER

Le triage des huîtres

Royan (Charente-Maritime)

La région de Royan et de la presqu'île d'Arvert, baignée par les eaux salées de l'océan et les eaux douces de la Seudre, profite de conditions idéales pour l'élevage des huîtres. Collectées à l'embouchure du fleuve, celles-ci sont ensuite affinées dans des claires, ces bassins argileux qui leur donneront leur goût unique et leur teinte verte. Autrefois, les casiers étaient ramenés au port de Royan, où les huîtres étaient nettoyées et triées avant leur vente sur les marchés.

Jeudi 24 décembre

Sainte Adèle

Beau temps à Sainte-Adèle
est un cadeau du ciel.

08 h 43
16 h 58
Capricorne
1er décan

Hiver

Patrimoine

Le trésor des Templiers

Gisors dans l'Eure occupe depuis ses origines une place stratégique sans égale dans le Vexin. Son château est l'un des plus intéressants de l'époque médiévale. Une légende dit qu'il renfermerait des archives secrètes et le trésor des Templiers. Le 12 octobre 1307, veille d'une offensive menée par Philippe le Bel, douze chevaliers auraient quitté le Temple de Paris pour la côte normande avec trois chariots chargés du trésor de l'Ordre. Aujourd'hui encore, le mystère perdure car les galeries ont été comblées et le ministère de la Culture a fait murer de béton la porte de l'énigme.

La France en vert

Les Pierres Jaumâtres (Creuse)

Sur le mont Barlot s'amoncellent une quarantaine de blocs de granit étranges aux formes arrondies. Ils sont répartis en trois chaos. Le second est particulièrement étonnant avec ses deux blocs superposés formant un immense champignon. Le mystère a longtemps plané sur la formation de ces boules de pierre, mais on sait aujourd'hui qu'il s'agit de vieux lambeaux de magma remontés à la surface puis érodés par les éléments.

Au quotidien

Petite déco cacao

Cassez une tablette de chocolat en morceaux et faites-les fondre au bain-marie en remuant. Détachez les feuilles d'une branche de houx, puis badigeonnez le côté brillant des feuilles avec du chocolat fondu, à l'aide d'un pinceau à pâtisserie. Laissez sécher, puis décorez la table de Noël de ces feuilles.

A faire aujourd'hui

8 h ....
....
9 h ....
....
10 h ....
....
11 h ....
....
12 h ....
....
13 h ....
....
14 h ....
....
15 h ....
....
16 h ....
....
17 h ....
....
18 h ....
....
19 h ....
....
20 h ....
....
Notes ....
....
....

C'ÉTAIT HIER

La composition à l'imprimerie

Paris (Ile-de-France)

Jusqu'à la moitié du XXe siècle, l'impression des journaux ou des livres se matérialisait par la composition. Cette étape consistait à assembler des lettres, sous forme de petites pièces métalliques, qui composaient le corps d'un texte. Les différents caractères, collectés par l'imprimeur dans des casiers appelés les « casses », étaient alignés dans un « composteur », règle en bois ou métal au bord droit et plat. Une fois l'ensemble calé, l'impression débutait à l'aide d'encre sur le composteur puis sur le papier.

08 h 43
16 h 58
Capricorne
1er décan

Vendredi 25 décembre

Noël

Ciel laiteux à Noël,
partout très long gel.

A faire aujourd'hui

8 h

9 h

10 h

11 h

12 h

13 h

14 h

15 h

16 h

17 h

18 h

19 h

20 h

Notes

En tous sens

Accordez le pain à vos plats

Si vous servez du saumon fumé ou des fruits de mer en ce jour de Noël, proposez du pain de seigle en accompagnement. Avec le foie gras, préférez de la brioche ou du pain de mie grillé, ou encore du pain d'épice. Pour le fromage, optez pour du pain blanc ou du pain aux noix.

Patrimoine

Le musée de l'Ecole de Nancy

Aménagé dans une demeure du début du XXe siècle, ce superbe musée nancéien présente des collections qui illustrent le mouvement artistique né à la fin du XIXe siècle sous l'impulsion du verrier et céramiste Gallé. Des artistes tels Majorelle, Grüber, Prouvé, Vallin, les frères Daum et Wiener œuvrent alors au renouvellement des arts décoratifs. Influencés par le japonisme s'inspirant de la nature, ils créent une esthétique en rupture avec le style du Second Empire, dominée par la courbe, l'arabesque, la ligne fluide et la profusion ornementale. L'Ecole de Nancy est officiellement fondée en 1901, et les architectes emboîtent le pas aux initiateurs. Le mouvement s'éteint dans les premières années du XXe siècle.

Au quotidien

Le savon noir à la rescousse

Connu pour purifier l'épiderme, le savon noir cosmétique sert à éliminer les cellules mortes et les toxines de la peau grâce à ses vertus exfoliantes. Il hydrate également en raison du film hydrolipidique qui le recouvre et qui protège la peau. Le savon noir ménager, lui, se présente en pâte ou sous forme liquide et est utilisé pour dégraisser et nettoyer de façon écologique toutes les surfaces de la maison.

C'ÉTAIT HIER

Du temps des laitiers

Mont-Dore (Puy-de-Dôme)

A la fin du XIXe siècle et au début du XXe, la vache était l'animal emblématique de la ferme et chaque exploitation en possédait au moins une ou deux, voire plus quand elle était spécialisée dans la production laitière. La traite des vaches avait lieu deux fois par jour à la même heure. La majeure partie du lait tiré était ensuite vendue à la coopérative, qui dépêchait parfois un laitier pour venir récupérer le lait dans des bidons en fer-blanc.

Samedi 26 décembre

Saint Etienne

Hiver rude et tardif rend le pommier productif.

08 h 43
16 h 59
Capricorne
1er décan

Hiver

Cantate de cristal

Gilles Laporte

Firmin jeta une grosse bûche dans l'âtre. Elle brûlerait à petit feu durant leur absence. La maison serait bien chaude à leur retour, le temps de croquer les noix avec les pommes du réveillon. Le garçon n'avait pas bougé. Il en était à dessiner une étoile à cinq branches en tirant la langue.

— Florent !

Le père avait haussé le ton. Jeanne en fut surprise. Avant d'ouvrir l'armoire aux trésors, il s'était senti obligé d'intervenir. Elle lui lança un regard éclairé d'un sourire qui lui remua tout l'intérieur. Oui, décidément, qu'elle était belle ! Comment avait-il pu l'oublier ? Il hésita un instant, échangea un nouveau regard avec sa femme… oui, très belle ! Il écarta sur le rayon du dessus le carton du brassard de sa communion solennelle, l'autre de la robe de mariée, les missels anciens et le crucifix de porcelaine au cœur peint sur une vasque vide d'eau bénite, et le verre de cristal. Le parfum de thym et de violette se mêla aux senteurs du chêne qui crépitait dans l'âtre et projetait des myriades d'étincelles dans l'avaloir. Il prit l'orange que sa femme y avait dissimulée derrière les assiettes, la présenta à la lumière du heurchot.

— Si tu ne te dépêches pas, mon gamin… je la mange !

L'orange ! L'orange de Noël !

Florent posa le crayon, replia ses feuilles, tendit la main vers le fruit de soleil.

— Touche, touche-la seulement ! C'est pour tout à l'heure, après la messe.

Il faisait tourner le fruit dans ses mains. La lumière jouait sur sa peau, allumait des reflets d'or dans les yeux du fils qui l'effleura du bout des doigts, osa la saisir, la respirer, lui offrir un baiser aussi doux que ceux réservés au velours d'Iris des Ténèbres. Il la pressa sur ses lèvres en ronronnant de plaisir. L'orange de Noël !

— Allons, il est temps d'y aller, maintenant !

Firmin posa l'orange au centre de la table, au milieu du panier de noix, avec les pommes aux joues rouges. Jeanne dissimula son bonheur dans son châle, présenta son cache-nez à Florent qui le noua à la ficelle autour de son cou.

— C'est pour toi… tout à l'heure ! Et maintenant, en route !

Extrait du roman *Cantate de cristal* de Gilles Laporte
paru aux Presses de la Cité dans la collection Terres de France

A faire aujourd'hui

Samedi

8 h ……
9 h ……
10 h ……
11 h ……
12 h ……
13 h ……
14 h ……
15 h ……
16 h ……
17 h ……
18 h ……
19 h ……
20 h ……

Dimanche

8 h ……
9 h ……
10 h ……
11 h ……
12 h ……
13 h ……
14 h ……
15 h ……
16 h ……
17 h ……
18 h ……
19 h ……
20 h ……

Notes

Saint Jean l'Evangéliste

Dimanche 27 décembre

08 h 44
17 h 00
Capricorne
1er décan

08 h 44
17 h 00
Capricorne
1er décan

Lundi 28 décembre

Saints Innocents

Hiver sitôt qu'il est trop beau
promet un été plein d'eau.

A faire aujourd'hui

8 h ....

9 h ....

10 h ....

11 h ....

12 h ....

13 h ....

14 h ....

15 h ....

16 h ....

17 h ....

18 h ....

19 h ....

20 h ....

Notes ....

La France en vert

Une nouvelle vie pour votre sapin

Pour Noël, vous pouvez acheter un sapin en container afin de le transplanter dans votre jardin une fois les fêtes terminées. Pour une bonne reprise, pendant tout son séjour dans la maison, le sapin devra être régulièrement arrosé et vaporisé puis, débarrassé des guirlandes, il sera entreposé quelques jours dans un local frais afin d'éviter un trop grand écart de température entre l'intérieur et l'extérieur. Avant de le transplanter, secouez les branches pour faire tomber les aiguilles desséchées. Creusez un trou deux fois plus large et deux fois plus profond que la taille du container et comblez-le avec du terreau et de la terre de bruyère. Pour cette transplantation, choisissez un jour sans gel et de préférence humide.

En tous sens

Eloge de la simplicité

Pour le critique culinaire et gastronome (à l'humour bien trempé) Maurice Edmond Sailland : "La cuisine, c'est quand les choses ont le goût de ce qu'elles sont." Vous qui vous apprêtez à préparer le réveillon, n'oubliez pas ces sages paroles !

Au quotidien

Une crise de foie ?

Si votre organisme vous fait comprendre que vous avez trop abusé ces derniers jours, attendez d'avoir faim avant de manger de nouveau. Buvez beaucoup d'eau, de thé ou d'infusions et concoctez-vous un bouillon de légumes pour contrer les effets de l'alcool et du sel consommés.

C'ÉTAIT HIER

Station balnéaire en 1900

Dieppe (Seine-Maritime)

Au tournant du XXe siècle, Dieppe était à son apogée. Aux beaux jours, elle attirait les écrivains, les artistes et la haute société française et étrangère, qui séjournait dans les grands hôtels ou les somptueuses villas de la cité. Avec sa plage courant sur 2 km, sa longue promenade en bord de mer, son casino, son golf perché sur la falaise, ses théâtres et son « établissement des bains », elle avait tout d'une station balnéaire idéale.

Mardi 29 décembre

Saint David

En hiver, plus même qu'en été,
est incommode pauvreté.

08 h 44
17 h 01
Capricorne
1er décan

En tous sens

Huîtres au pineau façon Oléron

Pour 2 personnes , en entrée. Ingrédients : 2 petits blancs de poireau ; 1 c. à soupe d'huile d'olive ; 1 échalote ; 12 huîtres Marennes d'Oléron ; 30 g de beurre ; 10 cl de pineau des Charentes ; 4 c. à soupe de crème liquide ; sel ; poivre.

- Rincez les poireaux et émincez-les. Faites chauffer l'huile dans une poêle et faites-y revenir les poireaux jusqu'à ce qu'ils soient tendres. Salez et poivrez.
- Epluchez l'échalote et hachez-la. Ouvrez les huîtres et retirez-les de leur coquille.
- Faites fondre la moitié du beurre dans une autre poêle et faites-y revenir l'échalote. Ajoutez les huîtres, puis déglacez avec le pineau des Charentes.
- Ajoutez la crème liquide et le reste de beurre, puis portez à la limite de l'ébullition.
- Rectifiez l'assaisonnement et servez.

Au quotidien

Masque régénérant pour la peau

Dans un bol, mélangez trois cuillères à soupe de fromage blanc battu avec deux cuillères à soupe de miel (de préférence de thym ou de romarin). Ajoutez quelques gouttes de jus de citron et mélangez bien le tout. Appliquez cette préparation sur votre visage et votre cou et laissez agir pendant une vingtaine de minutes. Rincez à l'eau et séchez soigneusement.

Pour le plaisir

La bonne pensée du jour !

"Une année qui finit, c'est une pierre jetée au fond de la citerne des âges et qui tombe avec des résonances d'adieu." Voilà ce que l'approche du 31 décembre inspirait à l'écrivain belge Firmin van den Bosch. Et vous, qu'en pensez-vous ?

A faire aujourd'hui

8 h ....

9 h ....

10 h ....

11 h ....

12 h ....

13 h ....

14 h ....

15 h ....

16 h ....

17 h ....

18 h ....

19 h ....

20 h ....

Notes ....

C'ÉTAIT HIER

La Grande Porte de Saint-Malo

Saint-Malo (Ille-et-Vilaine)

Les remparts ceinturent la ville de Saint-Malo depuis le XIIe siècle. Remodelés et agrandis à l'instigation de Vauban, ils sont ponctués de huit portes et de trois poternes. Erigée au XVe siècle, la Grande Porte, flanquée de deux tours massives, est la plus ancienne. Elle resta longtemps surmontée d'une statue « miraculeuse » de la Vierge à l'Enfant, qui aurait stoppé l'incendie de la ville en 1661. Décapitée à la Révolution puis restaurée, cette statue orne aujourd'hui la cathédrale Saint-Vincent.

08 h 44
17 h 02
Capricorne
1er décan

Mercredi 30 décembre

Saint Roger

Si décembre et janvier ne font
leur chemin, février fait le lutin.

A faire aujourd'hui

8 h ....

9 h ....

10 h ....

11 h ....

12 h ....

13 h ....

14 h ....

15 h ....

16 h ....

17 h ....

18 h ....

19 h ....

20 h ....

Notes ....

En tous sens

Le pain d'épice

La recette du pain d'épice fut très certainement rapportée du Moyen-Orient par les croisés, en même temps que des épices, des fruits et des parfums inconnus en Europe. Très vite, ce délicieux gâteau devint la pâtisserie de Noël par excellence. Plusieurs villes de France, telles que Pithiviers, Bourges, Orléans ou Chartres, en firent leur spécialité au Moyen Age et perpétuèrent la tradition. Tombé en défaveur sous Henri II, le pain d'épice retrouva ses titres de noblesse sous Henri IV, et deux villes se lancèrent alors dans sa fabrication : Reims et Dijon. La première resta jusqu'à la Révolution la première productrice de pain d'épice, la deuxième s'imposa ensuite grâce à la qualité et à la finesse de ses préparations.

Patrimoine

Les communes de France en question

Quelle ville du Vaucluse est célèbre pour son arc de triomphe et son théâtre antique, ainsi que pour le festival lyrique qu'elle accueille chaque été ?

Solution : Orange.

La France en vert

La Dordogne à pas de géants

L'office de tourisme de Sarlat propose aux randonneurs de découvrir la marche nordique. Rappelant le ski de fond, cette activité se pratique avec des bâtons spéciaux, sur lesquels les promeneurs prennent appui pour se propulser en avant. Ils vont ainsi deux fois plus vite qu'un randonneur classique ! Grâce aux séances d'initiation ou de perfectionnement proposées, vous pourrez découvrir la campagne périgourdine d'une nouvelle façon !

C'ÉTAIT HIER

La bourrée

Auvergne

Danse traditionnelle du Massif central, la bourrée se pratique à deux ou à quatre (quadrette), en habit régional, et enchaîne des petits pas glissés à trois temps où chaque pied marque les appuis de la base rythmique. Jamais en contact, les partenaires se défient dans un moment de complicité. Souvent sans paroles, elle se chante parfois en langue occitane mais toujours au son du violon, de l'accordéon ou de la cabrette. Elle se distingue de la bourrée à deux temps qui se danse en région Centre.

Jeudi 31 décembre

Saint Sylvestre

Chaque Saint-Sylvestre sonnée te fait plus vieux d'une année.

08 h 44
17 h 03
Capricorne
1er décan

Patrimoine

Quiz – Rhône-Alpes

1. Combien de départements la Région Rhône-Alpes regroupe-t-elle ?
a. 6
b. 8
c. 12

2. Quel est le chef-lieu de la Région Rhône-Alpes ?
a. Lyon
b. Annecy
c. Chambéry

3. Quel massif montagneux se trouve au nord-est de la Région ?
a. Le Jura
b. Les Alpes
c. Le Massif central

Solution : 1 b, 2 a, 3 a.

La France en vert

La foire aux dindons à Varaignes (Dordogne)

Chaque année, ce petit village célèbre une fête qui daterait d'Henri IV et fait défiler dans ses rues de superbes spécimens de dindons. Leurs gardiens en costume traditionnel ne manquent pas de vanter les qualités de leurs bêtes, et n'hésitent pas à en faire rôtir quelques-unes pour le banquet très attendu de la fête. Concours de glouglous, festival du vin bourru et animations musicales sont aussi au programme.

A faire aujourd'hui

8 h ...
9 h ...
10 h ...
11 h ...
12 h ...
13 h ...
14 h ...
15 h ...
16 h ...
17 h ...
18 h ...
19 h ...
20 h ...
Notes ...

C'ÉTAIT HIER

La fête des Rois

Bretagne

Cette célébration chrétienne est associée à l'Epiphanie, aux Rois mages et à la galette. C'est le 6 janvier que sont fêtés les Rois mages venus offrir des cadeaux à Jésus à sa naissance. La galette trouve ses origines dans la fête romaine des Saturnales, où un roi était élu parmi de jeunes soldats et autorisé à commander à sa guise. Les parts de ce gâteau rond, garni d'une fève qui fait de qui la découvre le roi ou la reine, sont généralement attribuées par le plus jeune des enfants, glissé sous la table.

Crédits photographiques

DR : Janvier : 1erhg, 1erbg, 2bd, 3, 4, 5hd, 5bd, 6hg, 6bg, 7hd, 7bd, 8hg, 8h, 8bg, 9hd, 9bd, 10, 11, 12hd, 12d, 12bd, 13hg, 13bg, 14hd, 14bd, 15hg, 15bg, 17, 18, 19hd, 19bd, 20bg, 21hd, 21bd, 22hg, 22bg, 23hd, 23bd, 24, 25, 26hd, 26bd, 27hg, 27bg, 28hd, 28bd, 29hg, 29bg, 30hd, 30bd, 31. **Février :** 1er, 4hd, 4bd, 5hg, 5bg, 6hd, 6bd, 7, 8, 9hd, 9bd, 10hg, 10bg, 11hd, 11bd, 12h, 12hg, 12bg, 13hd, 13bd, 14, 15, 16bd, 17hg, 17bg, 18hd, 18bd, 18m, 19hg, 19bg, 20hd, 20bd, 21, 23hd, 23bd, 24hg, 24bg, 25hd, 25bg, 26hg, 26bg, 27bd, 28. **Mars :** 1er, 2hd, 2bd, 3m, 3bg, 4bd, 5hg, 5bg, 6hd, 6bd, 7, 8, 9hd, 9bd, 10hg, 10bg, 11hd, 11bd, 12bg, 13hd, 13bd, 14, 15, 16hd, 16bd, 17hg, 17bg, 18hd, 18bd, 19hg, 19bg, 19mg, 20hd, 20bd, 21, 22, 23hd, 23bd, 25bd, 26hg, 26bg, 27hd, 27bd, 28, 30hd, 30bd, 31hg, 31bg. **Avril :** 1erhd, 1erbd, 2hg, 2bg, 3hd, 3bd, 4, 5, 6hd, 6bd, 7hg, 7bg, 8hd, 8bd, 9hg, 9bg, 10bd, 11, 12, 13hd, 13bd, 14hg, 14bg, 15bd, 16hg, 16bg, 17hd, 17bd, 18, 19, 20hd, 20bd, 21hg, 21bg, 22bd, 23hg, 23bg, 24hd, 24bd, 25, 26, 27hd, 27bd, 28bg, 29hd, 29bd, 30hg, 30bg. **Mai :** 1erhd, 1erbd, 2, 3, 4hd, 4bd, 5hg, 5bg, 6hd, 6bd, 7hg, 7bg, 9, 10, 11hd, 11bd, 12hg, 12bg, 13hd, 13bd, 14hg, 14bg, 15bd, 16, 17, 18hd, 18bd, 19bg, 20bd, 20m, 21hg, 21bg, 22hd, 22bd, 23, 24, 25hd, 25bd, 26hg, 26g, 26bg, 27hd, 27bd, 28hg, 28bg, 29bd, 30, 31. **Juin :** 1erhd, 1erbd, 2bg, 3hd, 3bd, 4hg, 4bd, 5hd, 5bd, 6, 7, 8hd, 8bd, 9hg, 9bg, 10hd, 10m, 10bd, 11bg, 12hd, 12bd, 13, 14, 15hd, 15bd, 16m, 16bg, 17bd, 18hg, 18bg, 19hd, 19m, 19bd, 20, 21, 22hd, 22bd, 23hg, 23bg, 24hd, 24bd, 25hg, 25bg, 26hd, 26bd, 27, 28, 29hd, 29bd, 30bg. **Juillet :** 1erhd, 1erbd, 2bg, 3hd, 3bd, 4, 5, 6hd, 6m, 6bd, 7hg, 7bg, 8hd, 8bd, 9hg, 9bg, 10hd, 10bd, 11, 12, 13hd, 13bd, 14bg, 15hd, 15bd, 16hg, 16bg, 17bd, 18, 19, 20hd, 20bd, 21hg, 21bg, 22hd, 22bd, 23hg, 23bg, 24hd, 24bd, 24md, 25, 26, 27hd, 27bd, 28hg, 28bg, 29hd, 29bd, 30hg, 30bg, 31hd, 31bd. **Août :** 1er, 2, 3hd, 3d, 3bd, 4hg, 4bg, 5hd, 5bd, 6hg, 6bg, 7hd, 7bd, 8, 9, 10hd, 10bd, 11bg, 12bd, 13hg, 13bg, 14hd, 14bd, 15, 16, 17hd, 17bd, 18hg, 18bg, 19hd, 19bd, 20hg, 20bg, 21hd, 21m, 21bd, 22, 23, 24hd, 24bd, 25hg, 25bg, 26hd, 26bd, 27hg, 27bg, 28hd, 28bd, 29, 30, 31hd, 31bd. **Septembre :** 1erbg, 2bd, 3hg, 3bg, 4hd, 4bg, 5, 6, 7hd, 7bd, 8bg, 8m, 9hd, 9bd, 10hg, 10bg, 11hd, 11bd, 12, 13, 14hd, 14bd, 15hg, 15bg, 16m, 16bd, 17hg, 17bg, 18hd, 18bd, 19, 20, 21hd, 21bd, 23hd, 23bd, 24bg, 25hd, 25bd, 26, 27, 28hd, 28bd, 29m, 29bg, 30bd. **Octobre :** 1erhg, 1erbg, 2hd, 2bd, 3, 4, 5hd, 5bd, 6hg, 6bg, 7hd, 7bd, 8hg, 8bg, 9hd,9bd, 10, 11, 12hd, 12bd, 13hg, 13bg, 14bd, 15bg, 16hd, 16m, 16bd, 17, 18, 19hd, 19bd, 20hg, 20bg, 21hd, 21bd, 22hg, 22bg, 23bd, 24, 25, 26hd, 26m, 26bd, 27hg, 27bg, 28hd, 28bd, 29bg, 30hd, 30bd, 31. **Novembre :** 1er, 2hd, 2bd, 3hg, 3bg, 4hd, 4bd, 5hg, 5bg, 6hd, 6d, 6bd, 7, 8, 9hd, 9bd, 10hg, 10bg, 11hd, 11bd, 12hg, 12bg, 13hd, 13bd, 14, 15, 16hd, 16bd, 17hg, 17bg, 18hd, 18bd, 19hg, 19bg, 20hd, 20bd, 21, 22, 23hd, 23bd, 24bg, 25hd, 25bd, 26hg, 26m, 26bg, 27hd, 27bd, 28, 29, 30hd, 30bd. **Décembre :** 1erhg, 1erhb, 2hd, 2bd, 3, 4hd, 4bd, 5, 6, 7hd, 7bd, 8hg, 8bg, 9hd, 9bd, 10hg, 10bg, 11hd, 11bd, 12, 13, 14hd, 14bd, 15hg, 15bg, 16hd, 16bd, 17hg, 17bg, 18hd, 18bd, 19, 20, 21hd, 21bd, 22hg, 22mg, 22bg, 23hd, 23bd, 24bg, 25bd, 26, 27, 28hd, 28bd, 29hg, 29bg, 30hd, 30bd, 31hg, 31bg.

Dreamstime : Octobre : 22g.

Fotolia : Rubriques b. **Janvier :** 1erh, 1erhg, 1erhd, 1erm, 2hd, 5d, 6mg, 7m, 8mg, 9m, 12m, 13m, 15m, 16m, 19m, 20m, 21m, 23md, 26hd, 29m, 30hd. **Février :** 6m, 9m, 10g, 11m, 13d, 16hd, 17m, 18h, 19g, 20d, 23h, 25m, 27hd. **Mars :** 2h, 3hg, 4hd, 5m, 6d, 9h, 10h, 11h, 12hg, 13hd, 16d, 17hd, 18h, 19m, 24hg, 24bg, 25hd, 26h, 27h, 30d, 31h. **Avril :** 1erm, 2g, 3m, 6d, 7m, 8h, 10hd, 13m, 14g, 15hd, 16g, 17m, 21g, 22hd, 23g, 24h, 27d, 28hg, 29h, 30m. **Mai :** 1erh, 4h, 5m, 6h, 7g, 8hd, 8bd, 12h, 13h, 14h, 15hd, 18h, 19hg, 20hd, 22h, 25d, 26h, 27h, 28m, 29hd. **Juin :** 1erm, 2hg, 3d, 4g, 5d, 8d, 9h, 10d, 11h, 12m, 15h, 16hg, 17hd, 17m, 18g, 22d, 23h, 24h, 25g, 26m, 30hg. **Juillet :** 1ermd, 2h, 3m, 6h, 7mg, 8d, 9d, 10d, 13g, 14h, 14d, 15m, 17hd, 20m, 21g, 22g, 23g, 24d, 27h, 28m, 29d, 30h, 31d. **Août :** 3m, 4g, 5g, 6g, 7g, 10h, 11hg, 12d, 13h, 14h, 17h, 18g, 19m, 20g, 21d, 24m, 25h, 26h, 27g, 28h, 31h. **Septembre :** 1erhg, 1erh, 2hd, 3m, 4h, 7h, 8hg, 9d, 14h, 15g, 16hd, 17g, 18d, 21g, 23h, 24hg, 25m, 28h, 29hg. **Octobre :** 1erh, 2h, 5m, 6h, 8g, 9h, 12h, 13mg, 14hd, 15h, 16d, 19h, 20h, 21h, 23hd, 26h, 27g, 29hg, 30h. **Novembre :** 2h, 4d, 6m, 9d, 10h, 11h, 12m, 13m, 16h, 17h, 18m, 19h, 20m, 23d, 24hg, 25d, 26d, 27m, 30m. **Décembre :** 1erg, 4m, 8mg, 9h, 10m, 11h, 15h, 16m, 17g, 21d, 22g, 23m, 24hg, 24md, 25h, 25m, 28h, 31g, 31m.

Hemis : Mai : 8d. **Septembre :** 22h. **Novembre :** 5m. **Décembre :** 7h.

Hervé Tardy : Janvier : 22m.

iStock : 14hg, 27m, 28m. **Février :** 5h, 27m. **Mars :** 23m. **Avril :** 9m. **Mai :** 11h. **Juillet :** 16m. **Septembre :** 10h, 30hd. **Octobre :** 7m, 16h.

Laurent Fasquelle-Marcellin : Janvier : 20hg. **Octobre :** 28h.

Leemage : Février : 4m. **Mai :** 21g. **Décembre :** 2h.

Oredia : Février : 26g. **Décembre :** 18d, 30d.

Sucré Salé : Février : 24g. **Mars :** 20h. **Avril :** 20d. **Juin :** 29m. **Juillet :** 3d. **Septembre :** 11h. **Novembre :** 3m. **Décembre :** 14h, 24h, 29g.

Crédits couverture

Images couverture : © Gusman / Leemage - Illustration de Rotge

Photo de Pierre Bonte © Gérard Bedeau

Réalisé par Copyright
Rédaction des textes : Anne-Laure Estèves, Florent Lamontagne et Murielle Neveux
Conception graphique et mise en page : Bertrand Loquet
Edition : Sophie Zeegers
Couverture : atelier Didier Thimonier
Photogravure : Cédric Delsart, Emilie Greenberg, Aurélie Lequeux

Achevé d'imprimer en Italie en août 2014 par Stige